王俊义 著

册

中国社会科学出版社

目　录

下　册

卷　四
传统文化与当代文化研究

对80年代"文化热"的评价与思考 …………………………………（779）
试析文化史研究中的民族虚无主义倾向 ……………………………（795）
文献传说与考古发掘相结合是推进研究的关键
　　——有关黄帝的文献资料及研究状况述评 ………………………（809）
河洛文化的内涵、地域界定及其他
　　——从地域文化研究谈到《洛阳出土历代墓志辑绳》 ……………（819）
讴歌轩辕黄帝的前驱先路之作
　　罗忛平《东方人帝》序言 ……………………………………………（827）
弘扬炎帝精神　振兴中华民族
　　——为宝鸡"炎帝与民族复兴学术研讨会"而作 …………………（832）
山西长治、高平炎帝遗址考察散记 …………………………………（843）
对"炎帝故里在会同"新说之浅见
　　——炎帝故里及炎帝文化发源地的讨论 …………………………（856）
对随州炎帝文化的几点认识和思考 …………………………………（869）
炎黄雄姿伫大地　凝聚四海赤子心
　　——炎黄二帝巨型塑像落成的历史和现实意义 …………………（878）

探索中华文明　研究颛顼帝喾
　　——从《五帝本纪》到《五帝时代研究》 …………………（883）
黄帝祭祀与中华民族凝聚力
　　——兼论"公祭黄帝是宗教活动吗？" ………………………（890）
历史赋予我们的责任
　　——新版《炎黄文化研究》主编寄语 ………………………（893）
端正学风与民族精神家园建设 …………………………………（896）
辛亥革命前后尊黄思潮的演变与中华民族的伟大复兴 …………（907）
不要忽视少数民族对中华文明的贡献
　　——在《黄帝传》座谈会上的发言 …………………………（913）
《炎黄文化研究》的生存与发展 …………………………………（916）
发扬敬业传统　加强职业道德 …………………………………（919）
一位世纪学人的文化情怀
　　——费孝通先生"文化自觉"论解读 ………………………（926）
关于设立"中华文化优秀著作奖"的由来、目的和意义 …………（941）
世纪之交研讨中华文化的盛会
　　——"中华文化与廿一世纪国际学术研讨会"述评 …………（946）
美国博士研究生培养一瞥
　　——赴美讲学之点滴感受 ……………………………………（953）
弘扬民族优秀文化　促进中日友好交流
　　——中华文化研究会的宗旨及中日民间文化交流活动之
　　　 开展 …………………………………………………………（959）
中国近代思想之林
　　——《中国近代思想家文库》编纂缘起及其特色和价值 ……（965）

卷　五
文史评说与人物纪念

评戚本禹的《爱国主义还是卖国主义？》 ………………………（971）
历史文化遗产与社会主义精神文明建设 ………………………（978）

从世界史的角度看中国封建社会的长期性 …………………… (989)
《徽州学概论》序 …………………………………………………… (1006)
筚路蓝缕　开拓创新
　　——《中国流氓史》序 ………………………………………… (1010)
《徐州自然灾害史》序 ……………………………………………… (1015)
中华民族文化综合研究的新成果 ………………………………… (1019)
荟萃百家　撷采众长
　　——《中华杂经集成》评介 ………………………………… (1023)
推进史学繁荣、缓解出版难的有益创举
　　——写在《东方历史学术文库》出版之际 …………………… (1025)
《学术随笔文丛》出版前言 ………………………………………… (1027)
学术出版社要有学术大家支撑
　　——追忆《学术随笔文丛》出版前后 ………………………… (1029)
学博思精　大家风范
　　——读《清园夜读》（增订本）有感 ………………………… (1035)
刚正不阿　坚持真理
　　——读《黎澍十年祭》 ………………………………………… (1037)
一部简明扼要、深入浅出的优秀历史教材
　　——《简明中国历史读本》读后 ……………………………… (1040)
民族史研究领域的一项重要成果
　　——刘志霄著《维吾尔族历史》（中编）评介 ………………… (1047)
一位美国友人笔下的吴晗
　　——关于《时代之子吴晗》 …………………………………… (1051)
苏秦联姻说考辨 …………………………………………………… (1053)
郑和下西洋 ………………………………………………………… (1056)
清代名人在宣南二则 ……………………………………………… (1059)
鲁迅与姚克 ………………………………………………………… (1071)
再说鲁迅与姚克
　　——对《关于鲁迅丧事情况》的补正 ………………………… (1076)
保持学术品牌　不断开拓创新
　　——祝贺中国社会科学出版社建社二十五周年 ……………… (1081)

郭影秋传 …………………………………………………… (1083)
缅怀郭影秋校长对我的教诲和影响 …………………… (1105)
哀思无尽忆费老 ………………………………………… (1115)
怀念胡华老师的教诲及其党史人生 …………………… (1118)
怀念历史学家袁定中 …………………………………… (1125)
回顾与思治先生的交往及其治学风范 ………………… (1131)
祁龙威先生学术之树常青 ……………………………… (1136)
先生之风　山高水长
　　——心香一瓣祭祁公 ……………………………… (1141)
一位平凡而伟大的母亲
　　——深切怀念我的慈母 …………………………… (1146)
清史研究所成立前后
　　——接受人民大学校史中心访谈 ………………… (1164)
《口述自传丛书》出版前言 …………………………… (1173)
《往事漫忆》的《前言》与《后记》 ………………… (1175)
后记 ……………………………………………………… (1181)

附　录

王俊义先生与清史研究 ………………………… 黄爱平 (1185)
河南省封丘县电视台录制专题片
　　——《魅力封丘·人物篇》清史专家王俊义 …… (1201)
王俊义著作和编著目录 ………………………………… (1207)

卷 四

传统文化与当代文化研究

对80年代"文化热"的评价与思考[*]

一 对起因与状况的分析和评价

80年代的中国发生了举世瞩目的"文化热",为什么在新中国成立三十年后兴起了一股汹涌的文化热潮呢?

任何一次社会思潮的兴起,无不有其深广的社会历史背景。中国历史步入近代以来,曾相继出现过几次程度不同的"文化热",影响突出的如戊戌启蒙思潮与五四新文化运动,作为社会思潮的反映,都发生在历史的转折时期。80年代的"文化热",同样也产生于中国历史上又一次转折时期——一个以改革和开放为主要特征的新时期。

新的历史时期带来了经济、政治和思想文化领域的深刻变化。社会的巨大变化要求建立与之相适应的新文化,以推动客观形势的进一步发展。这是80年代"文化热"发生的根本原因。如做具体分析,则有以下几方面的动因:

第一,是建设社会主义四个现代化的需要。经济发展与文化建设的发展规律表明:伴随经济建设高潮的出现,文化建设的高潮必接踵而起。仅以新中国成立后的历史为例,1956年我国曾出现经济建设高潮,同时有征兆表明,即将出现文化建设高潮。当时,党中央提出的"向科学进军",继之周恩来同志所作的"知识分子问题的报告",毛泽东同志提出的发展科学、艺术的指导方针——"百花齐放、百家争鸣"等,都是基于对客观形势的估计,敏锐地觉察到文化建设高潮即将到来。不料,随即出现了反右斗争扩大化,"大跃进"、反右倾运动,直至爆发贻害无穷的

---

[*] 本文乃与房德邻教授合撰。

"文化大革命"。频繁不断的政治运动,既严重破坏了经济建设,也使早该出现的文化建设高潮被抑止。党的十一届三中全会之后,全党工作的重点转移到经济建设上来,一个文化建设的高潮才终于出现。如何从中国社会主义现代化的需要出发,批判地吸收外国和中国传统文化中一切有价值的优秀成果,建设和发展社会主义新文化,这种客观形势,迫使文化思想理论工作者,重视和研究文化问题。

第二,是改革和开放的需要。坚持四项基本原则与改革和开放是新时期的基本国策。随着一系列改革措施的推行,新思想、新观念、新方法也相应产生,然而却与人们多年来形成的陈旧的传统观念发生了冲突,诸如锐意革新与因循守旧,政治民主与个人专断,按劳分配和平均主义等。旧的思想、观念、意识、习惯,乃至思维方式,都可能成为改革的阻力和障碍。因此,清除传统文化中的惰性因素,进行思想文化的更新,便具有紧迫的现实意义。

再者,由于实行对外开放,西方的科学技术、管理经验、人文科学,必然被引进和传入。于是中西文化关系的问题又被重新提出。不过,这与五四时期提出此一问题时的情况大不相同。五四时期,首先是西方资本主义文化同当时影响巨大的中国传统文化的冲突,继而又有马克思主义思想理论即无产阶级文化形态同资产阶级文化形态的冲突。无论是哪种冲突,都同改造当时腐朽落后的经济、政治制度密切相关。因此,当时的中西文化关系具有全面的对抗性。而80年代的中国,尽管经济上还比较落后,政治体制也不尽完善,但从总体上说,社会主义的经济制度和政治制度是先进的,同时占支配地位的文化形态——无产阶级文化,也是先进的文化形态,它善于吸收一切人类的优秀文化成果。这就决定了80年代中西文化关系的主导方面是互相交流,而不是互相对抗。唯其如此,积极引进当代西方某些先进的科技文化,一直是我国对外开放政策的主要内容之一,也是形成这次"文化热"的重要"热源"。当然也不是说现在中西文化关系就没有冲突的一面。冲突仍是客观存在,在某些时候某些方面还很尖锐,情况也较为复杂,因为资产阶级文化具有两重性。当前,中西文化关系的冲突主要有两方面:既有现存传统文化中的惰性因素,同西方资产阶级文化中某些进步方面的冲突;也有社会主义无产阶级新文化同西方资产阶级文化中腐朽面的冲突。因此,如何正确对待西方现代文化仍然是一个严肃的课题，它要求文化思想工作者勇于探索，进行实事求是的研究和解答。

第三，则与人们对新中国成立以来的"历史反思"相联系。毋庸讳言，新中国成立后，社会主义事业在取得巨大成就的同时，也有过严重的挫折和失误，特别是发生了"文化大革命"那样空前的浩劫，不能不引起人们的沉思。在历史的反思中，人们痛切感到"文化大革命"中出现的极端个人迷信，家长制作风，愚民政策，自我封锁等各种荒唐事情，都与中国几千年的封建专制遗毒密切相关。因此，粉碎"四人帮"不久，思想理论界，即率先起来批判中国封建文化，期望在现实生活中清除封建主义的余毒和影响，接着反思的范围扩展到对中国封建社会长期停滞的历史原因的探讨，以及如何评价资产阶级人道主义，和对社会主义人道主义的研究。文化研究的范围，逐渐从对封建文化的批判，扩展到对资产阶级文化的评价，以及对中西文化的比较研究。

第四，是学术研究发展本身的要求。我国有光辉灿烂的古代文化，也有研究文化思想的优良传统。及至近代，随着西方资产阶级文化和马克思主义思想理论的先后传入，又出现以资产阶级观点和以马克思主义理论观点研究中国传统文化的学者。从1911年至1949年，先后出版有中国文化史的著作达一百多种。但新中国成立后，由于众所周知的原因，文化研究异常冷落，称得上是文化史的著作寥若晨星，至于一般意义上的文化学则无人问津。粉碎"四人帮"之后，思想学术界逐渐活跃，社会科学领域中的许多薄弱环节，与空白之处，渐为人们关注。一向受到冷遇的文化史与"文化学"，势必破土复苏。与此同时，近三四十年来，文化学成为世界性的"显学"，发展十分迅速，在对外开放的局面下，世界性的文化热潮，对我国学术界也产生了巨大的冲击，推动了国内"文化热"的兴起。

各种因素的汇集，遂促成80年代出现了汹涌的文化热潮。足见，80年代"文化热"的兴起，有着广阔的历史背景，具有丰富的内涵和时代特色。

80年代在学术界兴起的"文化热"主要表现在，全国各地先后召开了各种类型的座谈会、讨论会，如"中国文化史研究者座谈会""中国近代文化史讨论会""全国东西方文化比较讨论会""首届国际中国文化学术讨论会"……通过各种学术座谈会、讨论会，对文化方面的问题进行了广泛的探讨，既提出了一系列需要深入研究的问题，也形成了重视和加强文化研究的舆论和声势。此外，在一些高等学校和科学研究单位，陆续成立起一批研究文化的机构和团体，如"中国思想文化研究中心""东西方文化比较研究中心""近代文化史研究室""中国思想文化史研究室"……并由这些机构创办了一些文化学科的研究刊物，如《中国文化研究集刊》《国学集刊》《中西文化比较研究》《东西方文化研究》《中国近代文化问题》等。这些研究机构的成立和刊物的创办，初步形成了研究队伍，开辟了研究阵地。再者，全国不少报刊都曾开辟专栏，诸如"传统文化与现代化""文化论坛""中外文化研究"等，开展对文化问题的研究和讨论。同时，几家有影响的出版社也争相推出"文化丛书"，如《中国文化丛书》《中华近代文化史丛书》《文化哲学丛书》《现代思想文化译丛》等。在报刊专栏，及各种专刊和丛书的组织推动下，有关文化的研究成果如雨后春笋般涌现，据不完全统计，仅1985年至1986年公开发表研究文化的论著，即达二百多篇、部。而1949年至1979年的三十年中，出版的文化史论著却屈指可数。从参加"文化热"研究的成员看，既有老一代专家和中青年学者，也有热衷于中国文化研究的西方汉学家，还有从事中国文化研究的港台学者和外籍华人学者，具有广泛的研究者基础。事实说明，前几年的确出现了"文化热"。对此，有人提出质疑说，"文化热在哪里？""所谓'文化热'只是一种假象""只是赶时髦，刮一阵风，造一通声势"① 而已。这种看法未免有些偏颇，不能因为"文化热"中存在这样或那样的问题，便否认"文化热"的存在和已取得的成绩。

综观各种讨论会和已发表的有关论著看，这次"文化热"主要研讨了如下几方面的问题：①文化及文化的定义、对象、结构、范围等一般文化理论问题；②中西文化比较研究，探讨了中西文化各自的特征和优劣；③宏观考察中国文化，研究中国传统文化的特点、核心及其发展演变规律；④研究探讨某种文化专史、专题或某些具体的文化现象，如《中西文化交流史》《中国甲骨学史》《中国的陶瓷艺术》《禅宗与中国文化》《经学与中国文化》《国民性探析》等；⑤围绕中国文化向何处去的主题，

---

① 降大纤：《文化研究十五问》，《晋阳学刊》1987年第1期。

讨论了中国现代文化与传统文化及西方文化的关系。这几个方面的问题虽未必概括了所讨论的问题的全部，却亦说明了讨论的问题十分广泛，并涌现出一批可喜的研究成果。应该说，新中国成立三十年来，还从未如此热烈、活跃、畅所欲言地讨论文化问题。这次"文化热"的成果与影响，为今后深入进行文化研究开辟了良好的开端，预示了文化学科将走向勃兴和繁荣。

但也必须指出，这次"文化热"中对许多问题的研究和讨论还只是初步的，已发表的某些看法，并非都是悉心研究的结果，有的带有随感性质。特别值得指出的是，这次"文化热"期间，也正是资产阶级自由化泛滥之际，自由化思潮中散布的各种反马克思主义、反社会主义制度的观点，涉及政治学、经济学、历史、文艺、伦理道德等各个领域，文化方面受资产阶级自由化思潮的影响，同样不可低估。因此要使"文化热"健康而持续地深入开展，有必要对讨论中反映和涉及的问题，审慎分析，认真探讨和思考。

二 对几个问题的探讨和思考

（一）关于研究文化的指导理论问题

究竟以什么样的理论观点为指导，是文化研究能否深入开展的关键所在。我们说研究文化必须以马克思主义理论为指导，这似乎不成问题，实则远非如此简单。一方面长期以来我们对马克思主义理论的理解不很准确，有时表现出教条主义和某些机械与偏狭，对马克思主义学说中有关文化的论述研究尤其薄弱，再由于林彪、"四人帮"曾以极左的面目，肆意歪曲、践踏马克思主义和毛泽东思想，导致一些不成熟的青年对马克思主义产生怀疑和"逆反心理"，滋长了非理性主义倾向。再加上前几年资产阶级自由化思潮泛滥，社会上出现否定马克思主义毛泽东思想的错误倾向，诸如马克思主义"过时论""僵化论""真理多元论""分科代替论"等荒谬论调，都还有一定市场。在"怀疑风""否定论"甚嚣尘上时，一些人提出马克思主义只是"百家"中的一家，只能作为一个学派看待，不能确立马克思主义对社会科学的领导。在"文化热"中，有些人对马克思主义关于文化学的论述视而不见，否定有马克思主义文化学。还有些中青年文化研究工作者，对马克思主义理论知之甚少，读了些西方资产阶级的文化理论，诸如文化哲学、符号学及文化人类学原理等，便将这些未经消化的西方文化理论、名词概念，囫囵吞枣地搬用于文化研究，甚至只是简单地重复西方资产阶级学者的观点，却认为自己在构建新的文化体系。事实说明，对文化问题的研究确实存在着究竟是以马克思主义理论为指导，或者是以西方资产阶级文化理论为指导这样根本性的尖锐问题。

联系到"文化热"中对一些问题的具体讨论，也确有些观点不符合或者背离了马克思主义辩证唯物论与历史唯物论的基本观点。譬如关于中西文化关系的讨论，自五四以来就出现过以胡适为代表的彻底否定传统、崇洋媚外的"全盘西化"论，用以反对马克思主义、反对中国共产党的领导、反对中国走社会主义道路，主张完全照搬西方资本主义国家的经济政治制度，企图把中国引上资本主义道路。此后半个多世纪以来，在马克思主义毛泽东思想指导下中国革命胜利的历史实践，早已证明此路不通。然而，在80年代的今天，却仍然有人老调重弹，赤裸裸地宣扬"全盘西化"论，也有人将"全盘西化"论变作"西体中用"，提法虽有不同，实质并无两样，仍然是主张"把西方资本主义的商品经济和整个上层建筑统统搬到中国来"。所谓"西体中用"的提法，岂不是像严复曾批判"中体西用"如同"牛体马用"一样可笑。再如"批判继承"是马克思主义对历史遗产（包括文化遗产）的基本理论和原则，列宁和毛泽东尤其有精辟的论述，但在"文化热"中却有人斥责"批判继承"是"中庸观点"，是"不科学的"，是离开"系统整体立场"的"零散评价"，他们主张"摆脱中国文化的传统形态""根本改变和彻底重建中国文化""要反传统，要全力动摇、瓦解、震荡和清除旧传统"。这种对中国传统文化不做具体分析的主观主义形而上学观，显然有悖于马克思主义的辩证唯物论。

我们说文化研究必须以马克思主义理论为指导，主要是指在文化研究中要运用马克思主义的基本理论、观点和方法，而不是照搬照用马克思主义的个别词句和概念。历史在发展，时代在前进，自然科学和社会科学日新月异，马克思主义本身也在不断发展，马克思主义的具体论断和个别词句，绝非灵丹妙药。但马克思主义的基本理论观点和方法，却万古长青，具有普遍的指导意义。以"文化热"中对中国传统文化特征的讨论为例。

有人认为其主要特征是封闭性，也有人认为是兼容性。其实这两种截然相反的观点，虽然都有一定的道理，但又都带有片面性，缺乏唯物的辩证分析。从唯物主义观点来看，"一定的文化是一定社会的政治和经济在观念形态上的反映"①（指狭义文化）。因此中国传统文化，作为封建时代的文化，主要是中国封建经济、封建政治的反映。中国的封建经济是封闭性的自然经济，建筑在其上的中国传统文化也就不能不具有封闭性的特点。当然，封建经济和封建文化的封闭性，乃是相对于资本主义竞争经济和与之相适应的开放性文化而言，如无这种比较，则无所谓封闭性。另外，观念形态的文化又具有相对的独立性，就文化本身的特性说，它是交流的，而不是封闭的，因为任何文化现象都是人类在某种范围中交流的产物。从这个角度看，文化具有兼容性、开放性。正因为中国传统文化具有封闭性和兼容性这样的两重性。所以在近代西方资产阶级文化涌来之后，中西文化既有冲突，也有交融，从而形成近代中国资产阶级文化形态。我们只有运用唯物论辩证法进行具体分析，才能对诸多文化问题做出有说服力的解释和说明。

我们说开展文化问题研究必须以马克思主义理论为指导，还在于马克思主义思想理论本身，就是两千多年人类优秀思想文化成果的总结。同时，马克思主义是一个完整的科学体系，马克思主义的理论核心——唯物辩证法是关于自然界、人类社会和思维运动的一般规律的科学，具有普遍指导意义，对文化研究同样具有指导意义。尤其不能忽视的是马克思、恩格斯、列宁、毛泽东这些马克思列宁主义毛泽东思想的大师们，有许多极重要的著作，如《德意志意识形态》《共产党宣言》《家庭、私有制和国家起源》《自然辩证法》《反杜林论》《社会主义从空想到科学的发展》《论无产阶级文化》《新民主主义论》等，其中既有对文化问题原则性的理论阐述，也有对具体文化现象的论断与评价，对我们开展文化问题的研究具有更加直接的指导意义。

总之，文化研究既不能以西方资产阶级文化理论为指导，也不能站在中国传统文化立场上解释文化现象，而必须以马克思主义理论为指导，只有这样才能使文化研究不断深入。

---

① 《毛泽东选集》第2卷，人民出版社1991年版，第694页。

（二）关于判断文化价值的标准问题

在"文化热"中，比较中西文化的优劣，是讨论者普遍感兴趣的问题之一。有人说中国文化优于西方文化，因为西方一向重视物质文明，而现在西方却出现了"意识危机"，他们感到只重视物质文明不行了，开始向东方寻求精神文明，因此中国的儒学会在一个新的基础上得到复兴，因而提出"儒学复兴"说。另一种意见是说西方文化优于中国文化，西方文化是进取型的，中国文化是保守型的，中国文化早就不该再继承了，只有西方当代文化才是中国建设现代化所需要的文化类型。当然参加讨论的多数论者，并不同意上述看法，而认为中西文化各有其优劣，只是就具体优劣的看法和分析不相一致。

其实，中西文化的优劣比较是个老课题，在戊戌启蒙思潮和五四新文化运动中都曾热烈讨论过。目前持论双方，大多数还是重复前人的老调，并无突破性的发展。问题之所以长期争论不休，主要原因之一就是判断中西文化价值的标准不一致。有人以西方文化为参照系数作评价标准，来评价中国文化；也有人以中国文化为价值标准去评价西方文化，各执一端，结论相反。因此，要比较中西文化的优劣，必须先找一个公认的正确的判断文化的价值标准。

中西文化的比较，一般说是就观念形态文化的比较，而作为一定社会经济和政治的观念文化，又反过来对一定社会的经济和政治以巨大的影响。要判断某种观念形态的文化是否有价值，只能看它对于一定社会的经济政治发展所起的作用如何。每种文化现象的价值总是同人类社会某一特定发展阶段相联系，人类社会是个不断发展的历史过程，绝不能把文化看成是一种超越历史、空无依傍的独立现象。因此，判断文化的价值标准应是客观的、具体的、变化的，而不应是超时空的、先验的、抽象的、僵化的。

以严复对西学的介绍而论，严复于19世纪70年代在英国留学，那时马克思的《资本论》第一卷已经出版，马克思主义在西欧已广泛传播，成为最先进的无产阶级文化形态，而资产阶级文化形态从总的趋势看已开始走向衰落。严复回国后并没有介绍马克思主义，他所介绍的是资产阶级的哲学、社会学说。然而严复却成为"在中国共产党出世以前向西方寻找真理的一派人物"① 之一。这是因为当时中国刚刚出现近代资本主义，尚需要资产阶级的学术、文化，为资本主义在中国的发展做思想上的论证。严复在介绍西方思想学说时，突出介绍了达尔文的进化论，准确地说是介绍了社会达尔文主义。而社会达尔文主义在西方从其产生起，就是为殖民主义者侵略服务的反动理论，但它在近代中国却起到很大的进步作用，成为在马克思主义传入中国之前，先进的中国人进行救亡图存斗争的主要理论武器。如不结合中西方一定的社会历史条件，去抽象地评价社会达尔文主义或全部西学的价值，就很难做出客观的评价。

一种在古代起进步作用的文化形态，延续到现代可能完全是反动的。在世界上某种先进的文化形态，在一定时期对于某一国家来说暂时可能是无价值的。在某一国家是反动的文化现象，于另一国家可能会起进步作用。应该一切以条件、地点和时间为转移，正如列宁所说，"在分析任何一个社会问题时，马克思主义理论的绝对要求，就是要把问题提到一定的历史范围之内，此外，如果谈到某一国家，那就要估计到在同一历史时代这个国家不同于其他各国的具体特点"②。因此，在比较中西文化的优劣时，必须将这两种文化放在某一具体社会历史条件下进行具体分析。这是"马克思主义活的灵魂"。如在五四以前，有人说西方文化优于中国文化，是指其对当时中国社会的作用而言，含有一定的正确性，因为当时中国的封建文化已不能适应社会发展的需要，西方资产阶级文化正适合中国反封建主义的需要。但如由此引出一个脱离具体时空条件的普遍性结论，那就大谬不然。因为中国中世纪的文化并不比同时期的西方文化低劣。今天中国的文化又是社会主义的新文化，"这种中国人民的文化，就其精神方面来说，已经超过了整个资本主义世界"③。

（三）关于文化比较研究中的可比性原则问题

将两种文化或多种文化进行比较研究，是文化研究的重要方法之一。但比较必须遵循可比性原则，所谓可比性原则就是比较的两个对象（或多个对象）具有对等条件，如范围、时间、内容等方面的对等……这些

---

① 《毛泽东选集》第4卷，人民出版社1991年版，第1469页。
② 《列宁选集》第2卷，人民出版社1977年版，第512页。
③ 《毛泽东选集》第4卷，人民出版社1991年版，第1516页。

对等条件不是每一组对比都必须全部具备，由于比较的对象不同，要求的对等条件也不同。

在"文化热"中，不少同志用西方资产阶级文化同中国传统文化进行比较，这样比较所得出的中西文化的特点，只能是中国传统文化的特点和西方资产阶级文化的特点。并非全部中国文化和全部西方文化的特点，然而不少论者却以此概括中西文化的全然性特点，这显然不符合可比性原则。

既然要比较中西文化的特点，那就应以全部中国文化和全部西方文化进行比较，或用当代中西文化进行比较，因为当代的民族文化是历史上民族文化的发展，并是现实的"活文化"，它最有"资格"代表一个民族的文化。五四时期封建文化的传播是当时社会发展的重要障碍，因此那时的知识界将中国的传统文化同西方资产阶级文化进行比较，具有一定的现实意义。但五四新文化运动之后，中国的文化形态发生了重大变化，特别是由于马克思主义的广泛传播，使中国产生了以马克思主义为指南的无产阶级新文化，这是"新民主主义性质的文化，属于世界无产阶级的社会主义的文化革命的一部分"①。它在新中国成立以后获得了巨大的发展。虽然今天中国的文化，还存在不少传统文化中的消极成分，但毕竟是与传统文化截然不同的新的文化形态。看不到传统文化在今天的影响是不正确的，而夸大这种影响也同样是不正确的。譬如人们常常议论的封闭性，它是确实存在的，并且是我国现代化建设中的阻力，但却不能由此得出结论，认为中国现代文化的主要特征是封闭性。因为中国文化从戊戌启蒙运动后就呈现出开放性，今天则主要是开放的。那种有意无意地把传统文化等同于中国现代文化的做法，既不符合历史实际，也不符合对等原则。今天要比较中西文化的特点，就应该用我国社会主义文化同当代西方文化进行比较，只有这样，才能得出较为正确的结论。遗憾的是，至今还没有人做过全面的比较研究。

也有的同志进行中西文化比较研究，想从文化的角度探讨中国为什么未能像西方那样"自然"地发展到资本主义，这个选题固无可厚非，但由于未遵循可比性原则，仍是将中国传统文化同西方资产阶级文化进行比

---

① 《毛泽东选集》第2卷，人民出版社1991年版，第698页。

较，其结论自然难以令人信服。如有人说中国文化是以人伦为本位，西方文化以知识为本位，或者说中国文化是人文文化，西方是科学文化。因此，西方的科学技术发展得快，较早地引发了资本主义。这种说法貌似有理，实则经不起推敲。倘如论者所说，西方文化既是以知识为本位，那么为什么西方在封建时代没有创造出能与中国封建时代所创造的灿烂文化相媲美的文化呢？中国文化既非以知识为本位，为什么在中世纪所创造的科学技术成就倒远远超过同时期的欧洲呢？事实上，在中世纪，无论是西方还是东方，都是不重视科学的，统治阶级都是实行愚民政策的。在这一点上，欧洲并不比中国逊色。臭名昭著的宗教裁判所的所作所为不是人所周知吗？！著名空想社会主义者圣西门曾这样批判过中世纪的欧洲："在中世纪管理的能力，换句话说，就是控制人民的才能，被人们看作是而且必然看作是主要的才能。绝大多数的居民在当时所处的无知状态也要求建立这样的社会制度。"可见，欧洲中世纪的文化也不是以知识为本位。

关于科学思潮，那是随着资本主义兴起而出现的，因为新兴的资产阶级比以前的任何阶级都更关心生产的发展。培根的"知识就是力量"，严复的"富强之基，本诸格致（科学）"，分别代表了西方和中国在资本主义兴起时对发展科学的强烈要求。因此"科学文化"是属于资本主义的文化特征。说中国是人文文化，西方是科学文化，实际上说的是中国封建文化和西方资产阶级文化，将这两种不同历史阶段的文化进行比较，无法说明中国为什么没有像西方那样"自然发展到资本主义"，因为它没有从文化方面解释西方是怎样从封建制发展到资本主义的。

还须指出一点，说西方资产阶级文化特征是"科学文化"，应该是相对其封建文化而言，而不是相对中国文化而言。在中西文化特征的比较研究中，不宜用这一概念，它容易引起误解，似乎西方资产阶级只重自然科学，不重人文学科（我国确有不少学者是持这种看法的），事实上西方科学思潮和人文思潮差不多是同时兴起的。影响深广的文艺复兴运动和法国的启蒙运动都是强大的人文思潮，认为西方只重科学、不重人文，或者说西方只重物质文明、不重精神文明，都不完全符合历史事实。

中、西文化各自产生并发展于很不相同的背景下，必然会有许多不同的特点，欧洲先于中国进入资本主义时代，中国封建社会却长期延续，这必然会有各自独特的文化史上的原因，要探讨其中的原因，就需要把中西封建时期的文化，特别是对其封建末期的文化进行全面深入的比较。这样做自然是艰巨的、困难的。

（四）关于"两种文化"的问题

文化有多种层次，一般说有世界文化、地区文化（文化圈）、民族文化、社区文化、城乡文化、个人文化等。"文化热"中所研究的则主要是中西民族文化，重点又是中国传统文化，更准确地说只是中国汉民族文化，其他层次的文化却很少涉及。今后理应对各层次的文化都开展研究，不过限于人力和物力，重点应放在民族文化和阶级文化上。

列宁曾指出"在每一种民族文化中都有两种民族文化"。[①] 这是大家所熟知的"两种文化"理论。可是在"文化热"中很少有人运用这一理论来进行研究，究其原因，很重要的一点是因为多年来在我国社会生活中推行"以阶级斗争为纲"的极"左"路线，给全党和全国人民造成了极大的损失，也严重阻碍了文化的繁荣，以致一提"两种民族文化"，使人容易和"阶级斗争"联系起来，心有余悸之感。但是作为以马克思主义为指导的研究工作者，应该克服这种不正常的心理和情绪，正确认识和对待阶级斗争的理论和"两种文化"的理论。

遵循历史唯物主义的阶级分析，人类自从进入奴隶制社会以后就出现了阶级，至今也没有哪一个国家消灭了阶级。在我国社会主义条件下虽基本上消灭了阶级对抗，但仍然存在着阶级和阶级矛盾。有多少种阶级，就有多少种文化形态，不同阶级的文化形态之间有共同的表现形式，也有差异，甚至对抗。所谓民族文化就是由组成它的各阶级文化所构成的矛盾统一体。我们要认识和了解一个民族的文化，就不能不研究它的各阶级的文化。

以我们通常说的中国传统文化而论，实际上只是汉民族地主阶级的文化，它是中世纪占统治地位的文化，也是中国封建时代文化的主要内容，但不是唯一内容；它虽然对农民和其他阶级有深刻的影响，但不等于就是农民和其他阶级的文化形态。农民有农民的文化，市民有市民的文化，彼此间的差异是明显的。就清代来说，农民和手工业工人的秘密结社相当普遍，北方白莲教系统、南方天地会系统，各种秘密结社有上百种之多，各

---

① 《列宁全集》第20卷，第5页。

尊佛、道、仙、神、魔、怪，却无视孔子为至尊，表明农民、手工业工人同地主阶级在文化形态上的巨大差别。近代中国的文化状况更为复杂，有地主阶级的文化，有农民阶级的文化，有资产阶级的文化，有无产阶级的文化，此外还有帝国主义的文化。而地主阶级又分顽固派和洋务派，资产阶级又分为改良派和革命派。各阶级各阶层文化的共性与个性错综复杂，使我们很难简单地说清中国近代的文化形态。只有逐一深入研究中国近代各阶级、各阶层的文化状况，才能从总体上把握中国近代这个多元的文化统一体。

同样，对于当代西方文化，也要研究阶级文化，主要是资产阶级和无产阶级两大阶级的文化。目前，通常所说的当代西方文化只是说的西方资产阶级文化。其实，自从马克思主义诞生以来，西方的无产阶级就有了自己完整的文化形态，而今，这一文化形态在欧洲社会主义国家已成为占统治地位的文化形态，在西方也是有重大影响的思想文化潮流。葛兰西就曾指出，"马克思主义已成了现代文化中的一股强大的力量，在某种程度上，它已经决定了一些思想潮流，并使它们在自己之中获得了丰富的营养"，这股强大的力量正在为争取实现社会主义而斗争。正如邓小平同志所指出的："资本主义国家中一切要求社会进步的政治力量也在努力研究和宣传社会主义，努力消灭资本主义社会的各种不公道、不合理现象直至为实现社会主义革命而斗争。"[1] 这里所说的"研究和宣传社会主义"，就是无产阶级的文化形态。如果不了解这种无产阶级的文化形态，就不能全面认识现代西方文化。由于西方无产阶级文化形态对资产阶级文化形态采取批判的立场，因此它有助于我们更深刻地认识当代西方资产阶级文化腐朽性的一面，也将会帮助"全盘西化"论者变得更清醒一些。

当然，我们今天运用"两种文化"的理论来研究文化，不能像以往那样片面，认为凡是剥削阶级的文化都是坏的，凡是劳动人民的文化都是好的，现代资产阶级文化已经腐朽透顶，如此等等，而应客观地、实事求是地认识各阶级的文化，辩证地认识阶级文化与民族文化的关系，辩证地认识无产阶级文化同其他阶级文化的关系，也只有这样才能正确认识和发

---

[1] 邓小平：《实现四个现代化必须坚持四项基本原则》，见《坚持四项基本原则，反对资产阶级自由化》第1册，第25页。

展无产阶级社会主义文化。列宁曾经精辟地阐述："应当明确地认识到，只有确切地了解人类全部发展过程所创造的文化，只有对这种文化加以改造，才能建设无产阶级的文化，没有这样的认识，我们就不能完成这项任务。无产阶级文化并不是从天上掉下来的。也不是那些自命为无产阶级文化专家的人杜撰出来的。如果硬说是这样，那完全是一派胡言。无产阶级文化应当是人类在资本主义社会、地主社会和官僚社会压迫下创造出来的全部知识合乎规律的发展。"[①] 我们在研究文化，学习马克思主义关于"两种文化"的理论时，不应忽视列宁的这些论断。

（五）关于研究当代文化问题

从已有研究成果看，这几年学术界"文化热"的"热点"是在中国传统文化上。中国的传统文化历史悠久，内容丰富，是我国也是世界文化史上极其宝贵的文化遗产，确应深入而系统地进行研究。同时，我们认为整个文化研究的工作，第一位重要的则应是当代文化研究。古今中外影响深广的文化运动，诸如意大利的文艺复兴运动、法国的启蒙运动、中国的戊戌启蒙运动、"五四"新文化运动等无不是着眼于现实的文化运动。我国80年代的"文化热"，乃是适应现实生活的需要应运而生，理所当然地应为现实服务。这就必须研究现实文化的状况，回答现实文化发展中的问题，促进当前文化事业的发展。研究古代文化和外国文化，其根本目的也是为着更好地发展我国当代文化。

这几年也确有些同志关心现实文化问题，调查现实生活中的各种文化现象、文化设施，研究如何提高人民的文化水平和素质，从理论上展示文化发展的目标和途径，并向有关部门提出文化发展的具体建议，且取得了一批成果。但总的看来，直接从事现实文化研究的同志还太少，远不能满足文化发展的需要。我们认为，今后，一方面有关部门应有计划地组织人力研究现实的文化问题，另一方面专业文化研究工作者也应自觉地把研究重点转移到现实文化上来，使现实文化的研究成为"热点"，这样"文化热"才能持久地"热"下去。因为现实文化发展中不断出现的问题是"文化热"永不衰竭的热源。

"文化热"中讨论和涉及的问题很多，我们仅就上述几个较突出的问

[①] 《列宁选集》第4卷，人民出版社1995年版，第285页。

题做了初步的探讨和思考。

从对80年代"文化热"的评价与思考中，我们深切感到有必要在深入进行文化问题研究的基础上，建立具有中国社会主义特色的马克思主义文化学，以促进社会主义新文化的进一步发展。任何一门学科都必须有自己区别于其他学科的独特的理论和方法，否则就不能称其为一门严密完整的学科。马克思主义经典作家对于文化学的有关问题曾有精辟的论述，为建立马克思主义文化学开辟了道路，指明了方向。但马克思主义经典著作并没有穷尽文化学的真理，我们应在继承的基础上，为建立更为完备的马克思主义文化学而努力。我们要建立的马克思主义文化学，又必须根基于中华民族文化的土壤之中，把马克思主义的普遍真理和中国的历史与实践相结合。中华民族曾创造了灿烂的古代文化，"清理古代文化的发展过程，剔除其封建性的糟粕，吸收其民主性的精华，是发展民族新文化提高民族自信心的必要条件"[①]。今天，我们的党和国家，又万众一心，众志成城，为实现社会主义四个现代化而努力奋斗。社会主义的新文化理应为实现社会主义现代化指明前途和方向。因此，我们要建立的文化学，必须是具有中国社会主义特色的马克思主义文化学。这种具有中国社会主义特色的马克思主义文化学，应依据马克思主义原理，联系中国的历史和现实，阐明什么是文化，文化的特征、结构和层次，文化学研究的范围，论述人类文化的起源、发展和演变，总结其规律；说明文化发展的动力，文化的创造者——人与文化的关系；阐析各民族文化与外来文化、传统文化与现实文化的相互辩证关系；解释文化现象及与之有关的非文化现象之间的相互关联，论述文化的作用和社会功能；提出文化研究的基本方法……

为建立具有中国社会主义特色的马克思主义文化学，必须认真学习马克思列宁主义毛泽东思想，还要积极引进国外的文化研究成果，无论是社会主义国家的或者是资本主义国家的研究成果，都应该翻译和引进，以作为我们建设自己的文化学的借鉴。此外，由于文化学是一门综合性很强的学科，它所要解决的是探索研究人类文化的起源、发展、演化的规律及其相关的理论和方法。由此涉及的学科非常广泛，诸如考古学、民族学、历史学、政治学、哲学、美学、语言学、人类学、自然科学史等。要使文化

---

① 《毛泽东选集》第2卷，人民出版社1991年版，第707—708页。

学具有广泛的涵盖性和高度的综合性，还必须密切注意各相关学科的研究动态，吸收人文各学科与自然科学的成果，吸收各学科中适用于文化学的理论和方法，加速文化学自身的建设。

80年代的"文化热"，发源于我国新的历史转折时期——一个伟大的变革时期，正如历史上一切伟大变革时期，都产生了与之相适应的灿烂文化一样，我国当前这个伟大的变革时期，也必将创造出与之相适应的光辉灿烂的社会主义新文化。

（原载《传统文化与现代化》，中国人民大学出版社1988年版）

试析文化史研究中的民族虚无主义倾向[*]

一

文化史研究中的民族虚无主义，是指在研究文化过程中所出现的全面否定传统文化，或者在否定传统文化的同时又提倡全盘西化的思想倾向。

文化研究肇兴于19世纪，与历史、文学等方面的研究相比，是一门比较晚起的学科。它注重对社会问题的综合考察，试图探寻隐藏在历史现象背后的内在力量，揭示影响人们思想观念和行为方式的历史条件和社会环境，在解决历史的和现实的社会问题中，有其独特的功能。因此，这一学科一经产生之后，立刻引起人们的重视，影响迅速扩大。在我国，文化研究作为一门学科，经历了一段曲折的发展过程，如果从"五四"新文化运动乃至从1921年梁漱溟的《东西文化及其哲学》一书问世算起，迄今已有七十年的历史。在此期间，学术界对文化问题的研究，既有高潮，也有低谷，既有建树，也有错误。尽管在各个不同的时期，人们研究文化的侧重点并不尽一致，但有关传统文化的评价和中西文化的关系问题，却始终作为文化研究的重要内容而受到学者的普遍关注。围绕这些问题，学术界曾经展开并仍在继续进行激烈的争论，关注点有一个从器物到制度，乃至思想文化的渐进过程。但是，真正对传统文化构成严峻挑战的，是五四新文化运动。在20世纪初叶中国民族工业进一步发展，民族资产阶级势力逐渐壮大的情势下，一批先进的知识分子高扬"科学"和"民主"的旗帜，决意"冲决过去历史之网罗，破坏陈腐学说之囹圄"，以"青春之我，创建青春之家庭，青春之国

---

* 本文乃与黄爱平教授合撰。

家，青春之民族，青春之人类，青春之地球，青春之宇宙"。① 他们不仅发起文学革命，要求对传统的文学从内容到形式上都进行一次彻底的改造，而且把斗争的锋芒直指孔子和儒家思想，对封建的社会制度和纲常名教展开了猛烈的攻击。当然，新文化运动也存在着严重的缺陷，从对中西文化的认识而言，他们认为二者是根本对立而不能调合的，现在中国已经落后于西方，因此，"若决计革新，一切都应该采用西洋的新法子，不必拿什么国粹、什么国情来捣乱"。② 对文学革命，他们也宣扬"现在中国的文学界，应该完全输入西方最新文学，才是正当办法"。③ 甚至还有人更为激烈地提出了"废除汉字"的主张。④ 这种要好全好，要坏全坏的形而上学的方法和全盘否定传统文化的虚无主义态度，显然是偏激的和不科学的。

但是，新文化运动毕竟是一次空前的思想解放运动，它不仅猛烈冲击了封建的思想文化，为马克思主义在中国的传播创造了条件，而且也引发了学术界对文化问题的关注。五四以后，一批学者开始对传统文化和中西文化问题进行深入研究。与此同时，文化争论也时起时伏，其中否定传统文化，鼓吹全盘西化的论调，一直有着较大的影响。

新中国成立以前，在主张全盘西化论者中，以胡适和陈序经最具代表性。⑤

胡适长期留学美国，深受西方资产阶级思想文化，特别是实用主义哲学观的影响，因而在讨论文化问题和评判中西文化时，他往往以西方资产阶级的价值观为尺度，否定中国传统文化，颂扬西方文化。在他看来，中国"固有文化实在是很贫乏的"，中国所"独有的宝贝"，无非那些"骈文、律诗、八股、小脚、太监、姨太太、五世同居的大家庭、贞节牌坊、地狱活现的监狱、廷杖、板子夹棍的法庭"，等等，这些"都是使我们抬

---

① 李大钊：《青春》，《新青年》第2卷第1号。
② 陈独秀：《今日中国之政治问题》，《新青年》第5卷第1号。
③ 《通信》，《新青年》第3卷第6号。
④ 钱玄同：《中国今后之文学问题》，《新青年》第4卷第4号。
⑤ 按：在全盘西化论者著作中，有的也含有合理部分，如胡适批评梁漱溟以"意欲向前要求""意欲自为调合持中""意欲反身向后要求"三个公式来概括西方、中国和印度文化的根本精神，是既失于笼统，也不符合事实，等等。由于本文着重分析的是文化史研究中的民族虚无主义问题，因而对其他问题尽量略而不论。

不起头来的文物制度"。① 因此,"我们必须承认我们自己百事不如人。不但物质机械上不如人,不但政治制度不如人,并且道德不如人,知识不如人,文学不如人,享乐不如人,艺术不如人,身体不如人"。② 既然中国样样都不如外国,那么对于西方的文化,就应该"死心塌地"地去学,"不要怕模仿""不要怕丧失我们自己的民族文化"。③ 在此,胡适对自己"全盘西化"的主张,作了淋漓尽致的表述。但是,这种论调实在过于偏激,漏洞百出,经不起驳论,因此,"为免除许多无谓的文字上或名词上的争论起见",胡适后来改而提出"充分世界化"的主张,用以代替"全盘西化"论,并且不得不承认,"数量上的严格'全盘西化'是不容易成立的","西洋文化确有不少的历史因袭的成分,我们不但理智上不愿采取,事实上也不会全盘采取"。④ 但实际上,胡适鄙视传统文化,崇拜西方文化的立场却依然故我,并未改变。

全盘西化论的另一个代表人物陈序经,则比胡适走得更远。在他看来,中国文化落后于西方是一个无可辩驳的事实,中国学习西方是一个必然的趋势。在如何学习西方文化问题上,他认为,"文化本身是分开不得的,所以它所表现出的各个方面,都有连带及密切的关系"。因此,要学习、采纳西方文化,就必须"诚心诚意地全盘接受"。⑤ 陈序经并不否认西方文化也有短处,但他却又认为,中国在学习外国的过程中,是不可能只取所长而不取其短的。他打过这样一个比方:"假使我们承认西洋文化之长为百分之六十,中国文化之长为百分之四十,我们若能全盘西化,则我们至少有了二十分的进步。"⑥ 陈序经把"全盘西化"看作是中国的必由之路和现时趋势,认为若要"救治目前中国的危亡,我们不得不要全盘西洋化"。⑦

与胡适及其他论者不同的是,无论全盘西化论受到怎样的批判,陈序经都不改变初衷。他对胡适以"充分世界化"来取代"全盘西化"的劝

---

① 胡适:《信心与反省》。
② 胡适:《介绍我自己的思想》。
③ 胡适:《胡适论学近著》。
④ 胡适:《充分世界化和全盘西化》。
⑤ 陈序经:《东西文化观》,《社会学刊》第2卷第3期。
⑥ 陈序经:《关于全盘西化答吴景超先生》。
⑦ 陈序经:《中国文化的出路》,第123页。

告和严既澄提出的用"现代化"代替"西化"的建议都不屑一顾,并反驳说:"在实质上,在根本上,所谓趋于世界化的文化与所谓代表现代的文化,无非就是西洋的文化。故'西化'这个名词,不但包括了前两者,而且较为具体,较易理解。"① 他强调:"我们相信无论在需要上,在趋势上,在事实上,在理论上,全盘西化都有可能性的,所以我们才主张全盘西化。换句话来说,全盘西化论既非凭空造出来,全盘西化论也决不能为欲博了几个人的同情而就要抛弃或避免。"② 陈序经批评胡适"充分世界化"之说是折中的论调和"退让的态度",表示自己绝不改变原来的立场。

新中国成立以后,在较长一段时期内,由于种种原因,中外交往未能正常开展,文化研究也受到冷遇,不仅有关著作几乎不见,就连研究论文也寥若晨星。十一届三中全会以后,我们的国家进入了一个新的历史时期,学术园地出现了百花齐放的局面。随着改革开放方针的实施,中外交往不断扩大。当我们打开门窗,以实事求是的态度来看待这个世界的时候,我们不能不承认,中国在很多方面,确实已经落后了。面对严峻的现实和大量涌入的西方文化,如何评价传统文化和怎样处理中西文化关系问题,又被重新提了出来。问题仍然是老问题,争论又重新展开,在这场争论中,否定传统文化,鼓吹全盘西化的主张再次出现,其中最有代表性的,是电视片《河殇》,③ 以及被称作"文坛黑马"的刘晓波。

《河殇》标榜的是对传统文化进行反省,但它的反省,却是对传统文化的全盘否定,中国古代的文化传统,包括龙、长城、黄河乃至黄色的土地,都成了《河殇》批判和嘲笑的对象。在《河殇》作者看来,黄河只是一条暴虐之河,它虽然孕育出了中国的文明,然而现在却已经失去了历史价值和时代意义,所谓"这片黄色的大地不能教给我们,什么是真正的科学精神。肆虐的黄河不能教给我们,什么是真正的民主意识。单靠这片黄土和这条黄河,已经养育不起日益膨胀的人口,已经孕育不了新的文化,它不再有过去的营养和精力"。作者把悠久的历史文化遗产视为"巨

---

① 陈序经:《全盘西化的辩护》。
② 同上。
③ 按:严格来说,《河殇》并不属于学术研究的范围,但因其观点在社会上乃至学术界都有一定影响,故置此予以分析。

大的文化包袱",并且断言,中国的文明并没有"多么特殊和奇怪,它的漫长,恰恰是整个古老世界的最后挣扎"。《河殇》还进而以"内陆文明"和"海洋文明"来代表中西两种文化传统,并以黄色和蔚蓝色分别作为两种文明的象征,认为"蔚蓝色文明"与"黄色文明"之间"无疑是冰炭不相容的",现在的世界大势是,黄色正在衰退,而蔚蓝色则充满活力,因此,中国的出路只能是"刷新中国文化的颜色",即"黄河命定要穿过黄土高原,黄河最终要汇入蔚蓝色的大海"。《河殇》作者虽然没有打出"全盘西化"的旗帜,并且还嘲弄"全盘西化"论是"一派幻想",但实质上,他们的论调与全盘西化论者并无原则的区别,反映的都是一种民族虚无主义的倾向。

如果说,对待传统文化,《河殇》还只是采取冷嘲热讽、借题发挥的方式予以否定,那么,刘晓波则是毫不掩饰地加以攻击和贬斥了。他把传统文化看作是一个已经让国人背了几千年的"十字架",声称自己"实在看不出对于今日国人来说,传统文化有什么值得留恋的东西",即使是代表中国古代灿烂文化结晶的四大发明,如果"把它们放入传统文化的整体之中,也会发现其消极作用绝不亚于积极作用"。他说自己在传统文化中"看不到精华,只见糟粕""传统文化给予我的只有绝望和幻灭"。[①]在刘晓波眼里,既然传统文化毫无可取之处,中国又"在世界近现代史上彻底落伍",那么,要改变这一状况,就必须"全面地、彻底地向西方学习"。[②] 当有人问他中国在什么条件下"才有可能实现一个真正的历史变革"时,他竟然回答说:"三百年殖民地。香港一百年殖民地变成今天这样,中国那么大,当然需要三百年殖民地,才会变成今天香港这样。三百年够不够,我还有怀疑。"[③] 在这里,刘晓波"全盘西化"的主张简直到了荒谬绝伦、令人愤慨的程度。

二

七十年来在文化史研究中出现的否定传统文化,主张全盘西化的思想

[①] 刘晓波:《选择的批判》。
[②] 刘晓波:《但愿香港永远是世界的自由港》,香港《争鸣》1989年1月号。
[③] 《文坛黑马刘晓波》,香港《解放日报》1988年12月号。

倾向，固然与中国的历史，尤其是近代以来的历史和现实有关，但这一倾向在理论上的谬误和偏差却不容忽视。即一些学者在从事文化研究，探寻中国及中国文化的出路时，自觉不自觉地陷入了形而上学的泥淖，任意否定传统文化，轻率颂扬西方文化，乃至主张"全盘西化"，这实际上是民族虚无主义在文化史研究中的表现。对此，我们有必要从理论上加以分析，以正本清源，明辨是非。民族虚无主义者在理论上的主要错误是：

第一，全面否定传统文化和历史遗产，这种民族虚无主义的态度，割断了历史与今天的必然联系，从而也就否定了历史研究，包括文化史研究本身的意义。

所谓历史，并不是一个静止不动的时间概念和学术用语，相反，它是流动的，不断变化的。昨天是今天的历史，而今天又是明天的历史。因此，历史并不是任何人可以随意割裂开来的，今天的劳动、创造，也只能在历史提供的舞台上进行。我们可以总结历史的经验，也可以吸取历史的教训，但我们却无法割断历史，抛弃传统。在这方面，经典作家有过十分精彩的论述。他们指出："历史并不是作为'产生于精神的精神'消融在'自我意识'中，历史的每一阶段都遇到有一定的物质结果、一定数量的生产力总和，人和自然以及人与人之间在历史上形成的关系，都遇到有前一代传给后一代的大量生产力、资金和环境，尽管一方面这些生产力、资金和环境为新的一代所改变，但另一方面，它们也预先规定新的一代的生活条件，使它得到一定的发展和具有特殊的性质。"[①]

而传统文化否定论者却无视历史与现实之间所存在的这种必然联系，他们把传统文化视为妨碍我们今天生活的沉重包袱而主张予以全盘否定，彻底抛弃，似乎这样一来，就可以重建新的文化，创造新的历史。这是一种典型的历史唯心史观。且不说历史造成的地理条件、生存环境等因素无法以人的主观愿望为转移而任意改换，即便是各民族在长期历史发展中所形成的风俗习惯、语言文字等，也不是可以随意弃置不顾的。从历史上看，无论是中国古代唐宋时期的古文运动，近代的改良变法，抑或是欧洲的文艺复兴，英国的资产阶级革命，人类社会的每一次思想文化运动或社

---

① 《马克思恩格斯选集》第 1 卷，人民出版社 1972 年版，第 43 页。

会发展进步，都借鉴或利用了前代的思想文化遗产。再就现实而言，要建设具有中国特色的社会主义国家，就必须了解中国昨天的历史和今天的国情。中国面临的现实是：版图辽阔，人口众多，各地区经济发展很不平衡，民众的整体文化素质还比较低下，解决十一亿人口的吃饭问题，仍然是国民经济的头等大事，如此等等。这就是历史留给我们的生存环境和社会条件，我们只能根据这样的实际状况制定方针、政策，也只能在这样的条件和环境下从事劳动、创造，而绝不可能异想天开，拔着自己的头发离开地球。历史和现实都告诉我们，人类社会的发展和进步，离不开对前代思想文化遗产的借鉴和利用，人们只能在"前一代传给后一代的大量生产力、资金和环境"的基础上生存劳动，进而改造自然及社会，而无法超越历史，割断传统。这是历史已经证明的人类社会发展进步的规律。如果人们在现实生活中可以随意抛弃历史和传统，完全依靠自己的想象去构筑新的生活环境和方式，那么，不仅人类社会延续几千年的文明史被人为地分割成为互不关联的个别阶段或碎片，就连历史和文化史研究本身，也变得毫无意义，探寻前人的思想、生活，总结历史的经验、教训，也成了多余之举。这显然是十分荒谬的。

第二，否定传统文化，主张全盘西化论者，把中国和西方的文化完全对立起来，不承认两者可以互相吸收和交融，这是一种形而上学的观点。

辩证唯物主义认为，世界上的任何事物，都处在对立的统一体中。一切矛盾、冲突着的东西，都是紧紧地联系在一起的。在一定的条件下，对立之物不仅可以共同存在于一个统一体中，而且还会互相转化。自然界如此，人类社会也不例外。而主张全盘西化论者，只看到中西文化的矛盾和冲突，看不到两者在一定条件下的统一和融合，这不仅违背了辩证唯物主义的基本法则，而且也不符合历史事实。

在中国历史上，吸收外来文化的事例并不鲜见，中国古代天文、历算、音乐、舞蹈等科学艺术的发展，曾经从国外的科技、艺术中吸取了丰富的养料，此自不待言，即使在思想领域，所受外来文化的影响也是十分明显的。如佛教自汉代传入我国以后，与以儒家思想为核心的中国封建文化产生了激烈的冲突。虽然这种冲突起起伏伏一直进行了几个世纪，但佛教最终还是以其独特的汉化形式在中国站住了脚跟。佛教文化与中国传统文化的冲突与融合，对我国古代思想的发展产生了重大的影响，宋明时期的理学，就是在这样的历史条件下形成并发展起来的。理学的兴起，不仅支配了封建社会后期数百年间思想文化的变迁，而且在中国思想史上也占有极其重要的位置。

如果说，佛教尚属东方文化，那么，历史上西方文化也曾先后两次大规模传入我国，这就是明清之际的中西文化交流以及近代以来西方政治、经济、思想文化在中国的大规模传播。在这两次中西交往的高潮中，尽管两种文化之间也产生了激烈的冲突，但二者仍有不少相互吸收、融合之处，中国传统文化也因此而发生了一些新的变化，出现了一些新的内涵。

如在中国传统文化中，儒家的思想学说占有极其重要的地位，封建的纲常名教，不但反映在历代封建统治的体制之中，而且紧紧地束缚着人们的头脑，影响着人们的思想。虽然中国历史上也曾产生过"民本"思想，出现过抨击专制主义和封建帝王的言论。但在鸦片战争之前，它们都没有超越封建的范畴。前者无非强调当权者在维护自己统治的时候，必须考虑到民众的利益；后者也只企望在一定程度上限制君主的权力或实现贤人政治，而没有也不可能考虑到要改变封建的统治制度。但是，到了近代以后，随着中西文化交往的发展和深入，传统的封建纲常名教，受到了前所未有的冲击和批判。戊戌维新时期，一些进步的思想家以西方近代的民主思想和进化理论为根据，把斗争的锋芒直接指向传统的专制制度和封建思想。康有为指出："中国败弱之由，百弊丛积，皆由体制尊隔之故。"[①] 严复的言词更为激烈，认为"秦以来之君，正所谓大盗窃国者耳。国谁窃？转相窃之于民而已。既已窃之矣，又惴惴然恐其主之或觉而复之也，于是其法与令猬毛而起。质而论之，其什八九皆所以坏民之才，散民之力，漓民之德者也"。[②] 到辛亥革命时期，资产阶级革命派不仅从理论上对封建的统治制度和思想文化进行了全面的批判，而且还拿起了武器，以武装斗争的形式向统治者宣战，终于推翻了大清王朝，结束了延续两千年的封建统治。可以设想，如果没有西方思想对中国的影响，没有中外之间的文化交流，在近代中国短短七十余年时间，中国社会绝不会发生如此巨大的变

---

① 康有为：《上清帝第七书》，《戊戌变法》第2册，第204页。
② 严复：《辟韩》，《严复集》，第35页。

化。需要说明的是，近代中西文化交流是在一种特殊的历史条件下进行的，不能否认其中渗透着资本主义列强的扩张野心和侵略本质。但是，西方的思想学说确实在中国社会及思想的变革中产生过重要影响，这是毋庸置疑的。

另一方面，文化交流是双向的，只要两种不同的文化发生接触，它们总会互相影响。全盘西化论者极力贬低、否定传统文化，却没有看到或不愿意承认，中国文化对西方也曾产生过深刻的影响，换言之，西方文化的发展，也曾从中国文化中吸取了养料。我国古代四大发明对人类社会发展所做出的巨大贡献，已是举世公认的。就这一点而言，任何一个不带偏见的人，都不会否认西方文化融入过中国古代的文化创造。事实上，中国文化对西方的影响，并不限于四大发明，在工艺、美术、园林乃至思想等方面，都对西方产生过明显的影响。如建筑方面，欧洲建筑在18世纪初很受中国的影响，德国华肯巴特（Wackenbarth）河上的彼尔尼兹宫（Pillnitz）即建造了模仿中国式的屋顶，荷兰、法国、瑞士各地也出现了不少中国式建筑。[①] 又如园林方面，英国园艺专家维廉·张伯尔士（William Chambers）就十分推崇中国园林之美，他在英国建造的中国式花园，成为法、德、荷兰等国园林建筑的模仿对象。[②] 不仅如此，就连西方的政治、哲学、思想等，也都吸取了我国传统文化的养料。在18世纪的欧洲启蒙运动中，魁斯奈、伏尔泰等一些思想家，都对中国文化表示推崇，并把中国古代的思想融会于他们的学说之中，以至于康德认为斯宾诺莎的泛神论"完全受老子影响"，德国的莱布尼兹甚至提出"中国实有派遣传教师来欧之必需"。[③] 至于中国文化对周边国家的影响，更是有目共睹，无须详论的了。

事实说明，不同文化之间的交流与融合，是促进人类文明发展的重要条件，在一定意义上，一个民族、国家、地区的文化，就是在不断地交流中向前发展的。当然，由于受社会背景和历史条件的制约，不同文化在交流过程中产生的相互影响并不是也不可能是等量的，但它们之间

[①] 参见朱谦之《中国哲学对于欧洲的影响》，福建人民出版社1985年版。
[②] 同上。
[③] 参见方豪《中西交通史》，上海人民出版社2008年版。

毕竟是能够相互融合、补充的。吸收外来文化，并不意味着必须抛弃传统文化，弘扬民族文化，也并非与吸收外来文化水火不相容，全盘西化论者无视这样的事实，而把中西文化完全对立起来，这显然是形而上学的。

第三，民族虚无主义论者不是对历史进行总体考察，而是利用某一部分材料或抓住某一方面问题，任意贬低和彻底否定传统文化，这种以偏概全的方法，在理论上表现出很大的随意性和片面性。

无论讨论什么问题，既然要对这一问题做出全面的分析或评价，那就必须从总体着眼，进行综合的考察，而不能各取所需，只注意自己感兴趣的例证，并且仅仅根据这些例证，就轻率地做出结论。这是科学研究的基本原则之一。

这一基本原则同样适用于文化研究。当我们对传统文化进行考察时，首先必须注意到，所谓的"传统文化"，是一个内涵极为丰富的概念，它既不是指中国历史上某一阶级的文化，也不是指中国社会中某一区域或某一民族的文化，而是代表中国有史以来所有文化的总和。当然，在文化史研究中，学者对文化的定义众说纷纭，含义也各不一致，但概括起来，不外狭义的和广义的两大类。广义的文化概念把举凡历史上所发生的事件和所存在的现象，都纳入文化研究的范围，甚至提出"文化就是生活"之说，狭义的文化概念则把文化研究的范围界定在意识形态、精神风貌及社会风尚等特定领域。在这里，我们无须对文化的概念下出明确的定义，而只要说明，无论从广义抑或狭义来理解传统文化，彻底否定论者的观点都是缺乏史实根据而不能成立的。

如果按广义的文化定义来评价传统文化，那么，彻底否定传统文化，也就彻底否定了中国以往的全部历史，无论历史上的事件、人物，还是人们的种种创造，都要受到批判，都要被统统抛弃，这实在是无法办到，也不可能办到的。

如果是按狭义的文化定义来理解，传统文化也并非只有缺陷而无长处，只能抛弃而无可继承。我们姑且不论中国历史上"天下兴亡，匹夫有责"的爱国主义传统，刚健有为、自强不息的进取精神；勤劳勇敢、艰苦奋斗的淳朴风尚等传统美德仍然值得我们今天发扬光大，即如在传统文化中占有重要位置的儒家学说，尽管它作为封建社会的思想支柱，已经不能适应现代社会的需要,为了总结历史遗产,建设社会主义新文化,需要对其进行分析、批判、改造。但批判改造决不等于咒骂抛弃。任何一种思想文化,总是由各个部分组成的,有不同层次、不同方面的内容,儒学也是如此,在它厚厚的封建思想的积淀深处,仍然包含着一些合理的积极进取的内容,诸如"先天下之忧而忧,后天下之乐而乐"的高尚风格,"宁为玉碎,不为瓦全"的英雄气概,"富贵不能淫,贫贱不能移,威武不能屈"的坚贞品德,"为天地立心,为生民立命,为往圣继绝学,为万世开太平"的强烈责任感等,无疑都是我们今天生活中所需要继承和应当提倡的。

当然,我们无意否认传统文化中存在着许多消极的、落后的因素,并且认为这些因素有的仍在现实生活中产生着影响,阻碍着社会的进步与发展。但这毕竟只是问题的一个方面。民族虚无主义论者只抓住这一个方面的问题,以偏概全,进而彻底否定传统文化,其方法是错误的,得出的结论也就难免偏颇以至于荒谬。

三

自80年代初以来,随着我国改革开放政策的制定并且实施,人们的思想也逐渐发生变化,一些禁区开始被打破,一些被湮没的问题又被重新提了出来。在学术研究领域,沉寂多年的文化研究,受到越来越多的重现,出现了一种被许多人称为"文化热"的现象,短短几年时间,就发表和出版了一批颇有深度的文章和著作。文化研究的重兴,对繁荣我国学术园地,对总结历史遗产和建设社会主义新文化,起到了积极的推动作用。但在研究过程中,也存在着一些问题,如民族虚无主义的倾向、形而上学的方法、主观武断的结论等。这些问题的存在,不仅在学术上、理论上造成了许多混乱,而且也妨碍了文化研究本身的深入发展。在今后的若干年内,文化问题大概仍将作为有吸引力的课题而受到学术界的广泛关注。为推进文化研究的顺利开展,除对以往的研究进行分析总结外,还需要就研究方法等问题展开讨论。这里,我们拟对文化研究中涉及传统文化评价方面应注意的问题提出自己初步的想法。

第一，要对传统文化作出总体上的评价，必须对传统文化进行全面、系统的分析研究。如前所述，"传统文化"是一个涵盖面很广的概念，它是多层次、多侧面的。诚如有的研究者所指出的："中国传统文化既不能归结为单一派别的儒学，也不能归结为单一民族的汉文化，更不能归结为单一层次的哲学意识形态，中国传统文化乃是一个多成分、多层次的有机复合体。"① 从空间上来说，传统文化包含着若干区域文化，如中原文化与长江、珠江区域文化，沿海文化与内地文化等；从时间上来说，传统文化在不同的社会发展阶段，其内容、特点及其性质也有区别，如奴隶社会的文化与封建社会的文化，古代文化与近代文化等；再就文化本身而言，既有汉文化，又有各少数民族文化，既有儒家学说，又有诸子百家及道教、佛教等文化。这种不同空间、不同时期以及不同内容的文化，显然是有差别的。仅仅依据某一方面的文化现象，是无法也不可能把握传统文化的特征的。因此，要从总体上对传统文化做出评价，就必须对传统文化的各个方面进行深入的研究。在这一基础上再进行综合分析，这样才有可能科学地揭示传统文化的特征、机制和功能。

第二，评判传统文化，必须坚持客观求真、实事求是的原则。在科学研究，特别是社会科学的研究中，主观意识的渗入是无可避免的。由于生活经历和思想观念的差异，人们对历史文化的认识和看法也不可能一致。因此，任何时期的历史研究，总会带有明显的时代色彩和主观感受。但这绝不是说，人们可以完全按照自己的意愿来解释历史。科学研究的前提是尊重事实，如果随意剪裁取舍，用我所需，弃我不喜，甚或出于某种需要有意歪曲、颠倒历史事实，是绝不会得出科学的结论来的。只有尊重事实，尊重历史，实事求是地进行研究，才有可能得出科学的、具有说服力的结论。

第三，研究传统文化，必须注意文化的时代性，不应该苛求古人。当我们用今人的眼光来审视传统文化的时候，自然可以看到其中许多与时代精神不相符合的东西，但这并不能仅仅看作是古人的责任或过错，而必须考虑到社会发展进步的因素。一种思想或文化的产生、发展，都

---

① 邵汉明、王艳坤：《关于中国传统文化的整体反思与超越》，《学习与探索》1988年第4期。

有它的时代。当我们要对这种文化做出评判的时候,不能看它是否达到了今人认识的程度,而要看它在当时究竟发挥了什么样的作用,具有什么样的意义。如封建时代思想家对封建专制主义的批判,有的激烈地攻击专制君主,有的鼓吹分权以对抗和限制专制集权。但他们全都未能找到真正能代替封建专制制度的方案。这是因为当时的社会条件还没有发展到可以提供一条解决矛盾的可行的出路。对此,我们绝不能因为前代思想家没有达到今人认识的高度就苛责他们,而应该客观地分析他们所处的经济和社会环境,正确地评价其思想言论在当时社会条件下所具有的时代意义和历史价值。在社会生活中,每个人都受历史条件和社会环境的制约,今人如此,古人也是如此。这就要求我们,在研究或评判传统文化时,既要站在时代的高度,又必须注意知人论世,这才是符合历史唯物主义的科学可行的方法。

第四,多做一些具体深入的研究,少发一些抽象笼统的议论。在对历史、文化史以及其他学科进行的研究中,我们既需要具体深入的实证研究,以弄清事物各个方面的本来面貌,也需要宏观抽象的理论概括,以揭示事物的内在性质和发展规律。但是,抽象的理论概括必须建立在具体的实证研究的基础之上,特别是在文化史领域,一方面是研究对象的丰富博大,另一方面,则是研究基础的相对薄弱。我国的文化研究本来就起步较晚,研究尚不充分,再加上新中国成立以后,在长达三十年的时间里,文化研究又一直受到不应有的冷落,直至80年代初才重新开展起来,真正较为深入广泛的研究,还只是近几年的事。而且这些研究有相当大的一部分集中在儒家学说、精英文化这样的层面上,对其他一些至为重要的课题,诸如汉文化与少数民族文化的渗透与融合,地域文化之间的差异与联系,民众的文化状况等,还没有或者很少展开具体深入的研究。此外,对文化理论、研究方法等问题的讨论也很不充分。在这样的情况下,如果急于用几个特点或几种性质之类的抽象概念来对传统文化做出总体上的高度概括和评价,不仅难以揭示传统文化的真谛,而且极易流于空泛。我们认为,由于对传统文化的研究起步不久,较为薄弱,很多空白还有待填补。因此,当前文化研究的重点,应当集中在对传统文化进行局部的考察方面,多做一些踏踏实实的具体的研究,力避空虚浮泛的议论。只有这样,才有助于推动文化史研究的深入开展,也有助于克服民族虚无主义。对于民族虚无主义简单地予以否定是容易的，但是深刻指出其错误之所在，并在思想领域真正清除其影响，却非易事。只有进行踏实认真的研究，有说服力地指出其在理论上的错误，以及其在现实生活中的危害，才能逐步克服。要做到这些就需要在正确的思想理论指导下，以科学的方法和态度，深入开展文化史研究。

（原载《民族文化虚无主义评析》，中国人民大学出版社1988年版）

文献传说与考古发掘相结合是推进研究的关键[*]

——有关黄帝的文献资料及研究状况述评

炎黄二帝是中华民族的始祖、是中国古代文明的象征，这一论断，从古至今，源远流长，绵延不断，当前愈益为海内外炎黄子孙所认同。承认这一客观存在的历史事实和民族认同心理，对于弘扬民族优秀文化，振奋民族精神，增强民族凝聚力，激发爱国主义传统，促进海内外炎黄裔胄的团结统一，无疑有深远的历史和现实意义。

然而，问题并非如此简单，工作也不是到此结束。

由于炎黄二帝是史前时期的传说人物，当时尚无正式文字记载，也无直接的地下发掘证实，后人依据口耳传说形成的文献资料，真实程度不一，既反映了一定的历史真实，又有荒诞离奇的神话与迷信；各种传说资料还常常相互矛盾、前后不一，致使人们对于炎黄二帝及其时代常感扑朔迷离，将信将疑。

问题还在于20世纪初兴起的以古史辨派为代表的疑古思潮，过多地否定中国史前时期的历史与文化，提出"东周以上无史论"，对炎黄二帝的事迹几乎一股脑否定，连夏、商的历史也认为不可信，他们认为史迹中"九过其门而不入"献身治水的大禹，不过"是条虫"，遑论更为远古的炎黄。因此，在古史辨派兴起后的较长一段时期内，有关炎黄的文献传说，被普遍认为是子虚乌有，摒之于历史研究的视野之外。如果照此观点编写中国历史，素称有5000年文明史的中华民族历史，岂不要被拦腰砍

---

[*] 本文乃与黄爱平教授合撰。

掉一半！

值得注意的是，疑古思潮的流风与影响，至今在学术界也并未完全消除。如有些学者认为"三皇五帝是早被'古史辨派'考证否定过的，现在又研究肯定炎黄，岂不是倒退"，也有学者认为"从现实政治意义上说，可以研究炎黄二帝及炎黄文化，但从学术研究角度，许多问题经不起严格的科学推敲"。似乎革命性与科学性很难一致。由于缺乏深入研究，至今学术界对于炎黄二帝及其时代的一些重大问题，仍存在不少分歧。

如何将问题的研究引向深入，取得突破性的进展呢？我们认为关键是将文献传说与考古发掘成果结合起来，不能只在文献资料中兜圈子。由于工作关系，我们曾粗略翻阅过有关黄帝的文献资料，也浏览过一些有关的研究成果，现拟对此做些评述，以助于对问题研究的进一步深入。

自从人由猿进化而来，整个人类历史经过极其漫长的发展过程，才逐渐从野蛮蒙昧阶段走向文明开化时期，进而走向更高阶段的文明社会。世界上各个国家、各个民族尤其是那些文明古邦，对于迎来文明曙光，开辟创造古代文明的先民远祖及其代表人物，无不备加敬仰，留下许多美妙的传说和珍贵的记载。尽管这些记载和传说，或零碎片断，或有浓厚的神奇色彩，但仍具宝贵的认识价值和资料价值。人们毕竟可以借助这些吉光片羽的资料，缅怀先祖的历史功业，研究和探索民族的文明史。

在中国留下这类记载和传说最多的人物，则莫过于轩辕黄帝。正如中国民主革命的先行者孙中山先生的赞词所云："中华开国五千年，神州轩辕自古传。创造指南车，平定蚩尤乱，世界文明，唯有我先。"这首词深入浅出，主旨鲜明，洋溢着民族自豪激情，生动形象地肯定了以轩辕黄帝为开端、在世界居领先地位的中华民族5000年的文明史。

由于"神州轩辕自古传"，所以历代有关轩辕黄帝的记载和传说，自然很多，可谓浩如烟海，而且十分驳杂。但如加以条分缕析，这些繁富驳杂的文献资料，其来源大致可分为三大系统：

其一，古史传说系统；

其二，以《山海经》为代表的神话系统；

其三，道教仙传系统。

此三系统中，最具有文献资料价值的是古史传说系统。另两系统的记载，虽然有些光怪陆离，荒诞迷信，但透过迷雾背后，也曲折反映了某些历史真实，不可简单抛弃，而应具体分析，兹分别加以说明：

第一，古史传说系统。主要记载于先秦两汉史籍与经传诸子百家之中。如《左传》僖公二十五年"卜……遇黄帝战于阪泉之北"；昭公十七年载"郯子曰：……黄帝氏以云纪，故为云师而云名"。在《国语·晋语》中有较具体记载："昔少典娶于有蟜氏，生黄帝、炎帝。黄帝以姬水成，炎帝以姜水成，成而异德，故黄帝为姬，炎帝为姜。二帝用师以相济也，异德之故也。"专门记载自黄帝至春秋时期帝王公卿大夫世系的《世本》，则具体记述了黄帝及其臣工的一系列创造发明，诸如"黄帝作旃冕""伯余作衣裳，于则作扉屦""骸作服牛，共鼓、货狄作舟""史皇作图，苍颉作书""挥作弓，牟夷作矢""伶伦造磬，黄帝使素女鼓瑟，哀不自胜，乃破为二十五弦，异二均声"，又有"大挠作甲子，容成作历，隶首作数"等。

至于经传诸子百家的记载则更多，范围也更广，如《周易·系辞下》说"神农氏没，黄帝、尧、舜氏作"，"黄帝、尧、舜垂衣裳而天下治"。《尸子》记载："子贡问孔子曰：'古者黄帝四面，信乎？'孔子曰：'黄帝取合己者四人，使治四方，不谋而亲，不约而成，大有成功，此之谓四面也'"。《大戴礼》又记载："宰我问于孔子曰：'昔者予闻诸荣伊，言黄帝三百年，请问黄帝者人耶？……何以至于三百年乎？'孔子曰：'……劳心力耳目，节用水火材物，生而民得其利百年，死而民畏其神百年，亡而民用其教百年，故曰三百年'"。另如《管子·轻重篇》记载："黄帝作，钻燧生火，以熟荤臊，民食之，无兹胾之病。"《庄子》一书中的《大宗师》《徐无鬼》《在宥》《盗跖》等篇中，也都有些记载，如说"黄帝……闻广成子在于空同之山，故往见之"；"黄帝游乎赤水之北，登乎昆仑之丘而南望，还归，遗其玄珠"，遂命知、离朱、喫诟、象罔等人寻索；又记载黄帝与蚩尤在涿鹿之野大战，"流血百里"。《商君书·画策》则记载了黄帝注重修德立义，以德治天下，制定了"君臣上下之义，父子兄弟之礼，夫妇妃匹之合"，使人各明其分，各安其位，彼此以仁义之心相待。此外，在《韩非子》《吕氏春秋》以及两汉的《新语》《淮南子》《论衡》等书中，也都从不同方面、不同角度，有所记载。在众多的文献典籍中，都对黄帝作了记载和描述，这难道是偶然的吗？

不过，在先秦至两汉有关黄帝的诸多记载中，最值得注意的还是司马迁《史记·五帝本纪》中的《黄帝本纪》。这是我国正史中第一次较为系统、全面、详细记述黄帝的历史文献，既是对《左传》《国语》及诸子百家对黄帝记述的有鉴别的总结，也是后来研究黄帝史事的基本依据。故将其主要内容摘录于下，以便进一步分析：

黄帝者，少典之子，姓公孙，名曰轩辕。生而神灵，弱而能言，幼而徇齐，长而敦敏，成而聪明。

轩辕之时，神农氏世衰。诸侯相侵伐，暴虐百姓，而神农氏弗能征。于是轩辕乃习用干戈，以征不享，诸侯咸来宾从。而蚩尤最为暴，莫能伐。炎帝欲侵陵诸侯，诸侯咸归轩辕。轩辕乃修德振兵，治五气，蓺五种，抚万民，度四方，教熊罴貔貅貙虎，以与炎帝战于阪泉之野。三战然后得其志。蚩尤作乱，不用帝命，于是黄帝乃征师诸侯，与蚩尤战于涿鹿之野，遂擒杀蚩尤。而诸侯咸尊轩辕为天子，代神农氏，是为黄帝。

天下有不顺者，黄帝从而征之，平者去之，披山通道，未尝宁居。东至于海，登丸山，及岱宗；西至于空桐，登鸡头；南至于江，登熊湘；北逐荤粥，合符釜山，而邑于涿鹿之阿。迁徙往来无常处，以师兵为营卫。

官名皆以云名，为云师。置左右大监，监于万国，万国和，而鬼神山川封禅与为多焉。获宝鼎，迎日推筴。举风后、力牧、常先、大鸿以治民。顺天地之纪，幽明之占，死生之说，存亡之难。时播百谷草木，淳化鸟兽虫蛾，旁罗日月星辰水波土石金玉，劳勤心力耳目，节用水火材物。有土德之瑞，故号黄帝。

黄帝二十五子，其得姓者十四人。黄帝居轩辕之丘，而娶于西陵之女，是为嫘祖。嫘祖为黄帝正妃，生二子，其后皆有天下。其一曰玄嚣，是为青阳，青阳降居江水；其二曰昌意，降居若水。昌意娶蜀山氏女，曰昌仆，生高阳，高阳有圣德焉。黄帝崩，葬桥山。其孙昌意之子高阳立，是为帝颛顼也。

司马迁于《五帝本纪》后，写了段类似后记的文字，说明其写《黄帝本纪》的过程和态度，值得我们认真玩味分析，他说：

学者多称五帝，尚矣。然《尚书》独载尧以来；而百家言黄帝，其文不雅驯，荐绅先生难言之。孔子所传宰予问《五帝德》及《帝系姓》，儒者或不传。余尝西至空桐，北过涿鹿，东渐于海，南浮江淮矣，至长老皆各往往称黄帝、尧、舜之处，风教固殊焉，总之不离古文者近是。予观《春秋》《国语》，其发明《五帝德》《帝系姓》章矣，顾弟弗深考，其所表见皆不虚。《书》缺有闲矣，其轶乃时时见于他说。非好学深思，心知其意，固难为浅见寡闻道也。余并论次，择其言尤雅者，故著为本纪书首。

从司马迁的《五帝本纪》及其"后记"中，可以看到：

第一，黄帝作为中华民族的始祖形象，早在西汉时期就已形成。所以司马迁在撰写《史记》时，首写《黄帝本纪》。本来根据若干远古的传说，在"五帝"之前，还有"三皇"。但司马迁在著《史记》时，却径直从《黄帝本纪》开篇。这反映了司马迁的史学观点，说明他认为"三皇"的传说不见得属实，而"五帝"则可能实有其人其事。正由于司马迁如此肯定，因而中华民族5000年的文明史，以轩辕黄帝为开端，自司马迁的《史记》之后，就进一步确立。

第二，司马迁的写作态度非常严肃认真。他为了撰写《五帝本纪》进行了大量的调查研究。一方面从南到北，自西至东，进行实地考察，搜集了解到不少黄帝及其时代的风俗民情；另一方面又广泛阅读当时的文献典籍，并进行深入的分析考证，解决了一系列疑问，如《尚书》之所以没有记载黄帝，是因"《书》间有缺矣"，但"其轶乃时时见于他说"；另如孔子所传宰予问《五帝德》及《帝系姓》，当时的儒者虽未传，但在后来的《国语》《左传》中，已发明其意，只要"好学深思""心知其意"是可以搞清楚的。因而，司马迁认为许多记载和传说"其所表见皆不虚"。这显然是通过实地考察后，又对大量文献资料考证得出的结论。

第三，正由于司马迁写作态度严肃认真，为撰写《五帝本纪》进行了实地考察和文献考证，所写《黄帝本纪》，才能较为全面系统地记述了黄帝的身世、生平、所处时代，征战统一、治国政绩、发明创造、行踪所至，及其嫔妃子女和葬地等。大致反映了我国史前时期，由母系氏族公社向父系氏族公社转变时期，黄帝作为一个部族首领，如何顺应历史潮流，征服自然，战胜强暴，安抚黎民，从而受到各部族拥戴，被推举为部落联盟的"天子"与"黄帝"的过程。在司马迁笔下，黄帝既是位杰出的历史英雄，又是一个有血肉之躯的常人，很少神秘色彩，读来令人可信。

除《五帝本纪》外，司马迁在《史记》的《夏》《殷》《商》《周》《秦》等《本纪》及《封禅书》《天官书》等篇中，对于黄帝也有些片断记载，对此也应予以钩稽排比，与其他文献资料相参照，比较异同，作为研究黄帝及其时代的参考。

第二，以《山海经》为代表的神话系统。《山海经》这部涉及范围很广的古书，包括了历史、地理、民族、医药、巫术、动物、植物、矿产等方面的内容，也记载了不少远古的神话传说，如夸父追日、后羿射日、精卫填海、舜葬苍梧等。其中也有不少关于黄帝的神话，如《海经》中的《大荒东经》记：黄帝生禺猇，禺猇处东海，是为海神；《大海北经》记黄帝与蚩尤作战，蚩尤请来风伯雨神，黄帝则请来旱神——女魃，止雨，杀蚩尤；在《海外西经》中，又记黄帝与刑天作战，"刑天与帝至此争神，帝断其首，葬于常羊之山"，等等。后来的一些古籍中，又据《山海经》推演，说"轩辕，黄龙体"；"黄帝，古天神也，始造人之时，化生阴阳"；"轩辕，主雷雨之神"；"黄帝之治天下也，百神出而受职于明堂之廷"，等等。

上述神话传说，都是把黄帝作为一个超乎凡人的神来写的，反映了远古时代生产力水平低下，人们缺乏征服自然的力量，对许多自然现象又不能做出科学解释，因而用想象和借助想象以征服自然力，把自然力加以形象化，并想象在自然现象的背后存在着某种神秘的主宰——神。如同鲁迅先生在《中国小说的历史变迁》中所指出的："原始氏族，穴居野处，见天地万物，变化不常——如风、雨、地震等——有非人力所可捉摸抵抗，很为惊怪，以为必有个主宰万物者在，因之拟名为神，并想象神的生活。"黄帝本来是现实生活中的人物，具有超凡的才能和高尚的品德，成为共同拥戴的领袖、民族的象征。而后，人们便把许多想象的神话与传说，都加到他身上，使之逐渐超脱凡俗，成为"神人""仙人"。于是便出现了现实生活中的黄帝与神话仙境中的黄帝。作为历史研究工作者，既不能把神话中的黄帝都不加分析地视作信史，也不能只看到其荒诞无稽的一面，一概摒弃，而应剥去神话中的神秘色彩，找出其背后包含的历史真实。对于《山海经》及其他文献中有关黄帝的神话，便应如是看待。

第三，道教仙传系统。主要是指道教形成后，为扩大其影响，辑录编写的有关黄帝的传说和神仙传记，如《列子》《抱朴子》《列仙传》中的记载。《抱朴子·内篇》记述了黄帝向广成子问道的故事。在该书《微旨》《金丹》等篇中又记述黄帝于荆山下，炼丹成仙，乘云登天等，极言黄帝穷道尽真，以至成仙。唐宋时期道教进一步盛行，时人又撰了一些黄帝的纪传，大都受有上述道家著作的影响。如唐代王瓘撰有《广黄帝本行记》，其大旨便源自《抱朴子》及南北朝的其他道书。至宋代，张君房撰集《云笈七签》，其中有《轩辕本纪》，则又取材于《广黄帝本行记》，也系道教影响下的产物。

道教仙传系统中有关黄帝的记载传说，乃将史传系统中的一些史实与神话中有关黄帝的传说糅合起来，又用道教的思想予以渗透和贯穿，主要是为道教宗旨服务的。不过，也显示了道教心目中黄帝这个古史人物的光辉形象，同样是把他视为中华民族最早融合、繁衍的形象及中华民族文化首创者的形象。

近现代以来，也有不少关于黄帝的撰述，其中最有代表性的是富有爱国主义思想的国民党元老于右任先生编撰的《黄帝功德记》。这本书将史籍与传说中有关黄帝的资料，加以采撷整理和编排，分列黄帝之家世、黄帝与中华民族、黄帝与中国文化、黄帝之政绩、黄帝的仙化与陵墓等专题，对今天研究黄帝及其时代仍有一定研究参考价值。于右任先生在是书《序》中指出："黄帝公孙轩辕氏，实吾中华民族之元祖。吾中华民族有此生息昌大之疆土，有此博大悠久之文化，有此四千余年震烁世界之历史，翳维黄帝，为国族之神。"

"于史，黄帝既战胜蚩尤，东至于海，西登昆仑，南及交趾，北出幽陵，而开拓中华民族已有之疆土。其子孙之蔓延于各地也，如汉族固为其苗裔，而西藏族之羌，回族之安息，苗黎族之禹号，蒙古族之匈奴，东胡族之鲜卑。金人之祖且为黄帝之子清,满清则金人之后也,是皆近世治史者所能考信。是中华民族之全体,均皆黄帝之子孙也。"

"皇古荒昧,孰启鸿濛?生活文物,孰为大备?黄帝不惟为中华民族之始祖,抑又为中国文化之创造者也。其发明制作,除人民衣食住行日常资用者外,尤要者如文字、算术、历数、医药、音乐等,皆万世之资,而一时已备。至于指南之针,辨方定位,迄今为世界交通所大赖。然此犹事功之彰著者言耳。更如至德要道,典籍恒垂,后世玄言,动皆称述。是此精神文教之施,亦万世万类矣。"

"我中华民族有如此之伟大,中国文明有如此之超远,实黄帝拓殖创造之功也。"

于右任先生在辑录分析大量历史文献资料基础上,编写了《黄帝功德记》,明确肯定轩辕黄帝是中华民族始祖的历史地位,认为他不仅是汉族,也是藏、回、苗、蒙、满等各民族的共同祖先,中华各民族皆为黄帝之子孙。作为中华民族始祖的黄帝,不仅开拓了疆土,创造了农耕工商等物质文明,也创造了衣、食、住、行、文字典册、音乐图画、天文历法、医药针灸、文教礼仪、典章制度等精神文明。这些结论,既有文献资料依据,也是很有见地的。

但是在于右任先生做出上述结论的50年之后,人们对于黄帝及其时代的看法,依然是歧见迭出,莫衷一是。有人认为历史上确有黄帝其人;有人主张黄帝不是一个具体人的名字,而是部落首领的称号;也有人断言历史上根本就没有黄帝其人其事,不过是混沌一团;也有人否认黄帝是中华民族的始祖,反对用"炎黄子孙"的提法,认为肯定炎黄的始祖地位,"滥用炎黄子孙的提法,是一种大汉族主义的表现",既"不符合华夏族形成的历史",也"不符合今天中华民族的实际",更"不利于统一大业和国际友好"等。

为什么早在汉代以前黄帝的民族始祖地位就已形成,后来又不断得到论证和确认,而到了今天仍存在如此重大的分歧呢?我们认为除了有理论和认识上的问题外,更主要的问题还在于以往的研究和争论只拘泥于文献资料,肯定与否定,都是在文献资料中兜圈子,而没有把文献资料与地下发掘结合起来研究,事实上二者的结合才是打开僵局,取得突破性研究进展的关键。

过去，古史辨派提出"东周以前无史论"，但殷墟甲骨文的发现，证实了《史记·殷本纪》所载殷商世系基本上是与历史史实符合的，有力地打破了"东周以前无史论"的谬断。不仅如此，由于《殷本纪》得到证实，不少历史学家和考古学家，进而联想到《史记·夏本纪》的记载，也不能视作只是神话传说，更不能视作伪史，结合地下发掘分析看来，《史记·夏本纪》的记载也是有据的。这样，中国古代文明的起点，也就不是从殷商开始了。正如著名考古学家夏鼐所指出的："小屯殷墟文化是一个高度发达的文明。如果认为这是中国文明的诞生，这未免有点像传说中的老子，生下来便有了白胡子。"夏鼐先生的意思很明确，即中国文明的起点应早于殷商，而这一论断正是从考古发掘的成果中推出的。

事实上，随着新石器时代地下遗址的不断发掘，一些历史学家和考古学家，已逐渐打破了殷商是中国古代文明起点的论断，认为中国古代文明的起点应重新考虑，要大大提前，因为反映古代文明形成的一些标志，诸如城市、铜器、文字等社会物质基础，早在商代以前的龙山文化时期就已经出现。所以，素擅于将历史文献与考古成果相结合，从事古史研究的历史学家李学勤提出："对中国古代文明形成的时代，应该给以重新估价。"他还认为："《史记》始于《五帝本纪》，而《五帝本纪》开端就是黄帝的史事……这样重要的记载，我们是不能忽略过去，不予研究的。"结合地下考古发掘，他认为"以黄帝为《五帝本纪》之首，可以说是中华文明形成的一种标志"。近年来，致力于华夏文明研究的田昌五教授则更加明确地指出："中国古代奴隶制形成于何时？我认为是在夏之前的一千年。从文献记载看，大约相当于黄帝到夏王朝的建立，从考古资料看，相当于中原龙山文化时期。"他在《马克思主义与华夏文明的起源》一文中，还具体提出："我主张以黄帝、炎帝与蚩尤之间的循环战争和黄帝的改革划分原始社会与奴隶社会的界限，华夏文明自此开始形成，中国至今已有五千年的文明史。"

鉴于大量史前遗址的发掘与考古研究的进展，史学界对中国古代文明形成于何时的重新考虑，对过去某些论断的再评估，重建中国古史体系的问题自然会引起人们的重新思考。著名考古学家苏秉琦先生最近便撰有《重建中国古史的远古时代》一文。他认为我国古籍中有许多关于远古时代的传说，过去有不少学者进行过研究，但当时史前考古学尚未充分发展起来，无法用考古资料进行比照。而现在史前考古已有了长足的发展，本身就可以大体复原远古时代的漫长历史。他还认为"司马迁著《史记》时径直从《五帝本纪》开始，而于五帝以前的历史则只字不提"，所以"五帝则可能实有其人其事"。至于五帝相当于考古学上的哪个时代，苏秉琦先生则提出："从有关夏纪年的各种说法与碳十四年代的比照来看，从夏的文物典章制度与考古学文化内容的比照来看，从夷夏关系、夏商关系与考古学文化关系的比照来看，二里头文化更像是夏文化，假如这个判断没有大错，那么五帝时代的下限就应是龙山时代。"他又说："五帝时代之始，战争连绵不断。《五帝本纪》说天下有不顺者，黄帝从而征之……迁徙往来无常处，以师兵为营卫"。他先是打败炎帝，接着又擒杀蚩尤。这种情况只有在社会财富有所积累，社会分化日趋尖锐的情况下才能发生。从考古学文化看，这是仰韶后期即大约相当于公元前3500年以后的事。所以五帝的时代的上限应不早于仰韶时代后期。简言之，苏秉琦的基本观点是：五帝可能实有其人其事，其所处的考古时代，上限不早于仰韶时代后期，下限应就是龙山文化时期。

以上介绍的一些历史学家、考古学家，将地下考古发掘与文献传说结合起来进行研究，他们提出的见解和论断，比之以往单纯依据古史传说对黄帝研究得出的结论，应该说大大向前推进了一步。中华民族历史悠久，地大物博。在广阔的中华大地上，新的考古发掘仍在不断推出。如果我们的历史学家、考古学家在今后的研究工作中，能更好地把二者结合起来，逐步建立起中国古史远古时代的科学体系，对中国古代文明的形成与发展，对创建中国古代文明的杰出代表人物，做出更加令人心服的科学的阐明，我们相信黄帝作为中华民族始祖的历史地位，也许能进一步得到确立。因此，我们认为对黄帝及其时代进行研究，推进和突破的关键是将文献传说与考古发掘结合起来。

（原载王俊义、黄爱平编《炎黄文化与民族精神》，中国人民大学出版社1993年版）

河洛文化的内涵、地域界定及其他

——从地域文化研究谈到《洛阳出土历代墓志辑绳》

随着80年代"文化热"的兴起,近几年学术界对于文化问题的研究逐步深入,其中地域文化的研究也日益引起人们的兴趣和关注。对于各个地域的文化,诸如闽台文化、岭南文化、荆楚文化、巴蜀文化、三秦文化、青藏文化、关东文化、吴越文化、两淮文化、齐鲁文化、燕赵文化、中州文化等的研究专著和研究资料犹如雨后春笋般涌现,十分可喜,令人目不暇接。

中国不但是历史悠久的文明古国,而且是地域辽阔的多民族统一大国,在广袤的国土上,各个地域、各个民族的经济文化的发展,多具有明显的地域特点和民族特点,且呈现出很不平衡的状态。正是这些各具特点的地域文化、民族文化,在相互交流、相互融合中,才构成了绚丽多彩、光辉灿烂、多元一体的中华民族文化。因此,对各个地域的文化进行历史的、具体的考察和研究,从各地域、各民族文化的特殊性中,找出中华民族文化的统一性,以充实和丰富中华民族文化。这不仅对于深入全面地了解祖国历史文化遗产具有重要意义,而且对建设具有中国特色的社会主义新文化,也有重要意义。就此而论,"炎黄文化与河洛文明国际学术讨论会",显然应着重研究讨论中原地带河洛地区的古今文化,以弘扬民族优秀文化,促进河洛地区社会主义现代文明的建设和发展。而且,以古都洛阳为中心的河洛地区的历史文化,确值得国内外学术界重视和研究。

研究讨论河洛文化,首先应明确河洛文化概念的内涵,同时应对河洛文化的地域范围予以界定。

提起河洛文化,人们立刻会联想到《周易·系辞传》所说的"河出图,洛出书,圣人则之"。① 中国古代神话中有所谓"天授神物"之说。《周易·系辞》所说的"河出图,洛出书"便是对这一神话传说首先见诸文字的记载。不仅如此,根据这一神话传说,在中原地区的黄河、洛河区域的一些地方,还有河图洛书传说中的古迹遗存。如在河南巩县(今巩义市)境内洛水入黄河处的洛汭附近,便有许多传说中河图洛书的遗迹。又如在洛阳市辖区的孟津县老城乡雷河村,还有龙马负图寺,传说这里就是龙马负图"河出图"的具体地址。附近的黄河岸边还有卦沟村、上河图村及下河图村。在这些村落之间的黄河故道又被称为"河图故道"。因而,就"河洛"的字面意义而言,"河图洛书"也可以作为一解,进而也可以引申出河洛文化就是要研究"河图洛书"这一神话传说及由此派生的文化问题、历史典籍及文化现象。在"炎黄文化与河洛文明国际学术讨论会"上,不少学者提供的论文、提出的问题,都是从这一角度研究河洛文化的。他们认为河洛文化这一概念的内涵,主要是指"河图洛书",研究河洛文化,主要就是研究"河图洛书"的神话传说及有关的文化现象,这当然不失为是一种有根据的理解。不过,我个人认为如果说河洛文化主要就是研究"河图洛书",其研究范围未免过于狭窄。更何况由龙马神龟负出的"河图洛书"这种传说,经过五代时的道士陈抟再加以编造和杜撰,进而又由宋代理学家邵雍、周敦颐、朱熹等人增益附会,在八卦之外,又编绘出太极、无极、先天、后天等图,并用这些图来诠释《周易》,将《易经》托之于伏羲、文王、周公、孔子,致将《周易》弄得十分玄妙和神秘。后来,许多学者都曾对此予以廓清和抨击,如清初的黄宗炎著《易学辨惑》、胡渭著《易图明辨》等。特别是经学家、考据学家胡渭所著的《易图明辨》一书,曾明确而尖锐地指出河图洛书是道士陈抟的修炼术,是后代晚出之学。他认为:"《诗》《书》《礼》《乐》《春秋》皆不可以无图,惟《易》则无所用图,六十四卦、二体、六爻之画,即其图也。"② 胡渭还以许多确凿的例证,剥去了陈抟及理学家利用"河图洛书"蒙加于《周易》的神秘色彩。梁启超曾高度评价胡渭的这一研究成果,他指出:"须知所谓无极太极,所谓河图洛书,实组织宋学之主

---

① 《周易·系辞传》(上)第一章。
② 胡渭:《易图明辨·序》。

要根核，宋儒言理、言气、言数、言命、言心、言性，无不从此衍出。周敦颐自谓得不传之学于遗经，程朱辈祖述之，谓为道统所攸寄，于是占领思想界五六百年，其权威几与经典相埒。渭之此书，以《易》还诸羲、文、周、孔，以图还诸陈邵，并不为过情之抨击，而宋学已受致命伤。"①胡渭等清代考据学家的学术研究成果，在学术史上向来受到重视，今天的学者在研究"河图洛书"时，绝不应无视这些成果，简单地套用宋代理学家的说法。因此，我认为"河图洛书"这一出自儒家的经典，又是长期流传于河洛地区的神话传说与文化现象，在研究河洛文化时，当然可以作为一个课题来进行研究，应该运用科学的观点和方法，对以往的文献记载和各种神话传说加以分析和透视，剥去后人涂加的神秘色彩和荒诞成分，在清人已有的研究基础上把问题推向前进，而不可不加分析地撷拾陈抟、邵雍、周敦颐、朱熹等人的牙慧，以使《周易》研究沿着健康轨道前进。以此而论，"河图洛书"当然可以包含在河洛文化的研究范围之内，但却不应视作河洛文化的研究主题。

从广阔的研究范围和研究意义着眼，我认为河洛文化应指河洛地区的文化，研究河洛文化，就是要研究河洛地区的文化。就河洛的字面意义而言，除有"河图洛书"的解释外，还有"指黄河与洛水"一解。《史记·封禅书》谓"三代之君，皆在河洛之间"，《晋书·怀帝纪》也有"大旱，江、汉、河、洛皆竭，可涉"的记载。可见，这里已将河洛作为一个特有的词语，指黄河与洛河。这样，我们就可以给河洛文化这一概念的内涵以确切的界定：河洛文化就是黄河与洛河流经地域的文化。但黄河作为中国的一条大河，流域漫长广阔，即其中游，由陕入豫，自西向东，也几乎横贯河南全省。不过，洛河则"出弘农县冢岭山，北至巩县入海"（按：这里的海指黄河）。即洛水"源出陕西省洛南县冢岭山，东南流入河南省境，经卢氏县熊耳山，又经洛宁县至宜阳县，纳涧水，经洛阳县，纳瀍水，经偃师县，纳伊水，至巩县入黄河"。据此，河洛文化的特定地域范围，便可大致界定，即黄河中游由陕入豫至巩县与洛水相汇处以西的南岸，以及洛河与伊水、瀍水、涧水这四条河流流经之地，包括今天的洛阳市及其所辖的洛阳、偃师、孟津、新安，还有属于洛阳地区的渑池、灵

---

① 梁启超：《清代学术概论》。

宝、陕县、三门峡、义马、嵩县、宜阳、伊川、洛宁、卢氏等县。今天的巩县虽辖属郑州市，但就地域间的相互联系说，也应属于河洛文化的地域范围。

上述对河洛文化内涵的阐明及其地域范围的界定，有便于我们进一步探讨河洛文化的有关问题。如果我们对河洛文化的内涵及其地域范围的界定可以成立，那么由古及今产生、发展在河洛地区的物质文明与人文意识及其相关的人物、事件、文献典籍、文物景观、科技发明等，都应视作河洛文化的研究范围，这比之于只是研究"河图洛书"，立意就更高，视野也更加开阔，内容也将丰富得多。

研究任何问题，首先应搜集和占有相关的资料。我因应邀参加"炎黄文化与河洛文明国际学术讨论会"，特意浏览阅读了与会议主题有关，由洛阳文物工作队汇集编纂的《洛阳出土历代墓志辑绳》（中国社会科学出版社1991年版，以下简称《墓志辑绳》）。我欣喜地感到这是一部有很高价值的研究河洛文化的第一手历史文物资料。这部八开本的大型精装影印图籍，收录了洛阳文物工作队在数十年考古发掘与文物征集工作中，积累搜藏的出土于洛阳地区的历代墓志，其中西晋志十三、北魏志四十二、隋志十四、唐志六百四十六、五代志二十一、宋志二十、元志六、明志六十五、清志八，总计凡八百三十五志。由于墓志有证经补史的作用，又能提供墓主所处时代的政治、经济、文化及社会习俗等方面的真实材料，因而自古至今的文人学者都一向重视，并对其进行考证和研究。在古代，对古文物的研究，就是从研究金石开始的（按："金"即古铜器，"石"即古碑刻一类），至宋代，金石学研究已名家辈出，欧阳修、赵明诚、洪适等，都是著名的金石学家。至清代，随着考据学的兴盛，金石学也达到鼎盛时期。据统计，在现存的金石学著作中，北宋至乾隆之前有67种，而乾隆以后二百多年间竟达906种之多，仅就石刻方面，便有顾炎武《金石文字记》，朱彝尊《曝书亭金石文字跋尾》，钱大昕《金石文字目录》及《跋尾》，吴式芬《捃古录》，缪荃孙《艺风堂金石文字目》，端方《陶斋藏石目》，孙星衍、邢澍《寰宇访碑录》等。此外，还有王昶《金石萃编》、陆增祥《八琼室金石补正》等金石学名著和集成性的资料汇编。由于洛阳是历史悠久的古都，洛阳周围的河洛地区是中华文明的摇篮之一，在这里的历代墓葬，难以数计，出土墓志繁多，颇为金石学家关注。历年来，洛阳地区出土的历代墓志，或拓印刊行，或编目考释，或专题研究而成书的就有《汉魏南北朝墓志辑释》《千唐志斋藏志》《曲石精庐藏唐墓志》《唐代墓志铭汇编附考》《北京图书馆藏中国历代石刻汇编》等大型集刊，还有研究性的《洛阳出土石刻时地记》。需要特别指出的是《墓志辑绳》对已收入国内公开出版同类集刊中的墓志，均一律不再重新编入，这就使得该书具有独特的资料价值，并与已出版的同类书相较，具有显著的不同特色。突出表现在：

第一，书中收录的八百三十五方墓志，绝大多数都是第一次公开面世。这就为研究中国古代历史文化特别是河洛文化，提供了新的原始资料。学术研究的深入与提高，一方面需要理论上的创新与突破，另一方面也有赖于新资料的发掘与开拓。《墓志辑绳》中推出的八百三十五方墓志，既然是第一次面世，当为历史文化研究提供了大量新的资料，开拓了新的资料研究范围。清代金石学家叶昌炽在论述墓志的资料价值时说："撰书题额结衔，可以考官爵，碑阴姓氏，亦往往书官于上。斗筲之禄，史或不言，则更可以补阙。郡邑省并，陵谷迁改，参互考求，瞭于目验。""碑志凡书生卒，必云终于某县某坊某里之私第，或云葬于某县某村某里之原"，这就可证郡县坊里的设置与沿革，"有资于邑乘"。"至于订史，唐碑之族望及子孙名位，可补《宗室宰相世系表》。建碑之年月，可补《朔闰表》。生卒之年月，可补《疑年录》"。[①] 这是就墓志的一般资料价值作用而言。《墓志辑绳》中的八百三十五方墓志，无疑也具有上述价值与作用，这可从《墓志辑绳》中列举大量例证可见如西晋元康九年（299）徐义的墓志，记载了永平元年贾皇后剪诛太子太傅杨骏这一事件，志文说杨骏擅权，"举兵图危社稷"，徐义"设计作虚辞"，使"骏伏罪诛"，志文所记与《晋书·惠帝纪》所载永平元年三月辛卯（九日）诛太傅杨骏之事多相吻合。这方墓志便起到证史作用。再如其中所收北魏元邵的墓志，志文说"武泰元年，太岁戊申，四月戊子朔，十三日庚子，暴薨于河阴之野"。[②] 此处所说元邵"暴薨于河阴之野"，正反映了历史上有名的"河阴之变"，元邵即在这次事变中被杀。这一墓志反映出北魏晚期

---

① 叶昌炽：《论碑版》，《语石》卷6。
② 《洛阳出土历代墓志辑绳》，中国社会科学出版社1991年版，第5页。

统治阶级内部激烈而残酷的斗争。但《魏书》与《北史》却均无元邵传，墓志则起到补史之作用。此外书中的有些墓志，还反映出北方少数民族接受先进的汉文化，崇尚汉族传统儒学的史料，如唐咸亨四年慕容知礼志记载慕容"雅擅辞藻，尤工篆隶，年甫十五……服膺儒素"[1]。慕容知礼作为鲜卑族遗绪，如此服膺儒学，反映了李唐时期中原地区各民族的相互交流和融合。又有些墓志记录了古代中外交流的史实，如唐大中六年（852）荥阳县崔挺夫人郑氏的墓志，记载了元和年间朝廷曾敕崔挺奉节吊祭乐浪国王廷，[2] 说明了唐朝与"东夷"诸国的友好交往。《墓志辑绳》所提供的诸如上述材料，不胜枚举，对研究中国古代历史文化可谓弥足珍贵。

第二，以往刊印的各种洛阳出土墓志，所属时代范围，或汉魏南北朝、或隋唐、或唐。《墓志辑绳》所收墓志的时间范围则起自西晋，中经北魏、隋、唐、五代、宋、元，迄于明、清。根据地下发掘及金石学家的研究，墓碑的产生，当在东汉，正如宋代金石学家欧阳修所指出的："至后汉以后，始有碑文，欲求前代时碑碣，卒不可得"。[3] 可见，除东汉以外，《墓志辑绳》几乎囊括了自墓志产生以来，出土于洛阳的历朝历代墓志，涉及时间跨度之长，搜罗材料之丰富，均大大超越同类有关图书。所收墓志墓主的身份，上至帝王将相，中至各级官吏，下至社会各阶层，如文人墨客、僧道尼姑等，许多重大的历史事件与重要人物的各种活动，都从志文中有所反映。人们在研究西晋、北魏、隋、唐、五代、宋、元、明、清等时期的社会政治经济文化等各方面的问题时，都可从《墓志辑绳》中，不同程度地得到补阙和印证。墓志是和墓葬相联系的，由于洛阳历史悠久，早在旧石器时代，人类便在此活动，自夏、商以来，许多王朝都在此建都，素有九朝古都（东周、东汉、曹魏、西晋、北魏、隋、唐、后梁、后唐）之称，据有关文献记载，夏朝的最后一个国王夏桀，亦曾建都洛阳。新中国成立后在洛阳地区的偃师县二里头文化遗址的发掘，也已为确定夏都提供了重要线索。再者，商汤灭夏之后，建立了商

---

[1] 《洛阳出土历代墓志辑绳》，第328页。
[2] 同上书，第685页。
[3] 欧阳修：《集古录跋尾》卷4。

朝，成为东方新兴的奴隶制国家。史书上也曾有"汤都西亳"的记载，据考古发掘证明，偃师县城以西的商城遗址，便是当年西亳的所在地。再后，武王伐纣推翻商王朝之后，建立了周王朝，定都镐京，是为西周。而西周的成王继承武王遗志，又在洛阳修建了两座城池，即"王城"和"成周城"（也称下都）。因此，如再加上夏、商以至西周，那么洛阳就是十一朝或十二朝古都了。由于历代王朝建都于洛阳，因此在洛阳周围也发掘有历代墓葬，如分布在瀍河以东的洛阳东郊一带的殷代墓葬，历年已发掘殷人墓二十多座，随葬品以陶器为主，也有铅器、石器、铜器和玉器、蚌器。另在洛阳市老城北郊邙山南麓庞家沟发现的西周墓群，已发掘有四百余座，其中有大量青铜器、青瓷器、玉器、石器、陶器等遗物。特别是青铜器种类繁多，有些铜器上还有"太保""召公宗""蔡叔""康伯"等重要铭文。在洛阳旧市区的中州路，也发掘有二百六十余座东周墓（包括春秋、战国时期的墓葬）。此外，在洛阳市区以北邙山南麓，也发掘有多座两汉的壁画墓，墓墙上绘有各种栩栩如生的人、兽画。在洛河以南及邙山上，又有东汉帝陵群，在偃师县境西北部首阳山，又有西晋皇陵。北魏自孝文帝迁洛，中经宣武、孝明、孝庄、节闵四帝，分东、西魏，共六帝，都居洛阳，死后也都葬于洛阳附近。如果将洛阳周围发掘的殷、周、秦、汉、晋、魏的各种陵墓及其随葬品，与《墓志辑绳》中所收西晋以来的历代墓志联系起来。人们便可从中看到一部从奴隶社会到封建社会以及其兴盛衰落的中国历史缩影。因此有人说："洛阳之盛衰，天下治乱之候也。"这些墓葬和墓志，也反映和印证了洛阳在中国历史上的独特地位。中国历史上的众多朝代均建都于洛阳，说明洛阳在历史上长期是中国政治、经济、文化的中心。同时，作为政治、经济、文化中心的洛阳，其影响必然首先辐射于其周围地区。上述古时的墓葬及《墓志辑绳》中的墓志，大部分发掘出土于洛阳老城及市郊的邙山，也有些发掘出土于河洛一带的孟津、伊川、偃师、义马、宜阳及三门峡等地。如果说黄河中游是中华文明的摇篮和发祥地，那么洛阳及其周围的河洛地区则是这一伟大文明的产物和标志。这些既反映了《墓志辑绳》的特点，也是河洛文化的重要特色。

第三，《墓志辑绳》收入的八百三十五方墓志，全部按原件缩小影印，并标明原墓志的高、宽、厚度，大部分还注明其出土的年代、地点及现存何处，使读者阅读此书，犹如目睹墓志原物，不仅增添了历史真实感，还使之具有石刻文物及书法艺术的鉴赏价值。读者可以从各个时代墓志的形状、大小与墓石加工的精粗，窥视墓志本身的发展与演变，进而研究墓志本身的发展规律。同时，中国的书法艺术也是传统文化的重要组成部分。由于立碑刻志者大都是政治、经济条件优越的皇室、达官贵人或硕学文士，他们多延请书法艺术造诣较高的名家为之撰写志文，因而多数墓志有较高的书法艺术价值，如"晋人运笔兼有汉隶之余颓，魏书著墨长于竖毫之朴拙，唐楷有行云流水之风范，宋书则如山岫采虹之工对"。[①]一部《墓志辑绳》便是一座中国古代书法艺术之宝库。事实上中国历代的书法名家，诸如汉代的蔡邕，魏晋时期的嵇康，唐代的柳公权、褚遂良、颜真卿等，都曾在洛阳地区活动，并留下杰作和墨迹，他们的书法艺术都为河洛文化增添了光彩。

从《墓志辑绳》的上述特点可知，它确为河洛文化研究提供了多方面宝贵的历史资料，也是河洛文明的象征和历史的见证。然而，作为中国古代文明发祥地之一的河洛地区，其地上地下流传和蕴藏的文献、文物史料极为丰富浩瀚，有待于进一步搜集和发掘，如欲认真地、有计划地研究河洛文化，就应下力气搜集、发掘和整理，而后再按专题和类别开展研究，庶几丰富多彩的河洛文化史研究成果则会陆续问世，也将会为多姿多彩的中华文化增添丰富的内容，并使地域文化研究进一步深入和提高。

这篇短文，从地域文化研究的角度出发，谈到河洛文化的内涵和地域界定，又引申出读《墓志辑绳》的一些感受，从一个侧面说明河洛文化在中国历史文化中的地位和特色，也谈到研究河洛文化应从何处入手和深入，涉及的内容，提出的看法，仅是河洛文化的一斑，远不足以说明河洛文化之全貌，对河洛文化深刻而全面的论述，则有待于研究河洛文化的专家。

（原载《炎黄文化研究》1994 年创刊号）

---

① 《洛阳出土历代墓志辑绳·前言》。

讴歌轩辕黄帝的前驱先路之作

——罗光平《东方大帝》序言

记得是2003年春,我在应邀参加河南省新郑市举办的炎黄文化节期间,有幸结识了历史小说与影视剧作家罗光平先生,知悉他正在着手创作关于轩辕黄帝的长篇历史小说。为此,他远离北京,只身长驻郑州和新郑,还常常风尘仆仆地往来于全国各地尚存的炎黄二帝遗址、遗迹,实地考察,搜访资料,酝酿构思,埋头写作,经常是废寝忘食,通宵达旦。临分手时,他还对我说:"很高兴相识,适当时候,我一定还要登门请教。"

那次会晤,给我留下深刻的印象。他虽言语不多,却十分沉稳坚定。从其言谈举止中,我直观地感到,这是一位有理想、有追求、执着献身、有强大精神支撑的作家。此后,虽久无音讯,但我始终难以忘怀,并默默祝福他创作成功。

转眼将近一年,2003年末的一天,突然接到光平先生的电话说:"我创作的《东方大帝》已完稿,近日想到府上送请审阅。如有可能,还想请中华炎黄文化研究会组织有关专家对书稿进行评审。"我们很快见面了,当我看到他送来的近百万字、两大册沉甸甸厚重的书稿时,真是大喜过望。

近十多年来,我一直在中华炎黄文化研究会兼职,弘扬炎黄文化,振奋民族精神,本来就是我们中华炎黄文化研究会同仁义不容辞的职责。而今,光平先生耗费多年心血,写出这部鸿篇巨制,实乃心有灵犀一点通,相互间可谓是志同道合,中华炎黄文化研究会理应责无旁贷地支持光平先生的创作。为此,我遂放下手头工作即刻阅读这部大著,并与研究会主要领导商请,约请了数位学养深厚,对文艺作品造诣较深的专家学者,共同参与审稿工作。

2004年年初,在黄河之滨的河南省会郑州,有关方面主持召开了《东方大帝》书稿审评会。出席会议的专家学者与作者进行了面对面的交流切磋,对这部作品的创作意图、情节结构、人物刻画、场景描写、语言运用乃至创作态度等方面,大都给予了高度肯定,同时,亦对书稿中存在的某些不足,条分缕析,坦陈己见,以使作品更加精益求精。罗先生虚怀若谷,分析吸收有关意见,又对书稿反复进行修改。如今面世的这部作品,真说不清是几易其稿了。我个人读过是书后,深受教益,并感到该书有几点突出的特色:

其一,是以文艺作品形式讴歌轩辕黄帝的前驱先路之作。中华民族历史悠久,文化灿烂,在世界文明发展史上有着重要地位和影响。尤为难能可贵的是,在世界几大古代文明系列中,唯有中华文明绵延至今,从未中断。而黄帝则是中华民族的人文始祖,是中国古代文明的象征。这一点日益成为海内外炎黄子孙的共识。开二十四史之先河的《史记》,首卷是《五帝本纪》,而《五帝本纪》的开篇,就记载了有关黄帝的史事。

中国民主革命的先行者孙中山先生曾写有黄帝的赞词:"中华开国五千年,神州轩辕自古传。创造指南车,平定蚩尤乱,世界文明,唯有我先。"新中国的缔造者毛泽东主席写于1937年的黄帝颂词云:"赫赫始祖,吾华肇造;胄衍祀绵,岳峨河浩;聪明睿知,光披遐荒;建此伟业,雄立东方。"至于有关黄帝的神话故事、民间传说数千年来更是不绝于书。

我们作为黄帝的子孙,对这位始祖奠基华夏五千年文明的伟大历史功绩及其体现的厚德载物、自强不息、坚韧勤奋、开拓创新的民族精神,确应讴歌赞扬,发扬光大。

但据我所知,迄今有关黄帝的书籍,除神话传说、民间故事外,多是资料汇编、史实考证、学术论文等。而通过艺术创作,采用小说体裁,以生动的艺术构思,刻画塑造黄帝及其同时代的人物形象与丰功伟业,描绘远古时期的社会风貌,又如此鸿篇巨制,光平先生此作品实乃首创,其筚路蓝缕之功,殊属可喜可贺!

其二,作为一部文艺作品,较好地处理了历史真实与艺术虚构的相互关系。早在20世纪50年代末,文学艺术界与历史学界曾对历史真实与艺术真实的关系问题展开过讨论。文学巨匠茅盾先生还为此写过《关于历史和历史剧》一书。茅盾先生曾说:"历史家不能要求历史剧处处都有历史根据,正如艺术家(剧作家)不能以艺术创作的特征为借口而完全不顾历史事实,任意捏造。历史剧无论怎样忠实于历史,却不能不有虚构的部分,如果没有虚构,就不成其为历史剧。"①

作为文艺作品的历史小说,同历史剧一样,既要符合历史真实,又应遵循艺术创作规律。我认为,所谓符合历史真实,主要是从大处着眼,作品中所描写的重要人物、重大事件,要与该时代的历史特征、脉络、趋向相吻合,要反映那个历史时代的精神和历史风貌,不能凭空杜撰,任意捏造。但历史小说,绝不是历史教科书,作为艺术作品,不能没有艺术虚构。正如茅盾先生所说:"历史剧中(本文作者按,包括历史小说)一切的人和事不一定都要有牢靠的历史根据——也就是说,可以采用不见于正史的传说、异说,乃至凭想象来虚构一些人和事;在这里,可以有真人假(想象)事,假人真事即真有此(两者都是想象出来的),乃至假人假事。其所以需要这些虚构的人和事,目的在于增强作品的艺术性。但是,在运用如此这般的方法以增加作品的艺术性的时候,有一个条件,即不损害作品的历史真实性。换言之,假人假事固然应当是那个特定时代的历史条件下所可能产生的人和事,而真人假事也应当是符合于这个历史人物的性格发展的逻辑而不是强加于他的思想和行动。如果一部历史题材的作品,能够做到这样的虚构,可以说它完成了历史真实与艺术虚构的统一。"②

我们知道,根据文献记载与考古发掘,轩辕黄帝处于人类新石器时代,是人类逐渐摆脱人兽共存,穴居野处的荒蛮时期,开始由采集、渔猎走向农耕。这一时期,由多个民族部落,通过和平与征战,实现了部落联盟,融合统一,绽放出远古文明的辉煌之光。黄帝正是这个时代的伟大杰出代表人物,他在开创中华古代文明中集文、武、德、政、艺于一身,在诸多方面都有一系列发明创造,成为天才睿智的化身。但他处的时代,距现在毕竟是太遥远了。留至今天的有关黄帝的文献记载,多半是根据世代相传的口耳传说。即使是有关遗址、遗迹,也是汉、魏以来后人的再造。要把黄帝及其所处的时代予以艺术再现,就必须在把握历史真实的基础

---

① 茅盾:《关于历史和历史剧》,作家出版社1962年版,第126页。
② 同上书,第126—127页。

上，运用形象思维，进行巧妙的艺术虚构。

细心的读者，通过对本书的阅读，不难看出，作者对黄帝丰功伟绩的描绘；贯穿全书的许多扣人心弦的情节构思；黄帝及其周围众多历史人物艺术形象的塑造；征战统一过程中大型战争场面的细节描述；青年男女悲欢离合、引人入胜的爱情故事，及其相互间对唱的那些委婉动人的山歌；还有庆祝丰收、胜利、统一而举行的宴聚、祭祀大典、篝火晚会的热烈氛围，如此等等，无不反映出作者匠心独运的艺术构思。在创作手法上，作者考虑到现实存在，使用了环境与场景互换互移（立体视觉）的描述方式，最终构建了黄帝及其时代的史诗长卷，给人以美的艺术享受。所有这些，都反映了作者力图做到历史真实与艺术虚构的相互统一。

其三，深入挖掘黄帝的精神世界，不惜以浓墨重彩展现黄帝所代表的文化精髓与民族精神。全书用了大量篇幅，描述了黄帝在肇造中华文明过程中的发明创造，诸如制六书、定算术、纂内经、作甲子、造律吕、定五音、占天宫、筑寨邑、发明指南车、造舟楫、制陶器、作冕旒、封诸侯、建国邑、桑蚕纺织、采铜铸鼎、划野分州等。然而，作品并没有仅仅停留在对这些功绩表层的描述上，而是在更高层次上，深入挖掘黄帝的精神世界，展现了黄帝所代表的文化精髓与民族精神，诸如不畏艰险、勇于探索、不屈不挠、锐意进取、坚毅顽强、自强不息、包容豁达、道法自然、刚柔相济、宽厚仁爱、民主自律等——正是这种精神与精髓，熏陶影响着世世代代中华子孙、龙的传人，使之无论是在和平安乐的顺境时，还是在艰难险阻的逆境中，都能富贵不能淫，威武不能屈，贫贱不能移，永远自强不息，屹立于世界民族之林。这些深层次的挖掘与展现，既是全书用力之所在，也反映出作者对中华民族传统思想文化有深厚的造诣与学殖。

我在拜读全书过程中，曾反复思索：要创作这样一部反映黄帝及其时代的艺术作品，确有极大难度，需要具备多学科、多方面的知识与素养，诸如历史学、文艺学、哲学、宗教学、人类学、考古学、地理学、农学、医学、天文科技等，诸多学科的涵养都不可或缺，否则就很难驾驭这包罗万象的作品。人非天纵之圣，任何人都是"吾生也有涯，而知也无涯"。可以想象光平先生为创作这部作品，克服了多少困难，付出了多大代价。据我所知，他在创作过程中因过于耗费心血、过度劳累，曾几次昏厥，几度染疾，甚至吐血，惊吓得他远在国外工作的爱妻莹莹迅速回国，来照料他的生活。可见,作者为写这部作品,可谓呕心沥血,乃至是以生命为代价。这种严谨忘我的创作态度,实令人肃然起敬。

不过,话又要说回来,尽管作者富有才华,学殖深厚,写作态度又十分严肃执著,但如上所述,创作这样的题材,难度极大,特别是学术文化界,对于黄帝及其时代的研究,尚有不少疑难仍未解决,在不少重大问题上犹存在着不同意见。面对这样的现实状况,作为描写黄帝及其时代的首部历史小说,难免存在缺点和不足。大凡做学问,搞创作,写人物,往往会对研究与描写的对象情不自禁地产生感情,进而有所偏爱和拔高,我多少感到,本书作者也未能完全跳出此窠臼。另外,全书刻画了众多的人物,描述了错综纷繁的事件,多数是成功的,有不少人物和事件写得光彩照人,耐人寻味,但对有些人的刻画则不够丰满;在文字表达方面,总体上看,娴熟流畅,但还需锤炼。本来,我只是从一个普通读者的角度来拜读光平这部作品,以从中吸收营养和教益,但在作品付印前,光平却突然请我撰写序言。鉴于这部作品涉及的范围远远超出我的专业领域,写序之责,实难胜任。再忆及清代大儒顾炎武说过,"人之患在好为人序",更不敢操觚。但也许是由于我长期在中华炎黄文化研究会工作,又较光平先生年长多岁,他出于对我的信任与厚爱,雅属再三,我只好将读后的一些感受,写于卷端,乞请作者与读者教正。

(原载《东方大帝》,中国社会科学出版社 2005 年版)

弘扬炎帝精神　振兴中华民族

——为宝鸡"炎帝与民族复兴学术研讨会"而作

素有"炎帝之乡""青铜之乡"称誉的宝鸡市，历史悠久，文化积淀丰厚。这里既是姜炎文化的发祥之地，又是周秦文化的肇兴之区，同时，还是汉唐盛世许多文明象征的所在之域。今天，它作为现代化城市之一，又朝气蓬勃，一片欣欣向荣。对这块文明宝地，我久已心向往之。这次能应邀出席"2005年华人省亲祭祖大典"及"炎帝与民族复兴学术研讨会"，终于如愿以偿，恭临盛地。此间，我已先后参加"朝盛大典"，拜谒炎帝陵，实地考察了反映炎帝时期文化遗址的北首岭仰韶文化发掘现场，还参观了青铜器博物馆与佛教圣地法门寺。如此将参观考察与学术研讨相结合的方式，实使与会学者受益良多，特别是对宝鸡在炎帝文化发展史上的地位与影响有了切实感受，兹撰此文以求教于与会的专家学者。

一　炎帝与黄帝同为中华民族的人文始祖，对于炎帝的研究理应深入和加强

炎帝与黄帝一样作为中华民族的始祖，几千年以来一直受到后世炎黄子孙的缅怀与崇敬。由于其在开创中华远古文明的过程中，创榛劈莽，前驱先路。加之，该氏族部落或因生产、生活发展需求，或受地理环境与气候变化的影响，而交融征战，南北流动，辗转迁徙，氏族代代相传，繁衍生息，足迹所至，几遍布各地。因此在全国各地都留下了瞻仰祭祀的遗址、遗迹，如湖南、湖北、河北、山西、河南等，都有炎帝庙、炎帝陵、炎帝故里等。这是合乎情理的，不必争论何者为真，哪个是假。正如《国语·晋语》所说，"昔少典娶于有蟜氏，生黄帝、炎帝。黄帝以姬水

成,炎帝以姜水成"。据宝鸡及其附近河流的地理地望与考古发掘相印证,宝鸡无疑是炎帝及炎帝文化产生、形成与发展的重要地区之一,炎帝氏族的先民可能曾长期在此地生息,甚至开创农耕文明,具有部族领袖称号的炎帝一世就在此地诞生。

有鉴于上述情况,在陕西省领导及学术文化界的支持下,在宝鸡市当地党政领导及各相关部门的组织推动下,对姜炎文化与炎帝文化的研究已开展多年,形成了一支可观的研究力量,积累了相当的研究成果,对这里的炎帝遗址、遗迹和有关文物的保护与开发也做了大量工作,正是在这样基础上,又举办了"2005年全球华人省亲祭祖大典"和"炎帝与民族复兴国际学术研讨会"。我想,通过这些活动的开展,必将进一步推动炎帝文化研究,也将为"开发古陈仓,建设新宝鸡"带来新的契机。我国进入改革开放的新时期以来,全国上下都在倡导弘扬民族优秀传统文化,实现民族的伟大复兴。我想复兴中华民族绝非抽象、空洞的口号,也不能只停留在动员与号召层面,而必须是通过各地区、各部门,根据各自历史与现状的特点,按所制订的复兴规划,脚踏实地,一步一步地做大量切实的工作,通过一地一地的复兴,来促进全国、全民族的复兴。以"炎帝之乡"的宝鸡为例,如能通过弘扬炎帝文化,以文化促经济,带动各方面的工作向前发展,在当地早日实现复兴中华民族的小康社会,就是对整个中华民族复兴的有力推动,其他地区也是同样如此。因此,大家有必要共同思考,如何加强对炎帝文化的深入研究。

人所共知,炎帝与黄帝都是中华民族的人文始祖,他们都为缔造中华文明,熔铸中华民族精神做出不可磨灭的贡献,因而后人常"炎黄"并称,这是他们的共性。但我们既要看到他们的共性,还要认识他们的个性,又各有自己独具的秉性、特点和贡献,有不可取代的独特之处。譬如炎帝在开创中华民族的农业生产方面,在尝百草、医疾病方面,就较之黄帝更为突出,因被称为"农神"与"医神"。所以、炎黄二帝,都应同样受到全球华人的尊崇与祭祀,他们的历史伟业都应得到弘扬与发展。历史也和现实基本如是。目前,散布在全国各地的炎帝陵、炎帝庙,以及历朝历代帝王百官,文人墨客与黎民百姓对炎帝陵庙的祭典、祭祀活动,流传下来的大量碑刻、诗文,就是很好的证明。不过,客观而论,在历史与现实中,似在一定程度上存在着"重黄轻炎""厚此薄彼"的现象。对这种现象已有学者撰文论述，① 这里不再列举。有关方面应针对这种现象形成的原因，共同努力逐步加以扭转和改变。就各级政府而言，特别是各级文化部门，应在指导思想上，对炎帝与黄帝都给以应有的尊崇，从二者的共同点与不同点出发，强调和肯定他们对中华民族的巨大贡献，对有关炎帝的遗址、遗迹，要大力保护与开发，因为中国古代文明的形成与历史的发展是无数的杰出人物与亿万人民群众共同创造的，而不是某个或少数杰出人物的独有功劳。凡是对人类历史做出巨大贡献的人物都应受到尊崇与表彰，也只有这样才能更好地继承与弘扬他们的历史功勋，以实现中华民族的振兴。就学术文化界而言，要大力加强和深入对炎帝及炎帝文化的研究，特别是有炎帝遗址、遗迹所在的地区与部门，更应依靠和发展本地的研究力量，并组织各地学者，有针对性地深入研究。舆论媒体，也应在海内外炎黄子孙中广为宣传、普及炎帝的功绩与精神，使之同黄帝一样，成为在新时期振兴中华民族，凝聚海内外炎黄子孙的精神支柱与纽带。

这里，我想就学术界如何加强和深入研究炎帝与炎帝文化谈点浅见。近些年来，在当代兴起的"炎黄文化"热中，已经有不少关于炎帝的文献资料与研究成果陆续编辑出版。就我接触阅读到的，诸如陕西宝鸡、湖南炎帝陵基金会及山西省长治市、高平市的炎帝遗址、遗迹所在地，都结合本地特点，组织编辑、出版了一些炎帝文化的历史文献资料、研究丛书及开展学术研讨的论文集。中华炎黄文化研究会组织编辑了由李学勤、张岂之先生主编的包括炎帝在内的大型历史文献资料汇编《炎黄汇典》，②还编辑出版了专门研究炎黄文化的学术丛刊《炎黄文化研究》③等。还有些研究论文刊载于全国各有关报刊。这些研究资料与研究成果，都为进一步研究炎黄文化奠定了基础，提供了方便。但也应看到，已有的研究资料与研究成果，虽不乏有水平、有价值的独到之作，但多数尚属初始阶段，还必须进一步深入、加强与提高，还有许多工作有待努力开展。

其一，对历史上流传下来的有关资料需进一步分析考辨和整理。对于

---

① 高强、田延峰：《"重黄轻炎"现象及其文化透视》，《宝鸡文理学院学报》（社会科学版）1999 年第 1 期。
② 李学勤、张岂之主编：《炎黄汇典》，吉林文史出版社 2003 年版。
③ 《炎黄文化研究》自 1994 年起作为《炎黄春秋》增刊，先后出版十辑，自 2004 年起已由河南大象出版社正式独立出版。

历史上流传下来的关于炎帝、黄帝的传说、民间故事和神话，以及根据传说已载入各种历史文献典籍中的资料和近年来有炎帝故里、陵、庙及其他遗迹的地区，前人已程度不同地做了些资料撰编工作。由于这些资料的编辑多是从当地情况出发，或不够完善，或缺乏考辨，或互有矛盾与重复，或是炎黄二帝合编，因此，我们应在各地原有资料基础上，对已编的各种资料，进一步梳理和考辨，加以审视与鉴别，分工合作，专门编辑更加系统、全面的《炎帝文化资料汇编》，以供深入研究炎帝文化参考。

其二，改进研究方法。过去的研究工作中，存在着各自独立进行的现象，从事历史文献研究的学者，只着重对文献典籍的搜集整理；从事文物考古工作的学者，只偏重文物的收集与考古的发掘。今后应运用将历史文献的分析考辨和地下考古发掘相结合的研究方法，历史文献学家应吸收近年来考古学界考古发掘的最新成果；考古学界对新发掘的成果应据已有的历史文献分析新发掘的文物，二者互相印证，相互补充。同时，由于炎黄与今天相距的年代久远，要研究当时的问题涉及历史学、地理学、考古学、民族学、宗教学、人类学、民俗学、自然科技等各相关学科，各个学科应互相配合，综合研究，才有可能使相关问题的研究获得新的突破与进展。

其三，对尚存争论的问题，应采用百家争鸣的学术方针，开展自由深入的讨论。近年来学术界对于炎黄二帝及炎黄文化的研究已逐渐取得了一些共识，如绝大多数学者都认为中华古代文明的起源要往前推；炎黄二帝是中华民族的人文始祖，中国古代文明的象征；炎帝黄帝或是某一具体祖先的名字，或是炎帝氏族与黄帝氏族领袖的共同称谓，但都是人而不是神，被后世敬为神灵则是另外的事情；由于炎黄两大远古氏族部落，都曾各传多世，并都有流动迁徙，所以，在今天全国的许多地方都有炎黄的遗址与遗迹，当可并行不悖，不必争论我是你非与上下高低。对于这些既已成为多数人共识的问题，就应肯定下来，作为推进深入研究的起点和基础。当然，在这些问题上仍有少数不同意见者，仍可存疑。

这里要说的是炎帝文化研究为何深入，应结合学术界对炎帝及炎帝文化的研究存在分歧和争论，诸如炎帝与神农氏究竟是同一人，同一氏族，还是不相同的两个人，两个氏族，历史上文献记载或同或不同，目前学术界就存在或主张前者，或同意后者的不同意见。虽然张岱年先生曾指出：

"有些史学家不承认炎帝是神农氏,但最流行的一种说法认为炎帝就是神农氏,我认为承认这个说法是较有理由。"① 但也还有些学者仍坚持二者并非同一,因而还须继续研究讨论。另如炎帝生在何处,定都于何地,死在哪里,自古至今就有多种说法,如湖南炎陵说、陕西宝鸡说、湖北厉山说、河南淮阳说、山西高平说等,各自都有一定的历史文献依据,当然各种说法的道理充分与否也各有不同。还有既然炎帝氏族有多代延续,不断迁徙流动,其迁徙流动的具体情况如何,各个世代具体如何迁徙,落脚在何处,也有不同说法。有的学者认为炎帝一世在宝鸡,而后沿渭水向东北、东南发展,分别向山西、河南发展,经过涿鹿大战,炎帝八世到了湖南炎陵。② 但也有学者认为,炎帝一世起源于辽宁红山文化地带,而后入关在燕山山脉一带,再后迁徙至山西、陕西、湖南③。对此问题还有其他说法,兹不一一列举。欲深入研究炎帝文化,理应对上述炎帝文化研究中存在分歧和争论的问题,有针对性地开展研究,逐渐形成共识。

  对于深入开展炎帝、炎帝文化及炎黄文化的研究,我还有一点很不成熟的意见,就是在对相关问题进行研究时,应多从宏观上把握,宜粗不宜细。一定要遵循历史唯物论的基本观点,坚持实事求是的方针,依据史实,结合时代精神,从弘扬中华民族优秀传统文化,继承和发扬中华民族爱祖国、爱民族,自强不息的民族精神出发,来深入研究、阐发炎帝与黄帝开创远古文明的伟大功绩及其熔铸的民族精神。由于炎黄所处的时代与今天相距十分遥远,且当时尚无直接的文字记载。因而对当时的一些具体问题,如神农氏究竟是"十七世而有天下",或者是"七十世而有天下",又或者说"炎帝有八代,历时五百年"等,这些说法只能是对研究这一时代用来分析参考,而不可能对每一世的氏族领袖名称是什么,生存时间有多长,生死在何地,考证出清楚明确的结论。再如炎帝氏族确曾有流动与迁徙,对于流动迁徙的具体情况,也只能根据文献记载与地下考古发掘和文化遗存,研究出一个大的趋势,而很难对"炎帝八世"或"十七世"的每一世原在何处、迁到哪里、葬在何地等问题,一一做出明确结论。如

---

① 张岱年说见宝鸡炎帝文化研究会编《炎帝论》,陕西人民出版社1996年版,第23页。
② 何光岳:《炎黄源流史》,见《炎帝论》第318页。
③ 陈平:《略论阪泉·涿鹿大战前后炎帝的来龙去脉》,《燕秦文化研究——陈平学术文集》,北京燕山出版社2003年版,第361—367页。

真有这样的结论,即使似乎很明确,很具体,但又必然令人疑窦丛生,难以置信,有画蛇添足之嫌。因此,正像有的考古学家所说:"我想现在无论是关于传说资料的研究还是考古学的研究,都还难于做出确切判断,因此暂时还是采取一点儿模糊数学态度为好。"①

二　炎帝的历史功绩与崇高精神

炎帝之所以成为中华民族的人文始祖之一,被誉为是中国古代文明的象征,就在于他在中华文明发展史上有着彪炳史册、造福万代的伟大贡献和不可磨灭的影响。他是自古就以农立国的中国的农神,在世界农业史上也应有崇高的地位。

要论炎帝的历史功绩,首先要弄清他与神农氏的关系。因为自古流传下来的文献典籍中,有关炎帝与神农氏互相关系的说法不一,有的将二者完全分开,或只讲神农氏,或只讲炎帝,而且一个时间在前,一个时间较后,完全是两个不同的人物。但也有的将"神农氏炎帝",或"炎帝神农氏"连称,视为一体,没有分别。《史记·五帝本纪》还记述说:"轩辕之时,神农氏世衰。诸侯相侵伐,暴虐百姓,而神农氏弗能征。于是轩辕乃习用干戈,以征不享,诸侯咸来宾从,而蚩尤最为暴,莫能伐。炎帝欲侵凌诸侯,诸侯咸归轩辕,轩辕乃修德振兵……以与炎帝战于阪泉之野,三战,然后得其志。"司马迁显然是把神农氏与炎帝分开的,神农氏在前,炎帝在后,与黄帝大致同时。《史记》之后的历代史籍,如班固的《汉书》等才将"炎帝神农氏"连称。汉代以后,虽仍有不同看法,但炎帝神农氏连称却一直未变。值得注意的是,即使是在先秦将神农氏与炎帝分开的有关文献中,也反映了二者有许多共同的特征。如不同的文献都记载说神农氏"宏身而牛首",炎帝"人身牛首",这说明他们都以"牛"为图腾崇拜,有着相同血缘与氏族的联系。还说他们均以"火"为特点,又都姓姜,如说"神农火师火名","神农氏,姜姓也,母曰任姒","炎帝火师,姜姓也","炎帝以姜水成……故炎帝为姜"。既然都姓姜,当然

---

① 严文明:《炎黄传说与炎黄文化》,载李学勤、张岂之主编《炎黄汇典》第4册,第472页。

属于同一氏族。另外,在讲到神农氏,或炎帝的历史功绩时,二者的功绩都在农业方面,几乎完全相同,民间传说也如此,都是"制耒耜""种嘉谷""制陶器""尝百草"等。从这些材料反映的信息看,神农氏与炎帝虽是时代前后不同的二人,但又有许多相互联系的共同特征。须知人类文明的发展史经历了漫长而遥远的过程,从旧石器时代到新石器时代,从野蛮到走向文明,从穴居野处、茹毛饮血,到构木为巢、用火熟食,从渔猎采集到畜牧农耕,从刀耕火种到精耕细作,一步一步都经历了艰难曲折,路漫漫兮。同样,一个世代繁衍生息的氏族部落,即以开创原始农业为特征的神农氏氏族而论,也必然经历了一个相当漫长的历程。从我国近二三十年南北各地考古发掘出的粮食作物来看,早在一万多年前,湖南道县玉蟾岩洞穴遗址,就发现完整的经栽培的稻谷,而在长江下游距今约7000年前的余姚河姆渡遗址,也发现有相当多的稻谷、稻秆和稻叶。① 在距今约8000年的河北武安磁山文化遗存中,竟在80个空穴中都发现有粟的朽灰。粟的储存量估算在10万斤以上。② 根据考古学家的测算,与黄帝大致同时的炎帝的生存时间约在6000—5000年前之际,他也是中国古代原始农业的集大成者。当时的农业作物品种繁多,农具既有石制,也有木制,又有储存粮食与食品的陶器,还有做衣被的麻布纺织等。既然神农氏和炎帝有着共同的姓氏和崇拜,也都以开创农业而著称,而只是在世的时间有先后之不同,我们完全有理由推断,二者是同一个以发展农业为特征的氏族,神农氏是氏族称号,炎帝则是氏族领袖的通称。从早期的神农氏氏族,到与黄帝同时的神农氏氏族领袖的炎帝,已经历了2000—3000年以上,难怪有"神农氏十七世而有天下",或"神农氏七十世而有天下"的说法。这也说明原始农业的发明创造,从萌芽到成熟,曾经历了很长的时间,其各种农作物的发明者,也必然有千千万万的无名氏,最为突出者则是炎帝,因此作为神农氏氏族领袖的炎帝就成了农业发明的集中代表。为表彰与纪念他的历史功绩,后人便将其尊为农神,于是神农氏炎帝,或炎帝神农氏,便连在一起。古人早就认识到这一点,曾说:"炎帝神农

---

① 吴汝祚:《炎黄时代的农业》,《炎黄文化研究》第9辑。
② 任伟华:《磁山遗址的原始农业遗存及相关问题》,《农业考古》1984年第1期。

氏。宋仲子曰：炎帝即神农氏，炎帝身号，神农代号也。"① 所以，在各种历史文献典籍中有关农业发明创造者的功绩便都归在炎帝神农氏名下，这也是顺理成章的。倘若肯定神农氏是一个以开创农业为特征的远古氏族，炎帝则是该民族发展到一定时期的氏族领袖的称号，作为氏族领袖的某一具体人都以此为代称，而且又不可能确指某一炎帝是神农氏氏族的某一炎帝，那也就无须去辩论神农氏与炎帝究竟是一个人，或者是两个人了，笼统地将之称为神农氏炎帝则更为符合历史事实。总之，炎帝神农氏是中国古代农业的发明者、创造者，是中国的农神。

关于炎帝神农氏的历史功绩，古代文献与当代学界已多有论述，概括言之有以下数端：

（一）种嘉谷，教民耕种，推动了原始农业的发展。如《易传·系辞下》所说，"包牺氏没。神农氏作，斫木为耜，揉木为耒，耒耨之利，以教天下"。耒耜作为垦殖农具，其发明创造有利提高生产力，对推动农业生产的发展有重要作用。相传，炎帝将原本野生的狗尾巴草，经过培育使之成为耐旱易种的嘉谷——粟。直到今天，许多有关炎帝的遗存中都有炎帝神农氏种谷得谷之遗迹，如山西高平神农城，山下有神农镇之羊头山。

（二）作陶器，织麻布，日中为市，促进了原始手工业和原始交易的发展。在各地文化遗址的考古发掘中均发现有大量陶器，而炎帝则是制作陶器的始祖，如古籍所记载炎帝"耕而作陶""冶作斤斧""埏埴以为器"，又说其"教之麻桑，以为布帛"，还"日中为市，致天下之民，聚天下之货，交易而退，各得其所"。这些都说明炎帝时期，中国的农耕文明已相当发达，有了一定的劳动剩余物和剩余劳动力，可以储存，可以交换，在农业劳动外，还兴起了手工业，如制作陶器，纺织麻布等。在"炎帝之乡"的宝鸡地区的考古发掘中，出土的大量陶器和陶窑作坊遗址，证明当时的陶器制作有很高的水平和很大的规模。

（三）尝百草，制草药，医民疾，发明和推动了我国原始医药卫生的发展。关于炎帝在这方面的历史功绩更是有丰富的文献记载与民间传说，我国古代的中草药药物学著作《神农本草》冠名神农，就表明其这方面开创性的贡献。炎帝针对远古时代"民茹草饮水，采树木之实，食蠃蚌

---

① 《世本·帝系编》，宋衷《世本注》。

之肉，时多疾病"，为免除民间的疾病痛苦，甘冒生命之险，"尝味草木，宜药疗疾，救夭伤之命"。他为了"尝百草之滋味，水泉之甘苦，令民知所辟就。当此之时，一日而遇七十毒。"① 据各地相传之民间故事，炎帝就是在尝百草的过程中，误尝一种有毒性的火焰子而逝，为救死扶伤而献出个人宝贵的生命。

（四）造弦琴，创祭舞，推动原始音乐与舞蹈的发展。远古时期的先民在劳事之余，也要休息娱乐，还会有各种喜庆礼仪活动。炎帝"上观法于天，下取法于地，近取诸身，远取诸物，于是始削桐为琴，绳丝为弦，以通神明之德，合天地之和焉"②，制造了五弦琴，兴起了音乐。据说周文王就是在炎帝所造五弦琴的基础上发展成七弦琴。炎帝为了庆贺农业丰收与驱除鬼邪，还创作了蜡祭与傩舞。如史籍所说："炎帝神农氏以其初为田事，故为蜡祭，以报天地，于是作蜡祭"③。可见，蜡祭是感谢上天赐予的农业丰收。傩舞则是为举行驱除鬼邪仪式而创作的雄浑强劲的舞蹈。炎帝时创作的蜡祭与傩舞，也为周以后的历代所继承，日后在京城建立的先农坛，就保留有上古蜡祭的遗风，炎帝还被作为蜡祭的对象。

（五）在长期的迁徙流转和部族间的战争与交融中奠定了中华民族的统一基础。炎帝神农氏与黄帝轩辕氏，是中国古代文明形成过程中两个最大的氏族部落及其首领。这两大氏族部落在世代繁衍生息的过程中，都曾迁徙流转，使自己部落较为先进的生产、生活与文明发展影响到其他地区的氏族。如炎帝农耕文明就传播到更广的地区。由于文明发展程度不同，或者各种利害发生矛盾和冲突，各氏族部落之间有时也会发生战争，而战争也是各部族之间交融与统一的手段，通过战争往往建立起大的部落联盟，如黄帝部落与炎帝部落的联盟打败蚩尤，就加速了古代中国统一的进程。此后黄帝与炎帝两大部族间的战争，又使黄帝成为"协和万邦"的盟主，实现华夏族的早期统一，奠定了古代中国的统一基础，炎帝在此过程中自然有不可磨灭的贡献。④

---

① 刘安：《淮南子·修务训》。
② 桓谭：《新论琴运》。
③ 参见吉炳轩《深入开展文化科技卫生"三下乡"活动为建设社会主义新农村服务》，《光明日报》2005年12月2日。
④ 本文对炎帝功绩的概述参考吸收了《炎帝论》一书的有关论说。

炎帝在对中华民族做出伟大历史功绩的过程中，也体现出崇高的精神、情操和品德，诸如自强不息，刚健有为，百折不挠，坚毅不拔的创业精神；锐意进取，有志革新，敢为天下先的发明创新精神；热爱自己的氏族和民众，以人为本，为造福于民不惜自我牺牲的奉献精神；既英勇顽强，敢于斗争，又宽厚包容，交融和谐，顾全大局的统一精神等。我们缅怀炎帝的伟业，不仅要追念他在物质方面的发明和创造，同时还要发扬他的精神、品德和情操，促进当代中国特色的社会主义精神文明、政治文明建设，推动中国和谐社会的发展。

三 弘扬炎帝精神 振兴中华民族

炎帝与黄帝一样，既开创了中国古代的物质文明，也肇造了中华民族的精神文明，并开创了炎黄文化，炎黄文化是我们中华文化的源头，也熔铸了中华民族的民族精神，中国文化就是源于炎帝和黄帝时代。我们要缅怀和祭奠先祖炎帝，对之"报功崇德""志意思慕之情"，根本的目的是要"继志述事"，发扬光大其精神，学习其在开创物质文明中反映出的品德和情操，而不是学习其所开创的那些具体物质文明。

炎帝作为中国的农神，其一生最大、最集中的贡献就在于开创了原始农业和农耕文明，解决了民众的温饱，改善了当时人民的生活，奠定了国家和民族物质生活的基础。我国自古以来就以农立国，历朝历代政权的成败得失，生死存亡，往往取决于对农业与农民问题解决的成功与否。中国共产党领导的革命之所以成功，很大程度上是建立了巩固的工农联盟，从建立农村革命根据地起，就一直得到广大农民的支持。直到今天，能否实现中国的社会主义现代化，能否建成中国的全面小康社会，能否实现以科学发展观建立的和谐社会，关键依然是占全国绝大多数人口的农村和农民的问题能否正确妥善地解决。值得注意的是改革开放以来，农业的发展，农村的建设和农民的生活虽然得到很大的发展和提高，但是还有许多问题亟待解决。特别是近年来，相对于城市而言，农村的发展滞后问题日益突出。关系农村、农民的诸多切实、切身利益的许多问题，诸如科技文化教育、医疗卫生、生活收入等，都未能解决。这必然会影响社会主义现代化进程，也会给实现社会的稳定与和谐带来隐患。为此，党和政府把建设社会主义新农村,要求新农村一定要和谐发展,生活富裕,乡风文明,村容整洁,管理民主等视为全党工作的重中之重,作为重要的战略部署,这是十分正确的决策。我们要弘扬炎帝精神,就要切实、认真地学习和贯彻党和政府的这些战略部署和决策,全党和全国各界都要重视农业,加强社会主义新农村建设,关心和提高农民的收入与生活的改善,改变农村至今还存在的贫困落后面目,这就要发扬炎帝为开创农耕文明时那样披荆斩棘,勇于开拓,坚毅顽强,百折不挠,乃至自我牺牲,无私奉献的崇高精神和品德,非如此则不能实现全民族的振兴。

炎帝作为中华民族的人文始祖,他还有以人为本的思想与情怀。他为了广大黎民百姓温暖安乐,摆脱吃荤腥生食的状态,正如古籍所说:"炎帝作,钻燧生火,以熟荤臊,民食之,无滋胃之病,而天下化之。"他为了医治民众的疾病,而尝百草,敢于"审其平毒,旌其燥寒,察其畏恶",甚至"一日之间而七十毒",最后,甚至误食毒草牺牲了自己的生命。这种以人为本,关心人的生活与疾苦的思想、情操和品德,尤其值得在市场经济条件下,某些见物不见人,为了追求物质利益而不顾人的死活,将人与人之间的关系变成金钱关系的人们认真反省。

炎帝与黄帝统一了远古时期的各个部落,为中华民族更大的统一奠定了基础,建立了早期和谐统一的社会,因此成为全中华民族的人文始祖,不仅中国内地同胞,而且香港、澳门、台湾和远在世界各地的侨胞,每年络绎不绝地回到祖国,认祖归宗,祭祀炎帝与黄帝,这说明炎帝与黄帝一样,至今仍是凝聚海内外炎黄子孙的纽带和精神支柱。缅怀与祭奠炎帝,就要继承、弘扬他们的统一和谐思想,最大限度地团结海内外炎黄子孙,增强全民族的凝聚力,实现全民族的团结与统一,只有全民族的团结和统一,才能真正实现新世纪全民族的伟大振兴。

(原载《炎帝与民族复兴学术研讨会论集》,陕西人民出版社 2006 年版)

山西长治、高平炎帝遗址考察散记

应山西省长治市、高平市有关部门邀请，我与中华炎黄文化研究会的几位同人，于2002年6月6日至10日到该地有关炎帝的遗址、遗迹进行了实地考察。此间除实地考察外，还利用空隙查阅了一些方志文献和当地学者的有关著述，并在长治市参加了"炎帝遗迹长治座谈会"，又在高平参加了"高平首届炎帝文化旅游节"暨"高平社会各界公祭神农炎帝典礼"。

此次考察活动，虽时间短促，来去匆匆，但在考察中的所闻、所见、所感却十分丰富而深刻。这里不仅有大范围、高密集的炎帝遗址、遗迹群落，而且有源远流长、绵延不断的文献记载和碑刻资料，还有经久不衰的祭祀活动与民间传说。这些客观存在的事实说明这里很可能曾是中华民族的先祖炎帝神农氏部族活动的重要地区，也是炎黄文化研究的重要组成部分和值得重视的地区。然而，令人费解的是近现代以来，这里的炎帝遗址、遗迹却长期湮没无闻。在近年来兴起的"炎黄文化热"中，在陕西黄陵、湖南炎陵、湖北随州、陕西宝鸡、河南新郑、河北涿鹿等有炎黄二帝遗址、遗迹的地方，都曾一再举办各种与之有关的祭祀、学术研讨、文化旅游等活动，舆论媒介对之也有大量的宣传报道。而这里除在当地开展的活动与宣传中偶有介绍外，在全国范围内则很少被提及，包括中华炎黄文化研究会在内的专家学者，在这次考察活动之前，对这里的有关情况也了解得很少。

然而，若要研究炎黄文化，特别是如欲研究炎帝文化，探讨炎帝及其部族的足迹所至、迁徙流动的情况，不发掘、不研究、不利用这里的宝贵资源，势必要造成重要的遗缺。为此，我根据考察中所见撰写此篇考察散记，一方面可使海内外热心研究炎黄文化的人士有所了解，另一方面也期望得到有关部门的关注。

一 大范围、高密集的炎帝遗址、遗迹群落

今天的长治市（省辖市）与高平市（县级市属晋城市）均在晋东南地区。查阅历史地理文献可知，在此二市周围的黎城、襄垣、潞城、平顺、屯留、壶关、长子、晋城、阳城等市、县，早在殷周时，属《禹贡》九州中之冀州范围。秦统一后，设全国为36郡，这一带乃属上党郡（因地势较高，古有与天为党之说，故名）。宋元明清时期此地又称为泽州府、潞安府。这一地区与黄河流域中下游的陕、豫、鲁、冀等相邻部分都是中华民族的发祥地之一，已有几千年的文明史，有着中华民族传统文化的深厚积淀。这里是我国史前时代的许多神话传说，诸如羿射九日、女娲补天、精卫填海等故事的原始发生地，特别是有关炎帝神农氏的遗址、遗迹与传说，在这一地区方圆数百里的范围内，更是高度密集，遍布各处。

2002年6月6日，我们首先考察了长治市范围炎帝遗址最为集中的百谷山。百谷山，一名柏谷山（俗称老顶山），位于长治市东北十多里处。此山松柏覆盖，山脉蜿蜒，沟壑纵横，气势宏伟，海拔最高处达1378米。传说中的炎帝是中国农耕文化的始祖，他曾尝百谷、制耒耜、兴农业、教民耕、品草药、医百疾、制琴作乐、开市交易等。而百谷山相传就是炎帝尝百谷、品草药的处所之一。我们从长治市市内驱车东行至百谷山山脚下，一眼望见在半山腰处矗立着一座巍峨高大、金光闪闪的铜制炎帝神农氏塑像（高达39米），成为炎帝在百谷山的重要标志。驱车进入山区后，首先跃入眼帘的是沿山路左侧的炎帝百草园，这是此地根据民间传说与文献记载而兴建的集祭祀、观瞻与旅游为一体的场所，园中庙堂高耸，楼阁亭立，溪水潺潺，树草繁茂。考察至此，不仅使人遥想远古时代神农尝百谷、品草药，为民造福而付出的艰辛。

据一些史书记载："百谷山与太行、王屋皆连，风洞泉谷，崖壑幽邃，最称佳境，昔神农尝百草得五谷于此。因名山建庙，仲春上甲日致祭。"山中有关炎帝的遗迹甚多，最主要的是神农庙。据有关记载，此庙创建年代久远，一说始建于东晋，重修于北齐武平四年（573）；一说创建于北齐。据接待我们的该山管理处负责同志介绍：北齐武平四年重修此

庙的石碑，至今还嵌在山上一屋内的墙壁中，可惜我们未能目睹。倘若确有此碑，那么该庙创建的年代自然就有了实证。不过，即以创建于北齐武平四年而论，也早在1400多年之前了。这较之于创建于北宋乾德五年（967）的湖南炎陵县炎陵，也要早394年之多。据当地老人介绍，此庙未毁前，庙两旁有大量碑刻，从方志文献记载也可看到，此庙历经南北朝、唐、宋、明、清直至民国，曾多次重修，祭祀不断，香火甚盛。唐代的唐玄宗称帝后，还曾登山临庙"礼神"。遗憾的是这一古庙于20世纪40年代毁于兵火，目前仅留下遗址。我们在考察中看到了庙基及其周围的历代残砖断瓦，也看到一通残缺不全的宋代经幢。

在神农庙庙后的山上，又有神农洞或称百谷洞，传说是神农在此山尝百谷时的栖身之地，或说是其储谷之所，洞前的石壁上还有北宋游人的题刻，字迹仍清晰可见。从神农庙往下走，不远处有一"古寒泉"的遗迹，又称之为"滴谷洞"，传说此泉可滴出谷粒，乃神农氏感动上天所赐。

在百谷山附近，还有多处与炎帝有关的遗迹，如关村的炎帝庙、柏后村的炎帝庙等。因时间有限，我们未能一一亲临考察。

2002年6月8日，我们应邀参加了在百谷山百草园召开的"炎帝遗迹长治座谈会"。参加会议的有长治市炎帝园建设领导小组的领导，以及市博物馆、方志办、文联、旅游局的领导与专家学者。会上当地的专家学者详细介绍了长治市周围有关的炎帝遗址、遗迹和开发计划。我们也就考察中的感受，对长治地区炎帝遗址的突出特点，如何进一步研究开发，与相互间的交流合作，提出了若干建议。

结束了对长治市的考察后，2002年6月8日下午我们又驱车赶往现存炎帝遗址、遗迹更为密集的高平市。高平市即战国时代的长平，著名的秦、赵长平之战就发生在这里。当地领导对我们一行的考察给予了极大的关注，神农镇党委书记梁晋高事前曾亲到北京邀请，又特地把我们从长治接到高平。当晚，高平市市长王树新同志，还亲到下榻处看望，为我们安排考察计划，共同议定在高平主要考察神农镇周围有关的遗址、遗迹。

高平市神农镇原名团池乡，1995年4月当地曾挖出一块墓志铭，铭文中明确记载北宋时此地乃"泽州高平县神农乡团池村"，而且继挖出这块墓志铭之后，又在当地接二连三地发现了炎帝陵、炎帝庙、炎帝行宫等，说明此地曾是炎帝活动较多的地带，因此经山西省有关部门批准，将团池乡更名为神农镇。神农镇有关炎帝的遗址，大多集中在羊头山周围。

羊头山在神农镇北部，位于高平、长子、长治三县市之交界处，因山顶有巨石，状如羊头而得名。山高大蜿蜒，危峰秀拔，最高海拔1297米。相传此山乃"神农得嘉谷处"。山上有神农庙，创建年代久远，早已是废址，现存有庙基、石柱、柱基、石台阶及残碑，庙周围还存有多处北魏时的石窟。从神农庙往西，又有一大片神农城遗址，城址内也有庙宇屋基，屋基旁还有无字石碑，建筑年代不详。但从建筑形状及附近的残碑、砖、石与陶片看，年代甚久。神农城南下方有神农泉、神农井。再往南有井子坪，又称为五谷畦，相传"神农得嘉谷于此"。从五谷畦再往下走，山麓南端有清化寺，据说此寺建于北魏，唐时又重建。因年代久远，该寺也早已废毁。近几年经当地各方面努力，又重新修建。令人可喜的是2001年8月28日，在神农镇政府征集文物时，当地一位农民竟发掘出唐天授二年（691）所立之"重修清化寺碑"。碑文中说"此山炎帝之所居也"，还说对于炎帝神农氏"历代受恩，峰亭享庙"，这也说明清化寺早在唐代之前就已创建。

在羊头山周围，又有互相联系，自成系统的炎帝遗址、遗迹群落，羊头山上的神农庙又被称之为"上庙"，羊头山南部的下台村有"炎帝中庙"，而在高平市的城关镇又有"炎帝下庙"。羊头山东南面的故关村还有炎帝行宫，与故关村相距不远的庄里村则有炎帝陵。此陵是近几年重新发现的又一处炎帝陵遗址。其实，据一些史书对此陵的记载，"（羊头山）东南相传为炎帝陵，石甃尚存"，既然北宋时陵墓周围的"石甃（即石栏）尚存"，说明此陵由来已久。在此炎帝陵遗址处，又有炎帝庙一座，庙前有一棵古松，树围粗达6.5米以上。庙的东厢房内有明万历年间所立之石碑，石碑正面中心处有楷书大字"炎帝陵"，碑之右侧上方刻有"万历三十九年孟夏吉旦"。此"炎帝陵"碑，是经过神农镇领导多方探寻才发现的。

在考察神农镇范围有关炎帝遗址、遗迹过程中，我们深深感到神农镇的党政领导，包括前任党委书记米东明（现为高平市副市长）及现任党委书记梁晋高，在发掘、保护、重修炎帝有关的文物和遗迹方面，做了大量有益的工作，真可谓是热爱与弘扬炎帝文化的有心人。

除长治市百谷山、高平神农镇的羊头山及其周围有关的炎帝遗址、遗迹外，在今长治市、晋城市的范围内，亦即古上党地区，还有许多与炎帝有关的遗址。如在长治市黎城村有相传是炎帝建立耆国的遗址；在长子县的发鸠山有相传是炎帝之女——女娃死后化作神鸟精卫衔石填海的遗址；在潞城县又有据称是炎帝的后裔，受黄帝之封而建立的潞子婴儿国的遗址；均反映了炎帝及其后裔在此生存活动的历史。

至于此一地区所属的各县、乡、村所建祭祀炎帝的庙宇更是遍布各处，诸如长治的李村、关村、柏后村；高平市的赤祥村、徘徊村、邢村、南赵庄；长子县的色头村、城关镇熨斗台；壶关县的东长井村；黎城县的古县村等，均建有炎帝庙、神农庙，或称之为三皇庙、火神庙。粗略统计，至少不下三四十座之多。（可参看高平市政协文史资料委员会编印之《高平炎帝陵》一书）

从上述长治市、高平市一带现存有关炎帝的遗址、遗迹看，其时间之久远、范围之广阔、密度之集中、体系之完整，都令人叹为观止。我们考察组一行由于工作关系，近几年曾到过目前国内炎帝遗迹相对集中的湖南炎帝陵、湖北神农架、陕西宝鸡神农祠等地，各地现有炎帝遗存，都不像长治、高平如此密集。长治、高平如此密集的炎帝遗址群落究竟说明了什么？它在炎帝文化研究中处于什么地位？为什么近现代以来被湮没无闻？……这些问题都值得认真思考和研究。

二　源远流长、绵延不断的文献记载与碑刻资料

在长治、高平一带，不仅有大范围、高密集的有关炎帝的遗址、遗迹群落，而且有源远流长、绵延不断的文献记载与遗留至今的大量古代碑刻资料。

由于炎帝和黄帝都是史前传说时代的人物，当时尚无文字与典册，他们的行踪与业绩，只能靠人们的口头相传留存于世。在有了文字之后，人们将前世之传说记载于史册，在现存先秦、两汉以来的各种文献典籍中，诸如《尚书》《逸周书》《国语》《左传》《周易》《管子》《庄子》《列子》《商君书》《韩非子》《吕氏春秋》《礼记》《世本》《新语》《淮南子》《史记》《汉书》《论衡》《白虎通义》等书中，都有详略不同的记载，说明炎黄二帝的姓氏、出生、身世、经历、业绩、发明、贡献、征

战、迁徙、后裔、陵葬、庙宇、祭祀等，成为后人研究炎黄二帝及其时代的重要依据。我们要研究长治、高平一带高度密集的炎帝遗址、遗迹群落，并对这一现象作出科学的分析评价，当然也要依据上述文献典籍中的有关记载。不过，这些资料已为人们熟知，常常为研究炎黄文化的各种著述、资料汇编所援引，这里就不再赘述。为了反映长治、高平一带炎帝文化的独有特色，也避免重复，这里只着重介绍与长治、高平现存炎帝遗址直接相关的文献记载与碑刻资料。

在先秦古籍《竹书纪年》中说："炎帝神农氏，其初国伊，又国耆，合而称之，又号伊耆氏。"意即炎帝率领其部族，在从事游牧与农耕过程中，不断迁徙，曾先后在"伊"与"耆"建国。那么，所谓的"伊"与"耆"又是在何处呢？根据古今历史地理学家的考证，"伊"在今河南洛阳一带。"耆"的所在有不同说法：或说在壶关黎亭；或说在黎城县；或说在长治县的黎岭村；但这三处又都在古上党郡，亦即今天的长治市、晋城市范围内。又《尚书》中有《西伯戡黎》一章，指周文王战胜殷商所封的黎国，这里的黎国据说也是黄帝的后裔。《尚书》与《竹书纪年》都是形成于春秋战国时代的古籍，却记载有炎帝及其后裔在上党一带的活动，说明春秋时代的人就已认为炎帝部族在这里有过活动。另外，在今天的潞城县，也有古代潞子婴儿国的遗址，所谓潞子婴儿国传说是黄帝封炎帝后裔参卢守其先茔的所在。《国语》和《左传》中都有关于潞国的记载。南宋罗泌在其所著《路史》中也曾说："神农氏七十世有天下，轩辕氏兴，受炎帝参卢禅，封参卢于潞，守其先茔，以奉神农之祀。"照这种说法，黄帝封炎帝后裔于潞，就是要其"守其先茔"，"以奉神农之祀"，说明早在五千年前的潞国就已有炎帝的陵墓，而且已经有祭祀之举。所以，后来在长治、高平一带既有炎帝陵，又有许多炎帝庙，自然是由古以来世代相传，其源有自。

对于长治市郊区的百谷山也有不少文献记载，说："百谷山与太行、王屋相连，风洞泉谷，崖壑幽邃，最称嘉境，昔神农氏尝百谷于此。因名山建庙，仲春上佳日致祭。"明代马暾纂辑的《潞州志》中说："神农庙，在城东北一十三里百谷山上，北齐后主武平四年建，世传神农尝百谷于此，因立庙焉。国朝（明）登载祀典，洪武四年（1371）正神号曰'炎帝神农氏之神'。"清代乾隆年间修的《潞安府志》中则说："神农庙，在东北十里百谷山，世传神农尝百草于此，一云至百谷山得五谷，后人立庙祀焉。庙像甚古。北齐时重建，明洪武四年重修。王基撰记。国朝（清）顺治十三年（1655）县令王功成重修。"上引两种志书中所说"庙像甚古"，或说"北齐武平四年建"，或说"北齐时重修"，都必有所据。即以北齐武平四年创建而论，也早在一千四百多年之前就已建立，而且此后历朝历代都又曾重修。对于百谷山上的神农庙，除文献记载外，历代也还有不少诗人墨客至此驻足，吟诗唱和，如北宋嘉祐时期的河东转运使吴中复在陪同友人游百谷山之后有诗云："潞子岭头销白日，神农祠畔辗朱轮。"明清时代也有不少文人写诗吟诵，如《游百谷山》《重游百谷寺》等。从这些诗作中所吟"指碑细认前朝篆，问字惊非旧日僧"，说明当时在庙寺前立有许多前朝的碑碣，使得游人到此仔细辨认碑上的字体和碑文。同样，对于高平神农镇羊头山上的炎帝遗迹也有人写诗吟诵，如诗云："神农遗迹在羊山，祠宇重修在此间。"

　　炎帝在长治、高平一带的遗址、遗迹除有大量文献记载外，又有许多留世的碑刻、墓志相互印证，而且还有早在隋、唐时期立下的碑刻。如在黎城县西北四公里处的古县村中的宝泰寺，就有隋开皇五年（585）的《宝泰寺碑记》。碑文中说"在县之东南，俯临大道，傍冲黎国，斜指潞城。秦将定燕卒之乡，炎帝获嘉禾之地"，显然是为感念炎帝之功业恩德而建之寺。同时，关于羊头山下的清化寺，新近也发掘出唐代武则天时期重修此寺的石碑——"泽州高平县羊头山清化寺碑"，碑文明确地说"此山炎帝之所居也"，碑文还具体列举炎帝"遍涉群山，备尝庶草，届斯一所，获五谷焉"的功绩，因此"人钦圣德，号曰神农，历代崇恩，峰亭享庙"。这些早在一千多年前的碑刻能遗留至今天，作为研究历史的实证，确弥足珍贵。而且，据我所知，这恐怕也是全国各处炎帝遗迹中留传至今年代最久的碑刻了。

　　此外，在长治、高平两地其他有关炎帝的遗址、遗迹处，也多有宋、元、明、清各代的碑刻。如长治县内王村西寺的宝云寺有宋天禧二年（1019）的碑刻；高平市神农镇下台村炎帝中庙有元代至正二十一年（1361）的碑刻；高平市神农镇故宫村炎帝行宫有明成化十一年（1475）的碑刻；高平市东关炎帝庙有康熙三十五年（1696）的碑刻。同时，此一地区各有关炎帝遗址、遗迹处的碑刻碑文，还有不少已收入《泽州府志》《潞安府志》之中，这里不再一一列举。

以上我们钩稽列举与长治、高平两地与炎帝遗址、遗迹直接相关的文献记载和碑刻资料，虽然还很不完全，但也说明材料已十分丰富，而且是从先秦经两汉，再至唐、宋、元、明、清，源远流长，绵延不断，这岂不进一步证明长治、高平一带关于炎帝的文化资源，具有其他地区不可取代的重要地位。

三 经久不衰的祭祀活动与广泛的民间传说

我们在实地考察中还突出感到在长治、高平一带，对于炎帝的祭祀活动，可谓历数千年，经久不衰，深入人心，直到今天仍为社会各界所认同。而且在民间，关于炎帝的各种传说也十分广泛。这种根基于民族传统文化积淀所造成的社会心理认同既值得深入研究，也反映了炎帝在这里有特殊深厚的影响，这种社会现象是否与传说中的炎帝氏族曾长期在这一带活动过有关呢？

前文已经提到，相传黄帝封炎帝之后参卢于潞，就是为了让他"守其先茔，以奉神农之祀"，说明"慎终追远"，祭祀先祖，是从炎帝、黄帝以来中华民族代代相传的传统道德，而且这种传统曾最早在这一地区实践奉行，此后又在这里得到很好的继承。散布于长治、高平各县、乡、村那么多的炎帝庙、神农庙、炎帝陵，不仅创建年代久远，而且又曾不断重修重建，就说明祭祀活动，经久不衰，从未中断。

我们从各个炎帝庙留下的碑刻碑文中，注意到各地的庙宇有的是皇帝敕建，有的是地方官吏以政府的影响号召力组织动员修建，也有不少是民众自发、自愿兴建的，有的甚至是妻继夫志、或子承父志，经过一两代人的努力而建成的。不妨举两则现存碑文中所反映的这方面实例。如高平市神农镇下台村炎帝中庙的无梁殿内有一"创建神农太子祠并子孙殿志碑"，碑文中说"羊头山古有神农祠，环山居民岁有奉祀"，而下台村所立之原庙，乃是由"里人王德诚于至正乙未岁（元代至正十五年，1355年）僦工兴役"的。但是王德诚未能建成就病逝了，在这种情况下"其妻杜氏慨然曰：'吾夫曩以有愿为神立祠，神之降佑亦既多矣，继此大志以答神佑功曷'，终于将庙建成"。这一妻继夫志，民间自愿建筑炎帝庙的故事是很感人的。也有子承父志而修庙的,如建于百谷山奶奶山顶的东顶殿,"初创无考,重修于嘉靖年间,历明抵清,风雨摧残,又日渐倾圮矣"。因此,当地一位李姓的人"意图再造",可惜其"不终事而故"。为此"其子又继毕乃事",不幸其子"亦越半途而亡。"最后,又"沿及其孙",并"赖八村维护之力",终于建成。这又是一则子承父志,祖孙三代誓要建成祭祀庙宇的动人故事。另从其他一些碑文中也可看到,不少纪念炎帝的庙宇都是"贫者输力,富者输财",由乡村民众自愿修建的。

在长治、高平既有对炎帝经久不衰的祭祀活动,与之相联系,这里也有广泛的民间传说。既有关于炎帝本身尝百谷,品草药误吃断肠草的传说,也有关于其妻子、儿女的传说。据传炎帝娶的夫人就来自神农镇长畛村,因此至今在长畛村有不同于他处的习俗。如每当天旱祈雨时,其他地方都是十分恭敬地跪拜在炎帝像前祈祷,而长畛村的人则依仗炎帝是他们的女婿,竟敢将炎帝像抬到露天的烈日下暴晒,以示对之惩罚,并以此迫使他降雨人间。再如神农镇许多村的命名都与炎帝有关,如距羊头山炎帝陵不远的换马村,据说就是炎帝因尝断肠草,体内疼痛难忍,至此难以骑马而换马步行,所以叫"换马村"。还有附近的不营村,也是因炎帝病情加重,呼唤他已无力回应,所以叫当地为"不应"村,而今的"不营"村,正是"不应"的谐音。还有庄里村,实际是"装殓"的谐音,传说是炎帝死后在这里装殓,并安葬于此处。如此等等,虽然这些传说,不尽可信,多反映寄托了人们的心理和愿望。但为什么这里的民间传说如此之多,能广泛流传,似乎也反映了这里确与炎帝有更为密切的联系。

正因为炎帝的事迹与形象,深入人心,在这里有深厚的群众基础,所以6月10日举行的"高平社会各界公祭神农炎帝典礼",声势之大,参与群众之多,场面之热烈,实出人想像。当天,烈日高照,骄阳似火。但盛夏酷暑,一点也不影响典礼的隆重举行,会场就设在羊头山南麓的清化寺广场上,不仅广场人海如潮,而且在四周的山头上也黑压压一片,到处是人头攒动。同时,在通往羊头山数公里的道路两旁也站满了群众。几小时之内,几造成道路拥塞,难以通车。更为壮丽的景观是,从羊头山山脚下到山的顶端,在高达丁米以上的山区内,满山遍野的树木草丛根茎上,群众都绑上了红布条,以祈祷吉祥。据说,当天来参加典礼的群众,除高平的市民、农民外,还有的来自邻近的长治、长子等县,人数竟达十多万之众。可见，公祭炎帝的号召力、影响力是多么大。

在长治与高平一带还有许多旧石器、新石器时代的考古发掘，从发掘出来的考古资料看，从旧石器时代，到新石器时代，都有人类在这里生栖和劳作，而且在大致相当于传说中的炎帝时期，这里已有较发达的农业。这些考古资料的发掘也能进一步印证，这里的许多有关炎帝的遗址、遗迹和传说，与人类社会历史发展的进程是符合的。但因考察时间短促，对于当地的考古发掘资料，我们未及接触了解。

四　弘扬炎帝文化，建设现代文明

这次短暂考察结束后，我心头一直未能平静下来，脑海中仍常常浮现出考察中看到那些有关炎帝的遗址、遗迹，并一直在思索这些情况究竟如何解释。因一时得不出满意答案也甚感困惑。某日突然读到今年7月16日的《中国社会科学院院报》刊发的一则消息标题"著名历史学家李学勤指出华夏文明将锁定晋南"，我的眼睛一下亮起来，我正在思索的问题，似乎从这则消息中获得到一些解题的信息。据这则消息具体报道说，国家"夏商周断代工程"首席科学家李学勤应山西有关部门邀请，做了关于追寻中华文明之源的报告，他在报告中明确指出，夏商周断代工程做完后，下一步文明寻源工作将在晋南、豫西北地区进行。李学勤还说，"夏商周断代工程"课题组完成了三代年表编制工作后，200位专家将把目光集中到了山西，从夏朝再往前溯，探寻华夏文明的起源地。这个工作地域锁定在晋南、豫西北的某些土地上，包括临汾（尧都）、曲沃、侯马（晋国治封地）、襄汾（夏以前文化代表——陶寺古城）。而正在发掘的襄汾县陶寺城池遗址，面积达280万平方米。李学勤说，此地区很明确是一个非常难得的、大型的夏代以前的城邑，在这里已经有文字、礼仪尊卑之分，说明当时已进入文明社会。该城的年代判断距今4400—4000年，正是传说中的上古文明时期。

我感到以上所引的消息非常重要，如把我们在晋东南——长治、高平的考察所见与这条消息透露的内容联系起来，晋东南地区大范围的有关炎帝的遗址群落，与整个中华文明寻源的工作似存在内在的联系。因为，从地域上说，晋南与晋东南紧紧相连，同属黄河流域中下游，同是中华文明发祥地区之一，也都是我们先祖活动的地域；从时间上说，炎帝与黄帝的时代，又在夏尧之前，而且时间相距较近，既然临汾是尧都，曲沃与侯马是晋国的封地，襄汾的陶寺古城则是夏以前的文化代表，是夏代以前的城邑，已经有了文字，有了礼仪尊卑之分。那么在这之前的炎黄时代的情况又如何呢？如果探寻华夏文明的起源地，从夏朝再往前溯，追溯到夏之前的尧。如从尧再往前溯，就会追溯到中华民族的人文始祖——炎黄二帝。而晋东南地区有那么密集的、全国罕见的关于炎帝的遗址，且与晋南有密切联系，既在地理上相接连，在文明起源的时间上也相互衔接。据此推断，晋东南地区有可能是继晋南之后，中华文明寻源工作又一锁定的地区，长治与高平等晋东南炎帝文化资源也必将是中华文明寻源工作的重要组成部分。这也就是长治、高平等地高密集的炎帝遗址群落在炎黄文化和整个中华文明探源研究中所处的地位。这样的定位，将有助于提高人们对于研究、开发晋东南炎帝文化的价值、作用和意义的认识。

据了解，早自20世纪80年代末以来，长治市博物馆前任馆长孙舒松就曾带领该馆的同志，不辞辛苦，跋山涉水，风餐露宿，忍饥受饿，对长治市周围的有关炎帝遗址、遗迹一一进行实地调研与勘察，并搜集资料，撰写论著，呼吁"研究炎帝在上党"，并对如何进一步研究开发炎帝文化，修复重建有关遗址做出规划。此后，1995年初，高平市神农镇的炎帝陵及其周围的遗址群被重新发现，一些舆论媒介进行了宣传报道。政协山西省文史资料委员会也于同年5月，对长治、晋城两市的炎帝活动遗址又做了实地考察，认为这里的炎帝庙宇之密集，炎帝文化遗存之繁多，为全国所罕见，而且以长治市区、长治县和高平市为中心，已构成一个文物密集、种类齐全、内容丰富、品位极高的炎帝文化区。因此写出报告，建议应当重视和加快开发、建设炎帝文化区，遂以省政协办公厅名义报送山西省委和省政府，同年11月省委办公厅批转这一报告，并致函省旅游局、省文物局和长治市、晋城市政府，提出"由省旅游局牵头，会同省文物局及长治、晋城市政府认真研究，尽快提出开发炎帝文化区的意见"。在此之后，有关部门特别是长治市、晋城市及其所属的高平市、神农镇，都做了不少有益的工作。长治市政府还响亮地提出"要做好炎帝这篇大文章"，还由政府投资在百谷山上建立了高达39米的炎帝腊像，还引资建起百草园，又于1997年举办过炎帝神农文化节。在高平市神农镇，又进一步发现了一些炎帝遗址，发掘了一些重要的碑刻、墓志等文物，政府又大力修复和重建了羊头山上的遗址、遗迹，连年举行炎帝的祭祀典礼，并在2002年7月举办了高平首届炎帝文化旅游节。另外，无论是长治市还是在高平市、神农镇，都组织了一定的研究写作力量，陆续编撰出版了一些研究炎帝文化的论著与资料汇编，诸如《神农乡纪》（谷峰编著，2000年中国文联出版社出版）、《高平炎帝陵》（政协高平市文史资料委员会编，2000年高平市振兴印刷厂印刷）、《文明之光——上党炎帝文化探微》（侯福兴、郭生竑编著，山西人民出版社2002年版）、《炎帝史料掇拾》（高平市炎帝故里开发管理处编，2002年版）。这些著述，对人们了解炎帝文化在该地区的遗存，推进炎帝文化研究都有所助益。

尽管各有关部门在研究、开发和建设长治、高平一带的炎帝文化资源已经做了许多工作，但从我们在考察中的感受看来，工作力度还不够大，进展速度也不够快，研究的广度与深度也还需要加宽、加深，宣传工作也未能及时和持续地开展，工作发展也不平衡，总之，可做的工作还有很大余地，特别是同此一地区客观存在的丰富的炎帝文化资源还不相适应。因此，在全国范围的影响也不够大，海内外炎黄子孙知道这里有如此丰富的炎帝文化资源的人还很少。为此，我们就如何进一步发掘、研究、开发、建设这里的炎帝文化资源，提几点粗浅建议：

首先，要从上到下，必须充分认识、高度重视本地区得天独厚、其他地区少有的炎帝文化资源，要从探索中华文明发源地的高度，充分估量这里的炎帝文化遗存在中华文明起源中的地位和作用，弘扬这里特有的炎帝文化资源，推进中华文明起源研究，建设此一地区的现代文明是当地领导和群众义不容辞的责任和使命，要有强烈的责任感、使命感。

其次，积极组织力量，深入开展研究，以近年来当地涌现和形成的研究人员为基础，围绕炎帝文化这一主题，结合本地特有的炎帝文化资源，提出一系列需要进一步深入的课题，在搜集占有更多资料的基础上，写出有说服力的高质量的论文和著作，召开当地和全国范围的学术研讨会，邀请海内外炎黄文化研究学者参加，出版高水平的学术论集，推动炎帝文化研究，从而也提高本地区在全国乃至世界上的知名度，在较大范围内扩大影响。为了开好高层次、高规格的学术研讨会，必须做好充分准备，可在学术研讨会前适当邀请各地有关专家学者对本地区有关炎帝的遗址、遗迹进行实地考察，以便其了解情况，掌握资料，撰写论文。

再次，长治市与晋城市应在省委、省政府及主管部门的统一领导和协调下，有计划、有步骤、分阶段地修复和重建重要的遗址、遗迹。为此，应在全地区搜访和征集流散在民间的各种文物，或利用原有的博物馆，充实炎帝文化内容，或兴建全地区的炎帝文化博物馆，以其悠久的历史、丰富的内容、独有的资料，而成为全国炎帝文物陈列的中心，吸引海内外瞻仰者、研究者前来参观和搜集资料。遗址、遗迹的修复与重建，应尽可能符合历史原貌，保持当时代原有的特色，力求古朴、典雅、肃穆、大方。建筑质量和规格应有长远眼光和超前意识，要上对祖先，下对后代负责。要有统一的规划和布局，根据人力、财力、物力状况，分阶段实施，而不能胸无全局，各行其是，尤其要切忌华而不实，贪大求洋，将古人现代化，或各自为政，重复建设。

复次，加强与国内、国外的合作与交流。为便于交流与合作，有必要从省到市组织成立炎帝文化研究会。目前全国许多省市都有炎黄文化研究会，或黄帝陵基金会、炎帝陵基金会，在山西既然有比其他省市更为丰富的炎帝资源，理应组织成立以弘扬炎帝文化为宗旨的炎帝文化研究会，以便于召开学术研讨会，同时还应编印书籍、刊物，也便于与国内其他地区及国外的学术交流与合作。

最后，在做好发掘、研究、开发、建设炎帝文化资源，组织研究机构，修复和重建炎帝遗址、遗迹的基础上，要充分利用这些优秀的传统文化资源，推动社会主义新文化建设，举办炎帝文化节、旅游节，开发炎帝文化经济，推动社会发展与经济建设。既使旅游文化与经济开发有雄厚的文化基础与底蕴，又使深厚的传统文化推动社会经济飞速发展。

长治、晋城一带既是中华古代文明的发祥地，又是近现代中国共产党领导的革命斗争的重要地区。抗日战争时期党的北方局领导机关与八路军总部都设在这里。许多老一代领导人都在这里留下革命斗争的足迹。古代文明与现代革命精神相结合，也是这一地区的重要特色。我们深信有着古代文明深厚积淀并有现代革命斗争精神的长治、高平人民，一定会"做好炎帝这篇大文章"，使古代文化与现代文明交相辉映。

（原载《炎黄文化研究》2002年第9辑）

对"炎帝故里在会同"新说之浅见

——炎帝故里及炎帝文化发源地的讨论

由中华炎黄文化研究会与湖南省怀化市会同县人民政府联合举办的炎帝故里文化研讨会，终于顺利召开了。来自各地、各个学科的诸多专家应邀与会发表高论，可谓群贤毕至，名流云集。我长期在中华炎黄文化研究会做学术组织工作，也是筹办此次会议的参与者，自然充满喜悦之情，衷心祝贺会议圆满成功。与此同时，自身作为一名历史文化的研究工作者，也想借此机会，对会议主题讨论的相关问题谈点个人浅见，以求教于方家。

一　举办会同炎帝故里文化研讨会的缘起

做任何一件有意义的事情，总应有一个明确的目的，那么为什么要举办这次研讨会呢？我想从联合办会的单位中华炎黄文化研究会的角度，有必要先说一下这次会议的缘起。

中华炎黄文化研究会是 1991 年成立的一个全国性的民间学术文化团体，我们的创会长、著名儒将萧克将军在成立大会的主旨讲话中就明确了研究会办会的宗旨："目的在于研究炎黄以来几千年的中华传统文化，进一步了解国情和社会主义建设的主客观条件，使马克思主义和我国社会主义建设的实际结合得更好；在于继承和弘扬中华民族的优秀文化，振奋民族精神，提高民族的自尊心和自信心，促进我国社会主义精神文明建设；在于增强海峡两岸骨肉同胞的联系，加强海内外炎黄子孙的相互理解和友谊，推动祖国的统一大业；还在于开展世界各民族的文化交流，使中华炎黄文化为世界文明作出新贡献。这是一项极有意义的工作，是历史赋予我们的责任。"①研究会自1991年成立后近二十年来，就是遵照萧老确立的办会宗旨开展各项工作的。

"研究炎黄以来几千年的中华传统文化"，就是要研究以炎黄二帝为源头的中华文化。这就首先要研究炎黄二帝及其时代的文化。为推动这项事业，多年来我们做了不少工作，诸如组织编纂资料汇编性的400多万字的八卷本《炎黄汇典》，这是炎黄文化研究基础性的工作；创办《炎黄文化研究》集刊，研究炎黄文化并反映全国各地炎黄文化的研究成果；组织和举办关于炎黄二帝及其时代的学术研究会，参加各地举办的祭祀大典等，先后在陕西、湖南、湖北、河南、河北、山西等地的炎黄二帝遗址遗迹所在地举办的各种活动，估计有四五十次之多。

近年来，湘西会同县及附近，发现了一些关于炎帝神农氏的古史传说和相关的遗址遗迹，当地学者经过整理、分析和研究，得出了"炎帝故里在会同"的结论。为使这种说法得到学术界的支持和认同，县政府的领导和有关同志，自2007年以来多次到研究会来，希望联合召开学术研讨会。如同我们和其他地区一起举办研讨会一样，这是件有意义的事情，也符合研究会的宗旨，遂达成了联合办会意向。

对举办此次研讨会，研究会的态度是严肃认真的，为了解有关情况，我们曾委托兼任研究会学术委员会副主任的先秦史专家王震中研究员，他又联络中国社会科学院历史研究所先秦史研究室的研究员、中国先秦史学会秘书长宫长为先生一起专程到会同进行实地考察。研究会听取了他们的考察汇报后，确认这里具备召开研讨会的基础和条件，因达成联合办会的共识，着于进行会议的筹备工作。

既然召开学术研讨会，就应遵循学术研讨的规则，就要坚持百花齐放、百家争鸣的学术方针，鼓励与会的专家学者各抒己见，畅所欲言，互相尊重，求同存异。过去，研究会在与其他有炎黄二帝遗址遗迹的地方联合举办研讨会的过程中，有些地方也曾向研究会提出，希望能以研究会的名义在当地举行某某故里、某某陵庙挂牌仪式；或以研究会的名义公开发

---

① 萧克：《弘扬中华民族优秀文化促进社会主义精神文明建设》，见王俊义、黄爱平编《炎黄文化与民族精神》，中国人民大学出版社1993年版，第2页。

表宣言，在舆论媒体上宣告某地是某某故里、某某陵庙。对此，研究会均婉言谢绝。因为历史上的炎帝、黄帝及其所处的时代，是我国原始社会的史前时期，当时尚无文字，有关文献记载辑录的都是口耳传说，如何评价和认定传说中的历史事件和人物，无论其生地、葬地及涉及的相关问题，都属于学术研究范围，都应由学者们依据史实，用科学的态度方法进行研究和论证，而不能由各级领导与行政部门作结论。何况，作为民间学术文化团体的中华炎黄文化研究会，也没有什么命名挂牌权，更不能先入为主地将某种结论强加给具有自由思想、独立精神的与会专家学者。

如何看待和评论"炎帝故里在会同"这一新说，中华炎黄文化研究会同样持如上态度，譬如：会同地域提供的炎帝及炎帝文化的材料是否充分？炎帝神农氏氏族是否在这一带活动？其迁徙、流动的情况如何？"炎帝故里在会同"的新说能否成立？会同县境的连山是否就是连山氏首创的《连山易》的圣地？这里是否就是炎帝文化的发源地？对于炎帝故里及炎帝文化研究如何进一步深入开展？还有其他相关问题，与会的专家学者都可各抒己见，讨论争鸣。相信这次学术文化研讨会能在宽松、和谐、民主、团结的氛围中进行。

二 会同地域确有炎帝文化质素

会同是否为炎帝故里与炎帝文化发源地，尚需深入研究。炎帝与黄帝同为中华民族的人文始祖，是中国古代文明的象征，也是团结凝聚中华民族的精神纽带和桥梁。中华民族自古就有"敬宗法祖""慎终追远"的传统，几千年来对炎黄二帝的祭祀绵延不断。伴随20世纪80年代兴起的炎黄文化热，来自海内外的炎黄子孙对炎帝、黄帝的祭祀朝拜更是络绎不绝。加之，中国自古以来就以农立国，炎帝作为传说中我国原始农业的创始人，被尊为农神，其部落氏族本来就南北迁徙，足迹遍布各地，炎帝文化的辐射影响更是遍布神州，因此，祖国各地都有炎帝的遗迹与传说，近来在湘西会同发现有关炎帝的古史传说与相关遗迹并不奇怪。

会同当地的专家学者对发现搜集的材料进行了分析研究，得出"炎帝故里在会同"的新说，认为"炎帝的出生地就在湘西流域的会同县境"，而且连山古镇还是炎帝连山氏首创《连山易》的圣地，自然也就是炎帝文化的发源地了。笔者认真阅读了会同提供的证据材料，反复思考了"炎帝故里在会同"的结论，认为确有一定道理，可作为一种新说，应当引起学术界的重视和关注，因为学术研究就是在不断有新的发现和新的观点涌现中前进的。

早在西汉初年的《淮南子》中就记载了炎帝足迹与影响之所至，"其地南至交趾（指岭南地方），北至幽都（北方幽燕一带），东至旸谷（指齐鲁一带），西至三危（指今甘肃敦煌三危山一带），莫不听从"[1]，说明炎帝所至之处及炎帝文化影响辐射所及的地域十分广阔。长江中游的湖湘大地，是中国古代文明的发源地，洞庭湖流域的彭头山考古发掘及湘南道县玉蟾岩的考古发掘，又都出土有公元前10000—7000年前的稻壳稻米，说明这里也是中国乃至世界稻作物的原生地，炎帝神农氏作为中国古代农业的创始人，其氏族成员在这一带生产和生息是可能的。

中华民族自古以来就是由多民族融合组成的，中华文明也是以汉族为主体的多民族共同创造的，中国古代文明起源地，不仅有黄河流域，也有长江流域。多元一体与满天星斗是中华民族组成及中国文明起源的突出特征。关于炎帝的出生地与炎帝文化的发源地，自古以来就有"南炎北黄"之说。古代文献中炎帝出自南方的记载可谓不胜枚举。我国史学界的前辈学者蒙文通先生也将中华民族、河洛民族与海岱民族，并将炎帝及其后裔祝融、共工列入南方的民族系统，持类似观点的老一辈专家学者还有傅斯年、王献唐等。活跃在当今学术舞台上的李学勤先生也认为"黄帝、炎帝代表了两个不同地区。一个是中原地区的传统，一个是南方的传统。这种地区观念对我们研究古史传说很有意义"[2]。力主"南炎北黄"说的当今学者还有湖南省博物院的资深研究员刘彬徽先生，他认为"黄帝乃北方中原文化的代表，炎帝是洞庭湖平原地区的文化代表"，"南炎北黄，只有持此看法，才能正确认识我国远古文化和源远流长的中华文化"[3]。

---

[1] 刘安：《淮南子·主术训》，参见曹敬庄、师伯辇编注《炎帝与炎帝陵》，湖南人民出版社2001年版，第51—52页。

[2] 蒙文通、李学勤先生之论文请参见《炎黄汇典》第9卷《文论卷》，第17—33、455—463页。

[3] 刘彬徽：《炎帝文化再论》，载刘正《炎帝文化与21世纪中国社会发展》，岳麓书社2002年版。

"南炎北黄"论，自然肯定炎帝文化在江南，炎帝文化发源地在会同县境不过是更加具体而已。

前面还只是从大的背景、大的范围来看会同县提出的新说，更重要的是论者还提出了一些"炎帝故里在会同"的直接证据，如地名、地质地貌的根据：古文献中炎帝又称"连山氏"，会同则有"连山"之山和地名为"连山"的乡镇。炎帝又称"火神"和"太阳神"，会同有"火神坡""太阳坪"的地名。古文献中有《连山》《归藏》《周易》古三《易》之说，又有神农氏、列山氏创《连山易》之说，而《连山易》很可能就是以会同境内之连山而得名，而且会同还有八座古庙和一座古庵，这些地质地貌也印证了《易》学中的"九宫八卦"。持论者还认为近年来在贵州水族地区发现的水书《连山易》就是久已失传的炎帝神农氏所创的《连山易》。能说明会同是炎帝故里的证据还有一些，在阳国胜先生为会议提供的证据材料中已有详列，这里不再一一重述。

按照古史传说、文献记载与近年来的考古发掘，中国文明从渔猎、畜牧到农耕文明兴起，曾经历了漫长过程，作为这古农业文明创始者的炎帝神农氏氏族的兴衰，时间跨度也很长，其兴起还早于黄帝轩辕氏，延续的时间有"八世""十世"和"十七世"之说。在此漫长的过程中，基于各种原因，又迁徙往来无常处，必然在神州大地的南北各处留下足迹印痕。湘西会同地域及其周围，既有和炎帝及炎帝文化直接间接的文献记载、民间传说及山水地名与相关联的地质地貌，似可说明炎帝神农氏，或者其氏族成员与后裔，曾在此地生息与活动，至于说这一地域受炎帝文化的辐射和影响更是自不待言。因此，我认为会同确有炎帝及炎帝文化质素，当地学者阳国胜先生等为弘扬炎帝文化，多年来辛勤搜集有关资料，孜孜不倦地进行研究，并提出自己的新说，精神可敬可嘉，功不可没。但据其提供的材料，就断然肯定："距今6000年左右，第一个统率神农氏族进入鼎盛时期军事联盟的首领——炎帝"，就"出生在湘西沅水流域境内的连盆地"，甚至根据会同有连山，又根据水书《连山易》，认为"会同县境内的连山古镇就是炎帝连山氏首创《连山易》的圣地"，会同县是炎帝文化发源地，这样的结论似乎根据尚不充足，论证也不够严密，有些论据还很需要斟酌。这里，不妨从对会同新说予以补充的角度，提出几点意见，供会同县的同志和学界同人研究参考。

其一，提出新说的先生以"南炎北黄"说作为持论之主要依据，并以环洞庭湖周围地区是中国农耕文化的发源地，环洞庭湖地区在中国古代文明中有重要地位作为佐证。但这只是从大的历史背景、大的地域范围而言，并没有具体证明其与会同县境的直接联系。全湖南省的地域面积有21万平方千米之广。有湘北、湘南、湘东、湘西之分。洞庭湖作为中国的第二大淡水湖，其所处的地理位置在湖南北部偏东，会同则远在湘西北部边境。洞庭湖西畔的澧县发掘的彭头山遗址出土有稻壳，而且是栽培稻，说明当时已有大量稻谷出现，考古学家认定彭头山遗址处于公元前7000年至公元前5000年，这虽然可以说明洞庭湖确是稻作农业的发源地，但该遗址与会同县有很远的距离。再者，湘南道县玉蟾岩遗址，还出土有公元前10000年左右的稻米，虽然尚说不清是野生稻或栽培稻，而且仅发现一两粒，[1] 进一步证明湖南是稻谷农作物的原生地，在中国古代文明中具有重要地位；但道县在湖南南端，会同在湘西，虽然彭头山与玉蟾岩都发现有远古的稻壳与稻米，却都不能由此证明会同县境就是6000多年前炎帝的出生地和故里。

其二，证明炎帝故里在会同的文献资料及考古资料和祭祀资料也不充分甚至阙如。目前引用的文献资料，多是与炎帝故里在他处共同引用的资料，如《国语·晋语》和《山海经》及《淮南子》《帝王世纪》等。直接证明炎帝故里在会同的独特资料虽有一些，如"神农生于黔中"，然类似材料则不多，至于炎帝故里在会同的地方志记载根本没有提及。倘若历史上早就有炎帝故里在会同的传说，那么湖南省、怀化市、会同县的省、府、县的志书中理应有记载和反映，应注意搜集有否。与之相关的是也缺乏对炎帝祭祀的材料，假若会同县早在历史上就被认为是炎帝故里，按照中华民族"敬宗法祖"的传统，无论是官方或者是民间，必然会在这里有祭祀活动，也会有炎帝陵、炎帝庙的遗迹。如湖南炎陵县、陕西宝鸡市及山西高平市，都有自古以来对炎帝祭祀的记载与传说，甚至有自南北朝历经隋、唐、宋、元、明、清各朝各代在那里举行祭祀大典的碑刻留世。虽然会同县境邻近的洪江市发掘出的洪江高庙遗址，发现有祭祀用的陶器等遗物，却没有说明该地的祭祀

---

[1] 严文明：《农业起源与中华文明》，《光明日报》2009年1月8日。

与炎帝有何联系。据考古文化论证，炎帝时代大致处于新石器时代的仰韶文化时期，陕西宝鸡等地有大量仰韶文化遗址并有不少发掘遗物，反映了炎帝时期的社会特点，而会同提供的《会同文化志》中，说明会同虽有"新石器至商代遗址八处"，但都尚未发掘，因而也就没有相应的考古文化史料做佐证。

其三，与"炎帝故里在会同"最为直接相关的材料是"会同连山有炎帝创《连山易》的证据"。阳国胜先生还撰有长篇论文《水书〈连山易〉研究——炎帝故里在会同的核心证据》，水书《连山易》是其他地区所没有的材料，所以论者将其视为"核心证据"，这一论点能否成立也就更加举足轻重。尽管这涉及《易》学和水书问题，笔者既对《易经》缺乏应有研究，对水书更是一窍不通，但从一般经学常识与古典文献学知识的角度，却也感觉这一"核心证据"是很值得推敲和斟酌的。

在古典文献中确有《连山》《归藏》《周易》三《易》之说。如郑玄在《易赞》及《易论》中说："夏曰《连山》、殷曰《归藏》、周曰《周易》。"《周易》作为儒家六经的重要经典之一，是人们熟知的。相传伏羲画八卦，文王又演六十四爻和三百八十四爻。或者说是伏羲重卦，神农氏演六十四卦等。这说明《周易》的经文是中华先民长期积累的产物，是不断演化的结果。而关于《连山》和《归藏》是何人所作，什么时代的产物，在一些文献中则说法不一，如《山海经》云："伏羲氏得河图，夏后因之，曰《连山》；黄帝氏得河图，商人因之，曰《归藏》。"王充在《论衡·正说》中又说："古者烈山氏之王得河图，夏后因之，曰《连山》；归藏氏之王得河图，殷人因之，曰《归藏》。"类似说法还有不少，兹不列举。1973年湖南马王堆汉墓出土有帛书《周易》，1993年湖北江陵王家台秦墓又出土秦简《归藏》，都为早期古《易》的起源和发展提供了重要材料，也透露了《连山》与《归藏》在秦汉之际可能有传本[①]。不过那时的传本也只能是秦汉时人托伏羲、神农、黄帝之名而作，如同《黄帝内经》等书一样。而且此二书的传本早在晋代就已失传。但现今仍传世的《古三坟书》收有

---

① 参见姜广辉主编《中国经学思想史》第一卷第十一、十二章，中国社会科学出版社2003年版。

《连山》和《归藏》，认为《连山》为伏羲作，《归藏》为神农作，《乾坤》为黄帝作。书中还杂以河图，学界认为此乃宋人伪造。清代学者马国翰的《玉函山房辑佚书》中，也辑有《连山》和《归藏》，学界也认为并不可信。由上可见，关于《连山》出自何人、何氏，古史传说中，既有说出自伏羲者，也有说出自神农者，即使是谓《连山》出自神农者，也只是说"神农氏得河图，夏后因之"，才成《连山》，并未明确说神农炎帝已有系统的《连山易》。可以想见，在当时尚无文字，最多不过有文字的雏形——简单符号的情况下，也不可能有像有些古人说的"《连山》八万言"之类的《连山易》。现今传世的古书中所收的《连山》与《归藏》，学界又多认为是伪作。面对这样的情况，因为会同有连山和连山堡之地名，又有《连山》出自神农氏之传说，就将之作为"炎帝故里在会同"的证据，似乎缺乏足够的说服力。

为了进一步论证"炎帝故里在会同"，如前所说阳国胜先生还写有《水书〈连山易〉研究——炎帝故里在会同的核心证据》一文，作者依据在贵州民间发现的《连山易》手抄本，又到该地进行实地考察，学习和辨识水书文字，而后得出结论：①《连山易》并未失传，贵州民间流传的手抄本《连山易》就是古之《连山》；②《连山易》就是炎帝神农时代的一部以天文历法为主的"百科全书"；③据水书《连山易》提供的蛛丝马迹找到了连山易的原创地，今湘西沅水上游地区会同县境的连山古镇。会同连山就是炎帝连山氏首创《连山易》的圣地。

倘确如上述，那将是《易》学研究和炎帝文化研究的重大学术突破，然而问题却不像论者所说的那样简单。关键是怎么能确定贵州发现的民间手抄本《连山易》就是已失传一千多年的古《连山》。新华社曾于2005年11月4日自贵州发出电讯称"贵州省荔波县档案局从民间收集到一部珍贵水族《连山易》"，但当时"学界有关专家大多持谨慎怀疑态度"。而阳国胜先生怎么在今天就能十分肯定地说水族的水书《连山易》就是炎帝神农氏首创的古《连山》呢？民间水书《连山易》究竟是什么时代的手抄本？抄自何人之手？具体情况又是如何呢？

从阳国胜先生该论文介绍的情况得知：水书《连山易》乃是贵州省"三都水族自治州76岁的水书先生谢海潮捐献的。谢是此《连山易》的第七代传人，此本是民国年间抄写的。谢的家族每代抄写后都要将上一本烧掉祭祖"。由此可知水书《连山易》手抄稿本的年代并不古远，而且收藏此水书《连山易》的谢氏家族，每一代人都要将手稿本抄写一遍，而后将前一代的抄本烧掉用以祭祖，不知这种传习惯有何奥妙？作为收藏水书的谢氏家族的第七代传人谢海潮捐献此手稿本时（2005年）的年龄是76岁，其生年当在1930年前后，他能沿承家族传统用水书抄写此手稿时，最少也在其十七八岁时，那也就是在1947年前后，所谓这部"民国年间"的抄本，不过是新中国成立前夕，距今也不过60年左右。阳先生又怎能把这部60年前手抄的水书《连山易》稿本断定是千年前就失传的《连山》呢？

　　凡略具古文献学常识的人都知道，要判定一部新发现的手抄本书稿是否为千余年前失传的某部古籍，是件慎之又慎的事情，不仅需了解收藏者的背景与失传古籍的联系，还包含古文献学方面版本、目录、校勘、辨伪等专业的知识，以及学术源流、文字演变方面的情况。这就需要多学科的专家，运用多种手段，通过各种环节，认真进行考辨、甄别和鉴定，才能作出相应的结论。唯其如此，当此手抄本《连山易》在民间发现后，对其与古《连山易》的关系，"学界有关专家大多持谨慎怀疑态度"，应该说是正常情况。那么，据阳国胜先生自己所说，他只是于2005年5月和2007年7月两次到贵州考察，取得了影印的水书《连山易》的手稿本，又向当地水书先生请教，学会了几百个水书文字后，就断定水书《连山易》是早在晋代就已失传的《连山》，并以此为确证，得出结论"会同县境内的连山古镇就是炎帝连山氏首创《连山易》的圣地"。其持论的前提和得出的结论，难免使人疑窦丛生，难以信服。当然，以此证明"炎帝故里在会同"，会同就是炎帝文化发源之圣地，自然也就失去"确凿"有力的支撑。

　　综上所述，目前我们只能说会同地域确有炎帝文化质素，但是否为炎帝故里与炎帝文化发源地则有待进一步深入研究。

三　关于深入研究炎帝故里与炎帝文化的思考

　　对于炎帝出生地与炎帝文化的发源地在哪里，从古至今一直争论不休，莫衷一是。此前，就有陕西宝鸡、湖南炎陵、湖北随州、山西高平、甘肃天水、河北涿鹿、河南淮阳、山东曲阜、四川岷山等地之说法[1]，现在又有湖南会同说。各种说法都有不同的根据，且都认为其所说之地最有根据和道理。我觉得炎帝之故里及发祥地看来只是具体问题，其实则涉及中国古代文明的起源与炎黄文化发展的源流，对之进行研究和讨论是必要的，有意义的。面对多种说法并存的情势，如何把这一讨论引向深入，甚至有所进展和突破，值得学术界认真思考。兹以管见所及，提出几点想法：

第一，开阔视野，加强交流，相互参照，取长补短，客观公正地分析已有的各种说法。

在目前的众多说法中，影响较大、根据较为充分、为多数专家学者所接受的有陕西宝鸡说、湖南炎陵说、湖北随州说及山西高平说。这些地方都曾召开过多次学术研讨会，出版过许多相关的资料、会议论集与研究论著。举其要者，如宝鸡方面的《炎帝论》《姜炎文化论》《炎帝与汉民族》《炎帝与民族复兴》；湖南炎帝陵基金会组织的"炎帝文化丛书"已出有《炎帝与炎帝陵》等六种，又有《炎帝文化与21世纪中国社会发展》论集；湖北随州方面有《中国历史文化名城随州》及《炎黄文化与现代化》等；山西高平有《高平炎帝陵》《神农乡纪事》及《炎帝文化》论集等。这些书籍中既包含关于所在地是炎帝故里及炎帝文化发源地的有关资料，也有相关的较新学术研究成果，对研究此问题多有研究参考价值。我想各地在研究时都应跳出所在地域的小天地，把视野放宽些，加强交流，互相参照，取长补短，而不要无视他地，自说己话，这样可能不利于研究的深入，无助于研究水平的提高。对此，刘彬徽先生的认识和思考值得效法，他是湖南的学者，也是对"南炎北黄"说持之甚力的先生。他在参加了陕西宝鸡和山西高平的研讨会并实地考察后，虽然仍坚持自己原来的"南炎北黄"的学术观点，但在对问题的思考认识方面却大有前进和深化。他说在这次实地考察后，阅读了《炎帝论》《姜炎文化论》，作了进一步反思，感到古史所载"炎帝以姜水成，即今宝鸡市境，乃唯一有明确记载的史料，不可否定"[2]。还说，他此前写过的文章"虽未否

---

[1] 参见高强《炎黄子孙称谓的源流与意蕴》，三秦出版社2002年版，第25页。
[2] 刘彬徽：《炎帝文化再思考》，《炎帝文化》，中华书局2003年版。

认有炎帝北方说，但回避了炎帝出生地问题"，现在认为"学术研究也要与时俱进，要在原有的基础上继续前进，这种继续前进的方向之一，就是要合理地解释这四处炎帝神农文化的相互关系。这不但需要有史料上的疏理，更要有理论上的把握"。刘先生是一位学养深厚的专家，他这种在学术研究中既坚持己见又与时俱进的优良学风令人钦敬。他提出深入研究"不但需要有史料上的疏理，更要有理论上的把握"，也给人以启迪。事实上，只有开阔视野，加强交流，避免故步自封，才能将研究进一步引向深入和提高。

第二，提高理论思维，创新研究方法，争取在研究上有新的进展和突破。

回顾20世纪以来，学术界对中国古史的研究是随着时代发展而不断前进，不断有所突破的，而要获得进展和突破，必须有理论上的提升和研究方法上的创新。顾颉刚先生开创的古史辨派对中国古史的研究之所以有很大的推进和突破，就在于研究理论与研究方法上的提升与创新，提出了"层累地造成古史说"。这一学说打破了千百年来对封建社会之经学定于一尊的圣经贤传的迷信传统，在学术研究界曾风靡一时，起到了推陈出新、解放思想的作用。当然，古史辨派也有对古史及古籍否定过多的偏颇。而后，王国维先生根据甲骨文等新的考古学成果，用二重证据法，证明了史载的殷代帝王世系，使古史研究取得突破性进展，冲击了古史辨派的疑古思潮，使"东周以前无史说"不攻自破。"二重证据法"使学术研究从信古、疑古走向释古、考古的康庄大道。近半个世纪以来，中国的考古事业取得突飞猛进的成就，南北各地大量遗址的考古发掘，用遗物实证将中国古代文明起源向前推进，也证明中国古代文明是多中心的格局。这些考古成果对包括炎黄二帝在内的史前史研究提供了十分有利的客观基础。学术界理应将考古学研究的最新成就，结合古史传说与文献典籍，采取多种相关学科联合攻关的方法，结合中国古代文明探源工程，提高理论思维，创新研究方法，改变目前炎黄文化研究中在某些问题上各说各理、争论不休的困局，以使炎黄文化研究取得新的进展和突破。

第三，应明确研究炎帝故里与炎帝文化发源地的目的，端正学风，扎实地搜集史料，且要严肃认真地分析、考辨、鉴别，克服各取所需而片面割裂史料的偏颇。

我想研究这一问题的根本目的在于推进中国古代文明起源的研究，弘扬中华民族优秀传统文化，继承发扬炎黄二帝开拓、进取、创新、奉献的创业精神，以增强民族凝聚力，实现全民族的伟大复兴，而主要目的不是为了强争老祖宗的出生地、发源地，提高本地区的文化品牌地位。由于炎帝生活的时代距今天过于遥远，当时又没有直接的文字记载，靠口耳相传记入的各种文献，往往说法不一，甚至同一书的记载前后矛盾，乃至有荒诞迷信的色彩。先秦以前的记载较为简单笼统，越往后的记载，反而更加具体详细，难免有"层累地造成古史"的主观臆测成分。因而，对一些文献记载，必须分析考辨、去粗取精，而不能为我所需地片面割裂材料。一些人对某些书如《帝王世纪》《路史》中所说的"炎帝凡八世"，和一代一代的炎帝的名讳及各在位多少年俱予轻信地说：第一代炎帝在位120年，第二代长子临在位60年或80年，第三代庞甲在位60年，第四代魁在位80年，第五代明在位49年，第六代直在位45年，第七代厘在位48年，第八代哀或榆罔在位43年或55年……有些论者还说，第一代炎帝在宝鸡，第二代炎帝柱在随州，第四代炎帝明在高平……第八代炎帝榆罔在湖南炎陵县，如此等等。实事求是地说，在原始社会母系氏族或父系氏族时期，各氏族包括炎帝神农氏族必然有流动和迁徙，至于哪一代在什么地方、各在位多少年，很难有具体、准确的说法。试想作为国家重大项目的夏商周断代工程，以巨大的人力、物力、财力，集各学科的著名专家多年研究，才将中国古代纪年从西周共和元年（公元前841年）向前推进，"提出西周早中期和商代后期各王比较准确的年代，对夏代的年代只能提出框架，而对早于夏代的年代不敢置喙"，而我们有些学者对于炎帝及其后裔各代在位多少年，又迁到什么地方都有具体论断，显然缺乏应有的科学根据。这只不过是参照一些古籍，如《帝王世纪》中记载的"炎帝在位一百二十年，至榆罔凡八世，合五百三十年"，以之相符而予臆测演算而已，著史历史学家、考古学家徐旭生先生在其传世之作《中国古史的传说时代》中就明确地说："皇甫谧及以后治古史的人对于炎帝、黄帝……诸帝，全记载得有年数。我觉得这个问题不但现在无法解决，就是将来也永远无法解决。"① 这是至理名言，如果照今天某些学者摭拾以往

---

① 徐旭生：《中国古史的传说时代·序言》，广西师范大学出版社2003年版，第14页。

的传说而将无法解决的问题说得那样肯定，炎帝文化研究细则细矣，却只能愈细愈加任意与混乱，对历史造成误读。

第四，应正确处理研究和利用炎帝历史和炎帝文化同打造文化品牌、组织开发旅游、进行招商引资的关系。

目前，在大力弘扬中华民族优秀传统文化、祭祀民族人文初祖炎黄二帝和强调发展经济是硬道理的情势下，各地都在发掘当地的历史文化资源，营造文化平台。同时，又提高综合实力，推进经济发展。因此，凡有炎黄二帝遗址遗迹的地方，必然会首先利用这种历史文化资源，开发旅游文化产业，这是正常和可以理解的，但必须正确处理相互间的关系。开发旅游文化，打造历史文化名牌，进行宣传和制造舆论，也应当建立在脚踏实地地进行学术文化研究、积累学术研究成果的基础上，而不能有了些浮光掠影的研究，找到了一些片断依据，就去渲染和炒作，那样虽可热闹一时，却缺乏可持续发展的后劲，反倒得不偿失，事倍功半。

实事求是地说，进入改革开放的新时期以来，学术界对史前史、民族传统文化、炎黄文化的研究，都有前所未有的发展，已取得的成就令世人瞩目，对炎黄文化的研究，甚至出现有史以来的新高峰。成绩是主要的、主流是好的，应当充分肯定，但也存在值得注意的问题，本文列举的某些现象只是个别事例，但如任其蔓延滋长，则会影响炎黄文化研究的积极健康发展。当然，这些看法和列举的问题未必恰当，仅是以百家争鸣的态度，在学术研讨会上提出来，供大家参考。

(原载《炎黄文化研究》2009年第10辑)

对随州炎帝文化的几点认识和思考[*]

随州作为炎帝神农故里，又是一座新兴的现代化城市，是我魂牵梦绕、久久心想往之的地方，今天终于如愿以偿，能应邀恭临"辛卯年世界华人寻根节"，并荣幸地出席"2011年中国·随州炎帝文化高端论坛"。这里，我首先要向湖北省及随州市的党、政领导和省、市炎帝文化研究会的领导致以由衷的敬意和感谢，并向神农故里的父老乡亲致以诚挚的问候！

踏上随州的土地，我就顿时感到这里确是山清水秀、人杰地灵，她既是炎帝神农故里，又是编钟古乐之乡，中国优秀旅游城市。经过到后这两三天来阅读历史文献，进行实地考察之后，逐渐对这里的炎帝文化有了些粗浅的认识和感受。我不是什么文化名人，只是一名普普通通的教授和文化工作者，在今天这个庄严的讲台上，拟以《对随州炎帝文化的几点认识和思考》为题向大家求教，大致上讲三个问题：

一 中国古代文明的肇始与神农炎帝的历史功勋

在当今华人世界中，凡是提到炎帝与黄帝这两个响亮的名字，人们无不耳熟能详，并给予无比的敬仰和尊崇。特别是进入改革开放这三十多年以来，伴随国家综合国力的提高，经济与科技文化的迅猛发展，以及对中华优秀传统文化的弘扬，海内外炎黄子孙在每年的清明节、重阳节，或者是炎黄二帝的生日与忌日，都络绎不绝地到二帝生地、陵地来敬拜、祭祀，寻根问祖。在炎帝神农故里的随州连续举办几届"世界华人寻根节"

---

[*] 本文乃作者在"2011年中国·随州炎帝文化高端论坛"上的讲演稿。

就是这方面的明证。由此，人们自然会问：为什么世界华人对炎帝神农如此顶礼膜拜？这当然值得大家追问和思考，我觉得其根本原因，就在于他们作为中华民族的始祖，以其彪炳史册的伟大历史功勋，肇造了中国古代文明，而炎帝尤其开创了中国的农耕文明。由于他们的创造，造福于后世子孙，能使中华民族作为文明古国几千年来巍然屹立于世界民族之林，也就是说炎帝是和中华文明的肇造紧紧联系在一起的。

如此说来，人们自然会进一步追问：中华文明起源于何时？炎帝处于什么历史时代？他出生在哪里？为什么他肇造了中华文明？这些都不是很容易回答的问题。

大家知道，关于中国文明的起源与形成，是近年来学术界研究讨论的一个热门话题，而且在历史学、考古学、民族学、人类学等领域的学者们，逐渐形成了一个共识，那就是中国文明的形成要大大提前。著名考古学家苏秉琦先生在其《中国文明起源新探》一书中，曾将中国古代历史发展的脉络概括为："超百万年的文化根源，上万年的文明起点，五千年的古国，两千多年的中华一统实体。"也就是中国文明起源至今已有一万年之久，五千年前就已经是一个文明古国，两千年前以华夏族为主体的中华多民族国家就已初步形成。而伟大的历史学家司马迁在其被称为"千古之绝唱"的不朽著作《史记》开篇的《五帝本纪》中，就把中国历史的正式记载"起自黄帝始"，而把"神农氏"作为"三皇"之一，这就是中国历史上有名的"三皇五帝"时期。清末民初的著名史家夏曾佑在其所作的中国第一本现代体史书——《最新中学中国历史教科学》中更加明确地说："故言中国信史者必自炎黄之际始。"

既然中国的文明、中国的信史由炎黄之际始，而炎黄又处于什么时代呢？距今又有多少年呢？这也是一个不大容易说明白的问题。因为炎帝与黄帝距离今天的时间太遥远，而且当时尚没有正式文字，记事与记时，还是靠结绳与画符号为标志，所以关于炎黄二帝时代的情况，还主要是靠口耳相传的民间传说而记入后来的史籍文献之中。因而要对炎黄所处的年代做精准的确定很难。我们只能根据文献记载描述的当时的社会发展状况、生产力达到的水平、人们的社会习俗等，对照社会形态与考古文化成果，划出一个大致的时间范围。

就社会形态方面来说，学术界一般都将炎黄时代确定为原始社会末期，相当于社会发展的氏族社会时期。根据社会婚姻习俗情况看，当时已进入父系氏族社会，或者是从母系氏族社会向父系氏族社会转型时期，当时有些先进的氏族部落，已经出现大的氏族部落联盟。就生产力发展水平看，已进入石器和铜器并用的时代，较之渔猎游牧时代已有很大提高。人们的生活方式也从游牧生活走向定居，出现了房屋及较大的宫室，社会财富日益增多，粮食等物品已有储藏。就文明发展程度来看，已经有礼乐文明和早期的宗教信仰，也有了氏族公认的部落领袖人物，甚至具备了国家的雏形。这个历史时期距今在6000年至4000年之间，也有学者认为在8000年前左右。不管是在多少年之前，总的来看，已进入早期文明阶段，是中国古代文明的肇造时期，而人类社会从野蛮蒙昧时代进入文明时期是一个漫长的历史过程。

再从考古文化的成果看，学术界一般认为炎黄时代相当于考古学的仰韶文化后期至龙山文化时期。正如苏秉琦先生所说："现在史前考古已有了长足的发展，本身就可以大体复原远古时代的漫长历史。"他认为"五帝时代——也就是炎黄时代，上限不早于仰韶时代后期，下限应在龙山文化时期，就是在夏代之前，也就是习惯上所说的中华五千年文明的开端时期，也就是炎帝与黄帝时代，大约距今在五六千年之间"。而从文献记载看，炎帝神农氏所处的历史年代还早于黄帝轩辕氏之前，正像司马迁在《史记》中所说"轩辕之时，神农氏衰"，又说"黄帝与炎帝战于阪泉之野。三战，然后得其志"。"而诸侯咸尊轩辕为天子，代神农氏是为黄帝。"这些文字记述表明炎帝神农氏虽在黄帝轩辕氏之前，但却处于大致交叉或前后衔接的年代。

再就学术界近二十多年的研究来说，不管是炎帝或者是黄帝，他们都是人而不是神，他们都是当时大的氏族部落的领袖，或者说是各自部落代代相传的领袖人物共用的称号，但在称号之后则确有具体的人，不管是其部落的一世、二世，或者是三世、四世的领袖，也不管是甲某、乙某或者是丙某、丁某，终归有具体的人来担当，当然是人而不是神。

既然炎帝是神农氏族部落的领袖，又是具体的人，那么炎帝神农氏部落的发祥地何在？炎帝的生地、葬地又在哪里呢？这个看来似乎简单的问题，实际上却又十分复杂。仅就炎帝发祥地与出生地而论，截至目前就有十多种说法，诸如随州厉山说、陕西宝鸡说、湖南炎陵说、山西高平、长治说、河南淮阳说、河北涿鹿说，乃至甘肃、青海说，湖南会同说等。各地之说，虽都有一定根据，但在我看来，最有说服力、根据更充分的则是湖北随州说、陕西宝鸡说及湖南炎陵说，其他各地都可能是炎帝足迹所至。

　　首先，要说明的是炎帝故里在随州有大量的文献典籍记载，从先秦时代的周人著述，到春秋、战国的诸子论说，到秦汉、魏晋、隋唐，历经明清各朝，各代的文献中均有炎帝出生在随州厉山的记载。《礼记》云："厉山氏之有天下也，其子曰农，能殖百谷。"这里的"厉山"，《春秋左传注》解释为："湖北随县四十里。"司马迁的《史记·五帝本纪》《汉书·地理志》均持相同看法，大都是说："神农起列山，谓列山氏，今随厉乡是也。"又曰："始教天下种谷，故人号神农氏，又曰本起烈山，或称烈山氏，是为农皇，或曰炎帝。"此后，历朝历代有影响的史志地理、著述之士，大抵持此看法。

　　这里需要说明的是，关于炎帝的出生地与炎帝神农氏部落的发祥地，有多种说法并不奇怪。因为炎帝神农氏部落的生存发展、兴盛衰落所处的时间与空间，十分漫长而广阔，甚至经历了从野蛮到文明的漫长历程。那一时期的氏族部落之间由于相互征伐，或自然天灾，或部落的发展壮大与衰落，常常处于迁徙流动过程之中，也就是司马迁在《史记》中所说的："往来迁徙无常处。"何况神农氏与炎帝是同一人，还是两人，自古至今学术界都有不同说法。因此，目前学术界就存在两种不同看法，有的主张炎帝是从北方向南迁徙，有的则主张是从南向西、向北迁徙，不管迁徙路线如何，但炎帝部落存在迁徙的状况是肯定的，因而古代典籍有炎帝七十世或十七世之说。由此我们是否可以假设，炎帝神农氏的一世、二世、四世、五世，生于此地，而六世、七世、八世又生于彼地……同时，能否认为不管其生于何地，只要该地有其遗迹、遗址，又有文献记载和民间传说，都可以举行拜祭活动，目的都是弘扬中华民族"慎终追远""敬宗法祖"的传统，都是为了弘扬炎帝文化，促进民族的凝聚与团结，而不必绝对的说炎帝只能生于此，而不能生于彼。倘若为此而争论，势必会争论不休，而永远形不成共识。大家是否可以更加理性地思考，按照著名的民族学、社会学、人类学学家，也是中华炎黄文化研究会的老会长费孝通先生倡导的"文化自觉论"，而能

"各美其美,美人之美,美美与共,天下大同"来对待这种争论,能平心静气地相互交流,取长补短,共同提高,以期将炎帝文化研究推向前进。再者,更加重要的是,尽管学术界和各个地方,对于炎帝出生地有不同意见,但他所引领的时代文明,对中华民族发展的巨大贡献则是世所公认的。据《周易》《管子》等先秦文献的有关记载,以及长江流域包括湖南多处发掘考证的距今9000年至7000年的古文化遗存表明,炎帝是中华农耕文明的创始者。炎帝神农氏"始作耒耜,教民耕种;遍尝百草,发明医药;日中为市,首辟市场;治麻为布,制作衣裳;削桐为琴,练丝为弦;弦木为弧,剡木为矢;耕而作陶,冶制斤斧;建屋造房,台榭而居",他带领先民所开创的农耕文化、医药文化、手工业文化、市场文化、火文化和原始艺术等,都是炎帝文化的具体内容,已成为中华民族的宝贵文化遗产。可谓炎帝功昭日月,德泽后世。他所开创的原始农耕文明,使先民们改变了茹毛饮血、以渔猎和采集为全部生活来源的状态,开创了丰富多彩的原始物质文明和精神文明,由此而形成的炎帝文化与黄帝文化融合为炎黄文化,既是中华文化的源头,也是中华文明的象征,则是确定无疑的。我们只有将中国古代文明的肇造与炎帝的伟大历史功勋联系起来考察,才能更深刻地领会炎帝是中华始祖的文化内涵,从而更深刻地,领会在湖北、在随州每年举办"世界华人寻根节"的重大历史意义和现实意义。

二 随州地区的考古文化反映的炎帝时代的社会状况与文明发展程度

近年来研究炎黄文化的学者普遍认为:将文献记载、考古发掘成果和民间传说相互结合起来,是深入推进炎黄文化研究的有效方法和途径,对随州炎帝文化的研究也同样如此。

炎帝故里在随州不仅有丰富的文献古籍记载,也有世代相传的民间传说,而且在随州地区还有大量的考古发掘也对炎帝时代的社会状况及炎帝开创的远古文明有所印证。中华炎黄文化研究会曾组织了由李学勤、张岂之教授作为总主编的八大册《炎黄汇典》,其中就有丰富的材料,包括文献记载与炎帝遗存——神农洞、神农庙的图录,证明随州厉山确可以说是炎帝神农氏的故里。当然《炎黄汇典》对其他地区有关炎帝的遗存遗迹与文献记载也同样有客观的反映。这里想进一步说明的是，随州当地学者对于新石器时代的考古研究表明，在随州地区发现有多处新石器时代的文化遗存，并发掘出大量宝贵的文物，这些新石器时代的遗存与文物，其时间范围大致在距今6000年至4000年，我们在参观随州博物馆时就看到了这些资料。考古文化史料证明五六千年前的随州、枣阳走廊已经分布有许多氏族的村落，栖息在这片土地上的远古人类已经有了相当高的文明和文化。这些文明和文化表现在如下几个方面：

其一，如位于枣阳市的雕龙碑遗址，还有三里岗镇吉祥寺村的冷皮垭遗址中含有大量的稻谷壳；在西花园遗址中，也有大量由稻草拌泥而烧成的红烧土，内含大量的稻谷壳。种稻是随州先民们的一种谋生方式。而随州先民的农耕活动十分发达，他们已懂得了挖沟引水、掏井取水排灌。如安居北城外遗址中就有人工沟渠，府河冯家畈遗址中发现"陶井"，说明当时已经有了"井"。有些文物表明当时的粮食已经有了剩余，因为西花园遗址中出土200多件喇叭口红陶杯，专家们认为这可能是当时的酒杯。倘若粮食匮乏，不可能饮酒，酒杯的出现说明饮酒已是当时先民的习俗，由此我们不难推知当地农业生产的发达程度。

其二，是纺织业发展水平很高。在随州新石器遗物中，陶纺轮较为普遍。如西花园遗址共出土陶纺轮达250件以上，可以想见当时纺织手工业的发达程度。从大量出土的陶纺轮看，甚至可以推论，西花园遗址很有可能是当时随枣走廊地区的一个纺织中心。

其三，是制陶业已经成为独立经济部门。在随州境内的新石器时代的文化遗址，陶片、残陶器是常见的文化遗存，包括黑褐、红灰等多类。当时主要的生活用具是陶器，制法多为轮制，且品种多样，说明当时随州地区的制陶业已经走向较为兴盛的阶段。轮制陶器成为一种产业，意味着在生活用品上已有了剩余，而且在有些地方特别是上层人物生活的地区，它已经从农业生产中分化出来，成为相对独立的手工业生产行业。金鸡岭文化遗址中出现专门的制陶区，可以进一步说明制陶业在当时具有相当重要的地位。

其四，是定居生活包含了城市的萌芽。在雕龙碑遗址中，随枣走廊出现单间或双间的地面建筑，随州府河马家畈遗址中有"屋基"的发现，说明那时的人已经有"室"了。金鸡岭遗址，人们的文化聚落已经分生活区和制陶区。这些说明，新石器时代的随州人所创造的文化已经不是流动的，而是固定的。聚落遗址有一定的区划，不同区域有不同功能，说明那时随枣走廊地区可能有了原始的"城市"。因为是否有城市出现，也是是否进入文明时代的一个标志，考古界就有人将雕龙碑遗址视为炎帝神农的"都邑"，其安装有滑拉门的房屋建筑所反映的建筑技艺已有很高水平。

其五，是产生了初步的文明与宗教信仰，随州新石器时代的人们因安居而有闲暇，其思想境界也有了很大的提高，因而有了文化创造活动。他们创造了萌芽状态的文字。如西花园遗址的平底杯、圈足碗等器物的底下面出现了一些类似文字的刻画符号，而且是烧之前就刻上去的。一些考古工作者推测它们很可能是更为原始的文字。目前存世的正式文字是河南殷墟出土的甲骨文，而甲骨文已经是很成熟的文字，应该说文字从萌芽产生到走向成熟，肯定有其发展演变过程。前些年在河南舞阳等地有发现有类似文字的刻画符号，我们说西花园遗址中平底杯底面上出现的刻画符号似乎是更原始的文字并非完全是一种推测。另外在一些纺轮上出现了太极图形，说明他们创造了反映中华民族哲学思维的太极图和萌芽状态的宗教观念。在雕龙碑遗址中，考古工作者发现了陶钟、陶铃、陶埙，还有手捏制的小动物，如鸟、羊、鸡、狗，形体虽小，但造型逼真生动。这些都充分显示了当时随枣走廊的先民们的聪明智慧与艺术生活。这些方面与传说中的炎帝神农氏的创造贡献如"制耒耜""殖五谷""和药济人""日中而市""制琴弦""养民以公"等，有着相互对应关系。

我们从考古遗存、遗址中发掘出的各种考古文化成果看，都直接间接地反映出随州炎帝时代的社会状况与文明发展程度。这一方面说明随州地区作为炎帝神农氏的故里，既有大量文献记载，也有考古发掘的相互印证；另一方面也说明了炎帝时代文明发展程度。我们说炎帝是中国远古文明的肇造者绝非空穴来风。

三 传承和研究炎帝文化的重要意义

21世纪神州大地上掀起了新的炎黄文化热，从中央到地方都纷纷成立了炎黄研究会，凡是炎黄二帝足迹所至之处，每年大都举办拜祖、祭祖大典与学术研讨。人们不禁要问，如此隆重热烈地开展祭奠和研究炎黄文化究竟有什么意义呢？这当然是一个值得认真思考和回答的问题。今天，在此以"天下寻根　传承文化"为主题的"炎帝文化高端论坛"上，我也想就传承和研究炎帝文化的重要意义讲几点看法：

其一，传承和研究炎帝文化，可以更好地弘扬中华民族的优秀传统文化。我们中华民族历史悠久，文化光辉灿烂，炎帝和他率领的神农氏部落，含辛茹苦，披荆斩棘，历经艰难险阻，在长期的生产和社会实践中，创造了丰硕的物质财富和精神财富，为中华文明的发轫和中华民族的形成奠定了最初的物质、文化基础。炎帝与黄帝开创的炎黄文化是中华民族传统文化的源头，炎帝文化与炎帝精神是中华民族优秀传统文化的重要组成部分，具有强大的生命力和广泛的包容性，传承炎帝文化与炎帝精神，可以更好地弘扬中华民族的优秀传统文化，建设中国特色的社会主义新文化，也可从中汲取丰富的精神营养。

其二，传承炎帝文化，可以更好地发扬自强不息、开拓创新的民族进取精神。炎帝所处的远古时代，生产力尚十分低下，自然环境又极其险恶，炎帝却能率领先民勇敢地与大自然作斗争，并在长期生产与社会的斗争实践中，以坚忍不拔、不断探索的创新精神，进行了伟大的发明创造，使中国的农耕文明由此而兴，使自古以来以农立国的中华民族有了生存之本。他又尝百草以为药，创造了中医药文化；他还提出"日中而市，聚天下之货"，最早开创了市场文化；他又"结丝为弦"，制琴作曲，创造了音乐文化，此后的楚国研制编钟，使随州成为编钟之乡，创造了世界音乐史的奇迹，亦可谓一脉相承。所有这些创造都是对中华民族的伟大贡献。正是这种自强不息、开拓创新的精神，代代相传，贯穿于中华民族数千年的历史长河之中，才使饱经忧患的中国能威武不屈，始终自立于世界民族之林。今天在面临竞争日益强烈的国际社会，中华民族要奋发崛起，尤其需要传承弘扬这种自强不息、开拓创新的精神。

其三，传承和研究炎帝文化，有利于进一步发扬心怀天下，为民造福谋利的大公无私精神。炎帝为了寻求治病之药，不顾个人安危，出入瘴气弥漫，人迹罕至的茫茫林海，为了解除黎民的病痛之苦，甚至冒着生命危险，遍尝百草，直至牺牲个人生命。正是炎帝的这种大公无私、舍己为人的高尚精神，代代延续，成为中华民族"天下为公"的崇高理想和道德准则，使无数仁人志士致力于养成"利天下而不利一人""先天下之忧而忧，后天下之乐而乐"的良好情操，终于使中华民族形成了个体生命应对社会、对民族、对国家负责的价值取向。炎帝这种心怀天下，为民谋利的精神和情操，在今天尤值得传承和弘扬。

其四，传承和研究炎帝文化，尤其要发扬凝心聚力、和谐统一的爱国主义精神，十几亿海内外中华儿女，都是炎黄子孙，作为同祖同根的中华儿女都同心同德，传承炎黄文化折射出的中华民族精神，这对增强中华民族凝聚力、构建中华民族共有精神家园是不可多得的瑰宝，也是中华民族不竭的精神动力。中华民族历经战乱变迁，却每每能排除干扰，凝结为一个整体，其中一个主要原因就是中华民族有巨大的向心力和凝聚力。从文化传统上讲，炎黄子孙的血脉认同和大一统思想，是形成中华民族的向心力和凝聚力的重要因素，是铸就中华民族爱国主义精神的重要基础。我们要通过丰富多彩的各项活动传承中华文明，以此来弘扬中华优秀文化。身为炎黄子孙，我们每一个人都应该为公平和正义、为社会和谐、为民族发展和祖国的繁荣富强，贡献我们的力量。

最后，我还想强调的是，既然传承和研究炎帝文化有如此重要的意义，我们中华炎黄文化研究会与湖南省及随州市的炎帝文化研究会都以弘扬和研究炎黄文化为己任，都应责无旁贷地为研究炎黄文化而不懈努力，都应为在广度和深度上进一步深化炎黄文化研究，不断取得新的进展与突破，使炎帝和黄帝文化研究更上一层楼，步入新台阶。

（原载 2011 年《随州高端文化论坛论集》）

炎黄雄姿存天地　　凝聚四海赤子心

——炎黄二帝巨型塑像落成的历史和现实意义

举世瞩目的炎黄二帝巨型塑像已巍然矗立在中原大地、文明古都郑州的黄河之滨，今天来自海内外数万各界人士，在这里隆重举行落成典礼，同时举办"炎黄文化论坛"。我谨对庆典表示最热烈的祝贺，并祝愿论坛圆满成功！

炎黄二帝是中华民族的人文始祖，中国古代文明的象征，亦是凝聚全民族精神的动力和标志，因而五六千年以来，就为世世代代中华儿女敬仰和缅怀。为给全球华人寻根祭祖，瞻仰朝拜创造一个盛景和宝地，早在1987年各界有识之士就倡议兴建炎黄二帝塑像，这是一项功在千秋、造福万代的伟大之举。近二十年来，此一举措得到上自中央、下至地方，特别是河南省郑州市各级领导，以及包括港、澳、台在内的各省市、各地区、各行业人士，还有散布世界各国、各地的侨胞华裔与众多国际友人的关怀和支持，现在终于胜利落成，这将是永载史册的光辉一页，值得大贺大庆，大书特书。唯其如此，河南省政协、中华炎黄文化研究会、郑州市人民政府与黄河名胜区筹委会，特在二帝巨塑落成之际举行庆典并进行炎黄文化研讨。我个人作为长期兼职于中华炎黄文化研究会一名成员，在过去二十年的岁月中，曾目睹和经历了二帝巨塑从构思到具体，以至落成的全过程。而今在恭临庆典盛会之际，回顾整个过程中的欢欣喜悦与艰难曲折，真是心潮澎湃，感慨万千。我清楚地记得，1991年5月10日在中华炎黄文化研究会的成立大会上，当时的政治局常委李瑞环同志在讲话中说："在当今世界上，凡是炎黄子孙，不管他走到什么地方，只要他良知未泯，都不能不为辉煌灿烂的中华民族文化感到自豪。"他还自告奋勇说："我将尽力为研究会服务，和大家一起做好弘扬民族优秀文化工作。"

萧克老将军作为研究会的首任会长，在成立大会的讲话中，谈到研究会应认真做好的三项具体工作时，第一项就是"修建凝聚炎黄子孙感情的炎黄二帝塑像"。1991年9月12日，萧老又亲自参加了在黄河游览区举行的炎黄二帝塑像的奠基仪式，并发表讲话，特别强调在当前形势下"兴建炎黄二帝巨型塑像，更有深远的历史意义和现实意义"。不仅仅是萧老，研究会其他各位德高望重的老领导，如名誉会长薄一波、会长周谷城、程思远、费孝通等，都曾为二帝巨塑的兴建倾注了大量心血，或为之挥毫题词，或亲自参加工程的奠基与开工仪式。然而，今天，当我们欢呼雀跃，喜庆巨塑落成时，当年领导支持、关注二帝巨塑兴建的薄一波、周谷城、程思远、费孝通等敬爱的前辈都已仙逝。我想这些已入仙境的前辈，闻知巨塑落成的喜讯，一定会含笑于九泉。再想到我们的老会长、名誉会长萧老，他曾为兴建二帝巨塑登高一呼，不辞辛劳，如今已是九十七岁高龄，因长期积劳而久卧病榻。他老人家得知巨塑落成，也一定会感到安慰。抚今追昔，怎不令人万感交集。我想上述回顾与感受，作为二帝巨塑的首倡者，原黄河游览区的党委书记，亦是巨塑筹委会领导和河南省炎黄文化研究会会长，被誉为"黄河之子"，为兴建二帝巨塑而百折不挠，在海内外奔走呼号的王仁民同志的经历和感受，当比我更为深刻和真切，他为此付出的心血和贡献，也令人钦敬！

抚今追昔，回忆前辈们为弘扬炎黄文化事业和兴建炎黄二帝巨型塑像付出的无私奉献，不只是为了赞扬他们的高风亮节，更重要的目的乃在激励后人，是想从他们的高风亮节中，认真思考兴建二帝巨塑的深远历史意义和重大现实意义。应该说上面提到的几位党和国家领导人及学术界的泰斗大师，他们都是想大事、做大事，思考国家治乱兴衰、长治久安的忙人、要人，而且是久经风霜、阅历丰富、饱含睿智、学识渊博的世纪老人。他们为什么在耄耋期颐之年，于百忙之中给兴建巨塑以热情支持，甚至不辞辛劳，奔走呼号呢？我想他们绝非出于个人爱好，或发思古之幽情，其根本原因，乃在于他们深知巨塑的兴建有深远重大的历史意义和现实意义。以我个人追随各位前辈和领导，在这些年从事炎黄文化研究的具体工作实践中，体会到炎黄二帝塑像的兴建与落成，其历史意义与现实意义有以下几点：

其一，塑像兴建落成于中原古都郑州的黄河之滨具有天时地利人和之意义：黄河是中华民族的母亲河和文化摇篮，居于黄河中下游的中原地区是中华文明的重要发源地，作为中原政治、经济、文化中心的郑州又是文明古都，其所辖的新郑市不仅是黄帝的故里，也是黄帝建都之所在。郑州周围，遍布炎帝与黄帝的遗址和遗迹。裴里岗文化、仰韶文化、二里头文化的遗址，都在其周围发掘。根据文献记载、考古发掘与民间传说，炎黄二帝都曾在这一带活动生息，拓疆创业。他们通过征战与交融，统一了各个氏族部落，肇造和奠定了中国的古代文明。古人云，八方风雨汇中州，得中原者得天下。而二帝塑像巍然屹立之所在，正是在"中国之中"的郑州的邙山上，座山面水，眼观六路，耳听八方，雄姿远望，视野广阔，确具有天时地利人和之意义。这是其他地区不可取代的。

其二，形象生动地展示了炎黄二帝的丰功伟绩与光辉灿烂的中华炎黄文化。炎黄二帝作为中华民族的人文始祖，是中华民族古代文明的奠基者、肇造者，几千年来，已是中华民族智慧和力量的化身，开拓创业的象征。他们的发明创造、丰功伟绩，造福子孙万代。他们开创的中华文化，源远流长，博大精深，影响深远。同时，所谓炎黄文化不能狭隘地理解为只是炎黄二帝及其时代的文化。其实，广义上的炎黄文化，就是几千年来亿万炎黄子孙世世代代经过实践所创造的中华传统文化。优秀的中华传统文化不仅哺育了中华炎黄儿女，使中华民族跻身于世界民族之林而经久不衰，且对世界文明的形成与发展有着重要作用和影响。二帝塑像的建成，使这两位气宇轩昂、慈祥庄重的伟岸老人并肩而立在黄河之麓，栩栩如生，生动地展现了他们的雄姿，以及从他们身上所体现的博大精深的中华文化。为反映中华文化的丰富内涵，二帝塑像的设计者还在巨大的塑像内，设立了天象、渔猎、农牧、石器、陶器、冶炼、兵器、民族、文化等十大展厅，使塑像成为具有丰厚内涵的中华文化的载体，这又毋庸置疑地深化了塑像兴建的历史文化意义。

其三，二帝塑像的兴建和落成，实现了海内外炎黄子孙的夙愿，为海内外炎黄子孙寻根祭祖、瞻仰朝拜提供了盛景宝地，创造了有利条件，必将进一步增强中华民族的凝聚力，有利于推进中华民族、全球华人的团结与中华民族的复兴。我由于在中华炎黄文化研究会工作，曾多次到炎黄二帝遗址遗迹所在的陕西黄帝陵、湖南炎帝陵、新郑黄帝故里，以及陕西宝鸡炎帝故里，山西长治、高平炎帝播种五谷的百谷山、羊头山参加祭典和进行考察。这些炎黄二帝陵庙所在之地，每逢祭祖大典，都宛如盛大节日，来自五洲四海的炎黄子孙摩肩接踵，成群结队地向炎黄二帝献礼朝拜，以表"慎终追远"，敬仰始祖之情。特别是改革开放以来，我们祖国综合国力的增强，国际地位的提高，中华文化在世界上的影响越来越大，世界各国各地的华人，心向祖国，归国寻根祭祖的人也越来越多，尤其是香港、澳门、台湾的同胞，更是血浓于水、手足情深。在炎黄二帝塑像兴建过程中，许许多多的港、澳、台同胞，都曾来到二帝塑像所在地的黄河风景区，期盼塑像早日落成，甚至解囊捐赠。国民党元老陈立夫先生曾亲笔为兴建塑像题词"巍哉炎黄，泽润八荒；子孙昌盛，圣德弥高"。其作为一名炎黄子孙，对炎黄二帝道德功业敬仰之情，溢于言表。国民党前副主席、"中华台海两岸和平发展策进会"会长林洋港先生曾专程到黄河游览区参观，并在巨塑陈列室捐款和题词："巍巍炎黄德厚无疆；裔胄繁兴光耀万方。"国民党现荣誉主席、连战先生与亲民党主席宋楚瑜先生曾相继到大陆进行访问，与中共总书记胡锦涛会见，共同发表携手合作和平发展的愿景后，都曾到陕西黄帝陵拜谒始祖。台湾同胞王希哲先生到游览区参观时，听说要建炎黄巨塑时激动地说，"太好啦！这是海外炎黄子孙祭祖的圣地，是海内外炎黄子孙的心和根，我要为兴建炎黄巨塑做贡献"，而后托人捐了两万元美金和金项链。这些事例都充分说明，同为炎黄子孙的台湾同胞，都不忘始祖，都愿两岸和平统一。这是对那些坚持台独，制造祖国分裂的顽固分子的沉重打击。江泽民总书记在《为促进祖国统一大业的完成而继续奋斗》八条主张中说："中华民族儿女共同创造的五千年灿烂文化，始终是维系全体中国人民的精神纽带，也是实现和平统一的一个重要基础。两岸同胞共同继承和发扬中华文化的优秀传统。"由此可见，炎黄二帝塑像的落成，必将成为两岸同胞共同继承和发扬中华优秀传统文化的纽带和桥梁，其增强中华民族凝聚力的重大意义，实不可估量。

其四，炎黄二帝塑像的落成，必将促进旅游业和经济建设的发展。随着海内外炎黄子孙络绎不绝地到此祭典朝拜，加之与塑像落成相邻地带，都是中华文明发祥地之所在，文物古迹遍地开花，文化巨人星光灿烂。海内外游客必将为这些光辉灿烂的文物古迹和风景名胜所吸引，在黄河风景区游览之后，又可到新郑黄帝故里、嵩山少林寺、巩义市洛汭河图洛书的发源地，以及九朝古都洛阳之龙门石窟、白马寺，七朝古都开封之龙亭、相国寺、包公祠等地游览。参观游览者既可受到中华文明的陶冶，又可大饱风景名胜之眼福。二帝塑像的落成，必将带动郑州中原地带旅游业的兴盛，推动商业、服务业的发展，进而提高当地人民群众的收入，甚至带动中原地区的经济跃上新台阶。这也是炎黄二帝塑像兴建和落成的现实意义之一。

老一辈无产阶级革命家，中华炎黄文化研究会名誉会长薄一波前辈为兴建二帝塑像题词："炎黄雄姿存天地，凝聚四海赤子心。"全国人大常委会原副委员长，亦是中华炎黄文化研究会会长之一的程思远老人，曾满怀激情地为兴建炎黄塑像作有《炎黄颂》云："人文始祖，中华炎黄。赫赫功绩，名播万方。创指南针，全球通航。发明养蚕，首创衣裳。发明钱币，开创市场。发明医药，黎民安康。发明算术，科技曙光。发明兵器，卫土守疆。教民稼穑，衣食明章。世界文明，数我炎黄。历五千载，代代发扬。反对分裂，统一国疆。""中华民族，雄立东方。炎黄子孙，遍及八荒。黄河之滨，中原茫茫。追念始祖，立此巨像。天地同庆，日月同光。缅怀祖德，改革开放。祝我中华，山高水长。"以上薄一波、程思远两位领导和前哲的题词与颂歌，都言简意赅，高度凝练地概括了兴建炎黄二帝塑像的深远历史意义和重大现实意义，可谓画龙点睛之笔。我这篇发言不过是学习前辈宏论后的一点粗浅体会。

（原载《炎黄天地》2007年）

探索中华文明　研究颛顼帝喾

——从《五帝本纪》到《五帝时代研究》

我非常高兴能应邀参加这次学术研讨会。由于专业范围的局限，对所要研讨的颛顼与帝喾知之甚少，缺乏研究，主要是出于工作需要抱着学习的目的，来参加这次研讨会。会前，又再次学习阅读了太史公的《史记·五帝本纪》，特别是认真拜读了当代著名考古、历史、文博学家许顺湛先生的大著——《五帝时代研究》，使我对颛顼与帝喾及五帝时代有了初步认识和了解，大有茅塞顿开之感，故拟就读了古今两部关于五帝时代的重要著作之后，谨对探索中华文明，加强颛顼、帝喾研究谈点粗浅的看法。

一　这次学术研讨会与中华文明探源工程

颛顼与帝喾是由氏族部落联盟向早期国家过渡时期部落联盟领袖，他们同被司马迁载入《史记·五帝本纪》，上承黄帝，下启尧、舜，直接夏、商、周三代王国，在中华文明的起源、形成和发展过程中具有重要地位和影响，值得重视和研究。遗憾的是，虽然历史文献中有三皇五帝的传说，颛顼与帝喾也属于五帝之列，但学术界长期来却很少有论者对之进行研究。而今，在中原地区的安阳市、内黄县和有关单位联合举办了以"颛顼帝喾与华夏文明"为主题的学术研讨会，来弘扬传统文化，缅怀圣祖功德，凝聚民族精神，开发文化产业，这是很有意义的举措。相信通过这次学术研讨会，定能推动颛顼与帝喾的研究，尤其是将这次研讨会，与中华文明探源联系起来，其学术意义尤显重要。

大家知道，继国家"九五"重点科技攻关项目——夏商周断代工程之后，新启动的中华文明探源工程第一阶段的工作范围就置于中华文明的核心地区——中原地区，要重点探索公元前2500年至公元前1500年（即文献记载的尧、舜、禹和夏王朝的时期）中原地区的文明形态。通过第一阶段的探讨，将初步回答中原地区文明形成时期的环境背景，经济技术发展状况及其在文明形成过程的作用，各个都邑遗址的年代关系，中原地区文明形成的聚落形态所反映的社会结构，中原地区早期文明形态等问题，并为"十一五"全面开展探源工程制订实施方案。简言之，中华文明探源工程第一阶段的主要任务是要探索公元前2500年至公元前1500年尧、舜、禹和夏王朝时期中原地区的文明形态。而尧、舜、禹之前的历史时代，正是颛顼和帝喾时期。夏商周断代工程，已把夏始年（禹代、舜代）定在公元前2070年。而许顺湛先生在《五帝时代研究》一书中根据各家之说和其个人的研究，认定颛顼有九世350年，帝喾有10世400年，其各自的大致年代在公元前2900年与公元前2550年，[①] 也就是说中华文明探源工程第一阶段要探索的课题的时间上限，已接近帝喾时代，稍稍前推，就要正式探索帝喾与颛顼时期。这次学术研讨会的主题——"颛顼帝喾与华夏文明"，自然与中华文明探源工程直接联系了起来。如能在这次会上与会后深入研究会议提出的各个议题，不仅能推动颛顼与帝喾的研究，而且必将有助于中华文明探源工程，推动中华文明的起源、形成与发展的研究。由此可见，这次学术研讨会所要研讨的主题和内容与中华文明探源工程有着直接联系，有十分重要的学术意义。

二　从《五帝本纪》到《五帝时代研究》

在有关的历史文献中对于五帝究竟指谁，说法不一，多数认为是黄帝、颛顼、帝喾、唐尧、虞舜。我是同意这种说法的，学术界对五帝的研究从古至今就不太平衡。因自春秋战国以来，黄帝就被公认是华夏族的祖先，一向受到国人的崇敬膜拜。特别是进入改革开放的新时期以来，大力倡导弘扬中华民族优秀传统文化，增加中华民族凝聚力，海内外华人无不以"炎黄子孙"引以为荣，纷纷寻根问祖，祭奠炎帝、黄帝被公认为是

[①] 许顺湛：《五帝时代研究》，中州古籍出版社2005年版，第25—26页。

中华民族的人文始祖，是中华民族凝聚力的象征，学术界对之研究的活动与成果也越来越多。除黄帝而外，由于尧、舜互相禅让的故事与传说，从古至今就史不绝书，家传户颂，对于尧、舜的歌颂，人们也大都耳熟能详。然而，对于与黄帝和尧、舜同被尊为五帝之一的颛顼和帝喾的生平与功业，人们却普遍比较陌生，不说普通群众，就连文化知识界对之真正有所了解的似乎也不多。这种现象的形成，应该说与学术界对之研究及宣传不够有关。作为与之有关的专业工作者理应责无旁贷地加强对他们的研究。在这方面，我们祖国的史圣司马迁和当代著名学者许顺湛先生都可谓是研究五帝时代及颛顼、帝喾的前驱和先导。今天，我们要开展这方面的研究，自然应从他们的研究成果入手，作为重要参考和依据。

司马迁在其《五帝本纪》中除记述了黄帝、尧、舜外，对颛顼与帝喾都有明确记载，其谓曰：

> 帝颛顼高阳者，黄帝之孙而昌意之子也。静渊以有谋，疏通而知事，养材以任地，载时以象天，依鬼神以制义，治气以教化，洁诚以祭祀。北至于幽陵，南至于交阯，西至于流沙，东至于蟠木。动静之物，小大之神，日月所照，莫不砥属。帝颛顼生子曰穷蝉。颛顼崩，而玄嚣之孙高辛立，是为帝喾。

> 帝喾高辛者，黄帝之曾孙也。高辛父曰蟜极，蟜极父曰玄嚣，玄嚣父曰黄帝。自玄嚣与蟜极皆不得在位，至高辛即帝位。高辛于颛顼为族子。

> 高辛生而神灵，自言其名。普施利物，不于其身。聪以知远，明以察微，顺天之义，知民之急。仁而威，惠而信，修身而天下服。取地之财而节用之，抚教万民而利诲之，历日月而迎送之，明鬼神而敬事之。其色郁郁，其德嶷嶷。其动也时，其服也士。帝喾溉执中而遍天下，日月所照，风雨所至，莫不从服。帝喾娶陈锋氏女，生放勋。娶娵訾氏女，生挚。

> 帝喾崩，而挚代立。帝挚立，不善，而弟放勋立，是为帝尧。

以上我们全文照录了《史记·五帝本纪》中对于颛顼与帝喾的记述。

二者相加，不过三百余字，却言简意赅，提纲挈领地记述了颛顼帝喾与黄帝的族属，血缘关系，活动地域范围，历史功绩和品德，后裔与帝位传承等。司马迁是位伟大严肃的历史学家，他《五帝本纪》之后说："余尝西至空桐，北过涿鹿，东渐于海，南浮江淮矣。至长老皆各往往称黄帝、尧、舜之处，风教固殊矣，总之不离古文者近是。予观《春秋》《国语》，其发明《五帝德》《帝系姓》章矣，顾弟弗深考，其所表见皆不虚。《书》缺有间矣，其轶乃时时见于他说。非好学深思，心知其意，固难为浅见寡闻道也。余并论次，择其言尤雅者，故著为本纪书首。"由上可见，司马迁写《五帝本纪》是十分严肃谨慎的，不仅参考依据其之前的文献史料，而且通过广泛调查，"择其言尤雅者"与文献资料相映证，分析思考，而后笔之于书，将黄帝、颛顼、喾、尧、舜共称五帝，写成《五帝本纪》，作为中国历史的开端，列于《史记》卷首，依次又写了《夏本纪》《殷本纪》《周本纪》《秦本纪》等，形成中国历史的整体框架。从《史记》全书的体例看，司马迁显然是将五帝时期视为是一个历史时代，而非只是看成是传说。《史记》问世以来，有人曾对书中有关记述表示怀疑，否定其为信史，但后来殷墟甲骨文的发现，经王国维考释，《殷本纪》中关于殷商帝王世系名讳的记载，均被地下发掘的甲骨文所证实，说明司马迁的记述有充分的史实根据。由此，对《史记》《夏本纪》《五帝本纪》的有关记载，似不可轻易怀疑，理应认真对待，可通过更多的考古发掘资料，再进一步梳理分析文献资料，看能否逐步证实。至今，我们仍认为司马迁的《五帝本纪》及其他《史记》中的有关记载，依然是研究和打开包括颛顼、帝喾在内的五帝时代奥妙的一把钥匙。

不过，客观而论，司马迁的《史记》毕竟是写于两千年之前的著作，书中对五帝时代及五帝本身的记述也失之过简，许多相关问题也都语焉不详。在其之后的两千多年来，历史科学本身也有长足发展，特别是近代考古学的发展，20世纪诸多历史遗址的先后发掘，考古文化发展迅速，与五帝时代相对应的文化遗址及其研究成果，使过去被视为仅是传说的文献记载得到印证，中国文明起源的年代大大提前，这些新的考古资料和研究成果，必然对司马迁关于五帝时代的研究有新的补充和发展。而许顺湛先生的《五帝时代研究》正是在这样的学术背景下出现的。该书是作者潜心多年研究，在已积累了丰厚的研究成果，又充分吸收利用了大量考古资料的基础上撰成的，是迄今为止第一部全方位、多角度，全面、系统研究五帝时代的著作，值得学术界重视和参考。

从司马迁的《五帝本纪》到许顺湛的《五帝时代研究》，也反映了学术界对远古历史研究的进步与发展。

三 历史文献与考古资料相结合是《五帝时代研究》的突出特色

研究远古五帝时代有极大难度，一则因年代久远，且无当时的文字记载那时的史事；二则留传至今有关当时的历史文献记载，多是后人依据口耳相传的笔录，人们仅视为传说，不作信史看待，而且相互间说法不一，常有矛盾，甚或有虚幻离奇荒诞成分；三则历史文献研究者与考古工作者，各就自己的工作范围自行其是，不能互相配合，无法对有关问题相互参考后进行综合分析研究。对此，老一辈考古学家苏秉琦先生早就指出："在我国古籍中有许多关于远古时代的传说，过去有不少学者进行过研究，徐旭生和童书业先生等还曾进行过系统整理。不过那时史前考古学还未充分发展起来，无法同考古资料进行比照。有一些作者想用考古资料印证传说，又往往牵强附会。现在史前考古已有了长足发展，本身就可以大体复原远古时代的漫长历史，传说资料反面只起参照作用。若以整理传说史料本身来说，史前考古资料则已成为不可忽视的最可靠的参照系。"[①]苏先生倡导的文献传说与考古资料相结合的研究方法，已逐渐成为当代学界的共识。许顺湛先生在其《五帝时代研究》的《序》中明确指出，"研究五帝时代古史文献必须与考古资料相结合"。古史文献与考古资料结合起来，相互印证，互相补缺，是最佳的研究道路。许先生的《五帝时代研究》一书，正是选择了这一最佳的研究道路，运用历史文献与考古资料相结合的方法来研究五帝时代。我们在阅读这部著作时，感到其有许多特点，诸如宏观与微观研究相结合，史与论相结合，通论与专论相结合，中国与外国文明研究比较相结合，核心文明与区域文明研究相结合等，而最突出的特点则是历史文献与考古资料相结合，这也正是深入研究五帝时

---

① 苏秉琦：《重建中国史的远古时代》，《史学史研究》1991年第3期。

代的关键。正因为本书作者抓住了研究问题的关键，才使其对五帝时代的研究取得突破性进展。

《五帝时代研究》以近80万字的鸿篇，分作十章的结构，依次对五帝时代进行了全面、系统、翔实、深入的论述。其各章的具体划分是："第一章　前五帝时代"；"第二章　五帝时代概述"；"第三章　五帝时代专论"；"第四章　五帝时代著名族团专论"；"第五章　五帝时代新石器文化年代宏观对应"；"第六章　五帝时代聚落群研究"；"第七、第八章　五帝时代的区域文明（一、二）"；"第九章　五帝时代是中国文明的初级阶段"；"第十章　余论"。读者从该书上述各章目录中便可明显看出本书运用了历史文献与考古资料相结合的突出特点。如前四章在分别论述"前五帝时代"（即传说中的三皇时代）及五帝时代的著名团族（包括蚩尤、少典、祝融、共工、三苗、夏禹等），便充分运用了大量丰富的历史文献资料，有时也用考古资料相佐证。而第五、第六、第七、第八章在论述五帝时代与新石器文化年代的宏观对应、五帝时代聚落群研究及五帝时代的区域文明时，便依据了大量地下考古资料及考古文化的研究成果，将五帝时代的年代与黄河中下游、长江中下游及岭南地区、云贵川藏及西北诸省等的新石器文化年代相对应，从而得出五帝年代在距今6000年至4000年前，在中国历史上大致延续了2000年之久；再与各地考古发掘的新石器文化相对应，说明五帝时代相当于仰韶文化后期与龙山文化前期。当然这里得出的年代结论只能是大致的，并非绝对的，不见得为学界所共识。但是，只有确定五帝时代的框架，才能使之在历史上定位，也才能进一步研究其在中国文明起源、形成与发展中的地位与作用。书中对此问题提出的见解，得出的结论，无疑是持之有故、言之有理的一家之言，对五帝时代的研究大有推进和助益。

由于近年来考古界特别注意到远古聚落群的研究，且有不少研究成果。本书作者既吸收了考古学界的有关研究成果，也依据自己对河南、陕西相当于五帝时代的仰韶文化和龙山文化聚落群研究的成果，在书中做了进一步论述，指出各地聚落群遗址的居址布局，宫殿、城市的建筑以及墓葬规模，殉葬状况，反映出聚落群呈现金字塔的组合形式，说明已有等级差别，其中最大的中心聚落，可能居于领袖地位，加之又有很大的都城，也说明当时已有国家的雏形或是联邦国家。

另外，作者曾在书中声明其研究五帝时代的目的是要揭示中国的早期文明，为说明五帝时代的文明发展程度，书中以两章的篇幅，详细论证了五帝时代的区域文明，如中原地区的古代文化——仰韶文化、龙山文化；海岱地区的文明——大汶口和龙山文化，太湖地区的古代文化——良渚文化；江汉地区的古代文明——屈家岭、石家河文化；甘青地区的古代文明——马家窑与齐家文化；燕山地区的古代文明——红山夏家店文化等。作者运用我国东西南北各地考古发掘的文化遗址及考古文化研究的成果，指出从当时农业、手工业、商业的发展状况，科学技术水平，礼制与宗教的出现，古城与联邦的建立，原始文字的产生，以及贫富分化的现象和早期阶段阶层的出现等现象来看，说明五帝时代已从原始野蛮阶段，走向早期文明时期。由于作者既对充分的历史文献进行了分析，又有大量的考古资料、考古文化相印证，使得其论断很有说服力。

本书在上述微观、具体研究的基础上，进而宏观论述了文明社会形成的理论，提出文明形成的标志，从理论与实际相结合的角度，得出自己的结论：五帝时代不是传说时代而是一个可信的历史时代，是中国文明的初级阶段，黄帝时代是中国文明的源头，而尧舜时期则是联邦制王朝，并直接为夏王朝建立的王国奠定了基础，使中国古代走向真正的文明时代。

综观《五帝时代研究》全书，可谓内容丰富、史料翔实、新见迭出，对五帝时代研究有突破性进展，而其成功的关键则是运用了历史文献与考古资料相结合的研究方法与手段，加之作者对五帝时代进行过长期研究，既娴熟于历史文献资料，又有考古学、文博学的深厚造诣，写出这部厚重的五帝时代研究的大著绝非偶然。

（原载《炎黄文化研究》2007年第5辑）

黄帝祭祀与中华民族凝聚力

——兼论"公祭黄帝是宗教活动吗?"

中华民族自古以来素称"礼仪之邦",很重视讲究礼节、礼仪和礼制,各种礼制十分周详完备,总称为"礼"。"礼"实际上就是人类文明的标志和文化准则,而祭祀文化则是中华民族传统文化的重要组成部分。作为儒家重要经典之一,也是中国古代礼制之总汇的《礼记》,就设有"郊特牲""丧服小记""祭法""祭义""祭统""奔丧""问丧"等篇目,专门论述丧葬祭祀之礼。《礼记·祭统》本身就说"凡治人之道,莫急于礼。礼有五经,莫重于祭",足见祭祀文化在中国传统文化中的地位。祭祀源于人类初始阶段的图腾崇拜与祖先崇拜,起初,确有原始宗教成分,但伴随中国古代文明的起源与发展,祭祀文化也在不断演变与发展,越来越具有丰富的人文精神和文化内涵,特别是对黄帝实行公祭,更具有不可低估的历史意义和现实意义,它比较集中地反映了古往今来中华炎黄子孙缅怀先祖的民族认同心理,以及渴望祖国统一、振兴中华的伟大理想与情怀。值得注意的是最近有学者提出:"祭黄帝是祭人还是祭神,如果是祭神,并且是国家级祭神,那与宗教有什么不同?"进而认为,"将祭黄帝升格为国家级就是由中央政府肯定这种(宗教)信仰"。又说,"祭祀仪式,从本质上讲是对神的崇拜,是相信灵魂不死",因此由国家公祭黄帝"不利于历史唯物主义教育和科学教育"。我认为上述说法是根本不能成立的,是对中华传统文化特别是对祭祀文化的轻率否定,是一种典型的民族文化虚无主义态度,既不符合历史事实,也无视黄帝祭祀的实际文化内涵,进而又不顾从古至今中华亿万人民群众"尊祖敬宗""慎终追远"的道德情怀,它从理论到实践都是错误的、有害的,必须予以澄清。

人所共知，黄帝是人而不是神，他是中国远古时期的氏族部落领袖，是原始社会父系时期的代表性人物，以其文治武功统一了当时的各个氏族部落，成为中华民族最早的一位共主，开创了人类从野蛮走向文明的一系列物质文明和精神文明，开启了中华民族灿烂文化的先河。因此，黄帝被尊为中华民族的人文初祖，是中国古代文明的象征。虽然记载黄帝姓氏源流及其丰功伟绩的历史文献是传说时代口耳相传的遗物，但大量的地下考古发掘证实，黄帝及其时代的各种创造与发明，以及当时所达到的文明进程，都是客观存在的，黄帝当之无愧是中华民族的先祖。不管黄帝是个名字或是部落领袖的称号，他都是人，而不是神。黄帝之后的虞、夏、商、周都尊黄帝为始祖，许多方国也都有关于黄帝后裔的传说。同时，中华民族有不忘始祖、"尊祖敬宗"的优良传统。为了表达人们对黄帝功德的怀念与感戴，据《礼记·祭法》记载，虞、夏、商、周都祭祀黄帝："有虞氏禘黄帝而郊喾，祖颛顼而宗尧；夏后氏亦禘黄帝而郊鲧，祖颛顼而宗禹；殷人禘喾而郊冥，祖契而宗汤；周人禘喾而郊稷，祖文王而宗武王。"此后，历经秦汉、魏晋、隋唐、宋元、明清、中华民国直至当代，对黄帝的祭祀，从国家到民间，经历数千年而不衰，正反映了中华民族对先祖"报功崇德""继志述事""慎终追远""民德归厚"的民族精神和情操。正如《礼记·祭法》所说："夫圣王之制祭祀也，法施于民则祀之，以死勤事则祀之，以劳定国则祀之，能御大灾则祀之，能捍大患则祀之。是故厉山氏之有天下也，其子曰农，能殖百谷。夏之衰也，周弃继之，故祀之以以为稷。共工氏之霸九州也，其子曰后土，能平九州，故祀之以为社。帝喾能序星辰以著众，尧能赏均刑法以义终，舜勤众事而野死，鲧鄣鸿水而殛死，禹能修鲧之功，黄帝正名百物以明民共财……文王以文治，武王以武功，去民之灾，此皆有功烈于民者也。"由于这些先圣前贤有功、有恩于民，因而人民祭祀他们，缅怀他们，把他们作为祭祀对象，以表彰他们的功德。如同荀子所说："祭者，志意思慕之情也。"

古人云："生事之以礼，死葬之以礼，祭之以礼。"这不仅表示对祖先的缅怀与思念，抒发"思慕之情"，更重要的还在于"慎终追远"、"继志述事"，继承先人遗志，发扬光大其精神，有着其更为积极进取的一面，对黄帝的祭祀尤其如此。特别是晚清以来，中华民族陷于内忧外患，面对帝国主义列强的侵略，对黄帝的祭祀与救亡存国的爱国主义相联系，一些爱国志士，常以祭祀黄帝来抒发爱国志向。近代爱国诗人丘逢甲于中日甲午战争失败后，就悲愤呼号："如此江山竟付人，干戈留得苦吟身。""谁非黄炎之子孙，九天忍令呼无门。"抗日战争时期，国共两党再度合作，曾于1937年清明共祭黄帝于黄帝陵前，以示民族大义，共同团结抗日，经过八年浴血奋战，终于赢得最后胜利。新中国成立后，常由陕西省政府组织，于每年清明进行祭祀。而从1980年起，祭祀黄帝典礼日益隆重，散布于世界各地的华人、华侨纷纷寻根问祖来祭祀黄帝，使人们更加感到黄帝祭祀对于增强中华民族凝聚力、推动祖国统一的重要作用，也使得祭祀规模更大，层次更高，实质上已成为国家公祭。这只能进一步说明，党和政府更为重视和发扬中华民族优秀的传统文化，要以传统文化为纽带，团结海内外炎黄子孙，推动祖国统一，实现民族的伟大复兴。这些举措充分体现了历史唯物主义精神，也是对广大人民群众的一种科学的爱国主义教育，与宗教活动可谓风马牛不相及，怎能将之视为"从本质上讲是对神的崇拜，是相信灵魂不死"呢？

近二十多年来，伴随改革开放政策的推行，综合国力的增强，我国在国际上的地位和影响也日益提高，使散居在五洲四海的华人、华裔更加心向祖国，黄帝作为中华民族的祖先，也愈益成为海内外炎黄子孙的共识。针对这些情况，作为黄帝陵基金会名誉会长的李瑞环同志于1990年在陕西省考察时曾指出，祭祀黄帝陵可以团结一切海内外华人，特别是海外华人、侨胞看到了祖国改革开放的新面貌、国力强盛，对故国家园的赤子之心很强烈，他们强烈要求把祭祀黄帝陵的规模礼仪更加制度化。一个民族要认同自己的根，了解自己的历史，只有了解过去，认识过去，总结过去，才能发展我们美好的未来。在当前纪念黄帝，缅怀先祖的伟大业绩，才能够弘扬我们中华民族的悠久文化，凝聚民族力量，增强民族团结，促进我们祖国统一大业的完成。李瑞环同志的上述讲话，正反映了"黄帝祭祀与中华文化"这一论题的题中之意。

（原载《黄帝祭祀与传统文化研究论集》，陕西省人民出版社）

历史赋予我们的责任

——新版《炎黄文化研究》主编寄语

《炎黄文化研究》是中华炎黄文化研究会创办的一份综合性学术文化丛刊。

中华炎黄文化研究会是由热心炎黄文化的学者、专家及一些富有学养、曾长期从事文化宣传领导工作的老干部和各界人士共同组成的一个全国性的民间文化团体，自1991年在北京成立以来，为弘扬中华优秀传统文化，促进当代新文化建设，做了大量有益的工作。

为能及时反映研究会的学术成果，推进与海内外的学术交流，研究会成立不久，即着手筹建《炎黄文化研究》丛刊，十多年来，每年一本，至今已编辑出版十期矣！不过，它却始终是以研究会的另一份有影响的纪实性月刊——《炎黄春秋》的增刊形式出现的。随着研究会的学术活动日益增多，学术交流逐渐频繁，研究成果亦愈加丰富，它若仍以增刊形式出版，显然不能适应主、客观方面的需要。遂经努力，在各方有识之士的赞助下，自2004年起，它将由中华文明发祥地之一，又是轩辕黄帝故里所在地的河南大象出版社独立刊行，惠予出版。它将在原有基础上，既保持逐步形成的风貌特色，又有所开拓发展，每年两期，持续出版下去。在当前的出版行业里，各种各样的期刊、丛刊，数以万计，有些刊物形势喜人，成为品牌名刊；也有些刊物，处境堪忧，勉力支撑；还有些刊物，甚至逐渐萎缩，难以为继。面对如此激烈竞争的形势，如何使《炎黄文化研究》持续生存与发展，而且更加富有生命力，作为编者不能不感到责任重大，不得不认真思考。

我自研究会成立伊始，就厕身其间，承担日常学术组织工作。回顾研究会走过的历程，常情不自禁地想起研究会在人民大会堂成立时的情景。当时,任中共中央政治局常委的李瑞环同志,不仅莅临了成立大会,而且发表了热情、诚挚、感人的讲话,他说:"中华炎黄文化也可以说是中华民族文化,博大精深,源远流长,影响深远。在当今世界上,凡是炎黄子孙,不管走到什么地方,只要他良知未泯,都不能不为辉煌灿烂的中华民族文化而感到自豪。"为此,他希望"各级党政部门特别是各有关研究机构,要(对研究会的工作)主动地支持,提供方便"。他个人还慨然地表示:"我愿尽力为研究会服务,和大家一起做好弘扬民族文化的工作。"①

研究会首任会长、现任名誉会长、著名儒将萧克老将军,也在研究会成立大会上发表了题为《弘扬民族优秀文化,促进社会主义精神文明建设》的重要讲话。其中特别阐明了研究会成立的目的,即"在于研究炎黄以来几千年的中华传统文化,进一步了解国情和社会主义建设的主客观条件,使马克思主义和社会主义建设实际结合得更好;在于继承和弘扬中华民族的优秀文化,振奋民族精神,提高民族的自尊心和民族自信心,促进社会主义精神文明建设;在于增进海峡两岸骨肉同胞联系,加深海内外炎黄子孙的相互理解和友谊,推进祖国的统一大业;还在于开展世界各民族的文化交流,使中华炎黄文化为世界文明作出新贡献。这是一项极有意义的工作,是历史赋予我们的责任"②。党和国家领导人以及本会会长的上述讲话,可谓高屋建瓴,思想深邃,既是研究会的办会宗旨,也是《炎黄文化研究》的办刊宗旨和指导思想。这些年来,研究会开展的一系列活动,诸如举办国内、国际学术研讨会,组织编辑出版各种图书和刊物等,大都是围绕上述目的而开展的。

《炎黄文化研究》为践履和体现自己的办刊宗旨,并反映研究会及文化研究领域的学术研究成果,特别设立了"专论""炎黄二帝及其时代研究""中华文明探源""民族文化与地域文化""文物与考古""思潮与学派"等栏目;同时,为繁荣学术,活跃气氛,推进不同意见的研讨,专设"探索与争鸣""文化丛谈";为表彰对中华文化做出突出成就与贡献的老一辈人而特设了"中华学人";为了加强与海外的交流,设立了"海

---

① 王仁民主编:《炎黄颂》,中国经济文化出版社2003年版,第1—2页。
② 王俊义、黄爱平编:《炎黄文化与民族精神》,中国人民大学出版社1993年版,第1页。

外中华文化研究"；为了及时了解文化研究领域的成果与动向，还设有"书评与序跋""学术动态"等。这些栏目的设置，可以说大体反映了《炎黄文化研究》独具的匠心和自身的特点。

在百花争艳、刊物林立的文化园地里，一个刊物要能立于不败之地，既要有较高的学术质量，又必须有自己的特色。《炎黄文化研究》既不同于各高等学校和科研机构的综合性社科人文期刊，也不同于各个学科的专业刊物。作为中华炎黄文化研究会主办的一份综合性学术文化丛刊，它的特色就在于关注炎黄二帝及其时代的研究，重视中华文明探源，强调与之相关的文物与考古、地域文化与民族文化的研究。我们期望，在高举中华炎黄文化（亦即中华民族文化）的大旗下，在"做好弘扬民族优秀文化的工作"，"使中华炎黄文化为世界文明作出新贡献"方面，下大气力，作好文章，以期在海内外学术文化界硕学俊彦的支持下，通过编辑部同人的共同努力，把《炎黄文化研究》办成其他刊物不可取代的独具特色的学术文化丛刊。

创新是一个民族不断发展的灵魂，又是学术文化研究繁荣的动力，同样，也是一个学术刊物是否有生命活力的根本所在。因此，《炎黄文化研究》必须勇于探索，不断创新。其刊发的文稿，既要功底扎实，探讨传统文化研究中的一些问题；也要富有时代气息，关注现实，关注社会，关注当今世界与人类命运相关的各种文化热点问题。由于学术文化研究在不断地前进与发展，新的视角，新的观点，乃至新的方法，层出不穷，日新月异。我们在栏目的设立上，既要保持相对稳定，也将适时调整和更新。热诚欢迎关心支持《炎黄文化研究》的学术文化界的老朋友、新朋友与业内同行，踊跃惠赐有创新观点的佳构力作。

古人云："车轻道近，鞭策不用；鞭策所用，道远任重。"要肩负起历史赋予我们的责任，做好弘扬民族优秀文化的工作，对《炎黄文化研究》而言，可谓责无旁贷，任重道远。祈愿广大的作者、读者以及所有关心、热爱中华传统文化的学者、专家及各界人士，与我们相互鞭策，共同努力！

（原载《炎黄文化研究》2004年第1辑）

端正学风与民族精神家园建设

值戊子年清明节公祭轩辕黄帝盛典之际,陕西省人民政府特举办"纪念人文初祖,建设民族精神家园学术研究会",是甚为适时、必要的。这既是贯彻党的十七大提出的"弘扬中华文化,建设中华民族共有精神家园"的适时举措,也是学术文化研究自身发展的内在要求。

人文社会科学工作者对弘扬中华文化、建设民族精神家园有义不容辞的责任和使命,理应对有关的理论和实践问题有更加明确和清醒的认识,很有必要通过研讨而集思广益,以便在推动社会主义文化大发展大繁荣中发挥应有作用。我遵照会议组委会主席张岂之先生之嘱,有幸恭临盛会,拟联系当前学术界在学风方面的一些具体状况,就端正学风与民族精神家园建设的关系谈点浅见。

一 人文社会科学对建设民族精神家园的作用和影响

"弘扬中华文化,建设中华民族共有精神家园"的提出,凝聚了全国各民族的愿望和共识,需要整个国家和各个民族共同建设,共同推动。作为从事学术思想文化研究的人文社会科学领域的专家学者更是责无旁贷、义不容辞。

当然,要建设中华民族共有精神家园,首先有必要对民族精神和民族精神家园有个明确的界定。

什么是民族精神?学术界有两种意见:一种意见认为民族精神就是一个民族的民族思想、民族性格、民族心理的总汇,既包括优秀部分,也包括落后成分,即如社会学学者所谓的"国民性";另一种看法则认为民族精神集中了一个民族文化思想中的精华,反映了民族思想及其心理、性格中的积极因素，不包括其消极落后方面，它是该民族成员在长期生活实践中创造形成的思想共识，并伴随时代的发展不断丰富、完善和提高，反映了一个民族的世界观和价值观，是一个民族的精神支柱和凝聚力的思想核心。笔者赞同后一种意见，民族精神只能是民族意识中的积极因素。唯其如此，我们才提倡"弘扬民族精神""振奋民族精神"。如果包含民族意识中的消极落后成分，还何须大力"振奋""弘扬"呢？①

对于中华民族精神家园如何界定，学术界迄今尚无明确论说，试姑妄言之：中华民族精神家园，乃是中华民族在历史长河中形成的民族精神，通过物质的与非物质的载体和标志予以集中反映，呈现于民族大家庭之中，既有益于民族精神的凝聚与弘扬，又便于和世界各国家、各民族之间的思想文化交流。

那么，人文社会科学与民族精神及中华民族精神家园建设又有什么关系呢？

回顾中华民族五千多年的文明史和学术发展史，可以清楚地看到，从开创远古文明的人文初祖，到文明形成后的古代人文之学中的各种学术思潮与学术流派，直至近现代兴起的哲学社会科学，各个历史时期优秀的学者和思想家，无不以其推动时代发展的先进思想和学术成就为中华文明的发展，民族精神的阐释与铸造，以及为中华民族精神家园的建设，做出了彪炳史册的杰出贡献。

中华民族的人文初祖轩辕黄帝，远在 5000 年前，以其大无畏的牺牲奉献精神，艰苦奋斗，披荆斩棘，发明创造，开拓创新，协和万邦，造福黎民，肇造了中华远古文明，开启了文明之端倪。此后，历经夏、商、周三代，再至秦汉、魏晋、隋唐和宋、元、明、清，直至民国，历朝历代的伟大思想家、杰出的文学家和优秀的学者，大都以其开创性的学术思想、学术著述与文学创作，对中华民族的思想文化进行了继承、变革和创新，成为民族思想、民族精神的重要组成部分。伴随时代的发展，又不断对民族精神注入新的内容。诸如孔子"仁者爱人""己所不欲，勿施于人"的仁爱思想，孟子"民贵君轻"的民本思想及威武不屈、富贵不淫、贫贱

---

① 关于民族精神的界定与不同意见，请参见张磊、孔庆榕主编《中华民族凝聚力学》，中国社会科学出版社1999年版，第364—366页。

不移的高尚节操,范仲淹"先天下之忧而忧,后天下之乐而乐"的先人后己的奉献精神,文天祥"人生自古谁无死,留取丹心照汗青"的舍生取义观念,顾炎武"天下兴亡,匹夫有责"的经世爱国思想,还有具有中华元典精神的经、史名著和文学作品中诗、词、歌、赋的思想精华,世代相传,都已成为民族精神的组成部分,也是中华民族精神家园中的宝贵财富。

作为一代思想文化巨人的梁启超,既对中国传统学术文化有精深研究,又对西方近现代政治学术思想深有了解。他在研究古今中西的学术思想对社会发展、民族思想的作用影响之后说:"学术思想之在一国,犹人之有精神也;而政事、法律、风俗及历史上种种之现象,则其形质也。故欲觇其国文野强弱之程度如何,必于学术思想焉求之。"[①] 国学大师王国维亦曾经说:"无论古今东西,其国民之文化苟达一定之程度者,无不有一种之哲学,而所谓哲学家者,亦无不受国民之尊敬,而国民亦以是为轻重。"[②] 一向提倡学术研究应坚持"独立之精神,自由之思想"的陈寅恪,也认为学术之兴替"实系吾民族精神上生死一大事"[③]。这些大师、先哲的论述,都充分说明人文社会科学在铸造中华民族精神过程中的地位和影响。

学术思想的发展和影响,也常常经历迂回与曲折。1949年新中国成立,历史进入一个新的转折时期,基于学术的发展与延续,仍然有一批既具深厚国学根底,又接受了"五四"以后新思想、新思潮的老一辈学者,在新的境遇中继续从事学术研究,也涌现了一批天资聪颖、深具学术研究潜力的新一代学人。新、老学者在各自的学术研究领域辛勤耕耘,且都取得可喜成绩,为新中国学术事业的发展起到继往开来的奠基作用。但不容讳言,由于众所周知的各种名目的学术政治批判,一些有学问、有影响的学术大家,诸如胡适、梁漱溟、俞平伯、胡风、冯友兰、马寅初等都受到批判,直到史无前例的"文化大革命",批判"封、资、修",批判"一

---

① 梁启超:《论中国学术思想变迁之大势》,上海古籍出版社2001年版,第4页。
② 王国维:《奏定经学科大学文学科大学章程书后》,《王国维论学集》,中国社会科学出版社1997年版,第377页。
③ 陈寅恪:《吾国学术之现状及清华之职责》,《金明馆丛稿上编》,上海古籍出版社1998年版,第318页。

切资产阶级反动权威"。这些批判虽有一定的历史原因，但其负面影响，实质上是割断历史，扼杀不同思想，毁灭学术命脉。结果造成思想文化领域的高度统一与专制，出现"一人为刚，万夫为柔""万马齐喑""思想沉寂"的凄惨局面，学术思想当然谈不到繁荣和发展。

进入改革开放的新时期以来，久被窒息的思想，如波涛汹涌，如火山爆发，出自哲学家手笔的《实践是检验真理的唯一标准》冲破阻力，公开发表，猛烈吹响了思想解放的号角，并由此引发了一场大讨论，终于唤起了民族的新觉醒，推翻了"两个凡是"的禁锢，扭转了以阶级斗争为纲的统治，开辟了以经济建设为中心的新时期。随着经济的发展、科技水平的提高、综合国力的增强与社会政治的安定，重视文化教育、尊重知识、尊重人才在社会上蔚然成风，知识分子的待遇得到改善和提高，整个社会也逐渐给人文社会科学研究创造了宽松适宜的环境。于是学者们又重新焕发了学术研究的活力与激情，使人文社会科学出现了发展与繁荣，也在社会政治经济生活中发挥了重要作用。无论是经济体制的转变，还是"三个代表"思想的产生，以及坚持科学发展观，与"以人为本"及建设"和谐社会"的提出，对民族传统文化的重视与提倡，都凝聚了全党、全国人民的创造性实践，也吸收了人文社会科学各领域、各学科专家学者的心血与智慧。这一切再次体现了创造性的学术思想与学术成就在完善提高民族精神中的作用和影响。

当代在以和平发展为时代特征的世界潮流中，经济全球化、文化多元化的竞争日益激烈。人们日益清醒地体会到德国思想家、改革家马丁·路德说过的这段话："一个国家的前途，不取决于它的国库之殷实，不取决于它的城堡之坚固，也不取决于它的公共建设之华丽，而在于它的公民文化素养，即人们所受教育，人们的学识，开明和品格的高下，这才是利害攸关之所在。"[1] 重视教育、重视文化已成为当代国际社会的共识。因此，在联合国对各国社会发展的指导意见中就提出"要把文化置于发展的中心位置"，"社会繁荣的终极目标是文化"[2]。而一个国家、一个民族文化的发展，必须建立在对本民族既有传统文化的基础上，否则就会割断命

---

[1] 转引自艾斐《建设中华民族精神家园》，《人民日报》2008年2月24日。

[2] 同上。

脉，丧失根本。多年来，我们党和政府更加重视传统民族文化，重视吸收世界文明成果，目前，又更加强调性地提出"推动社会主义文化大发展大繁荣"，"弘扬中华文化，建设中华民族共有精神家园"，可谓高度体现了文化自觉和深谙建设社会主义先进文化之真谛。

要弘扬中华文化，建设民族精神家园，有诸多重要工作要做，对此胡锦涛总书记在其所做的党的十七大的政治报告中已有提示"要全面认识祖国传统文化，取其精华，去其糟粕，使之与当代社会相适应，与现代文明相协调，保持民族性，时代性"；"加强中华优秀传统文化教育，运用现代科技手段开发利用民族文化丰厚资源"；"加强民族文化遗产保护，重视文物和非物质文化遗产保护，做好文化典籍的整理工作"；"加强对外文化交流，吸收各国优秀文明成果，增强中华文化的国际影响力"[①]。这些工作任务是艰巨、繁重而有意义的，都是适应时代需要，丰富和发展民族精神而功在千秋、造福万代的有益事业。从事人文学术研究的专家学者，都可以有所作为、有所贡献，都应该振奋精神、施展才智，做一个弘扬中华文化，建设民族共有精神家园的建设者和守护者。

二 浮躁虚夸、急功近利的不良学风有碍于民族精神家园建设

推动社会主义文化大发展大繁荣，弘扬中华文化，建设中华民族共同精神家园是一项根本的长远大计。从事人文社会科学的专家要投身这项工作，取得有创新价值的学术研究成果，做出应有的贡献，既需要有很高的学术思想理论水平，深厚的传统文化功底，同时也必须树立高尚的职业道德和刻苦扎实、开拓创新、认真严谨的优良学风。古今中外的学术思想发展史表明，凡是在学术事业上做出重要贡献的学者，不仅在学术思想上有卓越成就，而且在学风上也堪称典范。二者相互促进，相辅相成。如前所述，我们国家进入改革开放的新时期以来，由于各种因素的推动，整个人文社会科学事业都取得了显著的成绩，基础研究和应用对策研究都有增

---

① 胡锦涛：《高举中国特色社会主义伟大旗帜　为夺取全面建设小康社会新胜利而奋斗——在中国共产党第十七次全国代表大会上的报告》，人民出版社 2007 年版，第 35—36 页。

强，传统学科和新兴学科都有所发展，各个学科都产生了一批有创意、有深度、有影响的优秀科研成果，也涌现了一批锐意进取、学有所成的优秀人才。求真务实、开拓创新、扎实严谨的优良学风，在一些老、中、青学者的著述中都有发扬和体现。但是，也必须清醒地看到，在商品经济浪潮冲击下，一股虚夸浮躁、急功近利的不良学风也在滋生蔓延，造成学术研究质量滑坡，社会道德风气下降，阻碍了人文社会科学的进一步提高发展。这种状况已引起各方面的反应和关注。如中国社会科学院原副院长、著名哲学家汝信先生就痛切指出："学风问题近年来一直是学术界关心和开展讨论的热点之一。前些时候和朋友在谈论这个问题，大家都对目前学术界的一些不良风气和丑恶现象无不感到痛心疾首，但又感到无可奈何，因为不良风气已不是个别现象，已经成为相当普遍的流行病。"[1] 有的名牌大学校长甚至说"抄袭剽窃不治，学术将完"，甚或把学术造假斥为"癌症"，"如不遏制，将会毁掉学术界"[2]，足见问题之严重。

据各种报刊披露，当前学术界不良学风的具体表现，可谓五花八门。例如，在学术上弄虚作假，抄袭剽窃，考试作弊，公开标价替人捉刀撰文，将学术作为商品炒作牟利，以营利为目的办班兜售文凭，刊载论文收取高额版面费；在职称晋升，申报课题、学科点、学位点及评奖活动中拉关系、走门子，沽名钓誉，谎报成绩；将质量不高的旧作改头换面，抄来抄去，反复出版；开展学术批评难，各种书评大都是图书广告式的廉价赞美词，偶有严肃尖锐的学术批评，批评者反遭谩骂讽刺。如最近报端上披露的一件丑恶事例：北京某高校一位教授的著作，受到四川省某高校一位教授的批评，评论文字严厉而尖锐地直陈其失，有论有据，纯属严肃正常学术批评范围。被批评者有个同意见，尽可进行反批评。然而这位被批评者却在自己的博客上连发九篇文章，对批评者极尽辱骂、诽谤之能事，视对方为"畜生"，自称他也要"做回畜生"，辱骂对方为"屁眼教授""痔疮教授"[3]，言词污秽，不堪入目，实伤风败俗，斯文扫地，有辱"教授"称号！

---

[1] 汝信：《从参观一所大学想到学风问题》，载中国社会科学院老专家协会编《学问与人生》（下），高等教育出版社2007年版，第276—277页。
[2] 转引自黄长著《学风与诚信》，《中国社会科学院报》2007年10月9日。
[3] 《中华读书报》2008年2月20日。

上列学术领域的种种弊端，其中有些明显的抄袭剽窃，粗俗的弄虚作假，对批评者的辱骂攻击等，虽性质恶劣，危害严重，但却容易识别，一旦被揭露，便会受到有关规定的惩处，形成老鼠过街人人喊打之势。值得特别注意和警惕的是，越演越烈的不良学风，已染及社会科学最高研究机构，或名牌高等学校，而且反映在一些有点社会名气的高层次的学者身上或其著作之中。他们并没有抄袭别人的学术成果，而是在其新著中，将自己多年前的旧著散篇，循环往复，抄来抄去，以旧作代新著，甚或作为其所承担的国家项目的最终结果，公开出版问世。试想这样的著作，能有什么突破创新，又能有什么样的学术质量？严格地说，这是一种投机取巧，变相的弄虚作假。但对于这样的做法，不是同一领域的研究专家很难一眼看穿，使之能在一定时间内，蒙蔽有关领导部门和学术界，这对学术研究潜移默化的消极影响绝不可低估。正是有鉴于此，笔者曾撰写有《〈乾嘉学派研究〉评议》一文，刊载于2007年12月5日的《中华读书报》。文章指出该书是我国社会科学研究最高殿堂的所一级的重点项目，其作者又在是书"前言"中声称他"集合同志，从爬梳资料入手，实事求是，一丝不苟，先期完成《乾嘉学术编年》的编撰。随后，又根据自己的学术积累，进行深入的专题研究，于近期完成此《乾嘉学派研究》"[①]。但认真通读全书后，笔者知道全书共6章，28节，该作者作为此一项目的课题负责人，承担了20节的撰写任务。笔者将此20节逐节与该作者的旧作相互对照，却惊人地发现，其中19节几乎是一字不改地抄录其早在一二十年前就已公开出版发表的旧作。也就是说，该书并非如作者所说的是"一丝不苟""进行深入的专题研究"的结果，绝大部分都是旧作的抄录汇编。实事求是地讲，一位学者在新的论著中吸收利用一些自己原有的学术成果是可以理解的，但必须恰如其分地处理好一些相互关系：其一，要反映时代的进步和学术的发展概况；其二，因系集体承担的国家项目，而不是个人的"论文选"或"著作汇编"，对部分旧有成果进行必要的利用是可以的，但不能绝大部分都是利用旧作；其三，利用旧作时，应根据新著体例、结构的要求，对旧作进行必要的修改，不能不做必要改动而照抄全文；其四，利用的旧作必须与新著的内容吻合，而不能将与新著无关的

[①] 《乾嘉学派研究·前言》，河北人民出版社2005年版，第2—3页。

内容抄入；其五，根据新著的结构体例，如果本人没有相应内容的旧作，则应重新研究和补写，而不能缺漏不补。而本书作者对上述应正确处理的关系，全然没有恰当解决。为了图省事、走捷径，其新著几乎绝大部分是旧作的抄录，而且不根据新著的要求做必要的改写，应该补写的题目不补，一些与新著无关的内容也生硬地抄入。由此造成全书既无统一的科学体例，也没有严密的逻辑结构，显得体例无序，杂乱无章。同时，该书在人名、地名、书名、标点断句等方面也有不少讹误与硬伤。笔者在列举出该书的上述问题后，进而指出其如此敷衍塞责地对待自己承担的国家项目，是很不负责、很不严肃的，也是不诚实的。这些问题的暴露，也足以说明其在治学上存在浮躁虚夸、急功近利的不良之风。更值得注意的是这位项目主持人还是位在本单位与社会上担负有诸多重要学术职务和头衔的名流。按说理应以身作则，更加严格自律，在学术研究中遵守应有的学术规范，严肃认真地对待自己的学术著作，自觉抵制社会上流行的各种不良学风，为端正学风自觉履行自己应尽的职责。

前文已经论及，一个国家、一个民族的学术思想在塑造民族精神方面有着重要的作用和影响。正如有的学者说，"学术思想是人类理性认识的系统化，是民族精神的理性之光"，"学术思想的发达与否是一个民族文化是否发达的标志"[①]。而且学术思想具有"引导风尚，转移风气，改变习俗"的强大精神作用。而目前流行在学术界的粗制滥造的学术著作及虚夸浮躁的不良学风，又怎能去引导风尚、转移风气、改变习俗呢？一定时代正确与错误的学术思想，以及优良与不良的学术风气，都是一定时代社会存在的思想意识与社会风气在学风上的反映，反之，学风的优良与否也影响着社会风气的好坏。目前，学术领域流行的各种各样的不良学风，虽然表现形式各有不同，然其实质都是将市场商品经济的规律盲目引入学术研究活动之中，使一些从事学术研究的人把学术研究的目的扭曲。因为，学术研究的最高价值是真理，探索真理、献身科学事业，是从事学术研究的最终目标。当前学术界某些学风浮躁、道德失范、行为不端的学者，不是把学术研究看作是以探求真理为最终目标的神圣职责和千秋事业，而是将其视为谋取学位、职称、官阶和待遇的敲门砖。抱着这样的目

[①] 刘梦溪：《中国现代学术要略》，三联书店2008年版，第5、7页。

的治学，不仅会丢掉优良学风，败坏社会风气，损害民族精神，也势必有碍民族精神家园的建设。

三　端正学风，推动民族精神家园建设

面对当前学术研究领域存在的不良学风，以及其对学术发展与发扬民族精神造成的严重危害，有关领导和学术界德高望重的前辈学者都再三呼吁：为了人文社会科学的繁荣和发展，推动民族精神家园建设，一定要端正学风。

要端正学风，扭转不良学术风气，有必要分析不良学风产生形成的原因，以便对症下药。以笔者之见，不良学风产生形成的原因是多方面的，既有学者不能自律的内因，也有学术管理机制不够完善和舆论监督缺失的外因。要端正学风，就必须从主观因素和客观环境诸方面共同努力。

其一，不良学风产生的内在原因，乃在于从事学术研究的主体——学者自身缺乏自律，一些学者经不起商品经济的诱惑，名利欲望迫切，价值追求失衡，道德观念失落，淡忘了求真务实的治学原则。因此，端正学风，首先应倡导所有从事学术研究的学者严格自觉自律，提高自身职业道德，遵守学术规范，树立扎实学风。要诚实做人，踏实治学，以甘坐冷板凳的精神对待学术研究，精心打磨学术研究成果，提高学术研究质量。不能为了完成工作考核的数量指标和职称晋级，而盲目追求成果数量。这方面，有些学者已经作出示范，如北京大学严绍璗教授，用20多年的时间，30次往来日本，编著成三卷350万字的《日本藏汉籍善本书录》。学界前辈任继愈先生在该书出版座谈会上指出：这种"二十年磨一剑的锲而不舍的治学精神，在当前急功近利、学风浮躁的风气下，树立了一个好的榜样，值得钦佩"。任老同时又指出，"可我们有些学者是一年磨二十剑，甚至三十剑"。试想，一年如写二三十本书，焉能产生学术精品，保证学术质量？必然是东拼西凑，抄来抄去，粗制滥造的学术垃圾或不符合质量要求的著作。如果听任这样的不良学风滋长蔓延，学术研究又怎能健康发展？因此，要端正学风，必须首先从源头上抓起，倡导和监督所有学术研究工作者，都能抱着对学术负责的良知，严格自觉自律，为繁荣发展哲学人文社会科学，建设民族精神家园，多出精品、多做贡献。

其二，目前有关学术领导管理部门所制定和执行的学术管理机制不够完善，很有必要改进和完善现行的学术研究管理机制。如近些年有些教育机构和科研管理部门制定的考核管理制度，对教学研究人员常常硬性规定一定的时间内，或在职称晋级时，要完成多少专著和多少篇论文，有些论文还必须在核心学术期刊发表。甚至对于攻读学位的研究生，也硬性规定一定要发表几篇论文，否则便不能通过学位答辩。这些指标规定在数量上是硬性的，而在质量方面则是弹性的。这种片面要求成果数量而忽视质量的规定，必然导致一些人想方设法去完成数量要求，甚至在难以完成的情况下，去弄虚作假，乃至抄袭剽窃。

另外，在职称晋级、课题申报及项目评审活动中，有时缺乏民主，缺乏公开性和透明度，忽视学术规律和学术专家的意见，而较多体现部门领导的意志，使得某些作风不正而掌握资源审批权、评审权的领导干部或疏于管理，或以权谋私，也使得某些动机不纯、学风不良的学者拉关系、走门子，甚或弄虚作假。

再者，有些科研管理部门对于列入计划的科研项目也疏于检查督促，或管理失范。如《乾嘉学派研究》这样的国家重大项目暴露出诸多问题，显然不符合国家对重大项目的质量管理要求，但为什么又能结项通过呢？据悉，这样的重大项目，按有关规定必须先经评审专家评审，并在认定符合质量要求而予以通过后，才能公开出版。但这一项目的主持人却先行出版，而后再请专家评审。评审专家面对已公开出版的成果，又复何言？问题在于，有关科研管理部门为什么允许或默认这样的结项操作方式？

还有，当某些学者或某一项目被发现存在问题，甚或被批评、被揭露曝光，事实也最终证明问题确实存在时其所在单位和有关管理部门既不表态，也不追究问责，常常置若罔闻，不了了之。这也使得那些学风不正者有恃无恐，对已获名利心安理得，甚至旧病复发，一再重演，因而很有必要实行问责制。

针对上述问题，有关领导部门制定的学术管理机制及管理措施，很有必要予以完善和改进。可喜的是，有关领导管理部门已对此予以关注。教育部就成立了学风建设委员会，有些部门也采取了相应的改进措施，相信都能对端正学风取得积极成效。

其三，严肃健康的学术批评是推动学术进步的重要杠杆，客观公正的舆论监督对遏制不良学风也是有力的武器。针对目前学术批评缺乏，开展学术批评难的困局，应提倡健康的学术批评和公正的舆论监督，要使学术界视学术批评为常事。同时，也鼓励学者之间开展真诚的争鸣讨论，相互切磋，友好团结，共同提高，不搞门户之见，不闹意气之争。尤其要赞扬肯于自我批评者，逐渐使学术界形成既有敢于批评者，也有肯于自我批评者，营造一个批评与自我批评的良好氛围。令人欣喜的是，一些有影响的媒体与权威性的学术刊物，已在开展学术批评方面开风气之先，做了不少有益的工作，陆续发表了严肃健康的学术批评，深有影响，颇受好评。相信在此基础上，严肃、健康而正常的学术批评一定会进一步发展，在端正学风方面发挥更大作用。

笔者相信，通过各方的共同努力，不良学风会逐步扭转，踏实严谨的学风会得到大力发扬，人文社会科学也将更加发展和繁荣，也一定会在弘扬中华文化，建设中华民族共同精神家园方面，有所作为，做出贡献。

（原载《炎黄文化研究》2008年第8辑）

辛亥革命前后尊黄思潮的演变与
中华民族的伟大复兴

今年是辛亥革命爆发一百周年,中华大地从内地到香港、澳门和台湾,乃至世界华人侨民之地都举行了不少的纪念会和各种形式的座谈及展览。之所以如此热烈和隆重,就在于辛亥革命作为完整意义上的中国民族民主革命,不仅具有里程碑式的伟大历史意义,而且具有强烈的现实意义。我们如此盛况空前的纪念,根本目的就是要继承发扬中国民主革命的先行者孙中山先生领导的辛亥革命所开拓的事业和精神,在面临复杂多变,既有发展机遇,又有严峻挑战的国内外形势下,在21世纪使整个中华民族空前的统一与团结,为实现中华民族的和平崛起与伟大复兴而共同奋斗。同时要进一步深化对辛亥革命的研究,诸如对这次革命发生的历史必然性,发生发展的具体过程,革命的性质和意义,孙中山先生的历史地位、历史借鉴和教训等,都应站在时代高度,作出更加恰当的认识和评价。适值辛卯年清明公祭中华民族人文始祖轩辕黄帝之际,作为历史文化名城的古都西安及黄帝陵寝所在地——黄陵县桥山,举办以"黄帝旗帜·辛亥革命与民族复兴"为主题的学术讨论会并举行公祭黄帝典礼,尤具有特殊的历史意义和现实意义。

笔者注意到学术界从思想文化的视角,在研究辛亥革命的思想渊源及当时的文化现象时,已有学者就当时革命派对中华民族人文始祖轩辕黄帝的敬仰和尊崇,甚至掀起一股颇具声势的尊黄思潮。并有学者撰写有《论清末尊黄思潮》及《炎黄子孙的源流与意蕴》等论著。但将尊黄思潮与辛亥革命及民族复兴联系起来看,还有进一步研究的空间。为此,在纪念辛亥革命一百周年之际,笔者拟就辛亥革命前尊黄思潮的勃兴及其在辛亥革命后的演变与发展,以及我们如何沿着辛亥革命开辟的道路,持续推动中华民族的伟大复兴谈点浅见。

要谈论辛亥革命前后中国思潮的变化，首先要涉及辛亥革命的发生是否有历史必然性，是否像"告别革命论"者所说，其乃突发性的偶然事件？！

最近，以研究辛亥革命史著称的著名历史学家章开沅先生在谈到如何深化辛亥革命研究时说："历史是一个整体，不从整体上把握辛亥革命是有问题的。"因此，他建议"将辛亥革命的研究扩充到上下三百年，除了展望过去，还应将下一个百年纳入视野，因为辛亥革命是人类历史中的一个部分"。① 我认为这是很有深意的建设性意见。

如果从广阔视野来观察辛亥革命，可以得出明确的结论：辛亥革命的酝酿与爆发是中外历史发展的必然，而绝非是突发的偶然事件。辛亥革命前一百年乃是19世纪初叶，当时中国康乾盛世的辉煌已成过去，清王朝已处处呈现"日之将夕"的衰败景象。而西方资本主义世界经过17世纪以来的产业革命、工业革命，获得长足发展，正走向帝国主义的殖民扩张时期，而处于世界东方的中国已被纳入其疯狂掠夺的视野，特别是经过19世纪中叶的鸦片战争，中国逐步沦入半殖民地半封建社会，自称"天朝上国"的清朝统治者，内忧外患，国将不保。正是为挽救民族危亡，许多仁人志士前仆后继，走上探索民族复兴、争取民族独立的富强之路。始有开明封建士大夫提倡变革图强的经世致用思潮，又有太平天国农民运动，继之是资产阶级早期改良思潮，接着是戊戌维新变法，后来又有洋务运动。这些前后相继的思潮，虽然在中国由传统社会向近代社会转型过程中程度不同地产生过积极作用和影响，应该说都是近百年来争取民族复兴的组成部分，但却都不能挽狂澜于既倒。清朝的统治愈加腐败和无能，其至要"量中国之物力，结与国之欢心""宁赠友邦，不与家奴"，帝国主义的侵略也由此更加得寸进尺，致使中国面临瓜分豆剖，国之将亡的危局。同时，民众的苦难也更加水深火热，已到走投无路之险境。正是在这样的内外形势下，孙中山领导了资产阶级民主革命，经过多次起义，最后爆发了以武力推翻清朝统治的辛亥革命。前几年海内外学术界都有人提出

---

① 章开沅：《辛亥革命研究60年：从无到有，从宏大到专精》，《中华读书报》2011年3月16日。

"告别革命"之说,他们认为当时的清朝统治者,已实行新政,准备立宪,不用暴力革命,中国也可以用和平方式实现社会转型,这显然不符合中国的历史实际。正像著名历史学家金冲及先生在其《二十世纪中国史纲》中所说:"客气一点说,这些学者对中国国情实在太隔膜,所作的论断很难说符合中国的实际情况。"

孙中山先生在领导发动辛亥革命的过程中,既吸收了西方资产阶级民主革命的思想学说,也继承了中华民族传统文化中的优秀思想,特别是为了增强全民族的凝聚力、向心力,为团结海内外炎黄子孙,以民族公认的祖先黄帝做号召,打出黄帝旗帜。当时许多革命家、思想家都极力推崇黄帝,做演说,写诗文,礼颂黄帝。年轻的革命家陈天华在其《警世钟》里说:"中国内部十八省的四万万人,皆是黄帝公公的子孙。"刘师培还写了《黄帝纪年论》,他认为"吾四百兆汉种之鼻祖者谁乎?是为黄帝轩辕氏。是则黄帝者,乃制造文明之第一人,而开四千年之化者也,故欲继黄帝之业,自当用黄帝降生为纪年始",并由此得出结论"欲保汉族之生存,必以尊黄帝为急"。鲁迅先生也有脍炙人口的诗句:"灵台无计逃神矢,风雨如磐暗故园。寄意寒星荃不察,我以我血荐轩辕。"[①] 孙中山先生在其《军政府宣言》中亦说:"我汉人同为轩辕之子孙。"由于诸多革命家、思想家的宣传与号召,当时对黄帝的尊崇可谓铺天盖地,无以复加。许多报刊都开始用黄帝纪年,并在前页印上大幅的"中国民族始祖黄帝之像"。在不少有影响的报刊诸如《民报》《复报》《苏报》《浙江潮》《湖北学生界》等上,都刊载了大量尊崇黄帝的诗文。有些出版社还选辑了有代表性的尊崇黄帝的诗文,印成《黄帝魂》一书,广为散发。总之,在辛亥革命前夕,确掀起了浩浩荡荡、势如破竹的尊黄思潮,这股思潮,成为强大的精神动力,在唤起民族意识、凝聚调动民众力量,推动革命发展,激化反满、排满思想,加速清朝统治灭亡,促进辛亥革命胜利等方面,确发挥了积极的作用和影响。但毋庸讳言,由于其过分强调血缘种族意识,鼓吹仇满思想,甚至不承认黄帝是满族之祖先,否认满族也是黄帝之子孙,显然具有浓厚的大汉族主义倾向,从长远看不利于民族国家的构建和整个中华民族的大团结。因此,我们对辛亥革命前兴起的尊黄思

[①] 鲁迅:《自题小像》,《鲁迅全集》,人民文学出版社1973年版,第861页。

潮需要以科学的态度予以分析和总结。

对于辛亥革命前尊黄思潮的缺陷，包括革命派在内的有识之士早就有所觉察，蔡元培先生早在1903年就撰文指出："故近日纷纷仇满之论，皆政略之争，而非种族之争也。"① 为了团结中华各民族共建中华民国，以实现中华民族的振兴，当清朝帝制崩溃后，孙中山领导的革命派从总结历史经验教训出发，迅速抛弃了排满主义，更新和丰富了尊崇黄帝的内涵。在辛亥革命前曾经发表有一系列排满、仇满言论的章太炎先生于武昌起义爆发后，便致函留日的满洲学生："君等满族，亦是中国人民，农商之业，任所欲为，选举之权，一切平等。"这可以说是尊黄思潮在辛亥革命后历史性的演变和发展。孙中山先生尤其有远见卓识，他于1912年1月1日在《临时大总统就职宣言》中站在全民族统一的高度庄严宣布："国家之本，在于人民，合汉、满、蒙、回、藏诸地为一国，即合汉、满、蒙、回藏诸族为一人，是曰民族之统一。"尤值得注意的是，1912年3月，中山先生还以临时大总统的名义，派了一个由15人组成的代表团，赴陕西中部县致祭轩辕黄帝陵，并亲手写了《黄帝赞》，这就是人们耳熟能详的"中华开国五千年，神州轩辕自古传。创造指南车，平定蚩尤乱，世界文明，唯有我先"。这首《黄帝赞》可谓气势恢宏，既高屋建瓴地肯定了中华民族五千年的文明史及其在世界历史上的领先地位；又言简意赅地赞扬了黄帝之伟大创造和历史功勋，实开创了现代伟人歌颂民族人文始祖之先河。此后，中山先生又在《五族国民合进会序》中说，"夫五族国民原同宗共祖之人，同一血统，所谓父子兄弟之亲也"，应该"各以其所有余，合为一炉以治之，成为一大民族"。他以极其诚恳的态度和鲜明的思想，抛弃辛亥革命前"驱除鞑虏"的口号，转而倡导"五族共和"，告诫国民"我们是黄帝的子孙，要素强大，行乎强大"。孙中山先生以国父之尊，自称黄帝子孙，高举黄帝旗帜歌颂黄帝勋业，倡导中华各民族大共和、大团结，以使我民族兴盛强大，实为中华各民族、各派别共尊黄帝为民族之人文始祖，共同为中华民族复兴而奋斗，奠定了思想基础。

辛亥革命以来近百年的历史进程也一再证明，无论是中华民族面临危亡关头，还是强大兴盛进一步腾飞之际，黄帝形象与黄帝精神，都是鼓舞

---

① 蔡元培：《释仇满》，《蔡元培全集》，中华书局1984年版，第172页。

中华民族的旗帜和偶像。如抗日战争期间，当日本侵略者已占领大半中国领土，中华民族处于生死存亡之际，国共两党都想捐弃前嫌，以民族复兴为重，决心共赴国难，合作抗日，因此于1937年清明节，同时派出代表共祭黄帝陵，毛泽东主席还亲自写了祭文曰，"赫赫始祖，吾华肇造，胄衍祀绵，岳峨河浩。聪明睿知，光被遐荒，建此伟业，雄立东方"，"各党各界，团结坚固，不论军民，不分贫富，民族阵线，救国良方，四万万众，坚决抵抗。民主共和，改革内政，亿兆一心，战则必胜。还我河山，卫我国权，此物此志，永矢无谖"。[①] 国民党中央执行委员会也特派国民党元老张继与顾祝同将军抵达桥山"致祭于我开国始祖轩辕黄帝之陵前，欲使来者知所绍述，以唤起我民族之精神"。直至1937年"七七事变"，国共两党合作，全面抗战爆发，经过八年浴血奋战，同仇敌忾，终于打败日寇，取得抗日战争胜利，捍卫了国家独立和民族的尊严。

从抗日战争胜利直至新中国成立，对黄帝的尊崇和祭祀始终不绝如缕，改革开放的今天，又迎来海内外炎黄子孙尊崇黄帝的新高潮。按照章开沅教授的建议："对辛亥革命的研究，还应将下一个百年纳入视野。"而下一个百年，正是21世纪初的今天。

当前，我们的祖国和民族，可以说正处于有史以来历史上最好的一个时期。历史已进入全球政治多极化、文化多元化、经济一体化的地球村时代，我国经过二十多年的改革开放，国家逐步走向繁荣兴盛，经济获得长足发展，人民生活有较大提高和改善，国家的综合实力和在国际上的地位也都有较大攀升和提高，中华民族空前团结，民族凝聚力也进一步增强。然而，我们还必须保持清醒的头脑，我们祖国直到今天，海峡两岸尚未统一，国家的经济总产值虽已上升到国际第二，但按人均水平仍远远落后于发达国家，在国内政治、物质文化与社会生活中尚有诸多深层次的矛盾和问题，诸如各级党政官员贪污腐败屡禁不止，缺乏有效的监督制约机制，收入分配不公平，贫富差距悬殊，政治体制改革举步维艰，宪法赋予公民的民主权利不能充分保证等，这些都影响民族凝聚力的增强。要扭转和克服这些状况，必须大力推进改革，应像胡锦涛总书记所指出的："要全面

[①] 毛泽东、朱德：《黄帝祭文》，载李学勤等编《炎黄汇典·祭祀卷》，吉林文史出版社2012年版，第412页。

推进经济体制、政治体制、文化体制、社会体制改革,努力在重要领域和关键环节改革上取得突破。"而且他还强调:"永不僵化,永不停滞,不为任何风险所惧,不为任何干扰所惑。"温家宝总理也同样强调改革,尤其是突出政治体制改革,他指出:"没有政治体制改革,经济体制改革的成果也会得而复失,现代化建设的目标就不可能实现。"如何推进各方面的改革?这使我想到孙中山先生于1925年3月11日逝世前,曾留下《遗嘱》"余致力于国民革命,凡四十年,其目的在求中国之自由平等,积四十年之经验,深知欲达此目的,必须唤起民众,及联合世界上以平等待我之民族",最后还殷殷嘱咐"现在革命尚未成功,凡我同志,务须依照余所著《建国方略》……继续努力"。[①] 我想,孙中山先生终生追求的民族、民主、民权的思想学说及其遗嘱中所说的"革命尚未成功,同志仍需努力",至今仍有强烈的现实意义。

(原载《黄帝旗帜·辛亥革命与民族复兴论集》,陕西省人民出版社)

[①] 孙中山:《遗嘱》,《孙中山选集》下卷,人民出版社1956年版,第912页。

不要忽视少数民族对中华文明的贡献

——在《黄帝传》座谈会上的发言

我们很高兴在这里（中国作协鲁迅文学院）举办李延军的长篇小说《黄帝传》（陕西人民出版社2012年版）的研讨会。作为会议主持人，也是文学评论家的白烨先生已经作了很好的开场白和介绍。白烨是我的老同事、老朋友，我们共同表示支持这部著作的问世。从中华炎黄文化研究会的角度，我们首先对李延军这部大作的问世表示祝贺！在举国上下热烈庆祝建国60周年大庆的时候，我们举办这部历史小说的座谈会，尤其有意义。因为黄帝是我们中华民族的人文始祖，是我们古代文明的象征，也是千百年来，特别是目前团结、凝聚海内外炎黄子孙的纽带和桥梁。

中华炎黄文化研究会自1991年成立以来，先后在周谷城、萧克、费孝通及当前会长许嘉璐等诸位前辈的领导下。它的宗旨，就是致力于中华优秀传统文化的研究，弘扬炎黄二帝人文精神，促进海内外炎黄子孙的团结，促进中华民族的伟大复兴。按照这个宗旨，这些年来，我们举办了很多活动，中心就是推动炎黄文化研究。李延军同志长篇历史小说《黄帝传》的问世，跟我们会的宗旨完全吻合，我们表示支持，因为这是我们共同的事业。

我初步拜读了《黄帝传》，我觉得作者李延军先生执着地弘扬黄帝文化这种追求和献身的精神非常令人钦佩！他为了写这部小说，穷尽30年的积累。在这个过程中，他重走了司马迁的考察之路。二十四史的首篇是《史记》，《史记》的开篇是《五帝本纪》，《五帝本纪》的开篇就讲的是黄帝。当年，司马迁为了写黄帝，这位伟大的史学家走遍全国。李延军今天重走司马迁考察之路，足迹踏遍国内炎、黄遗迹之所在，搜集了大量的实际材料，阅读了不少文献，走访搜集了不少的民间传说，又历经五六年的时间，多次修改，最后完成了这部作品。而今天我们拿到手的《黄帝传》，还是他整个创作的第一部。有三部还要陆续问世。可以说，为了创作这部作品，李延军历尽千辛万苦，付出了不少的心血和精力。作家的创作态度非常严谨，很认真。这都是值得我们钦佩的！

第一部小说，是从黄帝的出生写起，他到处访师问友等，然后，为了促进部落之间的统一和谐，又到西蜀（陵）合婚，最后东征。这也是黄帝初步起家的阶段。我们可以相信，后几部可能会更恢宏，更壮观。所以，在这里，我既对他长篇系列小说第一部的问世表示祝贺，同时也期待着后几部的创作圆满成功！

我阅看的过程中，觉得这本书有很多优点，除了他的执着精神，努力追求，他还力图用文学艺术的形式展现黄帝时代的风貌，这是他努力的追求点。另外，他要反映黄帝的一生，从幼年写起，从他这几部曲式的小说结构，就可以看出来。第一部是黄帝的成长过程，继酋长之位，然后发展，初步的统一，跟蚩尤的征战。之后，他要写《命世之英》《涿鹿奋战》，等等，继续升华到一个制高点。这个结构布局总体上我都赞同。

我这里指出一点，炎帝、蚩尤，也是我们古代文明的象征，同样为我们的人文始祖。文彬同志讲，黄帝是我们中华文明的源头，就像（毛）主席讲的，"赫赫始祖，吾华肇造"。而我们中华民族，又像费（孝通）老说的，是"多元一体"，中华民族文化的创造和形成，是多民族共同缔造的。所以，我们在肯定黄帝的同时，不要忽视其他各个民族对中华文明所做出的贡献。我就从这个角度，从这部小说一些人物关系的处理上提点建议。

作者以黄帝为中心写《黄帝传》，要烘托黄帝，这都没有疑问。但同时，在对炎帝、蚩尤分寸的把握上，一定要注意。这部小说，我因工作关系，用四五天时间，前后翻了两遍，给我留下一个印象，就是高度地肯定黄帝，某些地方就拔高了。这和作者的偏爱有关系，写谁就偏爱谁。拔高黄帝，比如说他7岁，在和小孩们玩"过家家"游戏时，作者就用了这样的语言，这个小黄帝"在思考整个部落面临的问题，提出了一个'系统工程'"，这都是小说中的语言，"既要考虑解决问题的方案，又要考虑管理用人的思想"，所以他形成了一个系统工程。一个7岁的孩子，他再"生而神灵"，也不会是这种情况。一部历史小说，还是大致上要实现艺术与历史真实的统一，要遵循这样一个规律。如果过于拔高了，反而会让人觉得不真实了。书中写了一些黄帝的爱情，他跟嫘祖，跟素女，跟采女，包括盐女，那写的都是纯纯真真的爱情，一些故事还是感人的。但是写到别人，比如说写到炎帝，问题就来了。总体上来说，炎帝氏族比黄帝氏族要再靠前一些。神农氏是中国农业文明之父，在写作上要充分地给予肯定。这是不得了的事，中国农业文明在世界上领先，炎帝创立了原始农业，我们农业立国。但书中写到末代炎帝榆罔的时候，说他就是个"农学家""医学家"，"没有大的战略眼光"，"不具备统治的雄才大略"。因为这部书还要往后写，后面写黄帝同时代的人物时，应给予应有的分寸和把握。这个要特别注意。

特别是写到蚩尤的时候，因为过去的一些看法和偏见，一写就是说他"青面獠牙"。其实，蚩尤这个人物，作为三苗和九黎部落的领袖，在统一这个部落的过程中，他有很大的贡献和功劳，（何西来："蚩尤要当作英雄写。"）不能丑化，不能把他们男欢女合，都写成是供性欲发泄的工具。像这类的描写，我觉得都欠分寸。小说不能代替历史教科书。我完全同意雷抒雁先生的观点，小说就是小说，小说他可以美化，可以用你艺术的形象思维，来构造一个美的场景（雷抒雁："不能用现代观念去写。"）。视野一定要再开拓。炎黄是我们共同的人文始祖，"有祖大家祭"——只有在这样种状态下创作，你的视野才会更开阔。不要企图以你的小说给历史做结论，那样的话，就显得你的视界窄了。

刚才抒雁先生讲，《黄帝传》第一部，大家基本上还是认可的，相信后几部作者会写得更好——这是一种期望。有了这种期望给作者提一个高的目标，希望他能把各种材料融会贯通，再消化，再提炼，更好地叙述，更形象地描写。希望作者后面的创作更成功，各种关系处理得更恰当。

（此文收入未公开出版之《名家品评黄帝传》）

《炎黄文化研究》的生存与发展

《炎黄文化研究》是一份综合性的学术文化丛刊，更准确地说是以书代刊一类的出版物。最初是由全国性的民间学术文化团体——中华炎黄文化研究会主办的。该研究会于1991年创会之初，就计划编辑出版两种刊物：其一是纪实性月刊《炎黄春秋》；其二就是这份《炎黄文化研究》，是几经申报，主管部门不批准刊号，结果便以《炎黄春秋》的增刊形式出现。作为增刊，根本没有独立性，发展出版很受限制。在经争取独立刊物，仍无结果的情况下，又不得不用以书代刊的形式公开出版，仍由中华炎黄文化研究会主办。然而，中华炎黄文化研究会作为一个民间学术文化团体，既无固定的人员编制，也无稳定的经济来源，致使《炎黄文化研究》的生存缺乏有力保障。为此，中华炎黄文化研究会不得不联合设在陕西的黄帝陵基金会与设在湖南的炎帝陵基金会，由三家联合主办，各出一部分资金，仍然是以以书代刊的形式，继续出版，使之得以生存和发展。可见，《炎黄文化研究》能够存在下来，真可谓一波三折，甚为不易。

《炎黄文化研究》创始之初，由著名历史学家李学勤先生主编，我担任做实际工作的副主编，编委会成员有戴逸、金冲及、冯其庸、张岂之、方克立、姜义华等，也都是知名度很高的专家学者。他们本身以及前辈学者张岱年、任继愈、汤一介等，还有不少思想文化领域的中青年学者及香港、澳门、台湾的学者，也都给丛刊撰稿，应该说学术层次与作者队伍都是很高的，很强的。这种学术层次与作者队伍一直维持到现在。丛刊出了七八期之后，李学勤先生因事情太多，工作太忙，改由我任主编，直至目前，应该说这一丛刊的来龙去脉，生存发展的状况，我都是了解的，其中之甘苦我自有感受。

实事求是地说，这个出版物，不仅有很高的学术含量，也有自己的特色。海内外研究中华传统文化的书刊很多，《炎黄文化研究》与同类书刊相比较，既有共性，也有个性。其个性就在于以弘扬和研究中华民族的人文始祖——炎黄二帝及史前文化为特色，这一点是其他刊物所缺乏的。我们在办刊过程中，曾力求以"人有我优""人无我有"来自勉，所以在刊物的栏目设置上，除设有"思潮与学派""中华学人""中外文化交流""探索与争鸣""书刊评介"等，还特设了"炎黄二帝研究""中华文明探源""祭祀文化""礼俗研究"等其他刊物少见的专栏。

照理说一份既有较高学术层次，又有自己显著特色的书刊，生存与发展本不应该成为问题，其实不然。它在自身发展过程中则有不少问题和困难。原因很多，而很主要的是因为以书代刊这种形式受到制约和影响。这表现在：

其一，由于以书代刊而没有期刊号，读者在查阅登录期刊名字时，查不到它的存在。如某高校受教育部委托编制期刊目录索引时，以书代刊类丛刊根本不予列入，故使其读者面、影响力和发行量受到限制，难以有发展的空间。

其二，大陆的各个高等院校，在考核教学研究人员的工作量以及评定业务职称时，都必统计该被考核者发表的论文是在什么级别的刊物上。在众多刊物被划分为核心期刊与一般期刊的情况下，能发表在核心期刊的文稿（甚至规定多少篇数），不仅加分值，而且是晋升职称的必具条件。而以书代刊的丛刊，根本不在期刊之列，发表在其中的文章甚至不被计算工作量。而教学研究人员的工作量考核与职称晋级，又都与工资、奖金相挂钩，致使一些教学研究人员不愿在《炎黄文化研究》这类出版物上发表，使其组稿、发稿受到影响。稿源受到影响，品质也就难以保证。

其三，在组稿和发行都受制约、影响的情况下，办刊经费来源自然也受影响。编辑人员的劳务支出不能有相应的保障，久而久之，编辑组稿的积极性也会受到挫折。特别是正在发展上进阶段的中青年学人，他们的工作、生活负担都很重，其承担的工作常与谋生相联系，既要让其承担编辑业务，又没有相应的经济待遇，就很难使其在这里安心编辑工作，这就使得这类丛刊的专门编辑后继无人。

上面说到的情况,很可能是以书代刊这类丛刊共同存在的问题和困难。我主编《炎黄文化研究》已长达十五六年之久,起初还满怀喜悦之情,约稿和编辑都有很大的积极性,力求将之办好,办出特色,但随着年龄增长和面对各种问题与困难,也逐渐产生了厌烦情绪。

最近经再三力辞,我终于将主编辞去。同时,与我多年一起编这一丛刊的几位同事和朋友,也都一起辞去编委之职,人们笑称这是"内阁总辞"。此后,《炎黄文化研究》的主编和编委工作,将由在中华炎黄文化研究会工作的先生,再约请一些专家学者共同承担,以使这份有一定影响的出版物继续生存和发展。我当然希望它不仅能继续生存和发展,而且盼望其能愈办愈好。不过说来容易,要能实现美好的愿望,却也不是容易的事情。

以书代刊这类出版物何去何从?如果各方面肯定它确有学术价值,对繁荣学术文化尚有一定的作用和影响,就理应给予一定的支持和扶植。首要是要放宽刊号限制,使之能与其他期刊一样堂堂正正地生存与发展。考虑到这类丛刊大都具有纯学术文化性质,而不是适应一般读者口味的畅销性读物,发行量有限,还应该考虑以特别的方式给予必要的支持与扶植。

(原载台湾《国文天地》2009年第12期)

发扬敬业传统　加强职业道德

在大力加强社会道德和精神文明建设的同时，必须提高和强化职业道德建设，这已日益成为人们的共识。我们中华民族，有着丰厚的优良道德传统，其中既有古代优良道德传统，又有近现代革命道德传统，而职业道德则是道德传统中的重要内容。我们在加强社会道德和精神文明建设时，理应弘扬中国古代优良道德传统和革命道德传统，以提高全民族的思想水平。这里，拟就弘扬敬业传统，提高职业道德水平略作论述。

职业道德是伴随社会分工的出现、社会上形成不同的行业之后而逐渐产生形成的，这是历史发展的必然和社会进步的表现。自从人类进入文明社会之后，随着生产的发展和社会的需要，逐渐产生了社会分工。所谓社会分工，实际上就是职业分工，这是由生产力所决定的生产关系和社会组织形式。我国古代就有"士、农、工、商"等各种行业与阶层，这正是社会分工与不同职业的表现。生活在一定社会的人，除无业游民（短暂的游离分子），大都要从事一定的职业，这既是他们各自的谋生手段，也是对社会履行各自的责任和贡献。置身于各个行业、各种职业的人，都必然要考虑如何通过自己的职业活动，能使自己从事的职业得到社会承认，并使自己生活得更好，同时，也有益于社会和人类，而不能利用自己的职业活动，去害人坑己。人们通过职业活动实践，逐渐认识到有必要通过一些行业公约，来约束和规范职业活动，这实际上就萌生了职业道德的雏形。久而久之，经过不断的实践和积累，各行各业在零散的行规、行约基础上，便逐渐形成了与本行业的社会地位、功能、权利和义务相一致的道德准则与行为规范，并要求每个从业者自觉履行和遵守，这就是职业道德。

由于整个社会是由不同行业的人所组成的，倘若每个行业的人，在从事自己的职业活动时，都能忠实恪守职业道德，那么整个的社会秩序就一定和谐有序，社会的道德水准也就会普遍提高，反之则相反。所以，一个社会的职业道德如何，将直接关系到这个国家精神文明程度的高低和道德水平的好坏，乃至整个社会风气的状况。正因为如此，古今中外，各个国家和社会大都重视职业道德的建设与提高。

中国古代的传统道德是中华民族优秀传统文化中的重要组成部分，而在中国古代的传统道德中，对于各行各业的职业道德都有很高的规范和要求。儒家的创始人孔子就曾提出要"居处恭，执事敬，与人忠"，所谓"执事敬"，就是指从事职业活动的敬业精神。在古籍《礼记》的《学记》中则更明确地提出要"敬业乐群"。此后，敬业乐群，便成为各行各业的行为准则。战国时的思想家管仲还提出"士、农、工、商"，都要以"诚""信"为本，他说："是故非诚贾不得食于贾，非诚工不得食于工，非诚农不得食于农，非信士不得立于朝。"① 也就是说，不是诚实的商人，就不能以经商谋生，没有信义的士人，就不能立足于朝廷，其他工与农也如是。北宋的哲学家周敦颐则把"诚"提到更高的高度，他说："诚，五常之本，百行之源也。"② 南宋的大思想家、大教育家朱熹又说："凡人所以立身行正，应事接物，莫大乎诚敬，诚者何？不自欺不妄之谓也。敬者何？不怠慢不放荡之谓也。"③ 从孔子到朱熹所说的"执事敬"，与"立身行正，应事接物，莫大乎诚敬"，都是告诫人们对待自己要做的事情，所从事的职业，都要既诚且敬，丝毫不能懈怠，一定要诚实守信，严肃认真，兢兢业业，充满敬业、乐业、爱业精神。事实上也只有这样，才能对社会有所贡献，也才能实现个人的人生价值。它既是一种美好的道德品质，也是一种人生观、价值观的体现。可见，先哲们提倡的敬业精神，是对各行各业行为准则的共同道德要求，是职业道德的核心，也是中华民族传统道德的重要组成部分。

中华民族传统道德还根据各行各业的不同特点，对各个行业提出了特

---

① 《管子·乘马》。
② 周敦颐：《通书·诚下》。
③ 朱熹：《朱子语类》卷119。

殊的道德要求，如为官的"官德"，执教的"师德"，从医的"医德"，经商的"商德"等。上至执政的国君，下到各种不同的职业，都有独特的职业道德要求。

如执政的国君，乃一国之主，其道德规范所履行的好坏，常直接关系到国家的安危兴衰，因而，对其必然要提出很高的要求。《论语》中就有很多记载如"为政以德"，"政者，正也，子帅以正，孰敢不正"①，"道千乘之国，敬事而信，节用而爱人，使民以时"。② 其中心思想就是要求执政者，能以身作则，以美好的品德情操，事事率先垂范，特别是要爱护黎民百姓，不忧民害民，要行德政，尽量减轻百姓的负担。历史上一些有作为的君主，或处于上升的历史阶段，或处于建朝立国之初，大都以此作为治国安邦、身体力行的道德行为准则，从而建功立业，做出了一些有利于国家民族统一、有利于社会发展进步的丰功伟业而彪炳史册。

在传统道德中，又要求各级官吏："正以处心，廉以律己，忠以事君，恭以事长，信以接物，宽以待下，敬以处事，此居官之七要也。"③ 有些典籍还言简意赅地规定："当官之法，唯有三事：曰清、曰慎、曰勤。知此三者，则知所以持身矣！"④ 这些对做官提出的箴言，都要求各级官吏，堂堂正正，忠君爱国，勤于职守，勇于任事，廉洁奉公。中国历史上各朝各代都曾产生过一些著名的清官廉吏，诸如宋代的包拯、明代的海瑞、清代的于成龙等，都体现了刚正不阿、廉洁奉公、秉公执法、不徇私情、兴利除弊、爱民如子的优良道德品格，因此受到广大人民群众的爱戴与赞扬，名垂史册，不绝于书，正说明他们认真履行了做官应遵循的道德准则。

在传统道德中，对于从事教师职业的人士，也提出了很高的道德要求。如被称为"至圣先师"的孔子就要求为人师者，要"学而不厌，诲人不倦"⑤。唐代的大思想家、大文学家韩愈还提出脍炙人口的至理

---

① 《论语·颜渊》。
② 《论语·学而》。
③ 薛王宣：《从政论》。
④ 吕本中：《官箴》。
⑤ 《论语·学而》。

名言:"古之学者必有师,师者,所以传道、授业、解惑也。"① 也就是说做教师的不仅要传授学生专业知识,还要教育学生的思想品德,并澄清与释解学生思想上的疑虑与困惑。由于教师为人师表,自身的模范行动,对学生来说,更为重要,因此在一些文献中对此特别强调:"师者,人之模范也,模不模,范不范,为不少矣!"② 又说,"人品不立,则自知不足以为师,凡事苟且,人亦从而苟且之,师道自此大坏矣。师道坏,则无贤子弟,无贤弟子,则后来师道愈坏。敝敝相承,吾不知其何所流极也"③。甚至于还强调:"为师之道,端品为先,模范不端,则不模不范矣,不惟立言制行,随时检点,即衣冠瞻视,亦须道貌岸然。"④ 虽然,历史上确有些假道学,伪君子,摆出一副"道貌岸然"的伪道学面孔,自不足取。但是为人师表者,对自己的言行举止,乃至于衣着穿戴,确应严肃庄重,落落大方,而不应哗众取宠,招摇过市,以免给学生以不良影响。就此而论,这里所说的"立言制行""衣冠瞻视"应"随时检点",还是有一定道理的。

在中华传统道德中,对于从事医生职业者,也提出了严格的道德要求,如说:"夫医者,非仁爱之士,不可托也;非聪明理达,不可任也;非廉洁淳良,不可信也;是以古今用医,必选名姓之后,其德能仁恕博爱,其智能宣畅曲解。"⑤ 清代著名医学家叶天士的著作序言中还提出:"故良医处世,不矜名,不计利,此其立德也;挽回造化,立起沉疴,此其立功也;阐发蕴奥,聿著方书,此其立言也。一艺而三善咸备,医道之有关于世,岂不重且大耶!"⑥ 清代另一名医王清任还根据自己从医的实践指出:"医家立言著书,心存济世者,乃善良之心也。必须亲治其症,屡验方法,万无一失,方可传与后人。若一症不明,留与后人再补,断不可徒取虚名,恃才立论,病未经见,揣度立方,倘病不知源,方不对症,是以活人之心,遗作杀人之事,可不畏欤?"⑦ 这里充分论述了医生必须

---

① 《韩昌黎集·师说》。
② 杨雄:《法言·学行》。
③ 陆世仪:《思辨录辑要》。
④ 张行简:《塾中琐言·端品》。
⑤ 杨泉:《物理论》。
⑥ 叶天士:《临症指南医案·华序》。
⑦ 王清任:《医林改错·半身不遂论叙》。

对病人有高度的责任心，开方著书，必须经过实践验证，而不可从名利出发，主观贸然从事，否则就会造成害人的恶果。有的医学家还提出："凡诊疾，无论贵若王侯卿相，贱如倩庸（笔者按：乃受雇佣出卖劳力的人）丐儿，皆一视同仁，亦无计恭慢恩怨，悉心治疗。"[①] 以上引述，一言以蔽之，就是要求做医生的，既要有高明的医术，又要有高尚的医德，对所有的病人，不分贵贱，都要怀仁爱之心，高度负责，救死扶伤。

对于从事商业活动的商人，在传统道德中也明确要求，一定要"诚""信"为本，要"货真价实""童叟无欺"，要"取利有道"，不能"尔虞吾诈"，更不能"见利忘义"，如此等等。

以上之所以不厌其烦地列举传统道德对各行各业职业道德的规范，目的在于使今天从事各种职业的各方人士，都能从中取得有益的借鉴。因为上述职业道德规范，正是我国古代先哲对中华民族数千年的道德实践的总结，长期以来，中华各族人民在自己从事的职业活动中，也大都以这些高尚的职业道德为准则，世世熏陶，代代相传，约定俗成，自觉遵守，才使得中华民族成为具有高度道德文明的民族，并在和谐文明的人际关系中，创造了我国古代光辉灿烂的物质文明与精神文明，成为自立于世界民族之林的文明古国。今天，我们作为中华民族的后继者，理应弘扬我国古代的优秀道德传统，立足于新时期的时代精神，共同建设有中国特色的社会主义的新道德、新文明。

这里，还需要特别指出的是，对于职业道德的重视和强调，不仅体现在中华民族的传统道德之中，而且在马克思主义的思想宝库中，也同样有突出的地位。马克思主义的创始人之一恩格斯就曾指出："甚至每一个行业，都各有各的道德。"这当然也就是职业道德。中国共产党人在领导中国革命的长期斗争实践中，也形成了有丰富内涵的革命道德传统，并十分重视职业道德建设。毛泽东同志倡导的"全心全意为人民服务"，即是革命的人生观、世界观，也是职业道德的最高升华。正是在"全心全意为人民服务"的共产主义思想道德的培育下，各条战线、各行各业都涌现了无数可歌可泣的英雄模范人物，如"生的伟大，死的光荣"，在敌人铡刀下宁死不屈的刘胡兰；在平凡岗位上，为他人谋求温暖而以身殉职的张

---

① 萧京：《轩歧救正论·医鉴·德医》。

思德；还有在国民党的监狱中，受尽酷刑、誓不屈服而从容就义，终于迎来全国解放的江竹筠；还有在社会主义建设时期，不怕脏，不怕臭，甘做掏粪工人的时传祥；又有站在柜台前，笑迎消费者的售货员张秉贵；以及为改变中国缺油面貌，一不怕苦，二不怕死，战天斗地战斗在石油战线上的王铁人；还有雷锋、焦裕禄、等等。今天，在新的历史时期，又涌现出孔繁森……他们都是共产主义道德的化身，他们的道德情操，都为革命道德传统增添了精华。

正由于中国古代优良道德传统和革命道德传统中，都有十分丰富的内涵，所以江泽民总书记在为《中国传统道德》一书的题词中号召："弘扬中国古代优良道德传统和革命道德传统，吸收人类一切优秀道德成就，努力创造人类先进的精神文明。"这一题词可以说是对中国古代优良道德传统和革命道德传统及一切优秀道德成就的高度概括和总结，也是建设和提高职业道德的强大思想武器和指针。我们各行各业都应继承和弘扬中华民族的传统美德和革命道德传统，并吸收世界各国的优秀道德成果，提高职业道德，增进精神文明。

改革开放以来，应该说我国在政治、经济、文化等各个领域，都发生了天翻地覆的变化，取得了举世瞩目的辉煌成就，在道德和思想文化建设方面，也有新的发展和提高。不过，与此同时，由于商品经济大潮的一些负面影响，腐朽的拜金主义、享乐主义和个人主义在社会上又有滋长和抬头，致使现实社会生活中的社会公德与职业道德，出现令人忧虑的滑坡现象，这在各个阶层与各行各业中都有所表现和反映。诸如各级干部中存在的"官风"不正、以权谋私、权钱交易、吃喝成风、挥霍铺张、弄虚作假、贪污受贿、渎职犯罪等；在一些特殊的部门和行业中，一些人利用职业之便，营私舞弊，大搞管、卡、压，乱摊派、乱收费；在一些文化教育部门，利用升学热，进行高额收费；在医疗单位，收取患者的红包；一些大众媒介搞有偿新闻；一些出版单位，买卖书号；一些执法部门，甚至以身试法，内外勾结，践踏法制……更有甚者，一些生产经营单位，唯利是图，不惜制造假药、假酒、假种子，各种假名牌的伪劣产品，也充斥市场，欺骗、坑害群众，甚至达到图财害命的程度。在这种不良风气影响下，一些人的职业道德意识淡薄，缺乏敬业精神，服务意识差，业务不求上进，行为不守规范。由于这些不良风气的蔓延，愈演愈烈，竟使某些早已绝迹的丑恶现象也沉滓泛起，诸如走私贩毒、聚众赌博、卖淫嫖娼、装神弄鬼……犹如一股幽灵，又在社会的一些黑暗角落中徘徊游荡，甚至成为一种职业。

职业道德的滑坡与丑恶现象的出现，尽管只是社会中的支流，但也并非个别现象，如任其蔓延泛滥，必将使整个社会风气败坏，使全民族道德沦丧，最终导致民风颓废，国运不昌，甚至亡党亡国，这绝不是耸人听闻。历史上的前车之鉴，值得汲取。

党中央决定，党的十四届六中全会将以研究社会主义精神文明建设为主题，这是十分英明而及时的决策。全国各行各业，都应把握时机，抓住机遇，研究措施，制订规划，在建设物质文明的同时，大力加强精神文明建设，同时也把职业道德提高到新的水平。

（原载《中国传统道德与社会主义精神文明建设》，中国青年出版社1997年版）

一位世纪学人的文化情怀

——费孝通先生"文化自觉"论解读

近年来,在国际上有崇高声望的社会学、人类学、民族学家费孝通先生,再三呼吁"文化自觉",撰写了大量关于"文化自觉"的论文,其中既渗透了这位学术老人广阔博大的文化情怀,也凝结了其不断发展的学术思想,并对学术界研讨这一课题有导乎先路之作用。当然,对于"文化自觉"的界定与内涵学术界尚有不同看法,且不同时期,不同社会阶层的人,也会有不同程度的"文化自觉"追求。不过,我认为费孝通先生提出的"文化自觉"则更赋有当今时代的特征,有其更为深刻的独特思考,他所思考的问题,直接关系到 21 世纪的人类社会的发展与命运。因此,自从他提出"文化自觉"的理念以来,在海内外学术界已有不小的反响,并以此为主题开展过多次国际性的研讨会,但却多限于在社会学、人类学领域进行,然而"文化自觉"的理念及费老的论述涉及的内容远远超出社会学、人类学范围,需要人文社会科学各学科乃至一些自然科学界的人士更为广泛的关注。还有,如同有些学者所说:"重温费先生在不同时期,不同场合的讲话,每次都会有新的感想,往往是一些当时以为明白了的事,通过一段时间实践之后再回过头去看,才知道其中有些道理并未都懂,只有了解到这些问题的来龙去脉,把这些思想连贯起来才有可能得到更深刻的体会。"[①] 笔者对费老有关"文化自觉"论述的学习,也经过从不自觉到逐渐有所自觉的过程,至今也很难说都懂了,但是愿抱着"从实求知"的态度,谈一谈阅读费老"文化自觉论"之后的粗浅感受。

[①] 潘乃谷:《费孝通教授谈补课》,载费宗惠、张荣华编《让社会更美好》,群言出版社 2002 年版,第 45—46 页。

一 "文化自觉"是费先生晚年在学术反思中的思想结晶

费老诞生于1910年，是20世纪许多重大事件的亲历者和见证人，是一位既有丰富人生阅历，又有深厚学术造诣的世纪学人。作为一位社会学、人类学学者，他坚持走理论与实际相结合的道路，力图使社会学中国化，并竭力消除国际上社会学、人类学研究中"文野之别"的偏见，他的研究既立足于中国乡土，又具有世界眼光，其成名作《江村经济》，在20世纪30年代末就被国际社会人类学大师赞誉为"人类学实地调查和理论工作发展中的一个里程碑"①。他早期另一些代表作如《乡土中国》、《生育制度》，也被视为社会学领域的典范之作。随着其在学术上取得的卓越成就与学术地位的确立，早在1949年之前及新中国成立后，便多次应邀到欧美各国访问讲学，成为一位沟通中西文化、开展跨文化对话的先行者。但由于众所周知的原因，从1957年至1980年他被迫中断了学术研究。

1980年当其获得第二次学术生命后，他再度焕发学术青春，肩负着重建中国社会学的重任，为研究机构的设立、研究队伍的组织、研究人才的培育、资料的积累、教材的建设、学科地位的确立、研究方向的制定，不辞辛苦。中国社会学、人类学的确立、重建与发展，凝结了费老的大量心血，实为这门学科的一代宗师。

他学术研究中最突出的特点是发扬了中国学术传统中的经世致用精神，他根据对江南诸多小城镇的调查写出的《小城镇大问题》，提出了"小城镇可以成为中国在世界上走出一条独特的城市的道路"，曾受到时任总书记的胡耀邦同志的称赞："费老毕竟是一位有专长的学者，而这篇东西，持之有据，言之成理，能给人以一定的思想启迪。"② 另外，他关于长江三角洲经济开发区，开发黄河三角洲，加快开发上海等十多

---

① 马林诺斯基：《江村经济·序言》，载《费孝通文集》第14卷，第16页。
② 转引自张冠生《费孝通传》，群言出版社2000年版，第477页。

项建议，都曾程度不同地被采纳，融入国家的发展建设之中。① 同时，由于费老有敏锐的洞察力和深厚的学养，且不惟上，不惟书，坚持独立思考，常思人之所未思，发人之所未发，如中国实行改革开放之初，苏南农村涌现了乡镇企业，在浙江温州出现了私有经济，却被受传统观念束缚、动辄兴问"姓社姓资"的人大加指责。费老则识在机先，早在1986年就明确指出，"无论是苏南模式，温州模式或其他群众创造的模式，评价的惟一标准应当是视其是否促进社会生产力发展，是否提高人民大众的生活水平"。② 这些事实充分说明，费老确为推动中国的改革开放和国家的现代化建设做出了贡献。而他却也为此而"碌碌未敢休"，"白发垂年犹栖栖"。

由于费老好学深思，笔耕不辍，目前，《费孝通文集》已出版的有十五卷，达600余万字，收入了他1924—2001年的著作，可谓著述等身。这些著述真实地记录了20世纪中国的社会文化变迁，也反映了中国改革开放以来的巨大变化及其对21世纪人类社会发展前景的展望。

至今，费老虽已是92岁高龄，仍在不断地探索与思考，他抱着对后世、对文化负责的态度，从80岁以后，开始进行认真的学术反思，"就是要求自己对过去发表过的学术思想回头多想想，我的思想是怎么来的，为什么这样想，现在看来是否还有点道理，是否要修正，甚至改动"，他把这种反思视为是其个人的"文化自觉"，他说"反思是个人要求了解自己的思想，文化自觉是了解孕育自己的思想文化"③。他在学术反思中，还重新学习补课，不仅读自己过去的著作，读国内外社会学、人类学名著，还读前辈国学大师们关于中国文化的论著，撰写了多篇反思论文，并在这一过程中，深入思考了"文化自觉"问题，不断就此发表谈话，开展对话，撰写了一系列论文。

由上可见，费老晚年的笔端下，持续多年一直抓住"文化自觉"不放，说明这是他进入学术反思后一直在思考的重大问题，而且对"文化自觉"这件事看得很重，把它看成是自己学术反思的思想结晶。他曾一

---

① 参见刘豪兴《费孝通的学术价值观》，《让社会更美好》，第79—80页。
② 《费孝通文集》第10卷，群言出版社1999年版，第467页。
③ 《费孝通文集》第14卷，第371页。

再提倡要对人文价值再思考,认为"可以用'文化自觉'这四个字来代表我对人文价值的再思考"[①];他又曾多次倡导开创学术新风气,又同样认为"可以用'文化自觉'这四个字来表达"[②]。这就值得我们认真思索:费老为什么这么看重"文化自觉"?

费老对其再三呼吁的"文化自觉"的内涵、途径、意义曾有这样一个界定和概括:文化自觉只是指生活在一定文化中的人对其文化有"自知之明",明白它的来历,形成的过程,在生活各方面起的作用,也就是它们的意义和所受其他文化的影响及其发展的方向,不带有任何"文化回归"的意思,不是要"复旧",但同时也不主张"全盘西化"或"全面他化"。自知之明是为了加强对文化发展的自主能力,取得决定适应新环境时文化选择的自主地位。文化自觉是一个艰巨的过程:首先要认识自己的文化,根据其对新环境的适应能力决定取舍。其次是理解所接触的文化,取其精华,去其糟粕,加以吸收。各种文化自觉之后,这个文化多元的世界才能在互相融合中出现一个共同认可的基本秩序和形成一套各种文化和平共处、各抒所长、联手发展的共同守则。

"'各美其美,美人之美,美美与共,天下大同'这一句话,其实就是我今天提出的文化自觉历程的概括。"[③]

如上界定和概括,包含了什么是文化自觉,文化自觉涉及的范围和内容,进行文化自觉的目的和意义,实现文化自觉的途径步骤,不同文化之间对自己和他人的文化应有的态度,以及文化自觉所追求的人类社会理想的目标等,再从费老对文化自觉问题的许多具体分析和论述,可以看出他已形成了一套系统的"文化自觉论",提出了许多新的问题,包含许多新的思想,反映了这位世纪学人正在思考的问题和正在发展的思想,正如李亦园教授在与费老的对话中所说:"您正在思考的问题,正在发展的思想,对整个学术界还是具有很重要意义。"[④] 正由于"文化自觉"是费老积自己学识与人生阅历,且是经过长期思考后而深思熟虑提出的,反映了他学术思想的新发展,同时,他又清醒地看到"文化自觉"是当今世界

---

① 《费孝通文集》第14卷,第186页。
② 同上书,第145页。
③ 同上书,第196页。
④ 同上书,第380页。

共同的时代要求,并非哪一个人的主观空想,所以,他才十分看重"文化自觉"。

二 "文化自觉"的提出既来源有自又站在时代高度

费老提出"文化自觉",绝非神思忽来,而是既有其自身的学术思想渊源,同时又立足现实站在时代高度,"表达了当前思想界对经济全球化的反应,是世界各地多种文化接触中引起人类心态的迫切要求"[①]。

费老终生所从事的是社会学、人类学研究,不像以中国古典文史哲为研究对象的国学研究。一般说来传统国学的研究,主要是通过对儒道佛各家经典的训诂与诠释,去分析和认识中国传统文化。费老曾自谦地说,"我从小没进过私塾,没有受过《四书》、《五经》的教育","国学的根子在我这里不深"[②]。所以,他直到晚年还好学不倦地"补课",重新阅读梁漱溟、陈寅恪、傅斯年、钱穆、顾颉刚等前辈国学大师的著作,以加深对中国传统文化的认识。不过,客观而实事求是地说,"那些前辈国学大师多是纯粹从大传统里边,从经典里边得到传统文化"[③],而"以研究中国社会和文化为一生兴趣",且早在60多年前,从他踏上学术征途就致力于要使"中国文化能得到一个正确的路径"的费先生,则是从深入实际、立足乡土,"从一般人的实际生活里边得到中国文化"[④]。因此,费老所了解的中国传统文化与当代文化,更为切实与鲜活,他晚年再三论述的"文化自觉",正同他早年致力的"使中国文化得到一个正确的路径"一脉相承。

费老不仅是社会学、人类学家,还是一位卓有成就的民族学家。他既反对对少数民族的歧视,认为"在人和人、民族和民族之间划下具有质的差异的不可逾越的鸿沟,是完全出于一些人的偏见、臆度或别有用心,和客观事实绝不相符"[⑤]。同时,他也承认各民族经济文化的发展不平衡,

---

[①] 《费孝通文集》第14卷,第160页。
[②] 同上书,第383页。
[③] 同上书,第384页。
[④] 同上。
[⑤] 转引自徐平《费孝通民族学术思想述略》,《让社会更美好》,第109页。

一些少数民族应该在保持和发扬本民族优秀文化的基础上,大量吸收先进民族文化和科学。他曾在考察边疆地带鄂伦春、赫哲等少数民族时发现,这些民族曾长期在森林与沿江从事狩猎与渔牧生活,并形成了适合于这种环境的文化。但近年来由于森林等生态环境的破坏,这些民族逐渐失去原来的存在条件,如果坚守原来的狩猎文化,就会威胁到这些民族的生存。由此,他想到面临社会大变动中的这些少数民族要长期生存下来,就必须在文化转型上求生路,进而由小见大,认为其他民族跨入信息社会后,也有文化转型问题,文化转型可以说是当前全人类的共同问题。[1] 这就涉及文化自觉。显然,这也是费老提出"文化自觉"的思想渊源。

此外,费老在其学术反思过程中,还曾多次自我批评,认为其在以往的研究中存在"见社会不见人","只满足于社会生态而忽略了社会心态","偏重于社会结构的分析和描述方面,最大的缺点是只见社区不见人"[2]。他自觉意识到自己的研究应更上一个层次,应注意人的心态研究,应重视人文研究,要加强文化自觉,这也是其提出"文化自觉"的思想基础。

再者,如同费老自己所说,他从蒙养院到小学、中学、大学再到出国留学,受到的都是西方新式教育。其学有所成后,又到过世界各国各地访问讲学,致使他有可能学贯中西,对中国以外的多种文化都有接触和了解,既看到其中先进与优秀的成分,又看到其糟粕与弊端,能够吸收其他文化中优秀先进的因素,融入自己的学术思想之中,又设法克服其弊端,保持对自己民族的文化认同,绝不主张"全盘西化"与"全盘他化",而是主张各种不同的文化之间要真诚地相互吸收,取长补短,这也是他提出"文化自觉"的思想渊源。

一个思想家提出的理论和思想,既以其学术思想渊源为基础,又同他所处的时代密切相关。费老是从20世纪走过来的人,曾亲身经历了两次世界大战给人类带来的灾难,绝不希望这种灾难在21世纪重演。他又看到了两次世界大战后,民族的觉醒、各殖民地的独立,使世界呈现出

---

[1] 费孝通:《关于"文化自觉"的一些自白》,载中国民主同盟委员会、中华炎黄文化研究会编《费孝通论文化与文化自觉》,群言出版社2005年版,第477页。
[2] 《费孝通文集》第14卷,第17—18页。

政治经济多元化的格局。尤其是近20年来，随着冷战结束，美苏争霸的局面被打破，国际社会进一步呈现政治多极化、文化多元化，以及随着科技的发展、交通信息的发达，又加速了世界经济一体化的势头。在新的形势下，一方面，世界各地区、各民族、各国家之间的交往日益密切，另一方面相互间的竞争也日益加剧。在这种局面下，各个民族和国家之间究竟如何相处？是和平共处，求同存异，还是对抗冲突，互不兼容呢？如果处理不好，就有可能重蹈两次世界大战的覆辙，那将会造成全人类的毁灭，这是全世界爱好和平与发展的人们都不愿意看到的。

另外，20世纪科学技术的发展，既给世界人类带来福祉，也能给人类带来灾祸。事实上现代工业文明，已经造成地球上的资源匮乏，能源危机，生态失衡，物欲横流，精神空虚，西方的有识之士也大都看到了这种危机的存在。还有，由于世界上发达国家与发展中国家之间政治、经济、文化发展的不平衡，南北差距扩大，世界上的贫困地区和人民，不是逐渐减少，而是日益增多。这些都是20世纪未能解决的问题，在21世纪能否加以解决呢？如果解决不好，也将是引起对抗与冲突的根源。因此，不管是目前在世界处于主导地位的西方强势文化，还是那些处于边缘地区的弱势文化，为了自身与世界人类社会的生存与发展，都面临一个文化转型的问题，都有一个既要清楚认识自己的文化，又要正确对待他人文化的问题，都需要文化自觉。只有提高文化自觉，才能使不同国家、民族的文化之间，加强接触与交流，逐步消除隔阂与对立，和平共处，使世界沿着和平与发展的时代主潮前进，使人类生活得更美好。而且，通过世界各国、各民族的共同努力和争取，这也是完全有可能的。对美好社会的追求，总是人类的普世价值和观念。所以说："文化自觉是当今世界共同的时代要求。"而费老提出的"文化自觉"，正是站在时代高度，对当前世界经济全球化、文化多元化格局作出的积极反映。

三 实现"文化自觉"首先要清楚认识自己的文化，还必须正确对待他人的文化

费老在论述文化自觉时着重强调，实现"文化自觉"是一个艰巨的过程，要做到并实现"文化自觉"，既要清楚认识自己民族的文化，同时

还必须正确理解和对待其他民族的文化,这是实现文化自觉的根本途径,也是"文化自觉论"的思想核心。

但是,要清楚地、科学地认识自己的文化,真正地做到有"自知之明"并不容易。从18世纪中西文化接触发生冲突碰撞以来,思想文化界在就如何对待中国传统文化、如何对待西方文化的问题上,仍一直存在争论。有些人只看到中国传统文化的落后一面,产生了民族文化虚无主义,主张"全盘西化";也有些学者通过对东西方文化的比较,依然主张文化本位主义。直到20世纪50年代末,几位身居港台的著名新儒家,在联合发表的"中国文化与世界文化——我们对中国学术研究及中国文化与世界文化前途之共同认识"的宣言中,仍表示了坚守儒家民族传统文化的主旨。近年来,在西方思想文化的进一步冲击下,全盘西化论及其变相一度又有所抬头,也有人认为21世纪将以东方文化为中心,或坚持新儒家立场、文化保守主义观点,也都还有相当影响。毋庸讳言,在中国意识形态中居指导地位的主流思想,也曾发生过曲折,最主要的表现是以极左的思想对待民族传统文化与西方文化,乃至对马克思主义的不同理解与诠释,统统斥之为"封、资、修黑货",把包括中国优秀传统文化在内的历史积累的世界文明成果都否定了,造成极为不良的后果与影响。这说明要清楚地认识自己的文化并不是件容易的事。所以,费老提出"我们生活在悠久的中国文化中,对中国文化本身至今还缺乏实事求是的系统认识,我们的社会生活还处于'由之'的状态而还没有达到'知之'的境界","我们现在对中国文化这个本质还不能从理论上说得很清楚"①。譬如他曾举例说:"马克思主义到了中国变成毛泽东思想,现在又变成了邓小平理论,这也是中国化,同德国的马克思已经有了很大的差距。这说明有一个中国文化里边的东西,也可以说是中国的特点,在那里影响外边进来的东西,这个现象值得我们好好研究,总是在那里讲中国特色的社会主义,特色是什么? 特色在哪里产生出来,现在还没有人能把它讲得很清楚,原因就是并没有好好研究。"② 费老这样的分析和估计,我想学术界不见得都完全赞同,但是我想对于我们民族文化的本质和特色,仍有必要进一步给

---

① 《费孝通文集》第14卷,第385页。
② 同上。

以科学的认识则应该是大家的共识。因为"我们作为一个中国人就应当深入到中国的文化中和中国人的生活中去认识自己的历史和现状。人们往往生活在自己的文化中,而没有用科学的态度去体会、去认识、去解释,那是不自觉的文化"①。

当然,要清楚地认识自己民族的文化,不只是对中华民族文化,它也适用于世界上各国家、各民族和各地区,每一种文化的主体都应清楚地认识自己的文化,否则就很难做到文化自觉。

正确理解和对待其他国家、民族和地区的文化,这也是"文化自觉论"中的重要思想。为此,费老还有针对性地撰写了《必须端正对异文化的态度》,并以形象的语言说,各种不同的文化之间既"各美其美",还应"美人之美",而且"需要懂得各国、各地区的文化为什么不同,只有抓住了比较研究才能谈得到自觉"。

但举目世界上各个不同国家、民族之间相互关系的历史与现实,既有互相友好,彼此和谐交流的一面,同时也有彼此对立,甚至兵戎相见的一面,要做到"美人之美"并不容易。就今天的世界现实而言,这方面仍存在很大的阻力,相互冲突乃至发展到局部战争仍频繁不断,从长期对立的巴以冲突,到震惊世界的"9·11"事件,再到美国对伊拉克的战争,严重阻挠了不同文化之间的和平共处与相互交流。这种阻力主要来自西方文化中心论而形成的当代文化霸权主义和强权政治,也有故步自封的民族中心主义。

当代文化霸权主义源于西方文化中心主义。由于近代工业文明首先产生发展于西方欧美国家,殖民主义者不仅不以民族掠夺、民族压迫为耻,反而把自己打扮成救世主,认为自己是高等民族,优等文化,把土著人视为是野蛮人,其文化也是劣等的,并把西方与现代化等同起来,似乎现代化就等于西方化,于是形成了西方文化中心论,并发展演变成今天的强权政治与文化霸权主义。他们依仗自己在政治、经济、科技、文化等方面的优势,企图把自己的价值观强加给别人,想用自己的文化统一天下,认为自己的文化具有普世价值。由于近年来世界上各个国家和民族的政治、经济、文化都在迅速崛起与发展,都在向现代化迈进,西方中心论与欧美霸

---

① 《费孝通文集》第 14 卷,第 146 页。

权地位正在动摇,这一点当今西方主流文化的代表人物亨廷顿也已看到。他说,"伊斯兰运动与亚洲经济发展的势头表明,其他文明是生机勃勃的",西方则在"逐渐而且无规律的衰落"。亨廷顿还预测"新世界的冲突根源,将不再是意识形态或经济,而文化将是截然分隔人类和引起冲突的主要根源"。[1] 这就是大家熟知的亨廷顿的"文明冲突论"。亨廷顿宣扬的"文明冲突论"的思想和理论,与费老提出的"文化自觉论"显然是南辕北辙,根本不同。费老曾予批评说:"西方有个亨廷顿,他写了一本《文明冲突论》,他认为民族之间的文化不同,一定要冲突的,不会团结的,他所代表的各种思想,同我们是根本抵触的。"[2] 同时,费老还鲜明地指出:"这种论调,基本上是围着西方中心论的国际关系政治需要提出的。"[3]

与"文化霸权主义"相对立、相伴随的"文化割据主义","只强调本文化的优越,而忽略了本文化存在的缺失,只强调它的'纯洁',而反对和其他文化的交往,结果必将是本身文化发展的停滞"。[4] 其实,费老早就批评过与这种"文化割据主义"相类似的现象。他曾指出:"批判西方文化支配的作用,固然重要,但是从一种文化偏见落入另一种文化偏见的可能性也是存在的。"[5] 他还说:"在受到外来支配文化的冲击下,站在被欺凌的弱小文化立场上,一时的复旧意识是值得同情的态度。当这种态度发展到排斥外来文化的态度,那就可能忽略世界文化关系中'适者生存'的无情现实。"[6] 说明这种排外的文化心态,不利于本民族文化适应与文化的发展,不利于文化的转型。无论是西方中心论,还是民族中心论,都使费老感到"在多种文化接触中,最难以多元取得一体的是文化价值观念。正因为这个原因,我才提出'美美与共'的问题"。[7] 可见,他提出"文化自觉论",既经深思熟虑,又用心良苦。

---

[1] 转引自汤一介《评亨廷顿的"文明冲突论"》,载王缉思主编《文明与国际政治》,上海人民出版社1995年版,第254、258页。
[2] 《费孝通文集》第15卷,第107页。
[3] 同上书,第105页。
[4] 参见乐黛云《反对两种"主义"》,《中国文化报》2002年8月3日。
[5] 《费孝通文集》第14卷,第192页。
[6] 同上书,第201页。
[7] 《费孝通文集》第12卷,第49页。

四 "文化自觉"追求的终极目标是实现人类美好的社会——"天下大同"

费老曾用四句话、十六个字来概括其提出的"文化自觉",即"各美其美,美人之美,美美与共,天下大同"。这也同时是对"文化自觉历程的概括",的确反映了实现"文化自觉"由低到高的发展程度与层次的步步提高。从"各美其美"肯定自己的民族文化开始,进而发展到肯定和容忍他民族文化的"美人之美",再上升到不同文化之间取得文化价值标准的共识,做到"美美与共",从而走向"天下大同",实现世界人类的美好愿望。"天下大同"既是对人类美好愿望的反映,也是"文化自觉"所追求的最终目标。

生活在现实社会的人都会有对未来的憧憬,都有想要实现美好社会的理想。费老作为一位社会学人类学家,其终生为之奋斗的就是要通过自己的学术研究和社会实践去争取人类美好愿望的实现。早在1990年他在东京举行的"东亚社会研究"的讨论会上便提出建立美好社会的构想。1993年,他在印度"英迪拉·甘地国际学术讨论会"上,又做了《对"美好社会"的思考》的学术报告。报告中认为人类都有追求美好社会的愿望,虽然不同时代、不同社会的人所追求的美好社会的内涵不同,但对美好社会的追求则是人类的共同意念。事实也确实如此。从古希腊先哲柏拉图提出的"理想国",到中国古代《礼记·礼运》篇提出"天下为公"的"大同"社会,都反映了人类对美好社会的追求与向往。深谙中外历史文化的费老,沿着上述思路,在其学术反思过程中,一再思考生活在21世纪的世界人类应如何生活得更好?不同价值观念的人、不同文化的人如何在经济上文化上都息息相关的世界中和平共处?能否共创未来走上一条和平共存的新路?东西方能否共同努力为21世纪创造一个全人类可以享受到丰衣足食、安居乐业的美好社会?[①]而要共同创造美好社会,就必须有共同遵守的能够和平共处的新秩序。然而,当今世界虽然在经济上已把人类捆在一起,而和平相处的新秩序却远远未能建立,关键是人类尚只有利害上的联系,而缺乏道义上的认

[①] 《费孝通文集》第14卷,第4页。

同。这就要求现今世界上不同国家、不同民族的人不再惟我独美,摆脱本位中心主义,不强求别人"从我之美",而要承认多元并存,能够求同存异,相互理解,树立一个与多元社会相适应的心态,创建一个和而不同的全球社会,尽可能做到"美人之美"。再在"美人之美"的基础上,进一步通过接触、交流融合,在实践中寻求出一些能使各个国家与民族都可以接受的价值标准,实现"美美与共",大家都以共同的价值准则作为立身行事的标准,这样的社会也就是我们中国前人遗留给我们的理想,即所谓"天下大同"的美好世界。①

如何建立"天下大同"的美好世界呢?费老认为:"经过几百年的科学技术的发展,当前的人类已具有绰绰有余的能力为全人类提供丰衣足食的物质条件。现在所缺的就是和这些物质条件相应的精神条件,包括普遍接受的道义观,共同遵守的价值标准,平等相待、和平共处的协作态度等。而要做到这一点,就要反对霸权主义和强权政治,就要在国际社会上建立和平、平等、互利的政治、经济关系,反对干涉其他主权国家的内政,反对强迫别国接受不平等的条约,用对话代替对抗,用平等协商处理国与国、地区与地区的矛盾,并以这些举措作为人类进入'天下大同',即人类共同的美好世界,必然要经过的一个阶段。"② 在这个必经也是过渡的阶段中,通过人类的共同努力,去争取"天下大同"美好世界的实现。

当然,费老也清醒地认识到现实世界距离"天下大同"还十分遥远,他只好将其作为人类追求的目标,他曾寄予期望说:"人类一定要在新的21世纪里,至少要在今后新的1000年中,能够促使我们中国人祖祖辈辈所追求的大同天下的实现"。③ 可见,这是一个需要长期奋斗的目标。特别是2001年在美国出现的"9·11"事件,曾使费老极为震动,而事件之后的事态发展更使他失望。他认为,"这种'恐怖对恐怖'的做法",使他看到"西方文化的价值观念太轻视文化精神的领域。不以科学的态度,实事求是的精神去处理文化关系,这是很值得深

---

① 《费孝通文集》第14卷,第7页。
② 同上。
③ 同上。

刻反思的"。① 尽管当前世界上还很不安宁，不同国家、不同民族、不同文化和不同宗教之间的冲突还十分激烈，甚至不断爆发局部战争。但这样的局势，并未使他争取人类美好社会的信念动摇，他坚信"历史是向着天下大同的目标前进的"，"虽然我们现在离实现全人类共同理想，荣辱与共的大同世界还比较遥远，但总得树立个信心向这方面前进"。② 从人类历史发展的长河看，历史的发展常会出现曲折，但总的趋势是不断前进的，"天下大同"是人类共同的美好愿望，经过人类世界的共同奋斗，最终一定会实现。从费老对人类美好社会的殷殷期望中，我们进一步看到了这位世纪学人胸怀博爱、矢志不移的文化情怀。

五　完成"文化自觉"使命，创建现代中华文化

费老在耄耋之年反复呼吁和倡导"文化自觉"，绝非纸上谈兵，也绝非为"自觉"而"自觉"，而是怀着一个世纪学人强烈的责任感、使命感，提醒处在经济全球化时代、处于世界性的文化转型时期的各个国家和民族的文化，都要提高文化自觉，以便建立一个"和而不同"的全球社会，以促进世界的和平与发展，共同去创造"天下大同"的美好社会。当然，费老作为炎黄子孙，中华民族的一员，他提出"文化自觉"，更多的是着眼于自己的国家和民族，期望我们的国家和民族，能在经济全球化的新时代，以清醒的头脑，跟上现代化潮流，完成"文化自觉"的使命，创造更先进的现代中华文化，以便在新一页人类文化发展史上，书写中华民族实现"文化自觉"的恢宏篇章，"为全人类的明天做出贡献"。③ 这一点也是费老提出的"文化自觉论"的重要思想。

费老在诸多文章中都提到我们中华民族历史悠久，中华文化光辉灿烂，而且5000年来始终绵延不断，世界上没有哪一个国家和民族能与之相比。中国历史上也曾经有过显赫的汉唐盛世，中华文化远播域外，对世界人类文明的发展做出过不可磨灭的贡献。但近三四百年来，从世界上实

---

① 《费孝通文集》第14卷，第8页。
② 费孝通：《关于"文化自觉"的一些自白》，载中国民主同盟委员会、中华炎黄文化研究会编《费孝通论文化与文化自觉》，群言出版社2007年版。
③ 《费孝通文集》第14卷，第340页。

行工业革命以来，中国却逐步落后了，并有过相当长一段因落后而挨打，遭受列强欺凌与侵略的耻辱史。新中国成立后，毛泽东主席在开国大典上宣布"中国人民站起来了"，中国人才重新扬眉吐气。特别是近20年来，在邓小平理论指导下走向改革开放的新时代，实行面向世界，面向未来，面向现代化的新国策，才重新焕发出勃勃的生机。近年江泽民同志又总结了中国共产党的经验和职能，提出了"三个代表"重要思想，而且在中共十六大上，载入新修改的《党章》中。费老认为"'三个代表'的重要论述"，"是共产党总结了80年的斗争经验后，在新的历史时期为我们再次指明方向"，必将有力地推动中华民族实现新的伟大复兴。但还应看到，中国在较短的时间里，实行了三级两跳，从农业社会跳到工业社会，又从工业社会跳到电子信息社会，前一跳尚未充分完成，又不得不跳入新的阶段，与世界同步进入经济全球化的电子信息时代，外来文化的冲击进一步加大，中国需要通过文化转型，取得文化的自主能力。这就需要"文化自觉"，并在多元文化的世界里确立自己的位置。

应该看到历史悠久的中华文化宝库中有许多独有的思想精华，如解决人与自然关系的"天人合一"思想；处理人与人之间关系的"己所不欲勿施于人"思想；为克服争权夺利而处理义利关系的"重义轻利"思想；处理公私关系的"天下为公""先公后私"思想；解决尖锐对立冲突的"以德服人"而非"以力服人"的思想；解决不同思想文化之间如何相处的"求同存异""和而不同"思想；解决民族关系的"多元一体""天下一家"、互补共生思想；解决国内不同地区、不同制度、不同意识形态的"一国两制"思想；处理对外关系的"和平共处""互相平等""互不干涉内政"思想。这些思想和主张对解决当代世界面临的生态失衡，冲突对立，强权政治，霸权主义，南北差距，重利轻义，道德沦丧，精神空虚等问题，都可发挥积极的作用和影响。重要的是要运用现代语言渠道，让世界更多人了解、吸收这些精华，从而推动世界的"文化自觉"。

当然，传统文化中也有糟粕，而且仍在现实生活中发生作用与影响，如由于封建专制主义残余和专制禁锢而造成思想精神缺乏独立思考的"惟上与惟书"，因循守旧不敢大胆创新；由于长期的小农经济而造成的宗族观念、故步自封、思想保守、安于现状、裙带关系、家长作风等。同时还要看到，与世界发达国家相比，我国的科技水平、人民生活水平、民主法制建设、综合国力等还有相当一段距离，影响和平与发展的不安定因素还远未消除，在国际社会的发言权还不是很大。针对这种现状，费老在其"文化自觉论"中一再强调，我们一定要有"自知之明"，要更清楚地认识自己的文化，要发挥传统文化中的优秀成分，要找出现实生活与传统文化的内在联系，更清楚地认识中国文化的重要和特点，使之在世界多元文化格局中发挥积极的作用和贡献。同时，也要自觉地清除传统文化中与文化转型不相适应的消极成分，诚恳地学习世界上一切先进文化，使我们在文化转型中做出更好的选择，保持我们的自主地位。这都需要我们有高度的"文化自觉"。

由于"文化自觉"的实现和完成，需要几代人甚至数十代人共同努力，所以，费老特别瞩望年轻一代能树立"文化自觉"的新风气。他在一次谈话中说，"现在要关注的大事，是西方信息对我们的社会冲击得很厉害"，"这一冲击对年轻的学生发生了什么影响？这一代人要有文化自主选择权，既不能被同化，又不能关门。如何做到以德服人，自己应当有自信，有能力去主动接受外来文化冲击并做出自己的选择"[①]。教育工作者要从幼儿教育入手，从小就培养一个适合于21世纪生活和工作的人，以便使其日后能在多元文化的世界中，有与各种文化对话的心态和本领，[②] 使我们国家和民族的一代一代新人能在未来世界的发展中处于主动地位。

通过对费老"文化自觉论"的学习与阅读，我想，只要整个学术界，乃至我们的国家和民族，从上到下都能"文化自觉"，提高全民族的综合素质，我们一定能朝着建设有中国特色的社会主义文化、代表先进文化的方向前进，不负于前人，无愧于后人，既能符合时代潮流，又能适应未来发展，创造出更加辉煌灿烂的中华现代文化。

（原载《学术研究》2003年第12期）

---

① 费宗惠、张荣华编：《让社会更美好》，第47页。
② 《费孝通文集》第11卷，第520—521页。

关于设立"中华文化优秀著作奖"的由来、目的和意义

为了弘扬中华民族优秀的传统文化、推动当代有中国特色的社会主义新文化建设、促进中华民族的伟大复兴，中华炎黄文化研究会与菲律宾陈延奎文教基金会共同设立了"中华文化优秀著作奖"，向社会上公布了章程，公开征集申评著作，这项评选活动开展以来，受到学术界及社会各界的广泛关注。为使这项很有意义的活动开展得更好，并继续得到有关方面的指导和支持，我受评审委员会的委托，在这里就这项评选活动的由来、申报的情况、评选的办法、奖项产生的过程、首次评选中的经验教训及今后的设想，向与会的领导、专家学者作必要的汇报。

设立由来：中华文化优秀著作奖是由中华炎黄文化研究会与菲律宾陈延奎文教基金会共同设立的。大家知道，中华炎黄文化研究会作为一个全国性的学术文化团体，自1991年成立以来，在德高望重的周谷城、萧克、程思远、费孝通等两任会长领导下，十多年来在弘扬民族优秀文化、建设中国特色的社会主义新文化、促进海内外炎黄子孙的统一与团结，以实现中华民族的伟大复兴方面，开展了一系列活动，做了不少有益的工作，诸如编写百卷本的《中华文化通志》、多卷本的《炎黄汇典》，举办各种学术研讨会，特别是近几年倡办"21世纪中华文化世界论坛"，围绕这一主题，先后在北京、香港、澳门等地举办大型的国际学术研讨会，在海内外产生了较大的影响。而菲律宾陈延奎文教基金会董事会主席、菲律宾航空公司董事长陈永栽博士，不仅是国际上实力雄厚的大企业家，又是位著名的儒商，他热爱中华文化，在日理万机的情况下，还孜孜不懈地研究中华文化，已和黄炳辉教授合作撰写了多部中华文化方面的著作。尤为难能可贵的是多年来，他一贯支持中华文化的传播和发展。为此他慷慨捐资兴办

了一系列的公益活动。正由于双方有上述一致的宗旨和志向,这两年在彼此接触、交流过程中经过多次研究协商,决定共同设立中华文化优秀著作奖。这就是设立此奖的由来。

设立目的与措施:设立中华文化优秀著作奖的根本目的,首先是为了奖励在研究中华文化方面具有高质量、高水平的优秀著作和作出突出贡献的优秀学者,以期在推动人文科学的繁荣与发展方面加点油、使把劲。通过这一活动的开展,也想造成舆论促进社会各界重视、支持人文社会科学的建设,爱护和关心在人文社科领域辛劳耕耘的学者。为了达到这一目的和愿望,经相互商定,陈延奎文教基金会从2004年起,每两年捐资60万人民币,作为获奖著作的基金及组织评选活动的经费;而中华炎黄文化研究会,则承担评选工作的组织和实施。中华炎黄文化研究会投入了很多的时间、精力、人力,力求把这件事情做细、做好!在工作过程中,我们参照了高等学校和科研单位、基金组织的一些相关条例,制定了可操作的《评选章程》,组织了有权威性的评审委员会。我们请两个主办部门领导——中华炎黄文化研究会的会长费孝通教授与陈延奎文教基金会主席陈永栽博士任评委会名誉主任,还特请在学术界有崇高声望的任继愈、戴逸、张文彬等先生担任顾问。同时聘请人文社会各学科的著名专家担任评委,如西北大学原任校长、历史和思想史大家,目前尚担任马克思主义研究基础工程历史学科首席专家的张岂之教授任评审委员会主任,其他评审委员还有王宁、方克立、王俊义、邹衡,钱逊、袁行霈、黄炳辉、黄爱平、阎纯德、瞿林东等教授,应该说这些评委大都是各学科的专家,诸如考古学方面的邹衡先生、古典文学方面的袁行霈先生等,都是所在领域的顶尖学者。能把这么多位学者请来担任评委很不容易,他们欣然俯允担任顾问、评委是对评审活动的很大支持。

接受申请与进行评选:在制定了《评选章程》,组成了评委会之后,为便于学者申请参评,还特在《光明日报》《人民日报》(海外版)刊登了征集著作广告,并将广告印发至全国重点人文社科类大学与科研单位,自2004年3月份起,接受申请。截至6月底7月初,申报书稿有90多部,先由评委会的秘书班子,把近20部不属申报范围的(如资料选编,论文汇集)剔除,然后将符合申报范围的70多部著作,先送各相关学科的专家,进行初评。为慎重从事,避免片面性,每部著作,都请两位专家评审。当时正值盛夏酷暑，专家们冒着炎热，挥汗进行评审。今天在座的汤一介先生、刘志琴教授这些著名学者都亲自为我们组织初评。因为经费有限，一部30多万字的著作，我们仅能给专家提供300多元的评审费，一千字1元多，而目前一般单位给予专家的评审费大都是千字5—6元。可以说投入初评的专家都是不计代价，出于无私奉献支持这项有意义的事业。

在各科专家初评的基础上，2004年10月中旬，召开了评审委员会。评委们集中在郊区龙泉山庄，对入选参评的70部著作，逐本评议，层层筛选，逐步淘汰，优中选优，反复研究协商，逐渐集中，而后以无记名投票方式，评选出《评选章程》规定的各个奖项。评委们在评选过程中，本着客观、公正、公平、民主的原则，严格掌握标准，譬如《评选章程》规定一等奖2名，但评委们反复衡量，大家公认、社会也形成舆论取得共识的只有一部，因此一等奖便缺了一名，体现了一种实事求是的精神。

经过以上程序产生了一、二、三等奖项后，又根据《评选章程》的规定在2004年11月16日的《光明日报》上对获奖项目进行了公示。在规定的公示时间范围内未收到有异议的反映。另需说明的是，评审会全过程都是在正式公证单位的监督下进行的。公证处对评选结果，正式发布了公证书。

从以上所汇报的评选情况看，可以说明评选工作从始至终都是本着客观、公正、公平、民主的原则，以严肃认真的态度进行的。

评选工作中的缺点和不足：评选工作是成功的，受到了社会应有的肯定，但从做工作的角度看，由于初次举办，经验不足，评选工作也还存在着一些缺点，有些方面考虑得不细致，不周到，如如何初评，原来设想一套书，请一名专家初评，后来有些评委提出，一人初评，可能会有片面性，每套书如请两位专家初评则更好。这样做，弥补了原来考虑之不周，但却增加了初评费。还有原来考虑与两年一次的"论坛"研讨会相同步，颁奖活动拟在澳门举行的"中西会通与文化创新"国际学术研讨会上举行。但是后来考虑获奖者不一定是澳门与会代表，如在澳门领奖，领奖人赴澳门旅费与食宿费如何解决？再有，在澳门颁奖的社会影响和舆论宣传也不如在北京好，所以颁奖活动又改在北京举行。这样却又增加了颁奖会的场地费、餐费和交通费等，超出了原有的预算经费。另外，评选总的管理费的支出，也有难以事先估计的因素，如初评费与申请参评著作数量直接相关，申报50本、70本或100本，初评工作量不等，初评费用多寡也不等；随着评选活动进一步开展，更为学术界所关注，申报者势必还会增加，这可能是自然趋势，但可能会增加多少，却难以预料。此外，此次评选规定，申报者的地域范围，仅限内地。既然是中华文化优秀著作奖，申报的地域范围是否可以扩大到香港、澳门和台湾，使之有更大的广泛性，这些问题都有待改进和进一步考虑。

今后设想：首次评选活动将要结束了，这项工作今后如何做，经初步研究（会前尚未及与陈先生领导的基金会商议），提几点意见供参考：

第一，按主办双方原来商定的计划，此项评选活动每两年开展一次，将长期持续下来。这一计划且已向社会公开宣示。既然如此，是否应再次明确表示"中华文化优秀著作奖"将按原计划持续开展。之所以这样考虑，一则是这样的评选活动，对弘扬中华民族优秀文化，对推动人文社会学科的繁荣和发展，对激励人文社会学科优秀著作、优秀人才的涌现，确实大有助益。长期坚持下来，影响越来越大，社会反应越来越好，理应坚持下来，发展下去！二则是考虑不管是从中华炎黄文化研究会来说，还是从陈延奎文教基金会与陈永栽董事长的事业来说，在海内外都有重大影响，这项工作也不能有始无终。

第二，从前面所讲的情况看，根据首次评选所遇到的情况和问题，要使这一评选活动长期持续下来，组织管理费用，特别是专家的初评费及广告费，目前的费用，显然有所不足，如果每两年一次的评选活动（包括奖金和组织管理费用）能增加到80万元似乎更符合实际情况。因此陈先生领导的陈延奎文教基金会在支持力度上是否能再有增加。由于中华炎黄文化研究会是主办方之一，今后在承担评选工作的实际组织与实施工作的同时，也要与陈延奎文教基金会精诚合作，在筹集评选经费方面如果需要，也应尽力开辟其他渠道，多争取多努力，总之是希望能共同克服困难，使此项活动有保证地持续开展下去。

第三，评审委员会要认真总结首次评选活动的经验和教训，克服目前工作中存在的缺点和不足，努力将今后的评选工作做得更好！总之要"欲穷千里目，更上一层楼"！

伴随设立"中华文化优秀著作奖"活动的进一步开展,其在弘扬中华优秀文化,推出中华当代文化研究,深入开展对外文化交流方面的意义将会进一步彰显。

(原载 2004 年《中华炎黄文化研究会通讯》)

世纪之交研讨中华文化的盛会

——"中华文化与廿一世纪国际学术研讨会"述评

由中华炎黄文化研究会及香港中文大学、香港中华文化促进中心合作主办的"中华文化与廿一世纪国际学术研讨会",于 1998 年 12 月 14 日至 18 日在香港顺利召开并圆满结束。此次会议在海内外引起普遍关注,反响十分强烈。香港和内地乃至国际舆论,都对这次会议广为报道和评论,普遍认为这是在世纪之交对中华文化进行回顾与前瞻的一次国际盛会,香港有的媒介甚至赞誉这次会议"是香港开埠以来最有影响的一次大型国际学术研讨会",一位来自德国汉堡大学的学者也说:"这次会议在廿世纪末叶的中国文化历史上将记上一笔。"可见,此次会议开得十分成功,影响甚大。现就这次会议的有关情况及其特色和影响予以综述。

一 会议概况

此次会议之所以开得圆满和成功,与会前的充分酝酿、认真筹备密不可分。

早在 1996 年 10 月,中国海协会会长、中华炎黄文化研究会顾问汪道涵先生就曾向研究会建议:应就中华文化在 21 世纪的发展趋势与走向,召开一次国际学术讨论会,邀集海内外学者进行研讨。根据汪老的倡导,研究会考虑到,在香港顺利回归祖国并实行"一国两制"的情势下,如何加强中华文化建设,推进全社会的文化认同,势必是各方面共同关注的问题。同时,香港自鸦片战争以来,又长期是中西文化的交汇点。今天,又是一个国际性的大都会。值此世纪之交,如能邀集海内外学者,在这里就中华文化进行研讨,回顾过去,展望未来,探讨其在 21 世纪的地位与发展趋势，对于弘扬民族优秀文化，促进中西文化交流，当有重要意义和影响。基于这一认识，研究会便决定：努力争取在香港开一次关于中华文化的国际学术讨论会。

为了筹办和开好这次学术研讨会，研究会曾在会内外广泛征求意见，多方进行酝酿，并于1997年7月，邀请数十名研究文化问题的专家，就如何开好这次研讨会，诸如会议主题的确定，讨论内容的确立，规格层次的定位，会议地点与主办单位的选择，会议经费的筹措等问题，集思广益，充分讨论，并形成共识：拟于1998年年末，在香港与香港中文大学、香港中华文化促进中心共同主办，以"中华文化与廿一世纪"为主题，召开一次高规格、高层次的国际学术研讨会。此次会议之后，几个主办单位又就这次会议的召开，多次举行筹备会，对如何举办好此次会议的一系列实质性问题，逐项落实和明确分工，使会前的各项准备工作完全就绪。

1998年12月14日下午，按预定计划在香港大会堂举行了此次会议的隆重开幕式。香港特别行政区行政长官董建华出席了开幕式并为会议剪彩。新华社香港分社社长姜恩柱亦出席了开幕式，并在会上以《弘扬优秀中华文化》为主题，发表了热情洋溢的致辞。中华炎黄文化研究会会长费孝通教授与香港中文大学荣誉教授饶宗颐也先后在开幕式致辞。费孝通教授在致词中指出："中华文化的建设，只有贯通中西，融会古今，才能创造出反映时代精神的现代新文化。"饶宗颐教授作为此次学术研讨会的主席，他在致词中说："从国内外不同地区远道踊跃前来参加会议的学者专家和香港当地学人欢聚一堂，这说明香港当前在天时、地利、人和结合的条件，已能够充分发挥它的巨大的文化凝聚力，面对廿一世纪的来临，作为世界文化一环的中华文化要开创一个崭新的阶段。"中华炎黄文化研究会副会长李宝光等在开幕式上，还代表研究会向香港特别行政区政府赠送了巨著《中华文化通志》《香港回归翡翠纪念碑》及大型画卷《春风骀荡》。

出席开幕式和此次学术研讨会的海内外学者共有130多名，其中既有在国际学术舞台上享有盛誉的学术大师，也有后来居上的优秀中青年学人。他们分别来自不同国家和地区，既有来自中国内地、香港、台湾、澳门地区的学者，也有来自日本、韩国、新加坡、马来西亚、美国、加拿大、德国、荷兰、瑞典、意大利等国的专家，并为会议提供了近一百篇论文。

继大会开幕式之后，又于 12 月 15 日至 17 日，在香港中文大学正式进行了学术讨论，先后进行了大会主题报告、大会发言、分组讨论与会议的学术总结。在此过程中，费孝通、饶宗颐、林达光、李亦园等有崇高学术地位的国际知名学者，为会议做了精彩的主题报告。又有冯其庸、方克立、萧蓳父、李锦全、张立文、钱易、李宝光、多杰才旦、董光壁及张信刚、赵令扬、陈方正、尉天聪等十多名学术造诣深厚的著名学者在大会上做了专题发言。此后又按与会学者提供论文的内容，分组进行了学术讨论，与会学者都围绕会议主题，在分组会上报告了自己的研究成果，各抒己见，展开了热烈讨论。而后，各小组又推举代表，向大会综合报告介绍了各组讨论的状况。在整个学术讨论结束之前，又由中华炎黄文化研究会副会长、学术委员会副主任张岂之教授，及香港中文大学文学院院长郭少棠教授，分别就这次学术研讨会做了学术总结性的发言。

17 日上午，在学术总结发言之后，大会举行了闭幕式，由此次会议组委会主席饶宗颐及常务副主席吴清辉先后致辞，宣布会议圆满结束。

会议开幕前、进行中及闭幕后，内地、香港当地及其他国家和地区的各种舆论媒介，都对会议进行了大量宣传和报道。

二　学术讨论内容和特色

一次学术讨论会的成功与否，关键是是否有好的会议主题，是否有重量级的有影响的学者与会，同时，还在于是否有一定数量的高质量的学术论文。而这次会议之所以取得成功，正在于较好地解决了上述问题。

首先，是学术讨论会选择了"中华文化与廿一世纪"这样一个好的主题。因目前正处在世纪之交，这一主题既能反映时代特点，又具有涵盖面广、容量大的宏观性、前瞻性的特点，能使与会学者围绕这一主题从多视角、多方面发表个人的学术见解。同时，会议又在回归祖国不久的香港召开，又有便于与会学者就中西文化的互动、交融等充分发表意见。

其次，应邀与会的 130 多位海内外的学者，大多数是对中华文化及西方文化造诣深厚的知名专家，其中既有学贯中西、享誉世界的学术大师，如费孝通、饶宗颐、林达光（前澳门大学校长，现加拿大卑诗大学亚洲研究所教授)、李亦园(台湾"中央"研究院院士,新竹清华大学讲座教授),还有一大批在海内外有很高知名度的第一流学者,如来自中国大陆的冯其庸、李希凡、汤一介、张岂之、丁守和、龚书铎、萧萐父、李锦全、多杰才旦、钱逊、钱易、王尧、方克立、方立天、张立文、姜义华、刘蔚华、耿云志、瞿林东等,还有来自香港、台湾及其他地区的知名学者,如刘述先、尉天聪、吴宏一、赵令扬、陈方正、李国章、张信刚、关愚谦、吴清辉、郭少棠、朱高正、周昌龙、钟志邦等,也还有一批优秀的中青年学者,如陈来、陈平原、李宗桂、陈卫平、俞荣根、翁飞、欧阳哲生等。可谓群贤毕至,名流云集。如此众多学者,保证了会议的高规格、高层次特色。

最后,绝大多数与会代表,都为会议撰写了学术论文或论文提要,诸如费孝通的《中华文化在新世纪面临的挑战》、饶宗颐的《新资料追踪先代耆老的"重言"——儒道学试论》、林达光的《中国的发展与文化的创新》、李亦园的《中国文明的民间文化基础》,以及汤一介的《中国文化对二十一世纪人类社会可有之贡献》、张岂之的《二十一世纪关于中国传统文化深入研究的几点思考》、方克立的《二十一世纪能否淡化东化与西化之争》、刘述先的《中华文化与廿一世纪》、李锦全的《世纪之交对中华文化前景的探索》等。上述论文及其他与会学者提供的论文,无不凸显出会议的学术内容,保证了这次学术研讨会的学术质量和学术水平。同时,这次会议收到近百篇论文,也是会议取得的成就。再者,与会学者从多视角、多方面提供的上述论文,对中华文化及中西文化交流在研究观点、研究方法上,比之以往也有新的推进和提高,给人以多方面的启迪。正如中华炎黄文化研究会副会长张岂之教授在会议学术总结中所指出的:

首先,中华文化要接受新世纪的挑战,要在应战中发展自己,表现自身活力。如前所述的费孝通教授提出的"文化自觉"论,就对此提出了精辟的见解,他认为要使中华文化"取得决定适应新环境、新时代文化选择的自主地位",才能"在世界文化的生成过程中发挥更大的作用"。林达光教授对中国进入改革开放时期经济发展所取得的成绩给予充分肯定;但同时指出,在价值观和思维方面滞后的情况,必须引起允分注意。另外京港学术交流中心的杨伟国教授提出,21世纪中华文化如何才能适应信息时代的需要?他提出"信息思维"的概念,认为"应将传统文化中的原始信息思维与当代信息思维联系起来，以使中华文化焕发新的丰姿，为人类做出更大的贡献"。香港的陆展馨女士，在提交的论文中，根据香港的实际情况，指出必须发挥经济与文化的良性互动作用，才能使香港的经济与文化更上一层楼。不少与会学者都提出，香港回归后的文化建设任重道远。徐远和在论文中，还结合中华传统文化与东南亚金融危机间关系的分析，说明在治理金融危机和21世纪经济发展中，应发挥中华文化的作用，这有助于稳定新经济秩序，有助于更新东南亚的经济发展模式。上述思想观点的提出，都说明中华文化的活力与发展一定要紧扣时代主题。

其次，要将中华文化的研究引向深入，应开展多学科研究，除人文科学学者外，还需要有自然科学及宗教和艺术界的学者一起研究。此次会议上中国工程院院士、清华大学钱易教授所做的《关于二十一世纪可持续发展的文化内涵》及中国科学院自然科学史研究所董光璧教授关于自然科学与中国传统文化的报告，以及中国艺术研究院李希凡教授的《中国艺术通史的编撰》和中国藏学研究中心多杰才旦教授关于藏族《大藏经》的报告，都引起与会学者的极大兴趣。这说明在21世纪中华文化研究的深化，需要多学科共同努力，以便从不同的角度去发扬中华文化的精蕴。

最后，在研究方法上应关注中华文化的几个结合：诸如中外文化的融汇，张岱年先生为会议写的论文《中国文化与二十一世纪》中指出："二十一世纪是中国文化建设成功的世纪，也将是中国文化与西方文化的交流研究进一步发展的世纪。"方克立教授提出的《二十一世纪能否淡化东化与西化之争》，也是不赞成片面强调21世纪或全是"西化"，或一味"东化"，并进行无休止的争论，而应脚踏实地兼容并蓄，"综合创新"。这都是联系20世纪文化发展的实际情况，做出的经验之论及对新世纪文化发展趋势的估计。同时，也要使人文文化与科技文化结合起来，做到人文精神与科技相结合，人文精神是人的实现自身价值的精神，科技精神则是探知未知的实事求是精神。饶宗颐教授还提出"二十一世纪将是文史与科学合作的时代"。看来，人文精神与科技精神的结合，已引起普遍的重视。另外，还要注意民间文化与精英文化结合，普及与提高结合，继承与发展结合。这次会议的学术论文中，对这几方面的结合，都做了有益的探讨。

三　会议成效和影响

从前面对此次学术研讨会的"概况"与"内容和特色"的叙述中可知，这次会议，无论是学术内容，学术观点，乃至研究方法上，对中华文化的研究都有新的推进和提高，既有广度，也有深度，确不愧是一次名副其实的国际学术盛会，并取得预期的成效。

这次会议的召开，在海内外都引起较大反响，特别是在香港引起的反响更为强烈。早在会议召开之前，从1998年10月起，香港各报刊就陆续对会议发布了信息，制造了舆论，大会筹委会主席饶宗颐和常务副主席吴清辉都先后在有关报刊上发表了谈话或文章，"世界级学者云集香江中国文化复兴有希望"，"世界学者百余人应邀出席中华文化与二十一世纪国际学术讨论会"。1998年12月14日，大会举行开幕式之后，香港各大报刊及电视台，都用较大的篇幅对会议进行了报道，诸如"中华文化研讨会在港举行，董建华、姜恩柱、费孝通主持开幕，逾百名学者参与"。姜恩柱在开幕式上致词，在《大公报》《文汇报》上都全文发表。香港凤凰电视台著名节目主持人杨澜还就这次会议对中华炎黄文化研究会会长费孝通进行了采访。澳门的《澳门日报》、泰国的《京华日报》也对此次会议发表此次会议的相关消息。新华社、中央电视台、国际广播电台、《光明日报》等传媒，也对会议进行了报道。众多媒介的传播，使会议在海内外都发生了积极作用和影响，也使世界对中华文化及其研究有了更多的了解，既有助于提高中华文化在世界上的地位和影响，也有助于推进中华文化与世界各地文化的交流。

这次会议因在香港召开，对香港当地产生的直接作用和影响更大、更深远。在香港除中文大学和中华文化促进中心参与合作主办会议外，当地许多文化教育单位与团体都积极参与会议的协办。如香港大学、城市大学、科技大学、浸会大学、教育学院、树仁学院、岭南学院、京港学术交流中心、孔教学院、其士文教基金会、孙中山文教福利基金会、道教联合会、佛教联合会、联合出版（集团）有限公司，都作为协办单位参与了会议，其参与面之广，也是历年来罕见的。这么多单位、团体和个人参与会议，无疑是对中华文化的一次普及与宣传，既通过以中华文化为纽带增强了香港与内地的凝聚力，也必将推动中华文化在香港地区的建设和研究。当地一些著名文化人士在与我们的交流中曾经说："香港的回归，主要是人心回归，而人心回归，更主要的是对民族文化——中华文化的认同。"他们还说，由于近一百多年，香港长期受殖民主义统治，西方文化长期在这里居统治地位，中华文化在这里得不到应有的重视，至今研究基础也较薄弱。因而，香港回归后，对中华民族优秀文化的研究，亟应加强。此次会议，在这方面无疑起了很好的推动作用。

（原载《炎黄文化研究》1999年第6期）

美国博士研究生培养一瞥

——赴美讲学之点滴感受

1989年9月23日至12月23日,我应美国洛杉矶加利福尼亚大学中国问题研究中心及历史系黄宗智与艾尔曼两位教授的邀请,到该校进行了为期三个月的访问讲学。

美国各大学的学制多为一年三个学期,一学期大致三个月。所以,我在该校实际上承担了一个学期的教学工作。讲授的课程是"清代学术思想史研究资料入门"。这门课程规定为四学分,每周讲授一次,每次三小时,合计讲课十次,三十学时。另外,每周还有一个单元时间进行质疑辅导。除授课、辅导外,还要评阅学生每周按规定交来的阅读报告,以及期末的课程考试论文,并评定学生的课程成绩,还曾为学生申请奖学金撰写推荐意见,等等。可见,我虽然在美的时间不长,却经历实践了开设一门课程的各个教学环节。听我讲课的对象主要是该校历史系、东亚系的博士研究生,从而使我对美国培养博士研究生的情况有些了解。现仅就这方面的一瞥之见,谈些点滴感受。

一 教学计划与课前准备

我在国内高校从事教学工作已近三十年,并主管过研究所硕士、博士研究生的教学管理工作,而出国讲学还是第一次。国内外在研究生培养的教学方面有什么不同,很自然要做直观比较。我从接到赴美讲学邀请信之日起,便突出感到美国学校对讲课教师的教学计划与课前准备工作极其重视。

1989年4月25日,我首次接到关于这次访问讲学的邀请信,两位邀请人在信中明确提出：开设的课程是"清代学术思想史研究资料入门"；讲课时间为 1989 年 10—12 月；听课对象是在攻读博士学位的博士资格候选人；开课的目的是使研究中国思想文化的博士生对清代学术思想史的发展脉络、研究状况有基本了解，帮助指导学生提高对清代学术思想史研究资料的阅读能力。邀请信中还明确对我讲："如果您接受我们的邀请，请尽快寄来您开设此课的教学计划。"当我复信表示接受邀请并寄去教学计划后，随即又接到邀请单位来函。来函一方面表示同意我的教学计划安排；另一方面又建议我补充调整几个讲题，同时，还告诉我，他们已为听课学生预订了美国研究清代思想史的专家余英时教授编的《清代学术思想史研究资料》，作为这门课程的补充教材，并询问我是否同意。另外，还要求我将自己讲课中需要印发的资料在 7 月底之前寄给他们，以便事先印刷，做好讲课前的教材准备。

按预定计划讲课时间是 1989 年 10 月初至 12 月底，但邀请人却希望我提前半个月到校，以便将教学计划及课前的有关准备工作最后确定。直到我抵美之前，邀请人还曾就这门课程的教学计划及教材等问题，往返数次信函进行研究磋商。

我 9 月 23 日抵达洛杉矶加利福尼亚大学，第二天艾尔曼教授便约我商定教学计划及开课前的一系列准备工作。我们首先确定了教材，又安排了十次讲课的每一次选题，还商定了这门课程总的参考阅读书目及每个讲题的必读书目，以及对学生的一些具体要求等；同时，也研究了讲课的方式方法。随后，我们将商定的有关问题一一形成书面文字，送教务秘书印刷。

9 月 29 日第一次讲课，讲题是"清代学术思想史导论"，同时宣布了整个教学安排及对听课学生的要求，并当即将事先印好的教材和教学计划，人手一册发给每个听课的学生。

上述过程大致可以反映洛杉矶加利福尼亚大学对博士生的培养情况。在开设课程方面，学校要求事先有严格的教学计划和周密的课前准备。据我了解，该校对本国的任课教师都要求在前一学期末就将下学期开课课程的教学计划及使用教材与阅读书目送交教务秘书。

相比之下，我感到我们对博士研究生的培养，在课程开设、制订计划方面，虽然也有一定要求，但往往停留在文字规定或反映在报表之中，在实际教学中往往不能认真贯彻落实，没有加利福尼亚大学那样严格和周密。我认为，研究生学习本专业规定的学位课程，是掌握本门学科坚实宽广的基础理论和系统深入的专门知识的重要环节，从教学单位到研究生都应重视专业学位课程。加州大学之所以强调博士生课程的教学计划及任课教师的课前准备，正反映了他们对学位课程的重视，这一点是很值得我们学习借鉴的。

二 研究讨论式的讲课

国内的课堂教学，多年来也一直强调启发式，各类学校也有些启发式教学较好的典型。但我接触到的一般情况，无论是本科还是研究生教学，大多还是填鸭式的满堂灌，习惯于老师讲，学生听，师生之间在课堂缺少生动活泼的研究和讨论。至于博士生，虽然也实行学分制，学生也有修课计划，但正规的、严格意义上的课堂讲授并不多。除了政治理论课和外语课有固定的课堂教学外，专业课多是在教学计划上有文字反映，实际情况则是：列出课程名称，指定参考阅读书目，学期末让学生写篇文章，或以其他方式进行考试，导师给学生一个成绩就完事。这样做不仅缺少固定的课堂教学，而且对学生的日常学习、阅读状况也缺乏必要的督促和检查。因而我们的文科研究生除撰写学位论文阶段较为紧张外，如果个人的事业心不是很强，平时则显得较为自由和轻闲。

然而，我在洛杉矶加州大学接触到的情况却与上述情况有很大不同，他们的博士生仍然有严格的课堂教学。以听我课的十余名博士生为例，他们当中有刚入学的一年级学生，也有二、三年级学生。他们在选学我的课程的同时，大都还分别选有另外两三门，或一两门其他课程。而且这些课程也都有严格的教学计划和要求，都有规定的学分。学生对选学的每门课程，每周都要交阅读报告。另外，美国的研究生除听课、阅读指定书目、完成规定的阅读报告外，多数学生每周还要工作20小时左右，即我们通常说的"打工"。博士生的工作范围较广，层次也较高，他们或是协助教授进行本科教学，如讲课、批改作业、评阅试卷；或协助教授搜集科研资料；或到图书馆当出纳、整理图书；或在校、系的一些办公室兼做行政事务工作，借以赚取生活、学习费用。因此，美国大多数研究生的日常生活、学习节奏都十分紧张,决不像我们某些研究生那样闲散。

洛杉矶加州大学不仅重视研究生的课堂教学,而且在课堂上完全采取研究讨论的方式,与我们那种老师讲、学生听的方式迥然有别。以我主讲的课程而论,每一个讲题安排的时间都是三小时,而我直接讲授的时间绝不超过90分钟,另一半时间都用于师生之间的研究和讨论。如我第一次讲课的讲题是"清代学术思想史导论",主要讲三个问题,且讲完一个问题,都要间断二十分钟左右,让学生提出问题,我来回答,相互进行研究讨论。美国学生习惯于这种教学方式,思想活跃,勇于提问和讨论。这样做,一方面学生经过思考,提出的问题通过教师回答,获得了教益;另一方面教师通过学生的提问,既可了解学生的思路,又可从学生的见解中受到启发,促进思考,从而达到教学相长的效果。

我在"导论"之后的若干次讲课中,按照教学计划,每一次选讲一篇有代表性的清代学术思想史的研究成果,诸如梁启超、章太炎、胡适、钱穆、侯外庐、余英时等名家的论著;同时与上述名家论著的内容相配合,再选讲一两篇清代思想家的原著,如黄宗羲的《原君》、顾炎武的《日知录》选段,等等。往往是头一次讲课结束时,即布置下一次讲课内容,指定学生的阅读书目,要求学生事先阅读,撰写阅读报告。而下次讲课开始时,我首先指定一两位学生,让他们讲解自己的阅读报告,提出阅读中存在的疑难问题;而后,我再有针对性地讲解。我讲完之后,再让学生提出问题,我再回答。学生针对我的回答,还可再提出问题,看法或相同或不相同,相互讨论诘难。如此往复数次,较为充分地讨论研究,直到学生不提问题为止。

在讲解清代思想家的原著时,也是先指定一两名学生,把选讲的原著由古汉语译成现代汉语,串讲该文的思想内容,提出思想内容或文字上的疑难,而后我再进行分析和讲解。

我感到上述讲课方式,很大程度上调动了学生的学习积极性。他们必须在讲课前阅读指定的参考书,必须思考问题,否则便不能在课堂上提出问题,更难以与老师和同学进行研究和讨论。我在国内讲课时,有时也先让学生提出问题,以便有针对性地讲解,但学生却很少主动提出问题,甚至相互观望缄默不语。这反映了我们的师生都不太习惯研究讨论式的教学方法。美国学生则不然,他们往往争先恐后希望老师指定自己讲阅读报告,大都主动提出问题,积极参加讨论。有时个别没有积极参加讨论的学生,课后还向我道歉说:"老师,这次的阅读内容比较难,我事先未能读懂弄通,以后一定努力改正,希望老师下次让我讲自己的阅读报告。"这说明,学生能否在课堂积极参加讨论,也是检验他学习成效的一个标志。

在美国,不仅正式课堂讲课要让学生提出问题,进行质疑和讨论,即使是一次性的讲演也是如此。我在洛杉矶讲学期间,还曾应伯克利加州大学中国问题研究中心主任魏克曼教授的邀请到该校演讲,讲题是"晚清的经世思潮与宣南诗社辩正"。在不足两小时的讲演中,安排了半个多小时,让听众提问。听讲的美国教授和学生都踊跃提问,相互讨论。

三 阅读报告

我前面提到洛杉矶加州大学的博士研究生,选学的每门课程每周都要交一篇阅读报告。这无疑是研究生日常学习生活较为紧张的重要原因。但是,这似乎已经成为他们学习中的常规。学生们不管如何紧张,都不认为这是额外的负担,反之则习以为常。

仍以我的课程为例,我在三个月内讲了十次课,除第一次讲"导论",没有要求学生写阅读报告外,其余九次讲课每一次都要求学生写阅读报告,课程结束还要求学生写出质量更高的课程考试论文。

所谓"阅读报告",就是要求学生按每一次讲题布置的参考阅读书目,写一篇三千字左右的短文。譬如有一次我的讲题是"清人文集与清代学术",给博士生布置了四五篇阅读书目,要求学生在阅读这些论著的基础上,写出阅读报告,内容包括:什么是文集、文集的体例、特点、内容;清人文集的状况、价值、作用;清人文集与清代学术思想史的关系,等等。其他每次讲课的阅读报告也大致如是。学生如不认真阅读指定的书目,必写不出上述内容的报告。而我讲课的内容,也基本上是学生"阅读报告"涉及的那几个方面。学生由于事先思考了上述问题,并写了阅读报告,自然对讲课内容易于接受和理解,同时也能提出问题,较深入地进行研究和讨论。

需要说明的是,学生的"阅读报告"绝不能敷衍了事,因为教师对每次阅读报告都要进行评阅,并写出评语,划定成绩。成绩标准是 A+、

A、A−；B＋、B、B−；C＋、C、C−……每次成绩都作为学生学这门课程的成绩记录在案。我这门课程应有九篇阅读报告，即有九次成绩。课程讲完，学期临近结束时，要求学生写一篇课程考试论文，篇幅要求五千字左右，而且限定学生在一周内上交，由老师评定成绩。

最后，任课教师综合学生每周一次"阅读报告"的成绩和期末"课程论文"的成绩，评定出每位学生选学本门课程的成绩。该成绩还规定，日常的阅读报告成绩占总分的60%，期末的课程论文成绩占总分的40%。学生不管是什么原因，日常的"阅读报告"未能交齐，都必须补交，否则教师不予评定这门课程的成绩。这就从制度和规定方面，要求每一个学生都必须认真对待每一篇"阅读报告"。

"阅读报告"，不仅关系到学生学习成绩的优劣，而且关系到学生奖学金的等次。学生奖学金额的高低，与他们学习成绩的优劣有直接关系。新的学期开学之前，各系的奖学金委员会要讨论研究每位申请奖学金的研究生的奖励金额，其主要依据是该研究生上学期选修的有关课程任课教师所给的成绩与评语。我从美国回来后，还为选修我的课程的三位第一年入学的博士研究生申请奖学金写了推荐意见。

我从在美国的教学实践中感到，我们国内对研究生的培养，虽然也有严师出高徒的范例，但也存在着要求不严的现象，特别是缺少制度上的规定与约束。有些导师甚至对研究生的培养如同"放羊"，日常不管不问，最后让他们交一篇论文就算了事。这种培养方式，似有改进的必要。当然，各个国家的国情不同，在培养方式上不能简单地照搬照抄外国的模式，但国外某些有益的方式方法，也可以结合我国的具体情况，有分析有选择地加以吸收和借鉴。为适应建设社会主义现代化的要求，我们对研究生的培养也必须面向世界，面向未来，面向现代化。这就要求我们及时研究和了解世界各国教育中对我们有益的经验和方法，改进我们的工作，使我们的研究生培养工作不断地加以改进和提高。

（原载《学位与研究生教育》1990年第6期）

弘扬民族优秀文化　促进中日友好交流

——中华文化研究会的宗旨及中日民间文化交流活动之开展

很高兴能应邀出席"中日文化经济论坛"。这是中日两国文化界、企业界的民间有识之士，为共同促进中日文化、经济交流及战略互惠关系的进一步发展而组织的一次高峰论坛，也是两国高层政要与著名学者云集的一次盛会。今年又适逢"中日友好和平条约"缔结三十周年之际。举办这次论坛，召开这次盛会，有着重要的历史意义和现实意义。我衷心祝愿会议取得圆满和成功！

作为一名研究中国历史的学者，我曾长期兼职于中国的中华炎黄文化研究会这一全国性的民间文化团体。近年来我们在开展对外文化交流中，有幸与日本国东方文化交流协会结成友好合作的姐妹团体。双方本着促进中日文化交流的共同期望，建立了互信互访的密切联系，成功地举办了多次友好活动，在中日两国之间都发挥了积极作用和影响。由此，我深深体会到各个国家的民间组织，在促进国际间的友好交流方面，常常能发挥重要作用和影响。因此，在这次论坛上，我想联系中华炎黄文化研究会的宗旨，开展一些活动，特别是与日本东方文化交流协会相互间的合作，向与会者做简要介绍，以增进相互间的了解和交流。

中华炎黄文化研究会与日本东方文化交流协会之所以能结成姐妹团体并联合举办友好活动，是基于两会有相同的宗旨及推进中日友好交流的共同愿望。这就有必要先介绍一下中华炎黄文化研究会的有关性质。中华炎黄文化研究会是于1991年在北京成立的一个民间文化团体。其宗旨是，弘扬民族优秀文化，振奋民族精神，广泛团结海内外炎黄子孙，加强与世界各国家、各民族间的文化交流，建设中国特色的社会主义新文化，以促进中华民族的伟大复兴。研究会的历任会长有原国家领导人的著名历史学家周谷城、著名儒将萧克及著名社会活动家程思远和著名社会学、民族学家费孝通等。现任会长是全国人大常委会原副委员长、语言学家许嘉璐先生。许多国内外著名学者,如杨振宁、李政道、季羡林、任继愈、戴逸、金冲及、冯其庸、李学勤、张岂之也都先后担任过研究会的名誉会长、顾问和学术委员会主任。研究会成立十多年来,在历任会长的领导及众多学者的积极支持参与下,围绕研究会的宗旨,开展了许多活动:

首先,围绕弘扬民族优秀文化,缅怀民族人文始祖——炎帝与黄帝,举办了多次学术研讨会及对炎黄二帝的祭奠活动。由于炎黄二帝是中华民族的人文始祖,是中国古代文明的象征。我们曾多次召开"炎黄文化与民族精神""炎黄文化与中华民族"以及"黄帝与祭祀文化"等学术研讨会。另外,每年清明节、重阳节,还在陕西黄帝陵、湖南炎帝陵等炎黄二帝陵庙遗迹、遗址之所在地举行祭祖大典,以慎终追远、缅怀先祖,增强中华民族的凝聚力和向心力。

其次,组织撰写和编辑出版各种书刊。如萧克将军亲自组织领导了200多位学者撰写出版了十典一百卷的《中华文化通志》。这部3000多万字关于中华文化的鸿篇巨制,在国内外学术界产生了重要影响。另由李学勤、张岂之两位教授联名主编的《炎黄汇典》,共八卷400多万字,分门别类地整理汇编了有关炎黄二帝及其时代的文献与图片资料,为深入开展中华远古文明研究提供了丰富的资料和便利条件。此外,我们还编辑出版了纪实性月刊——《炎黄春秋》与综合性的学术文化丛刊《炎黄文化研究》。两刊遵循"秉笔直书,求实存真"的原则,对古今发生的历史事件和历史人物,既不溢美,也不抑恶,而是以客观、公正、求真、求实的科学态度,予以分析和评论,刊发了大量有独立思想和独到见解的文稿,给人以思想启迪,在国内外有一定影响。

最后,以中华文化为桥梁与纽带开展了海内外学术文化交流。中外文化交流的历史证明,中华文化不仅是中华民族的珍贵遗产,也是全世界的宝贵文化财富。同时,只有善于学习和吸收外来文化的民族,才能更好地发展自己民族的文化。中华文化也只有在与世界其他文化的交流中才能更好地生存与发展。特别是中国实行改革开放,中国需要了解世界,世界也需要了解中国。而文化则是加强沟通了解的纽带和桥梁。为此,我们于1998年设立了"中华文化与21世纪世界论坛",决定围绕中华文化在21世纪的走向,每两年举行一次高层次、高规格的国际文化论坛。计划先在中国的两岸四地举行,而后再走出国门,面向世界。从2000年起,已先后在北京、香港、澳门、台湾等地,分别以"经济全球化与中华文化走向""文化自觉与社会发展""中西会通与文化创新"等主题,连续召开了多次学术研讨会。目前已商定,将于2010年在马来西亚与新加坡等国,召开"论坛"的第六次研讨会。已经召开的研讨会,除中国内地及香港、澳门、台湾地区的学者参加外,还广泛邀请美、英、法、德、俄及日本、韩国、新加坡、菲律宾等国的知名学者参加,学术层次很高。研讨会的召开既使中华文化进一步融入国际潮流,也使世界各国进一步认识和了解了中华文化,同时,也广泛结识了各国家、各地区学术文化界的朋友,大大促进了中外文化交流。我们就是通过这些活动与日本的东方文化交流协会相识相知,进而携手开展中日友好交流活动的。关于日本东方文化交流协会的创办人还有些传奇色彩和动人的故事。

  日本东方文化交流协会的创办人和理事长是高山英子女士,她是一位具有中日两国血统而为中日友好交流不遗余力的人物。高山的母亲是日本人,年轻时来到中国,中日战争日本战败后她没有回日本,并与中国人结了婚,于1950年生下高山。所以,高山的母亲是日本人,父亲是中国人。新中国成立不久,高山的父亲去世,其母女则一直生活在中国。在当时的政治环境下,这对具有特殊身份的孤儿寡母的困难处境可想而知。热情、聪慧、美丽、倔强、好学的高山,无论面临任何困难,都阻挡不了她好学上进的志向。她因政治条件限制,大学乃至艺术团体不录取,于是就自学。她既有文化,又会跳舞,又会唱歌,经常做一些业余活动,其才华终于被长春电影制片厂欣赏,而被吸收到该厂,从事幼儿教育,而有了立身和施展才智之地。1972年中日恢复了邦交后,高山和她的母亲于1982年回到了日本。这就是说高山在中国生活了三十多年,她对养育自己成长的中国及其生活地长春,从内心眷恋,有深厚的感情。她初回日本,人地生疏,困难重重。她以超人的毅力,经过艰苦奋斗,终于事业有成,开办了贸易公司和旅游公司,生活与工作条件都已比较优裕,但她始终不能忘怀父亲和中国对她的养育之恩。她常常说:"中国是我的爸爸,日本是我的妈妈。我现在的一切都是中国和日本共同赐予的,我一定要以自己的这种特殊身份，为促进中日友好尽点心力。"所以她无论是创业还是做任何事情，都会以促进中日友好为前提。因此她于1994年在经营旅游公司的同时，还创办了日本东方文化交流协会，决心为促进中日友好尽其所能，要想方设法让中日两国人民世世代代友好下去。她这个协会创办之后，定期举行大型交流会，还以办中文班、书法班、水墨画学习班等形式，在日本传播中华文化。1994年协会还组织了200多位日本足立工业大学的学生到中国浙江大学进行访问交流，让日本青年学生更多地了解中国文化，也让中国青年了解日本和日本文化。从1995年起，她每年都组织日本相关人士参加上海国际艺术节和电影节的活动，还连续三年组织日本青年乐队和歌手到南京演出，每次观众都达万人以上，把友好的种子撒在中日两国人民的心田。她领导的东方文化交流协会还从1999年起，每年举办一次日本东方文化节，至今已连续举办了十次。每次文化节的活动内容有中国电影观摩、中国戏剧表演、中国的诗歌朗诵、乐器表演等，有时也举行关于中国历史文化的专题讲座，或进行艺术联欢。在举办文化节过程中，高山英子了解到中华炎黄文化研究会是致力于弘扬中华民族文化，促进中外文化的一个有实力、有影响的民间文化团体，特地到研究会进行交流访问，通过座谈研究与我们研究会就联合进行中日文化交流达成共识，制订了互相访问、共同举办友好交流的活动计划：中华炎黄文化研究会派人定期到日本参加东方文化节，日本东方文化交流协会也组织日本各界相关人士来中国参加研究会举办的各种学术文化活动，共同搭起中日文化交流的平台，几年来友好往来不断，友好亲切的气氛相当浓厚，这里仅举我直接参加的两次活动事例。

其一，2005年2月，我和研究会的几位同仁应邀参加了东方文化交流协会在东京举行的第七届东方文化节，我们踏上日本国土就受到日本朋友的亲切招待。高山英子理事长和两位年过七旬的副理事长都到机场迎接，还派专人陪同到日本各地参观。我们到富士山参观时，特地安排我们住在当地一位农场主马饲野先生家中。马先生向我们介绍，他的先祖是明末从中国移居到日本的，本姓马，家中还供奉着祖宗牌位，还让我们看了马氏家族的族谱。这一下就把中日两国的历史渊源拉近，原来几百年前还可能是一家人。东方文化节开幕的当天，来自日本各地的数百名中日友好人士踊跃与会，其中既有白发苍苍的老人，也有清纯稚气的青少年，交谈起来，大都和中国有各种各样的联系。我还看到一位身穿草绿色军装并挂满战功勋章的老人，原来是一位当年参加过抗日战争并屡立战功的新四军战士，乃是为反对日本军国主义发动的侵华战争而冒死挺身加入中国抗日战争洪流中的日本友人。那天，中华人民共和国驻日本使馆的武官李少将和文化参赞赵宝志先生都应邀与会，还在会上发表了热情洋溢的讲话。整个会场充满了浓郁炽烈的中日友好气氛，此情此景使我十分感动，因此在会上致辞中说："中国和日本是一衣带水的近邻，由于地缘和历史关系，使两国之间有着悠久漫长的交流史，多年来相互促进，友好相待，取长补短，互有助益。目前，我们两国又都是亚洲大国，都在世界上发挥着重要作用和影响。我们应该总结历史，面向未来，进一步发展两国之间的政治、经济、文化交流，友好相处，以诚相待，必将会对两国的长远发展，并对稳定亚洲和世界局势，对造福人类大有助益。文化是相互友好交流的纽带和桥梁，我们正是作为联系的纽带和沟通的桥梁而来。衷心祝愿日本东方文化节，能持续下来，坚持下去，使之作为中日友好的标志性活动，能越办越好，代代相传。"

2008年2月，中华炎黄文化研究会与日本东方文化交流协会又在北京人民大会堂共同举办了"中日青年友好联欢会"和日本第十届"东方文化节"，来自日本的100位青年和中国的100位青年，以及两国各界友好人士，济济一堂。两国举办单位的领导——中华炎黄文化研究会第一副会长、国家文物局原局长张文彬先生与日本东方文化交流协会理事长高山英子女士，分别在会上致辞，都盛赞两国源远流长的友好关系，表示要继续努力，为实现中日世世代代的友好做出更多贡献。作为协办单位的领导，如中国对外文化交流协会常务副会长刘德有先生、中日友好协会秘书长许金平先生，以及日本驻华使馆道上尚史公使，也都在会上发表了赞扬中日友好的讲话。中日两国青年都在联欢会上表演了能反映两国文化、具有民族特色的文艺节目。中国电影界的几位老一代表演艺术家田华、于洋、庞学勤等都应邀出席了联欢会，共同祝愿中日友好代代相传，万古长青。联欢会上最为感人的节目是：抗日战争中曾为中国人收养而又回到日本的十多位当年的日本孤儿，而现在大都是六十岁以上的男女老者，他们为感谢中国养父母，而自编自演了小合唱——《说句心里话》。歌词是："说句心里话，我有两个家，一个家在东瀛，一个家在中华。说句心里话，我也有恨，战争带来的灾难，要永远记住它。虽然我回到祖国，更想中国的家。没有中国的养父母，谁来把我收养，谁来把我养大。说句心里话，我也想家，我也有情，是中国那个老妈妈，把我抚养大，虽然我回到祖国，更想中国的妈。希望归国的姐弟们，千万不要忘记中国的那个妈，中国的老妈妈！"歌词真挚、淳朴，演唱者动情动容，他们边唱边热泪盈眶，甚至泣不成声，使在场的许多听者和观者，也和演唱者的感情交融共鸣，伴随歌词和旋律，学着他们的声音自发地唱起来。如此深情的动人场面实沁人心脾。

与日本东方文化交流协会的交流与合作，使我们对中日两国间的经济文化交流充满了信心和希望。同时，也使我们深深感到民间的交流是加强相互理解，推进中日友好发展的基础。文化交流是心灵的交流，它将在两国人民心灵中架起友谊和相互理解的桥梁。因此，中日两国政府都应重视和支持民间团体的相互交流。中华炎黄文化研究会将在今后的工作中，进一步为弘扬民族优秀文化，为促进中日友好交流而努力。祝愿中日两国在各方面都能在总结历史经验教训的基础上，立足现实，面向未来，朝着相互友好的方向进一步发展，以造福两国人民，推动人类世界的和平发展。

（"中日文化与经济论坛"论文集未刊稿）

中国近代思想之林

——《中国近代思想家文库》编纂缘起及其特色和价值

近年来中国人民大学出版社，秉承其传播先进文化，打造学术精品的出版理念，在国家新闻出版总署有关领导的关怀下，经"国家出版基金项目"的支持，组织编纂了《中国近代思想家文库》（以下简称《文库》）。为切实保证其学术质量，出版社特邀著名历史学家、国家清史编纂委员会主任戴逸先生出任编委会主编，又由中国社会科学院学部委员耿云志研究员和笔者共同任副主编。同时，约请近百位研究中国近代史、思想史领域的知名专家参与此项工作，或担任编委，或负责各卷的选编，而后汇集成百卷左右的中国近代思想家经典思想的鸿篇巨制。目前，已经出版了十余卷，且在海内外学术文化界引起高度关注和好评。为进一步加强与各方面的交流与沟通，笔者仅就个人的了解和认识对《文库》编纂的缘起、特色和价值作简要评介。

编纂缘起：自1840年鸦片战争到1949年新中国成立这一百多年的历史，被学术界称为中国近代史。此时，正是中国由古代传统社会向近现代转型时期。而当时西方欧美各国早在17世纪前后就已进入了以工业化为主导的近代社会，并疯狂向海外殖民扩张，由于中国地大物博，又尚处半封闭状态，自然成为列强掠夺的对象。他们通过船坚炮利的威逼与利诱，打开了中国大门，签订了一系列不平等条约，使中国丧权辱国，备受蹂躏，沦为半殖民地、半封建社会。在国家和民族生死存亡的关头，中国人民大众奋起反抗和斗争。这一百多年的历史，矛盾错综复杂，斗争空前激烈，政治风云诡谲变幻，社会激烈动荡，导致思想文化领域也复杂多变。许多具有忧患经世意识的前哲与先贤，无不为救亡图存而认真思考，积极探索，提出各种救国救民的主张和方案，并为此奔走呼号，著书立说。一时间，思潮迭起，学派林立，名家辈出，著述纷呈。从鸦片战争时期的经世思潮，到效法西方的早期改良思想和借法自强的洋务运动，再致轰动一时的戊戌维新改革与推翻封建帝制的辛亥革命，直至"五四"新文化运动和马克思主义在中国的传播和发展。当时的各种思潮一浪推一浪，汹涌澎湃，奔腾东流。尽管思想不尽相同，观点也未必都正确，但讨论思考的主题，大都是如何使中华民族发奋图强，变革创新，走向独立、富强、科学、民主的文明强国之路，以实现中华民族的伟大复兴，且通过互相撞击，交融会通，最后形成多数人的共识，走向历史必由之路。从一定意义上说，当时所说的"旧学"与"新学""中学"与"西学""传统"与"现代"，以及如何实现中国由传统社会向近现代社会的转型等问题，直到今天仍在延续，仍在圆中华民族伟大复兴这个梦。我们将中国近代思想家讨论思考这些问题的著作，加以整理选编，汇集成册，无论是成功的经验，或者是失败的教训，都是珍贵的历史遗产，都可从中获得历史的借鉴，既能推动思想史的研究，又能促进中国社会走向近现代化的成功转型。正基于这样的考虑，中国人民大学出版社与丛书编委会携手合作，下决心花大力气，用大功夫，编纂出版《中国近代思想家文库》这部鸿篇巨制。

内容特色：一部大型丛书要站得稳、立得住，就必须有与众不同的特色。过去出版界已出版过与之相似的同类读物，诸如"中国近代思想资料选编"；各个思想家的"文集""全集"；又有专题性的"近代哲学家选集"或"近代教育家资料选"等，而《文库》与这些出版物相比较则有不同的特色：其一，规模宏大，选人众多，内容广泛。它不同于篇幅有限的思想家资料选，所选文献资料量大；又不同于单个思想家的"文集"与"全集"，而是将一百多位思想家的主要代表著作，每人一卷（少数有二三人合卷），分卷成册，每本五十万字左右，而后又汇集成一百余本的丛书，总量将在五千万字上下，如此宏大规模可谓空前；其二，对入选的思想家采取了兼收并蓄，海纳百川，有容乃大的开放胸怀，入选人物有一百二十人之多。如前所述由于中国近代历史具有急遽变革，复杂多变的局面，致使反映时代特色的思想界也呈现出复杂性、多样性、多元化的特点，要反映近代思想的全貌，就不能用单一的标准和视角，不能仅从思想家的政治倾向划线，不能重激进、轻保守，重革命、轻改良。要尽可能较全面、多视角地反映近代思想家的思想成果，同时，选思想家的标准也没有过于严格的界定，大凡在某一学科、某一领域，有一定思考，有其独到的思想，并有一定的代表著作，都可酌情入选。而且，对具有不同政治文化倾向的，诸如民族主义、自由主义、社会主义、激进主义与保守主义等方面有代表性的思想家们，从保存历史文化遗产的角度出发，也为研究和了解思想史的读者提供方便而予入选。因此入选《文库》的思想家较多，使全书内容比较丰富和绚丽多彩。全书内容是对某些西方人眼中所谓的中国近代没有思想偏见的驳斥，以事实证明中国人有思想，中华民族有智慧；其三，《文库》对担负各卷整理选编者的专家遴选也都秉持严格慎重的态度，尽可能选择对相关思想家有深入研究的学者，其或是一流学者、权威专家。对此，读者从《文库》各卷书后所附《中国近代思想家文库》所选思想家及整理选编者的名单《目录》中就可见。诸如《林则徐卷》的选编者为杨国桢、《章太炎卷》的选编者为姜义华、《梁启超卷》的选编者为汤志钧、《胡适卷》的选编者为耿云志、《汤用彤卷》的选编者为汤一介、《瞿秋白卷》的选编者为陈铁健、《辜鸿铭卷》的选编者为黄兴涛、《傅斯年卷》的选编者为欧阳哲生……其他各卷也大都如是。这些选编者无论是老一辈专家，还是中青年学人，都对相关思想家有长期深入研究，有很高质量的相关学术著作，是具有权威性的优秀学者，无疑会保证各卷选编著作的学术质量；其四，丛书各卷有统一的体例，除每卷字数在五十万字左右的规定外，各卷前面都有《导读》，介绍思想家的生平经历，代表著作与学术思想成就，以及入选著作的评价和版本比较等，每篇入选著作还有注文题解，各卷后还附有《年谱简编》，以便读者查阅。可见，全书的体例也较为统一和规范，绝非简单的资料汇编。

　　文化价值：读者从以上对《文库》之编纂缘起及其内容特色的介绍中，便不难看出全书的文化价值。中华民族五千年的悠久历史是不断延续和发展的，今天的历史是前天和昨天历史的延续和发展，历史不能割断而必须代代传承，思想文化既有时代性，也有民族性。毛泽东主席早在七十多年前就曾指出："我们是马克思主义的历史主义者，我们不应当割断历史，从孔夫子到孙中山，我们应当给予总结，承继这一份珍贵的遗产。"同时，他还号召应深入研究中国近百年的思想史、文化史。习近平总书记近年来也反复指示，要重视中华民族的优秀传统文化，要大力加强中国特色的社会主义文化建设,并特别指出:"中国特色社会主义根植于中华文化沃土,反映中国人民的意志,适应中国和时代要求,有着深厚的历史渊源和广泛的现实基础。中华民族创造了源远流长的中华文化,中华民族也一定能够创造出新的辉煌。"中国近代史就是我们昨天的历史,中国近代思想家的思想及其文献资料,是中华民族思想文化的重要组成部分,当然也是一份珍贵的历史遗产,理应予以传承和科学的总结。《中国近代思想家文库》的编纂,必将有力推动近代中国思想文化的研究,也必将有助于中国特色社会主义新思想、新文化的建设,增强全民族在思想文化领域的自信心,进而创造中华文化的新成就、新辉煌。一两年后百卷本的《文库》将全部推出,祝愿其后各卷会再上一层楼,更加精益求精。

(原载《人民日报》2014年4月29日)

卷 五

文史评说与人物纪念

评戚本禹的《爱国主义还是卖国主义？》[*]

1967年3月，戚本禹抛出《爱国主义还是卖国主义？》一文，以批《清宫秘史》为名，大兴问罪之师。其实《清宫秘史》不过是一部普通历史题材的影片，戚本禹却借题发挥，叫嚷"围绕着《清宫秘史》这部反动影片"，"是以毛主席为首的无产阶级革命派同一小撮反革命修正主义分子"，"开展了一场严重的斗争"，并杀气腾腾地鼓噪"重新提出这个问题"，就是为了"一定要把这一小撮反革命修正主义分子打倒"。这就和盘托出了他们批判《清宫秘史》的罪恶目的。原来他们搬出《清宫秘史》，不过是为篡党夺权制造根据，通过这个所谓的批判，为林彪、江青一伙阴谋篡党夺权制造舆论。本文仅就戚本禹颠倒历史，歪曲、混淆爱国与卖国，革命与改良，反帝与排外等问题，做一些分析，还历史以本来面目。

一 爱国与卖国

在爱国与卖国问题上，戚本禹混淆黑白，做了根本颠倒。他的逻辑推理是：《清宫秘史》是一部宣扬卖国主义的反动影片，作者姚克是一个反共卖国的反动文人，影片肯定的人物光绪、珍妃都是卖国求荣的帝国主义代理人，谁肯定《清宫秘史》，就是与姚克站在同一反动立场，并与光绪、珍妃是"心有灵犀一点通"的卖国主义者。逻辑推论的最终结果，正是该文着眼之处。很明显，这套模式完全是主观唯心主义的虚构。

在中国近代史上，爱国主义的具体表现是什么？主要是在反侵略战争

---

[*] 本文乃与杨东梁教授合撰。

中，保卫祖国，坚决抵抗帝国主义入侵；或在民族危亡之际，对腐朽没落的封建制度，锐意改革，力除时弊，直至起来革命，用暴力推翻垂死的封建统治。反之，对帝国主义侵略者屈膝投降，甚至为维护腐朽没落的封建制度不惜出卖民族利益，才是彻头彻尾的卖国主义者。

被戚本禹称为卖国主义的《清宫秘史》，究竟是爱国主义还是卖国主义的呢？这就要看影片的具体内容和主要倾向是什么，要看作者对客观历史进程提出的问题抱什么态度。《清宫秘史》的内容，以戊戌变法为主线，其历史背景上起中日甲午战争，下止义和团运动。当时的中国正面临着"瓜分豆剖"的严重民族危机，"若箭在弦，省括即发"。客观历史形势提出了两个迫切需要解决的问题：一是抵抗外来侵略，挽救民族危亡；二是要为已产生的中国资本主义向前发展创造条件。面对这些问题，不同的阶级和派别，表现出截然不同的态度。以康有为为代表的维新派，代表新兴民族资产阶级的利益，要求变法维新，救国图强。这种变法主张，得到"不愿作亡国之君"，颇想有所作为的光绪皇帝的支持。以慈禧为头子的封建顽固派，却极端仇恨任何含有积极意义的改革，他们十分露骨地道"宁可亡国，不可变法"。最后变法运动终于被慈禧等残酷镇压。在历史事实面前，谁个爱国，谁个卖国，岂不一目了然！《清宫秘史》以电影艺术形式，大致上反映了这个时期的历史实际，对维新派和支持变法运动的光绪给予了肯定和赞扬，对慈禧等封建顽固派给以鞭笞和揭露。这样的影片有什么理由说它是卖国主义的呢？当然由于时代和作者世界观的局限，《清宫秘史》确有这样那样的缺点和错误，对此完全可以争鸣讨论，但不能像戚本禹那样，随意将影片及其作者在政治上判以死刑。至于《清宫秘史》的作者姚克也并非像戚本禹说的是一个"投靠国民党反动派""新中国成立前夕逃往海外""坚持反革命立场的反动文人"。他在30年代，是一个从事写作、翻译的文化人，和鲁迅、斯诺等有过密切的交往。抗日战争时期，姚克在沦陷后的上海，有感于民族危亡，写了《清宫秘史》这个电影剧本。

戚本禹对颇有点爱国主义的光绪、珍妃和姚克破口大骂，而对近代史上显赫的卖国投降派慈禧，却讳莫如深，不是有点奇怪吗？怪也不怪，叛徒江青连做梦都想当女皇，如果贬斥慈禧，岂不有损"旗手"之嫌？戚本禹既开脱了真正的卖国派慈禧，又抓住剧本中的珍妃讲过"各国一定会原谅皇上"这样一句话大作文章,把光绪、珍妃打成"帝国主义的代理人"。当然,维新派和帝党,由于阶级的局限,对某些帝国主义确抱有幻想。但是,这与政治上的投降卖国是两回事。辛亥时期的资产阶级革命家,同样对帝国主义有过不切实际的幻想,是不是也要把他们打成卖国主义呢?

光绪四岁当皇帝,到1888年,名义上说是"亲政"了,实际上仍然是一个"上制于西后,下壅于大臣,不能有其权,不能行其志"的政治傀儡。① 在光绪的一生中,仅仅在戊戌变法这一很短的时间内,表现出政治上的相对生动性。他喜欢读新书,议新政。康有为上书说,如不变法图强,"沼吴之祸立见,裂晋之事即来","且恐皇上与诸臣求为长安布衣而不可得",② 打动了这位年轻皇帝的心弦,促使他积极支持变法,甚至于说:"吾变法但欲救民耳,苟能救民,君权之替不替何计焉!"③ 当然光绪决不会置"救民"于君权之上,他无非是想改变自己的傀儡地位,但在民族灾难深重之时,光绪毕竟想通过变法使国家富强起来,这样的考虑和行动怎么能说成是卖国呢?固然,光绪不同于康有为等维新志士,可是他同慈禧之间的矛盾和斗争,并非纯属宫廷内部的权力之争,实际上还贯穿变法和反变法的斗争。至于珍妃,史书记载不多,她是侍郎长叙的女儿,十四岁选为珍嫔,很得光绪宠爱,其师傅文廷式和哥哥志锐,在甲午战争中都是著名的主战派,弟弟志锜同维新派关系密切,"尝侦宫中密事,输告新党"④。珍妃本人无疑是同情变法,希望光绪掌权的,《清宫秘史》对此亦有突出反映。她因遭慈禧忌恨,终于在1900年被沉井杀害,只活了二十五岁。戚本禹无视这些历史事实,竟把珍妃斥为"帝国主义的代理人",岂不是天大的笑话吗?

戚本禹伪造历史,冤诬古人不过是"项庄舞剑意在沛公",借批《清宫秘史》为名,制造阴谋。现在,阴谋已经揭穿,沉冤终要昭雪。

---

① 梁启超:《戊戌政变记》,广西师范大学出版社2010年版,第20页。
② 康有为:《上清帝第五书》,《戊戌变法》,上海人民出版社1957年版,第197、190页。
③ 梁启超:《戊戌政变记》,广西师范大学出版社2010年版,第156页。
④ 胡思敬:《志锜传》,《戊戌履霜录》卷4。

二 革命与改良

戚本禹挥舞的另一根大棒,就是讨伐所谓的"改良派"及正确评价改良运动的人们,叫嚷什么:"对资产阶级改良主义抱什么态度,实际上是对社会主义道路和资本主义道路抱什么态度的问题。"他蛮横地断定:变法维新在19世纪末叶的中国,"只能是一条虚伪的,行不通的反动道路"。因而,谁要是肯定戊戌变法,谁就是"疯狂地为资产阶级共和国呐喊,为西方资产阶级文明呼喊,为资产阶级改良主义道路呐喊",必定是要在现实政治生活中,坚持走资本主义道路。这是多么荒谬的逻辑。

马克思主义的一条基本原则是,在分析任何一个问题时,必须"以条件、地点和时间为转移"。戊戌变法是19世纪末中国的资产阶级改良运动,它与同时代欧美一些资本主义国家中出现的,以反对社会主义革命为目的的改良主义,在背景、性质和历史作用等方面都有根本不同。当时,西欧的资产阶级民主革命已经结束,无产阶级革命方兴未艾,改良主义对无产阶级革命运动,起着腐蚀剂作用。而中国到19世纪六七十年代,由于一部分官僚、地主和商人直接投资近代工业,近代资本主义才得以产生。甲午战争之后到戊戌变法时期,在帝国主义和封建主义夹缝中,民族资本又争得些发展,民族资产阶级通过自己的政治代表要求建立立宪政治,发展资本主义经济,于是爆发了1898年的变法运动。此时的维新派,针对空前的民族危机,提出求富图强的改良主张,有力冲击了封建的政治和经济,无疑顺应了历史潮流,是积极的、进步的,与同时代欧洲的资产阶级改良主义,在性质、作用方面,显然不能同日而语。

戚本禹无视中国的历史实际,为了影射攻击,以售其奸,竟肆意歪曲改良与革命的关系,把"改良"一词,视为反动、反革命的同义语。对于改良与革命的关系,马克思主义经典作家有过不少精辟论述。列宁在指出革命"是一条直接的,对人民有利的道路"的同时,又说,君主立宪的道路,"一点也不排斥革命,这条道路也在间接地酝酿并发展革命的因素,不过这条道路比较漫长,比较曲折"。[①] 列宁又说:"改良行动通常是

[①] 列宁:《反对抵制》,《列宁选集》第1卷,人民出版社1977年版,第715页。

缓慢地、审慎地、逐渐地前进，而不是倒退。"① 由此可见，改良和革命是历史前进的两种不同形式，当革命条件尚未成熟时，改良就起着动员舆论，聚积力量的作用。

戊戌变法的重要意义，正在于它造成了巨大的社会思想变动，形成了近代中国第一次思想解放的潮流。康有为、梁启超、谭嗣同、严复等资产阶级启蒙思想家们，或著书立说，创立维新变法理论；或翻译西方著述，传播欧洲资产阶级思想。他们还成立学会，建立学堂，创办报纸。各地学会、学堂、报纸如雨后春笋，纷纷兴起，分布于江苏、湖南、直隶、广东等省，变法维新思想，一时风靡全国，使传统中国思想界受到一次巨大冲击。当时许多爱国知识分子都被席卷进来，影响了整整一代人。在一百零三天的变法中，维新派虽只是通过光绪皇帝，发表了一道道并未真正执行的改革"上谕"，但对于数千年来被封建专制窒息的中国思想界来说，是一个很大的震动。对此，伟大的民主革命先行者孙中山先生是有切身体会的，当他在1895年10月（即戊戌变法前）领导第一次广州起义失败后，曾被不少人看成是"大逆不道"的"乱臣贼子"，甚至远在檀香山的亲友也视他为"洪水猛兽"，而戊戌变法后两年爆发的惠州起义（1900年10月），虽然同样失败了，社会舆论却大不相同，同情赞助革命的人空前增多。五年间"前后相较，差若天渊"，使身临其境的孙中山先生"睹此情形，中心快慰，不可言状"②。可见，正是戊戌变法带来的社会思想变动，促进大批知识分子从改良走向革命。也正是从这个意义上，可以说，戊戌变法为辛亥革命做了准备。

林彪、"四人帮"及其御用文人戚本禹之流，一贯标榜"最革命"，似乎可以超越任何历史范围来批判改良运动，批判资本主义，否则便不足以显示其"左派"身份。然而，这些醉心于在中国建立封建法西斯专政的丑类们，有什么资格去评论和讥笑19世纪末发奋图强以发展资本主义为目标的维新改革家呢？

---

① 列宁：《论黄金在目前和社会主义完全胜利方向作用》，《列宁选集》第4卷，第576页。
② 孙中山：《建国方略》，《孙中山选集》上卷，人民出版社1956年版，第174页。

三　反帝与排外

《爱国主义还是卖国主义?》用了很大篇幅来侈谈"怎样对待义和团的革命群众运动"。诚然，影片《清宫秘史》在表现义和团反帝爱国运动时，由于作者以资产阶级客观主义态度去渲染义和团的消极面，从而掩盖了它反帝、爱国的主流。那么打着批判《清官史》，歌颂义和团运动幌子的戚本禹，难道真要歌颂义和团反帝爱国的本质方面吗？否！这完全是政治骗子的谎言。试看戚本禹笔下的一段叙述和议论吧，"浩浩荡荡的革命群众，头裹红巾，腰缠红带，鞋镶红边，手持大刀长矛，在大街上威风凛凛地游行"，"他们把驻有外国使馆的东交民巷改名为'切洋街'，御河桥改为'断洋桥'，义和团在游行时，经常同市民齐声高呼'杀洋鬼子'的口号，使帝国主义分子听了发抖"，"在义和团运动中，青少年是一支最生动，最活跃的力量，他们在这次伟大的革命运动中，建立了不朽的功勋"。

这难道是在讲历史？什么"红巾""红带""红边"，什么"青少年是一支最生动最活跃的力量"，什么"切洋街""断洋桥"等，这些精心选择的材料和词句，不用加什么注脚，人们就能一眼看穿戚本禹在这些字里行间中包藏的祸心。文章分明是用义和团比附"红卫兵运动"，妄图利用一部分青少年的幼稚与狂热，去破坏党的外交路线，制造混乱。

毋庸置疑，义和团运动有不可磨灭的历史功绩，它以阻止帝国主义瓜分中国的阴谋而被载入史册。由于帝国主义对中国的疯狂掠夺，以及外国侵略者（特别是一部分传教士）在中国土地上为非作歹，激起了中国人民的无比仇恨，在这样的背景下，义和团发展为具有广泛群众性的反帝爱国运动。我们肯定义和团的革命性、爱国性，肯定这场运动的本质和主流，是尊重历史的辩证法，而不是不加分析地肯定义和团运动的一切，甚至连那些盲目排外的行动，也当成是"反帝"的内容加以宣扬。义和团运动是半封建、半殖民地社会中农民阶级自发的反帝爱国运动，他们提出"灭洋"这个笼统的排外主义口号，所谓"三月之中都杀尽，中原不准有洋人"，进抵涿州后，进一步展开毁坏"来自洋人"的铁路、电线，乃至各种洋货的斗争。这些表现了他们对帝国主义的认识仅仅停留在低级的感性阶段。农民阶级本身落后、保守的消极面,在这个运动发展过程中,必然要表现出来。如毛泽东同志所说,这主要表现在他们"笼统的排外主义的斗争上"。

排外主义是封建制度的必然产物,自给自足的自然经济是产生排外主义的经济基础。乾隆皇帝有一段很典型的话说:"天朝物产丰盈,无所不有,原不藉外夷货物,以通有无。"这是连一些正常的经济贸易往来也加以拒绝。到了19世纪中叶,当权的封建统治者,在西欧资本主义迅速发展的情况下,仍然夜郎自大,孤陋寡闻。他们在西方资本主义的侵略面前,束手无策,毫无作为,却盲目仇视来自西方的一切新事物,视轮船、铁路、电报为"奇技淫巧",决不愿"变而从夷"。那个主张利用义和团的顽固派徐桐连算学也斥为"洋鬼子的学问",对世界的茫然无知竟达到如此可笑程度。

中国长达数千年的封建社会,延绵不断的封建制度,小生产的汪洋大海,就是排外主义产生的温床和土壤。排外主义和封建主义是一对孪生兄弟,排外无非要把"老祖宗"的一套供起来,万古不变。鲁迅说过:"排外则易倾于慕古,慕古必不免于退婴。"[1] 这一针见血地指出了排外的实质是倒退。

新中国成立后,我们曾经认真批判过"洋奴哲学",在全国人民中进行了爱国主义教育,提高了民族自信心,这是完全正确而必要的。但是,与此同时,封建的闭关锁国思想和排外主义的幽灵却又在游荡。毛泽东同志在《论十大关系》中就指出,"对外国的科学、技术和文化不加分析地一概排斥,和……对外国东西不加分析地一概照搬,都不是马克思主义的态度,都对我们的事业不利"。然而,排外主义思潮、封建主义思想并未得到认真清算,到了"四人帮"横行时期,又被煽动起来并发展到登峰造极,给党的事业,带来了极大的损失。这是一个深刻的教训。

(原载《光明日报》1979年12月11日)

---

[1] 鲁迅:《新俄画选》,《鲁迅全集》,人民文学出版社1981年版,第768页。

历史文化遗产与社会主义精神文明建设[*]

一 建设社会主义精神文明为什么要重视历史文化遗产

我们祖国是一个有着几千年历史和文化积累的文明古国，其历史遗产之丰富是举世皆知的，"在中华民族的开化史上，有素称发达的农业和手工业，有许多伟大的思想家、科学家、发明家、政治家、军事家、文学家和艺术家，有丰富的文化典籍"①，中华民族在历史上创造的物质文明和精神文明，大大丰富了世界文化宝库，为世界历史的发展做出了巨大贡献。在新的历史时期中，党中央又提出建设高度物质文明的同时努力建设社会主义精神文明。提高整个中华民族的思想道德素质和科学文化素质，加强社会主义精神文明建设，这是关系社会主义兴衰成败的大事。

建设社会主义精神文明应该重视历史文化遗产。作为人类认识和改造世界成果的历史文化遗产，除了具有阶级性（并非所有的历史文化遗产都具有阶级性）外，还具有历史连续性和承继性。历史不能割断，今天是昨天和前天的继续和发展，没有前天和昨天，今天也就失去了存在的前提。恩格斯说过"没有希腊文化和罗马帝国所奠定的基础，也就没有现代的欧洲"②。列宁在谈到无产阶级文化和社会主义精神文明的形成时也阐述了这一观点："无产阶级文化并不是从天上掉下来的，也不是那些自命为无产阶级文化专家的人杜撰出来的，如果认为是这样，那完全是胡说。无产阶级文化应当是人类在资本主义社会、地主社会和官僚社会压迫

---

* 本文乃与杨东梁教授合撰。

① 《中国革命和中国共产党》，《毛泽东选集》第 2 卷，人民出版社 1952 年版，第 616—617 页。

② 《马克思恩格斯选集》第 3 卷，第 220 页。

下创造出来的全部知识合乎规律的发展。"① 1938年10月，毛泽东在中共中央六届六中全会的报告中特别强调，学习革命理论、历史遗产和深刻地了解实际运动是不可分割的，之所以要学习历史遗产，是因为"今天的中国是历史的中国的一个发展；我们是马克思主义的历史主义者，我们不应当割断历史。从孔夫子到孙中山，我们应当给以总结，承继这一份珍贵的遗产，这对于指导当前的伟大的运动，是有重要的帮助的。"②

的确，中华民族的祖先留给后人的历史文化遗产是很丰富的，而且源远流长，有着极强的生命力，充分表现出我们的民族文化具有深厚根柢。随着时代车轮的滚动，传统文化不断注进新的内容，到了近代，在继承古代文化辉煌成就的同时，还大量吸收了外来文化的养料，使延续几千年之久的传统文化发生了根本性变革。新中国的诞生，更使中国人民在社会生产和生活方式上发生了天翻地覆的变化。党的十一届三中全会以后，我国进入新的历史发展时期，全国各族人民正在中国共产党领导下，为创造出高度发达的物质文明和高度发达的社会主义精神文明而奋斗。

在建设具有中国特色的社会主义现代化，搞好社会主义精神文明建设之时，固然需要吸取世界现代化运动的共同经验，把当代世界（包括发达资本主义国家）的先进科学技术学到手，把国外一些行之有效的管理经验和其他有益文化学到手，努力攀登科学文化的新高度。但是，这种攀登绝不是离开中国的国情，一笔抹杀我们的民族传统，抛弃我们的历史遗产。世界上任何一种文化都必须扎根于本民族的土壤之中，离开了这片沃土，是绝不会有持久生命力的，一位联邦德国的学者在首届中国文化学术讨论会上发言说："如果一个民族过于否定自己的传统，那么它就没有根了。"另一位外国朋友也曾对中国作家们说："我不喜欢你们讲的'中国文学要走向世界'这个口号中的'走向'这个词，'走向'就会失去最可贵的'自我'，中国文学只要'面向'世界就可以了，脚还是要站在自己的土地上。"这些国际友人的忠告岂不值得那些蔑视历史遗产和社会主义精神文明的"全盘西化"论者好好想一想！

在十年浩劫期间，林彪、"四人帮"打着"革命"旗号，否定一切，

---

① 《列宁选集》第4卷，第348页。
② 《毛泽东选集》第2卷，第534页。

他们把历史文化遗产一概斥之为"四旧",横加扫荡,这种扼杀传统、抛弃遗产的倒行逆施必将带来历史的惩罚,结果是使许多青年人乃至一些干部对祖国历史茫然无知或知之甚少,对中华民族的光荣传统,优秀的文化遗产,缺乏应有的了解和起码的认识,更有少数人在资产阶级思想腐蚀影响下,沾染了民族自卑心理,唯洋是从,一切都是外国的好,月亮也是外国的圆。至于海外某些以"社会批评家"自命的文人"学者"更是危言耸听,到处宣扬中国人的"丑陋",认定中国五千年的文化历史充满罪恶,是所谓"酱缸文化",鼓吹"要彻底的崇洋"。一位名叫柏杨的先生说:"若干年前,我在洛杉矶有一次演讲,有人问我:'你是否以当一个中国人为荣?'我脱口而出说:'我不以当一个中国人为荣,请你告诉我,中国人的荣耀在哪里?是我们国家强?是我们文明高?是我们民族对人类整个文化有建设的贡献?是我们的音乐、绘画、文学出类拔萃?我们到底有什么?请随便讲出一个我们国家有,其他国家没有,或是我们可以和其他国家同享荣耀,举得出来吗?"[①] 显然,这一连串咄咄逼人的问话有很大片面性,至少不完全符合事实。柏杨先生当然不会对中国的历史和现状一无所知,那又为什么要故发"惊人"之语呢?"爱之深,责之切"吗?未必!须知,偏激情绪代替不了科学分析,肆意谩骂更非爱国之举。

崇洋媚外之风并非自今日刮起,早在"五四"运动后,就有人在一本叫《中国文化的出路》的书中公开宣称"中国的一切都不如西方",必须"把西方的一切都接受过来,好的坏的都要,不仅要民主与科学,也要军国主义和金力主义"。1929年,胡适写了一篇《中国今日的文化冲突》的文章,明确提出:"我主张全盘西化。"尽管历史已经证明这条道路走不通,但时隔几十年后,又有人老调重弹。前些时候,不就有人声称"我是欣赏'全盘西化'的观点的"吗?

要不要重视外国和外民族的优秀文化遗产?回答是肯定的。实际上在我国历史上,高度发展的封建文化也是学习、吸收、改造、融合了外来优秀文化成分的。在今天建设社会主义精神文明时,我们不正是把对外开放作为一项不可动摇的基本国策吗!当然,要吸收的只是于我们有益的东西,对一切丑恶腐朽的东西则必须摒弃。对西方文化缺乏一种分析态度,

---

[①] 柏杨:《丑陋的中国人》,台湾林白出版社1985年版,第41页。

津津乐道于人家的长处，有意无意地回避其糟粕，总是一种片面性吧！

有人说"鲁迅主张全盘西化"，其实鲁迅恰恰避免了这种片面性。他在无情抨击历史遗产中封建主义糟粕的同时，并没有全盘否定中国传统文化，他说，"新的阶级及其文化，并非突然从天而降，大抵是发达于对于旧支配者及其文化的反抗中，亦即发达于和旧者的对立中，所以新文化仍然有所承传，于旧文化也仍然有所择取"①。在那篇《拿来主义》的著名文章中，鲁迅旗帜鲜明地反对闭关锁国，指出对"洋货"无须"恐怖"，强调既要占有，又要挑选，"要运用脑髓，放出眼光，自己来拿"②，即今天讲的"古为今用，洋为中用"。鲁迅的观点哪里是"全方位开放"的"全盘西化"论呢？！

全盘西化不但早被中国近代历史证明是根本行不通的，而且同我们今天建设社会主义精神文明的任务也格格不入。众所周知，只有在马克思主义指导下的精神文明，才是社会主义时代的精神文明，只有坚持马克思主义的指导，批判继承本民族的历史遗产和外国文化中有价值的成分，才能创造一种高度发达的社会主义精神文明。如果一味抹杀自己的民族传统，不加分析地照搬西方那一套，使我们历史文化遗产中许多有永久价值的东西反而湮没不彰，那么必将造成中国人文化上、心理上的巨大空白，中华民族就不可能自尊、自信、自强，更谈不到自立于世界民族之林。总之，祖国丰富的历史文化遗产是培养爱国主义思想的沃土，也是我们建设社会主义精神文明的养料来源之一。

二 对待历史遗产的正确原则是批判继承

我们讲建设社会主义精神文明应该重视历史文化遗产，并不是说对历史遗产不分良莠，兼收并蓄。马克思主义对历史遗产的正确原则是批判继承。

在建设社会主义精神文明过程中，应如何正确对待历史文化遗产，有一个立足点的问题，我们要立足于向前看，不是向后看，不能颂古非今。

---

① 《〈浮士德与城〉后记》，《鲁迅全集》第7卷，人民文学出版社1981年版，第355页。
② 《拿来主义》，《鲁迅全集》第6卷，第39页。

继承民族历史文化遗产中的精华，当然有保存的含义在内，但决不意味着把它当成老古董一样藏之密室，以供赏玩。继承的目的恰恰在于要改造和发展，使之体现时代精神，能适应今天的需要，有助于解决今天面临的问题，否则，即便是优秀的历史文化遗产，在现实生活中也不会有生命力。

所谓"儒学复兴"（或谓"儒学第三次兴起"）的论者认为，中国的未来和希望在古代，在于完全保留传统文化、这种观点的提出显然是缺乏历史意识的表现，是对历史的一个反动。中国人对于自己传统文化、历史遗产的缺陷已经谈了一百年，问题并没有解决多少。新中国成立后，在一个时期内由于我们对封建主义残余在社会生活和思想领域中的影响估计不足，从而带来了严重后果。今天我们对肃清封建遗毒的重要性有了新的认识，又怎么能再走回头路，去搞什么"完全保留"呢？须知，历史文化遗产是一定时代的产物，我们讲继承，必须以符合时代需要为前提，决非原封不动地全部因袭，继承是一个选择、改造、推陈出新的过程。

马列主义对待历史遗产的批判继承原则，是历史唯物主义原理在文化遗产领域中的具体运用。毛泽东同志曾讲到无产阶级新文化和封建主义旧文化的关系："清理古代文化的发展过程，剔除其封建性的糟粕，吸收其民主性的精华，是发展民族新文化提高民族自信心的必要条件；但是决不能无批判地兼收并蓄。"[①] 对这一马列主义的正确原则，现在却有人贬斥为"中庸"观点，认为这是离开"系统整体优劣"的"零散评价"，因而"是不科学的"。这种标新立异的论点新则新矣，却很难让人苟同。首先，区分精华与糟粕，正是用历史唯物主义观点对遗产进行历史的、阶级的具体分析，它依据当时人民群众阶级斗争、生产斗争和科学实验的实践去进行检验，从而给历史一定的科学地位，怎么能说"不科学"呢！其次，像一切事物无不具有两重性一样，我国历史文化遗产也有它的两重性。如实指出这种两重性，怎么能说是"中庸"观点呢？片面强调"整体优劣"，而不做具体细致分析，必将导致看问题的绝对化和简单化，要么笼统肯定，要么笼统否定，这显然都是不合适的。最后，对历史遗产吸取精华，剔除糟粕的原则早已被前人特别是马列主义经典作家所阐发，所实践，历史已经证明了这一原则的科学性，这是最有说服力的。

---

① 《毛泽东选集》第 2 卷，第 700—701 页。

要批判地继承历史遗产，就必须认真分析历史文化遗产的两个方面：精华与糟粕。而首先应分清什么是精华，什么是糟粕，批判什么，继承什么。对待历史遗产之所以往往容易出现简单肯定或简单否定的倾向，是因为对精华与糟粕采取一种"一刀切"的形而上学态度。实际上，精华与糟粕除有些较易区分外，更多情况下是糅杂在一起，并非泾渭分明。比如中国传统文化中所强调的"礼"，讲的是一种等级隶属关系，维护的是封建社会中的"三纲五常"，使人的个性受到极大压抑。但它也在一定程度上增进了人与人之间的相互依赖，把个人、家庭和国家的命运较为紧密地联系起来，使爱国主义有了坚实基础，从而有助于中华民族凝聚力的加强，总不好说全部都是糟粕。就"精华"而言也不是绝对的，精华与非精华在不同的历史阶段也可以互相转化。另外，还有一些历史遗产如某些文化知识资料，也很难绝对说是精华或糟粕。对这部分处于中间状态的遗产，只要对我们还有一些作用，也应该批判继承。总之，对历史遗产要做具体分析，并细致地加以鉴别。

如上所述，继承历史遗产要遵循历史唯物主义的观点和方法，正确区别精华与糟粕，要像马克思那样对人类社会所创造的一切，都用批判的态度加以审查，不忽略任何一点。对于历史文化遗产中封建性糟粕的一面，过去我们的批判是不深刻的。新中国成立后，在文化领域里注重了批判资产阶级文化，却在一个时期里忽视了对历史遗产中封建糟粕的批判，未能彻底清理，因而其潜滋暗长，一有合适条件，沉滓往往泛起。

历史上，我国是一个高度中央集权制的封建国家，封建君主专制制度历时二千一百多年，在世界封建社会政治史上是相当典型的。在这种制度下，君主是至高无上的主宰，他通过一套庞大而较为完善的官僚机构进行统治。为了保证上下尊卑的关系，又建立了一套严格的封建等级制度，伴随着这种官僚政治必然是争权夺利，徇私舞弊，趋炎附势，拉帮结派，因循守旧，遇事推诿，饱食终日，无所事事等诸多腐败现象。这些旧时代的沉滓是不会轻易退出历史舞台的，在林彪、"四人帮"横行之时，又到处泛滥。时至今日，在某些地方，某些单位中，也仍然存在"一人得道，鸡犬升天"，拉帮结派、任人唯亲的现象。个别人一旦掌握了一部分权力就以权谋私，不顾党纪国法，把自己负责的单位变成一家一姓的"独立王国"。在政治生活中,"家长制""一言堂"的霸道作风也已成为我们今天建设社会主义民主和法制的严重障碍。

在伦理道德方面,历史文化遗产的糟粕所造成的影响也不可低估,所谓"三纲五常""忠孝节义"虽然在近现代新旧思想的几次搏斗中受到冲击,但阴魂不散,"文化大革命"中"一句顶一万句"的宣传,"早请示,晚汇报""跳忠字舞"的形式不正是绝对服从、唯书、唯上的翻版吗?

因循保守是历史文化遗产的惰性在观念形态上的又一表现。千百年来,传统的农业、手工业生产方式决定了日出而作、日入而息、周而复始的单调生活方式,人们习惯于乐天知命、安分守己。"不为祸始,不为福先"等安于现状,不求创新等守旧心理依然是很多人的思维方式。鲁迅先生在旧中国有感于大量的封建糟粕窒息着民族的生机,曾大声疾呼:"无论如何,不革新,是生存也为难的,而况保古。"① 他不能容忍那种断送国家、民族前途的因循、保守思想,曾愤愤指出:"我独不解中国人何以于旧状况那么心平气和,于较新的机运就这么疾首蹙额,于已成之局那么委曲求全,于初兴之事就这么求全责备?"② 当然,新中国成立后,情况有了很大变化,但因循保守的心理在今天的社会中远没有绝迹,并正成为我们深入改革的主要思想阻力。

在社会生活方式方面,历史遗产留下的包袱也很沉重,它死死缠住活人的灵魂。目前有一些地方封建迷信活动猖獗,求签拜神,看风水,修家谱之类颇为普遍,一些巫医、巫婆则大搞请神,驱邪,骗钱害人。

总之,在批判继承历史遗产时,必须警惕沉渣泛起,只有坚持吸取精华,剔除糟粕的原则,才有利于促进社会主义精神文明的健康发展。

三 我们要从历史遗产中吸取什么营养?

几千年的优秀民族传统是中华民族赖以生存的精灵,正是在这样一个基础上,我们的祖先创造了光辉灿烂的文化。今天,我们要丰富和建设社会主义精神文明,无疑要发扬光大这些优良传统,需要从历史遗产中吸取

---

① 《忽然想到(六)》,《鲁迅全集》第3卷,人民文学出版社1982年版,第45页。
② 《这个与那个(四)》,《鲁迅全集》第3卷,第143页。

可贵的营养。那么，哪些是我们民族传统中真、善、美的东西呢？哪些是应该加以吸收、消化的珍品（或谓"民主性的精华"）呢？

首先要珍视的是古代劳动人民追求自由、反抗剥削压迫的革命传统和爱国主义传统。

早在奴隶制时代，奴隶和平民就不断起来反抗暴政，牧野之战中的"前徒倒戈"（大批武装奴隶阵前起义），直接导致殷商奴隶主政权的垮台，西周时"国人暴动"放逐了国君厉王。在封建社会中，反抗地主阶级的农民起义更是此伏彼起，接连不断。从陈胜、吴广的揭竿而起，到被称为旧式农民战争发展顶峰的太平天国革命，大小不下数百次，就规模和次数而论，都为世界革命历史所少见。起义农民敢于蔑视自称"授命于天"的封建统治者，他们旗帜鲜明地提出要"冲天"，要用自己的"黄天"去替代统治者的"苍天"，他们向往平均和平等的人间世界，大声疾呼要"等贵贱，均贫富"，要建立一个"无处不均匀，无人不饱暖"的理想社会。历史上劳动群众这种前仆后继、浴血奋战的斗争精神和对理想的执着追求是历史遗产中的一笔宝贵财富。

在中华民族发展史上，还有特别值得我们引为骄傲的思想珍品，那就是中国人民所表现出的伟大凝聚力和向心力，即世代相承的对祖国的热爱。这种从数千年历史演变中形成的爱国主义，是历史遗产中的无价之宝。尤其是当中华民族面临生死存亡的严重关头时，就越发显示它的战斗锋芒，激励着人们为保卫祖国，变革图强，社会进步而献身。在近代一百多年的艰苦历程中，爱国主义犹如一支震撼人心的交响曲，成为中国人民巨大的精神支柱。一部中国近代史，就是中国人民反帝反封建斗争的爱国主义运动史。正是由于中国人民不畏强暴，不怕挫折，不屈不挠，再接再厉的英勇斗争，才使得帝国主义灭亡中国的美梦彻底破产。

爱国主义传统这股巨大的力量来自我国各族人民群众，突出地表现在许许多多爱国历史人物的身上。那些忧国忧民的志士仁人和抗敌御侮的民族英雄，从不同侧面表现了我们的民族精神，堪称"中国的脊梁"。如鸦片战争时期被史家称为"睁眼看世界的第一人"的林则徐，不但主持了震惊世界的虎门销烟，向全世界显示了中国人民纯洁的道德心和反抗外来侵略的坚强意志，而且表现出以国家为重的忘我精神："苟利国家生死以，岂因祸福避趋之。"在戊戌维新运动中，维新志士的代表康有为以救亡图存为己任，大声疾呼："人人有责任来救自己的国家。"甘愿为变法流血的谭嗣同则视死如归，从容赴难，誓用自己的鲜血，去唤起人们为改革而奋斗，其献身精神真可谓"亘古不磨"！

20世纪初，资产阶级革命派成为中国大地上的风云人物，他们为推翻封建帝制，建立民主共和，争取民族独立、国家富强所表现出的高尚情操更是感人至深。为共和献身的第一人——陆皓东在筹备起义时曾跃身奋言："男儿报国，此其时矣！"黄花岗七十二烈士之一的方声洞在绝命书中表达了求祖国富强的强烈愿望："夫男儿在世不能建功立业以强祖国，使同胞享幸福，奋斗而死，亦大乐也！"这些热情洋溢、大义凛然的肺腑之言真是字字铿锵，掷地有声，至今读起来还令人热血沸腾，不能自已。在登上历史舞台的一大批民主主义战士中，孙中山是伟大的先行者，他为振兴中华、人民幸福殚精竭虑，贡献了一生。当他积劳成疾，与世长辞时，仍呼喊着："和平，奋斗，救中国。"这些可贵的革命民主主义者的爱国思想、献身精神，理应成为我们历史遗产中宝贵的一部分，加以继承、发扬。

诚然，历史上的爱国主义不可避免地存在着阶级和时代的局限。在阶级社会中，爱国主义必然要打上阶级烙印，劳苦大众和进步思想家的爱国思想和行动，往往备受压抑，报国无门，而在君主专制制度下，皇帝被视为国家的标志和主宰，即或一些忧国忧民的历史人物，也常常把爱国与忠君联系起来而受到极大限制。

在中国的传统思想中，除爱国主义思想外，还有一些值得肯定的东西。比如哲学思想中的朴素唯物论思想和辩证思维方式，像荀子的"天行有常"、王充的"天道自然"、范缜的"形存则神存，形谢则神灭"思想，以及老子关于物极必反的古代辩证法思想，又如政治思想中的民本思想，孟子提出"民贵君轻"，黄宗羲在《原君》《原臣》等名篇中对专制主义的批评等都是很有价值的精神遗产。

另外，刻苦耐劳，艰苦奋斗的精神也是我国各族人民世代相传的美德。我们的祖先从远古时代起就在这片繁衍生息的大地上披荆斩棘，辛勤劳作。从距今七千多年的历史遗址上，普遍发现了目前世界上已知年代最早的栽培稻堆积。我国还是世界上最早养蚕和生产丝绸的国家，公元前的希腊著作中已称中国为"蚕丝之国"。手工业方面，早在商周时期，青铜冶炼和铸造已相当发达,并且在世界上最早采用高炉冶铁。至于陶瓷器皿生产,更是巧夺天工,汉、唐以来大量远销国外,使我国素有"瓷器之国"的称呼。所有这些物质财富的生产与创造,无不是我们祖先刻苦耐劳,艰苦奋斗的结果。在我国历史上,还曾广泛传颂"卧薪尝胆",发奋图强的典型故事,也曾记录下许多思想家倡导艰苦奋斗精神的名言,像"锲而不舍,金石可镂","富贵不能淫,贫贱不能移,威武不能屈","先天下之忧而忧,后天下之乐而乐"等,都给后人以启迪。在阶级社会中,思想、观点是有阶级性的,但其中不乏值得批判继承的合理因素。

中华民族不仅以勤劳、勇敢著称于世,其聪明才智在科学技术领域中也曾大放异彩。中国古代的科学技术在世界上曾长期居于领先地位,指南针、造纸术、火药、印刷术被称为中国古代四大发明,这些卓越成就为世界科学文化发展做出了不可估量的贡献。经典作家对此曾做过高度评价,马克思把火药、指南针、印刷术看作预告资产阶级到来的三大发明,恩格斯指出火药和火器的使用"是一种工业的,也就是经济的进步","对统治和奴役关系起了变革的作用"[1]。

在天文、地学、数学、物理学、水利、建筑、农学、医学等方面,我们的祖先也成就卓著。精密仪器——浑天仪和地动仪的制造,地磁偏角的发现,圆周率推算的准确程度以及农业上育种混合选择法,豆类谷类作物轮作制的采用,世界上第一口石油竖井的开凿等在世界科技史上均遥遥领先。我国古代医学更是一座伟大的宝库,许多医学,药物学巨著如《伤寒杂病论》《本草纲目》的问世,对祖国和世界医学做出了不朽贡献,直至今天仍具有实用价值。我国历史上的优秀科学家、能工巧匠之所以能取得卓越的成绩,正是因为中华民族热爱科学,在探求真理的道路上有一股不畏艰险、锲而不舍的精神。

在中华民族历史上,还产生了许多深刻反映社会生活并具有优美艺术形式的文学艺术作品。文学家、艺术家人才济济,群星灿烂,他们创作的文艺作品之所以具有很强的生命力,是因为在内容上抒发了爱国之情,并在一定程度上揭露了封建社会的黑暗、没落,歌颂了善良、淳朴的品质和对自由婚姻的追求,有着强烈的感染力。同时,在艺术形式上也给人以美

---

[1] 《马克思恩格斯选集》第3卷,人民出版社1972年版,第206—207页。

好的享受。我国保留至今的文化典籍也是极为丰富的,明初编成的《永乐大典》是一部百科全书式的大类书,共辑有当时古今图书七八千种,二万二千九百三十七卷,清乾隆年间纂修的《四库全书》收录图书(全书收录)三千四百六十一种,七万九千零九卷,三万六千零七十八册。[①]这样宏伟的文献汇编,在当时世界文化之林中,是无与伦比的。

中华民族的历史文化遗产是丰富多彩的,其中有许多精华。如果我们尊重自己的历史文化遗产,并善于总结这笔遗产中的优良传统而予以继承、发展,同时又正视我们背上的历史包袱,发扬鲁迅那样的批判精神,那么无疑将有利于我国的四个现代化建设事业,也一定会对发展中国式的社会主义精神文明起推动作用。

(原载《传统文化与现代化》,中国人民大学出版社1988年版)

[①] 参见黄爱平《四库全书纂修研究》,中国人民大学出版社1989年版,第411页。

从世界史的角度看中国封建社会的长期性*

  同世界各国的历史相比较，中国的封建社会形成得早，结束得晚，延续时间很长。作为一种社会历史形态，它发展得十分完备和典型；就其影响来说，它根深蒂固，直到今天，仍是建设具有高度民主、高度文明的社会主义强国的沉重包袱和障碍。

  中国的封建社会为什么具有长期性？

  相当一段时间内沿用着一种说法：地主阶级残酷的剥削和压迫所造成的农民的极端穷苦和落后，是中国社会几千年在经济上和社会生活上停滞不前的基本原因。然而，地主阶级剥削压迫农民是各国封建社会的共同特征，世界上其他国家封建社会的地主阶级，对农民的剥削和压迫，何尝不是同样的残酷？农民又何尝不是同样的穷苦？但是，在欧洲，农民的贫困化，却为资本主义的原始积累创造了条件。可见，上述论断，缺乏科学的说服力。

  我国老一代的历史学家如范文澜、翦伯赞、吕振羽等，对中国封建社会长期性的原因，也进行过探讨，特别是范老还专门撰写了《论中国封建社会长期延续的原因》，他从中国封建社会农业生产力的迟缓发展，生产关系对生产力的破坏，工业生产力发展的迟缓等方面加以说明。[①] 这些见解和论述，有助于讨论的深入。但，以往的论述，大多是就中国封建社会论中国封建社会，很少从世界史的范围，就各国历史的相互比较来说明问题。

  列宁曾指出："把各个国家的政治经济的发展情况加以比较……从马

---

* 本文乃与李春辉教授合撰。
① 《范文澜历史论文集》，中国社会科学出版社1979年版，第93—107页。

克思主义观点看来，具有极大的意义。"当然，这种比较"必须作得适当。这里有一个起码的条件，就是要弄清所比较的各个国家的历史发展时期是否可以互相比较"①。比较的方法是重要的研究方法之一，因而，我们试图从世界史的角度，从中国封建社会与欧洲封建社会的比较中，分析中国封建社会长期性的原因，并从中总结点应有的历史教训。

一　世界各国封建社会的共同规律与各自的特点

在人类社会历史发展的长河中，原始社会、奴隶社会、封建社会、资本主义社会、社会主义社会与共产主义社会，在生产力与生产关系的矛盾发展中，更迭演变，是历史发展的必然趋势。

封建社会是介于奴隶社会与资本主义社会之间的一种社会历史形态，它是人类社会发展史上必经的一个重要历史发展阶段。世界各民族的封建社会，大体上具有如下共同的规律和特点：

1. 封建土地所有制是封建生产关系的基础；
2. 大土地所有制与生产过程的个体性是封建社会基本的经济矛盾；
3. 封建地主阶级与农民阶级的矛盾是封建社会的主要阶级矛盾；
4. 自给自足的自然经济占支配地位；
5. 商品经济为封建社会服务，它的日益发展也为资本主义的生产创造了条件。

除以上共同规律和特点外，每个国家和民族的历史发展道路千变万化，各国封建社会的形成发展与终结也各有不同。不同的情况和条件，决定了各国的封建社会又各具特征，不可能是毫无差别的一个模式，因而"在分析任何一个社会问题时，马克思主义理论的绝对要求，就是要把问题提到一定的历史范围之内；此外，如果谈到某一国家……那就要估计到在同一历史时代这个国家不同于其他各国的具体特点"。②

为了说明封建社会在各国的不同特点，不妨简单介绍一些国家和地区，封建社会历史阶段的一些情况。

---

① 《论民族自决权》，《列宁选集》第2卷，人民出版社1960年版，第517、512页。
② 同上书，第512页。

在南、北美洲，当哥伦布于1492年到达美洲之前（按：中外历史学家的研究证明，美洲并非哥伦布首先发现，已居住有两千万到四千万的印第安人。）这时已是15世纪末，然而在美洲的印第安人，大部分还只处在原始部落，即原始共产主义社会阶段，只有少部分地区即如今天的墨西哥、洪都拉斯、危地马拉、秘鲁、玻利维亚、智利、厄瓜多尔等国的全部或一部分，当时叫作阿兹特克人、玛雅人和印加人的地方，文化才比较发达。但就是这些人居住的地方，社会制度也只处在部落联盟阶段，即从原始社会向奴隶社会过渡的阶段，恩格斯把它叫作军事民主阶段，已经出现和使用奴隶，但占主要地位的还是部落制。此后不久，欧洲殖民主义者便来到这里，南、北美洲都成了欧洲的殖民地，当其奴隶制尚未形成时，便被殖民主义者所占领，因而在南北美洲的一些国家中，其社会经济形态的发展，并未能按正常的规律进行。有些国家如美国，根本就没有经过封建制社会阶段。美国1776年发表独立宣言，经过多年浴血奋战，推翻英国殖民主义统治，建立资产阶级共和国。它的这次革命主要是反对殖民主义统治，而不是为了反对封建制度。

澳大利亚的情况也和美国相似，在欧洲殖民主义者去的时候，还处在原始部落社会，也没有经过封建社会阶段。

非洲大陆，以撒哈拉沙漠为分界线，沙漠以北是北非，以南是黑非洲及南非，南北的发展不一致。北非发展得较早，如处于北非的埃及，是世界四个文明古国之一，不过，埃及的文明主要是在奴隶制时代，公元前331年它就被马其顿的亚历山大所征服，公元前30年又被罗马帝国征服，7世纪又被阿拉伯征服，到近代又被西方殖民主义者征服，直到第一次世界大战以后才独立。北非其他国家也是两次世界大战间或以后才独立的。由于其社会发展过程，长时期被外来侵略者所打断，所以，在北非谈不上有连续完整的封建制度。撒哈拉沙漠以南的国家和地区发展更为落后，19世纪中叶以后完全被欧洲殖民主义者所征服，到第二次世界大战，特别是60年代以后，才一个个独立（少数地区至今尚未能独立）。该地区内的各个国家，在独立之前，什么样的社会制度都有：原始共产主义部落社会、奴隶制社会、封建制社会都有一些，但都不典型。作为封建制度的典型发展，在非洲也不存在。

欧洲的封建社会，是公元5世纪开始的，相当于中国的魏晋南北朝时期。但欧洲封建制度结束得最早,世界上的资产阶级革命,首先在欧洲发生。恩格斯曾经指出:欧洲"资产阶级反对封建制度的长期斗争,在三次大决战中,达到了顶点"。① 16世纪后半叶,随着欧洲资本主义经济关系的逐渐形成,爆发了世界上第一次资产阶级革命——尼德兰(今天的荷兰和比利时)资产阶级革命,但不够典型。比较大的资产阶级革命,发生在17世纪中叶的英国,这次革命,在农村自耕农和城市贫民的配合下,直到把封建统治者查理一世送上断头台才结束。第三次是1789年的法国资产阶级革命,"这是完全抛开了宗教外衣,并在毫不掩饰的政治战线上作战;这也是第一次真正把斗争进行到底,直到交战的一方即贵族被消灭而另一方即资产阶级获得完全胜利"。② 欧洲的德国和意大利资产阶级革命比较晚,到1871年左右才开始。在1871年以前,德国还没有统一,基本上处于割据状态的封建社会。至于沙皇俄国废除农奴制是到19世纪60年代。总的看来,封建社会在欧洲开始于公元5世纪,从16世纪以后到19世纪,便先后为资本主义所代替。

亚洲各国的情况如何呢?西亚的两河流域地区(幼发拉底河与底格里斯河)是古代世界的文明发源地之一,但后来整个西亚成为阿拉伯世界,阿拉伯早期是游牧社会,以后经过封建阶段,再后又为近代殖民主义者所统治。西亚各国有的是第一次世界大战以后独立的,有些国家到第二次世界大战以后才独立,其封建主义社会的发展,也为外来殖民主义者所打断,也不典型。南亚的主要国家如印度,其文化发达得很早,也是世界文明古国之一。但它在历史上却没有真正实现过全面的统一。亚洲的北部是西伯利亚,过去是很落后的地方。东亚各国,在封建社会时期的政治、经济、文化等各方面,都程度不同地受中国影响,其封建社会当然不会比中国更典型。

中国的封建制度起于何时,学术界尚有不同意见,即以春秋战国之交作为封建社会的起点,也在公元前5世纪,历经两千多年,直到鸦片战争中国的封建社会才开始发生变化,过渡到半封建半殖民地社会;1911年

---

① 恩格斯:《〈社会主义从空想到科学的发展〉英文版导言》,《马克思恩格斯选集》第3卷,人民出版社1972年版,第706页。

② 同上书,第395页。

中国进行了推翻封建帝制的资产阶级革命,然而社会性质却没有发生根本变化,直到1949年新中国成立,从半殖民地半封建社会转变到社会主义,封建制度才真正结束。从开始到终结,一直延续了两三千年,进入封建社会比欧洲早一千年左右,结束比欧洲又晚二三百年,中国封建社会之长,在世界上确实无与伦比。

从以上粗略讲到的情况可知,世界上经历过封建社会的国家,起点与终点都不一致,相互间甚至有很大的差别。至于各国封建社会内部的经济结构、政治体制、文化思想的发展演变,毋庸置疑,当各有特色。因而,对于各个国家和民族封建社会的研究,既应肯定其共同性的规律和特征;也要探讨其独具的特点,并对之作出符合历史实际的分析和说明。

二 从欧洲与中国封建社会的对比探讨中国封建社会长期性的原因

从世界史上看,除中国外,封建制度在欧洲也比较典型,相对于其他国家说,欧洲的封建社会也比较长;而结束封建社会的资产阶级革命又首先在欧洲发生。因此,以欧洲封建社会与中国封建社会进行比较,来探讨中国封建社会长期性的原因,更能说明问题:

第一,与欧洲不同,中国封建社会中土地可以买卖,阶级关系能够调节,增加了封建社会自身的伸缩性、延续性。

封建土地所有制,是封建社会赖以存在的经济基础,也是各国封建社会的共同特征。各封建社会国家,在土地所有制方面有何特点,对该国封建社会有重要影响。

在欧洲,封建社会的早期,出现过可以出卖的自由土地;但封建制度发达和成熟之后,在中世纪的绝大部分时期,占支配地位的土地所有制形式,是不能出卖的世袭领地和采邑。其主要特点是:土地不能买卖,实行长子继承制,这两点也互有联系。由于实行土地的长子继承制,使地产的占有在家族中比较稳定,基本上不发生扩大和缩小的现象;而土地不能买卖,也便于长子继承制的实行。在西欧,一直到货币地租比较盛行之后,土地自由买卖的现象才比较普遍起来。

中国封建社会与西欧不同，其一，不实行长子继承制，而是多子平分制，不会形成稳定的土地占有状况；其二，土地可以买卖，商鞅变法时便肯定"除井田，民得买卖"，秦汉以后，土地买卖成为我国封建社会普遍存在的现象，正如宋人马端临所说的："盖自秦开阡陌之后，田即为庶人所擅，然亦唯富者、贵者可得之。富者有资，可以买田；贵者有力，可以占田。"① 这样，就有可能出现"贫富无定势，田宅无定主"的状况。同时，由于土地能够买卖，破产的家族因出卖土地，逐渐由富而变贫；无田的家族，也可能逐渐富裕起来买得土地，由贫而变富。农民与地主阶级之间的阶级地位，就不是永远不可逾越：一些自耕农土地日益增多，也可以上升为地主；而原来的地主失去土地倾家荡产之后，也可能下降为农民。所以，在中国封建社会中，虽然，地主和农民作为两个对立的阶级，敌对的阶级关系不能改变也难以缓和，但从属于农民和地主两个阶级的某些成员，其阶级地位则可以发生变化。

与上述不同特点相联系，欧洲封建社会在阶级关系和等级制度上的情况也与中国有所不同。中世纪的欧洲两大对立的阶级是贵族与农奴。贵族又分世俗贵族与教会贵族，世俗贵族有国王、公爵、侯爵……最低的是骑士；教会贵族则有教皇、红衣主教、大主教、主教、神甫等阶层。贵族与封建庄园主，设有自己的法庭、监牢、军队。农奴对庄园主有很强的人身依附关系，不能自由迁徙，如果偷逃，被庄园主抓回，可以被随意处置。贵族与农奴之间的阶级界限，绝对不能逾越，更不能通婚。贵族不同等级之间的界限也严格，相互间的通婚也要受一定的等级限制。如王室一般只能与王室通婚，然而，在欧洲只有英国、法国、西班牙、神圣罗马帝国等一些国家有王室，本国的王室只有一个，结果常常是不同国家王室之间的王子或公主互相通婚。这些都说明贵族与农奴，乃至贵族各等级之间的阶级界限是如何严格。针对这种情况，列宁曾经指出："在奴隶社会和封建社会中，阶级的差别也是用居民的等级划分而固定下来的，同时还为每个阶级确定了在国家中的特殊法律地位。所以，奴隶社会和封建社会（以及农奴制社会）的阶级同时也是特别的等级。"②

---

① 马端临：《田赋考》卷1，《文献通考》。
② 《俄国社会民主党的土地纲领》，《列宁全集》等6卷，人民出版社1986年版，第287页。

在中国封建社会中，地主与农民是中国封建社会的两大对抗阶级。在封建地主阶级中，上自皇帝，下至公卿将相及各级文武官吏组成了封建官僚集团。他们虽有品级高低的区别，但阶级与等级之间的界限，却不像西欧那样严格。因为土地可以买卖，封建政权难依土地多少法定一些人的等级地位。同时，中国封建社会的农民，可以自由迁徙，可以买卖土地，使得社会上不断产生占有土地的自耕农，超经济强制的人身依附也不像西欧那样强烈。由于"富者有资，可以买田"，商人也往往大量购买土地，地主与商人常常是一身二任。在欧洲，贵族永远是贵族，农奴永远是农奴，平民只能是平民。但在中国，"布衣"可以为卿相的例子却很多。战国时秦国有名的将相，不但是布衣，而且是客卿，如百里奚、商鞅、范雎、张仪、李斯等都是客卿，秦为了统一天下，大量起用贤才。跟刘邦打天下的樊哙，本来是个屠夫，后来做了大将。汉武帝看了司马相如的赋写得好，就可以召见。再如汉朝的卫青、霍去病，都因家中有人与皇帝结婚，而做了大将。唐朝的杨贵妃，本来出身于四川一个普通的家庭，因被唐玄宗封为贵妃，弟兄姊妹皆受封。正如白居易的诗句所云，"杨家有女初长成，养在深闺人未识。天生丽质难自弃，一朝选在君王侧"，"姊妹弟兄皆列土，可怜光彩生门户。遂令天下父母心，不重生男重生女"。就是皇帝，也有些并非世袭，如刘邦，本来是个亭长，通过征战，得了天下；朱元璋原来是个和尚，后来也做了皇帝。此外，有些开明的王朝和皇帝，常通过各种方式，推荐和选拔人才，普通的庶族地主甚至农家子弟，通过考试，往往也可以考中做官，即所谓"十年寒窗无人问，一举成名天下闻"。反之，有些贵族王室，历经沧海，也有变穷了的，如刘备本来是汉宗中山靖王之后，后来竟穷得贩履度日。这些阶级地位互相转化、等级界限可以逾越的情况，在西欧是不太可能的。英国资产阶级革命时期把查理一世推上断头台；法国资产阶级革命时期杀了路易十六。但这都是发生在资产阶级革命过程中，而不是出现于封建社会的内部。由于欧洲的贵族与农奴之间有一道截然的鸿沟，矛盾固定而尖锐。欲改变这种状况，只有起来革命，将其推翻，因而，西欧比较早地发生了资产阶级革命。

当然，在中国封建社会中，农民与地主之间的阶级矛盾，总的说来同样是不可调和的，也存在着等级森严的封建等级制度。所以，在长期的封建社会中，曾连绵不断地发生过数百次农民起义，不少封建王朝，都被农民战争的暴风骤雨所推翻。但是，由于生产力与生产关系没有改变，为农民战争所推翻而建立起来的新政权仍然属于封建性质（如汉、明两代）。同时，也应看到，由于土地可以买卖，农民与地主两个阶级的某些成员的阶级地位可能发生渗透和转化，等级界限也不像西欧那样绝对和严格，使得封建社会的阶级关系不时得到调节，在一定程度上能缓和一些矛盾，这些情况都有形或无形地使中国封建社会增加了伸缩性、延续性，应该说这是中国封建社会形成长期性的一个重要因素。

第二，欧洲封建社会内商品经济的发展，形成了独立的城市，成长了推翻封建制度的资产阶级，而中国封建社会始终没有形成强大而独立的资产阶级。

要改变和推翻一种社会制度，总要有一个领导阶级，正像资本主义为社会主义所代替，需要无产阶级领导来推翻资产阶级的统治一样，封建制度要为资本主义所代替，需要资产阶级领导农民推翻封建地主阶级的统治。能否有个强有力的资产阶级领导，来进行反封建的资产阶级民主革命，是一个国家能否较早地结束封建社会的重要因素。

自给自足的自然经济占支配地位，这是各国封建社会的共同特点。不过，自然经济这种特点，在各国封建社会，以及同一国家封建社会的前期和后期表现程度也不同。中国自古以来，就是以农为本的农业国家，绝大多数的人口在农村，至今仍是一个具有八亿农村人口的国度。历史上的各个封建王朝，都奉行"重本抑末"的国策，因而，自给自足的小农自然经济特征，在中国封建社会长期居统治地位，正如毛泽东同志所指出过的，"几千年来都是个体经济，一家一户就是一个生产单位"，在这种个体经济状态下，"自给自足的自然经济占主要地位。农民不但生产自己需要的农产品，而且生产自己需要的大部分手工业品。地主和贵族对于从农民剥削来的地租，也主要地是自己享用，而不是用于交换。那时虽有交换的发展，但是在整个经济中不起决定的作用"①。加之，中国自秦以后就成为中央集权的封建统一国家，幅员辽阔，地大物博，给维持自给自足的自然经济状态提供了可能。到了清代社会，当世界上资产阶级革命正蓬勃

---

① 《中国革命和中国共产党》，《毛泽东选集》第2卷，人民出版社1952年版，第618页。

兴起时，顽固的清代封建统治者，又奉行闭关锁国的政策，以十全十美的封建天国自居，同外界很少联系，致使中国难以改变数千年来那种自然经济的特点。清人张英曾描绘说："居乡则可以课耕数亩，其租倍入，可以供八口，鸡豚畜之于栅，蔬菜畜之于圃，鱼虾畜之于泽，薪炭取之于山，可以经旬累月，不用数钱。"① 这是一幅典型的自然经济画图。这样自给自足的自然经济，当然严重阻碍了商品货币经济的发展。在中国封建社会中，也出现了大大小小的城市，不过都是作为封建统治中心而出现的。有人就曾经概括地指出明代城市的概况说："今之所谓都会者，则大之而为两京，江、浙、闽、广诸省，次之而苏、松、淮、扬诸府，临清、济宁诸州，仪真、芜湖诸县，瓜州、景德诸镇。"② 城市的大小，完全是以国都、省会、府、州、县、镇等郡县等级而定，可见大小不同的城市，实则是大小不等的封建统治中心。同时，中国封建社会的城市，往往是出于政治和军事目的而设立，譬如明代对福建某些县城的设立，"历考闽属，自国朝来，每因寇乱，设县即定"③。这种状况和西欧中世纪城市的建立不同，"当城市产生，而独立的手工业和最初在国内后来在国际上的商业流转也随之产生的时候，城市资产阶级就发展起来了，这种资产阶级早在中世纪时期，就已经在反对贵族的斗争中争得了在封建制度内同样作为一个特权等级的地位"④。同时，欧洲中世纪的城市居住的主要是手工业者和自由民，"手工业者在中世纪，不仅在城市发展的最初阶段，而且在中世纪末期，都构成城市居民中人数最多的一部分"⑤。然而，中国封建社会的城市，居住的则主要是各级封建官吏、军队、地主及其文人，和那些耍鸡斗狗的游手好闲之徒，如同有人所描绘的："今察洛阳，浮末（按：指商人）者，什于农夫；虚伪游手者，什于浮末……天下百郡千县，市邑万数，类皆如此。"⑥ 宋、明之后，一些新兴起的市镇中，商品经济有进一步发展，也出现了更多的手工业生产，但是，绝大多数的手工业，都属封

---

① 张英：《恒产琐言》，见贺长龄辑《皇朝经世文编》卷36《户政》十一《农政》上。
② （明）张涛、谢陛纂修：力力《歙志》，《歙志传》卷10《货殖》。
③ 顾炎武：《闽中分处郡县议》，《天下郡国利病书》，上海书店1985年版。
④ 恩格斯：《卡尔·马克思》，《马克思恩格斯选集》第3卷，人民出版社1972年版，第40、41页。
⑤ 历史编辑委员会：《史学译丛》，科学出版社1954年第1期。
⑥ 王符：《潜夫论·浮侈篇》，中华书局1979年版，第120页。

建官办性质。由封建的中央或地方政府,派出总管府总管、织造总监等作为手工业的专职官吏。在封建官吏管理下的手工业生产,其产品以满足统治阶级穷奢极欲的需要为主要目的,与欧洲那种大规模的为商品生产的手工业工场并不相同。在这种官营手工业中,从事手工业劳动的工人,仍然是封建统治者的奴仆,他们的生活与农奴并无多大差异。明清之际,虽然在中国封建社会内部出现了资本主义萌芽,也出现了市民和手工业工人,但资本主义经济仍不过是稀疏的萌芽,远没有成长起能领导农民推翻封建制度的资产阶级。鸦片战争之后,中国又陷入半殖民地、半封建社会状态。在这样的社会形态下形成的民族资产阶级,具有两面性,它既有爱国与反帝、反封建的一面,又有软弱性、妥协性的一面,同封建主义有千丝万缕的联系,对帝国主义又常抱不切实际的幻想。因而,资产阶级不能强有力地领导农民去推翻封建统治,孙中山领导的资产阶级民主革命,虽然推翻了封建专制统治,却未能根本改变半封建、半殖民地的社会性质。最后,中国的资产阶级民主革命,只能由无产阶级来领导。

同中国封建社会上述情况不同,欧洲各国国土不是那样辽阔,物产也不是样样齐备,很需要通商贸易,需要东方各国如中国、印度等地的商品,如丝织品、茶叶、珠宝、黄金、瓷器、棉花及香料等。当发现新航路时,瓦斯科·达·伽马在东方买了一船香料到欧洲,竟赚了六十倍的钱。这说明,在欧洲,即使是封建社会时期,作为一个总体来看,自给自足的自然经济也不像中国那样浓厚。

由于商品货币经济的发展,社会分工的结果,欧洲的中世纪兴起了一大批城市。因为东西方贸易,先要经过地中海,所以在 13 世纪至 14 世纪,在地中海逐渐出现了一批很富裕的城市,如威尼斯、热那亚、佛罗伦萨、米兰等。马克思曾经指出:"城市工业本身一旦和农业分离,它的产品会从一开始就是商品。"[1] 在欧洲正是如此,当时不仅是在意大利,商人还将商品转运到法国的马赛、巴黎等地,并在法国举行展览会,德国、俄国以及北欧等地的商人都到展览会上来交易,在德国、尼德兰与法国也形成了一大批城市。城市富裕,发展起来之后,封建贵族控制不了。有时,城市中的商人还交一大笔钱给贵族,贵族发给城市一个特许证,承认

---

[1] 马克思:《资本论》第 3 卷,人民出版社 2004 年版,第 370 页。

其独立，于是出现了独立的、自治性的城邦，不属封建领主而属商业资产阶级。后来，发展到15世纪，在英国、尼德兰建立了手工业工厂。当时，城市主要由资本家和商人掌握，他们建立了钱庄，慢慢有了固定关系，又发展为银行。所以，欧洲，在原始积累过程中，在封建制度的母体内，就出现和形成了资产阶级。在封建制解体、资本主义产生的过程中有人说："城市的空气是自由的。"甚至，从封建贵族那里逃出的农奴，到了城市，超过一百天，就可以受到城市保护而为自由民。

随着城市的发展，商人和资本家不仅在经济上获得独立，而且在政治上也逐渐取得社会地位。欧洲由于实行长子继承制，长子之外的其他子女，在城市兴起之后，也往往走向城市，有的做生意，有的当律师。做生意赚了钱，成为贵族资产阶级，有很高的政治和经济地位。比如在英国，12世纪开始有大宪章运动，以后王室跟贵族斗争时，往往去联合城市中等阶级，打倒贵族，统一英国。在斗争和统一的过程中，出现和发展了国会制度，贵族出身的资产阶级有了地位和权力，参加了国会，并逐渐掌握和控制了国会。"当欧洲脱离中世纪的时候，新兴的城市中等阶级是欧洲的革命因素。"[①] 事实上，在欧洲正是资产阶级领导农民和其他阶级，进行资产阶级革命，推翻了封建制度，建立起资本主义社会。马克思和恩格斯，在论述资产阶级产生和发展时曾经指出："大工业建立了由美洲的发现所准备好的世界市场。世界市场使商业、航海业和陆路交通得到了巨大的发展。这种发展又反过来促进了工业的扩展，同时，工业、商业、航海业和铁路愈是扩展，资产阶级也愈是发展，愈是增加自己的资本，愈是把中世纪遗留下来的一切阶级都排挤到后面去。"[②] 所谓一切阶级都被排挤到后面去，就是资产阶级取封建贵族而代之，走到历史舞台的前列。

总之，在西欧封建社会内部，发展起了独立的城市，形成了强大的资产阶级，领导了推翻封建制度的资产阶级革命，较早地结束了封建社会。在中国，封建社会的自然经济占绝对支配地位，城市也始终为封建统治者所控制，商品经济没有长足发展，没有形成强大而独立的资产阶级，资产

---

① 恩格斯：《〈社会主义从空想到科学的发展〉英文版导言》，《马克思恩格斯选集》第3卷，人民出版社1972年版，第389页。

② 马克思、恩格斯：《共产党宣言》，《马克思恩格斯选集》第1卷，人民出版社1972年版，第252页。

阶级革命更加艰难曲折，这是中国封建社会形成长期性的又一重要原因。

第三，中国的封建社会比之西欧更早地建立了中央集权的君主制，又长期处于统一状态，使得封建社会历史形态，发展得更为完备和典型，反过来又影响了封建社会有可能具有长期性。

中国的封建社会不仅是最早在世界建立的，而且最早形成了中央集权的封建君主专制制度，从秦始皇统一六国开始，就建立了中央集权的封建国家，以后虽然经过一段时间的分裂状态，如三国、南北朝、五代等，但正如周恩来同志曾经说过的："中国封建社会分裂是次要的，统一是主要的。"从秦建立中央集权的统一王朝，至清代发展到登峰造极。在长期的中央集权和相对统一的情况下，封建社会发展得极为完整和典型，社会基础也比较稳固，从而使封建社会有条件、有可能延长其生命。西欧的情况与中国不同，其封建社会不仅建立得晚，而且在中世纪的大部分时间中，处于封建割据状态，直到12世纪至15世纪，在走向解体的过程中，才渐有中央集权的倾向（有的国家如德国和意大利，一直到19世纪70年代才统一），封建社会基础也不像中国那样深厚，资产阶级革命又较早爆发，所以，其封建社会不可能具有长期性。

中国的封建社会发展得极为完整和典型，在政治、经济、文化思想等各方面都有反映：

在政治方面，由于实行中央集权的君主专制政体，中央与地方有着紧密的政治联系，地方严格服从中央，地方各级官吏由中央任免、调迁，向中央负责，在政治、法律、军事上都服从中央政令。从上到下有严密的机构，十分有利于封建王朝发号施令，贯彻实施。如秦的造长城、修驰道，隋的开运河等，没有统一的中央集权很难保证。所以，统一的中央集权，有利于封建国家的巩固和稳定。另外，由于实行君主专制，使得历代皇帝有至高无上的权力。"天下之事无大小皆决于上。"[1] 君主对于人臣，"可贵、可贱、可生、可杀"，所谓"刑赏者，天之所以命人主也"[2]。

欧洲封建社会各国国王的权力则非常有限，因处于割据形势，中央与地方只有松散的政治联系，地方政权有较大的独立性。在欧洲，只有神圣

---

[1] 《史记·秦始皇本纪》。
[2] 王夫之：《读通鉴论》（上册），中华书局1975年版，第39—40页。

罗马帝国才称皇帝，其余国家像英国、法国、西班牙只能称王。国王的权力，其直接领导的只有底下的一级，不能越级，这就是国王领导公爵，公爵领导侯爵（各等级的名称不一定尽同）……以此类推。国王不能直接领导公爵以下的等级，即所谓"我的家臣的家臣不是我的家臣"。国王和公爵的关系是条约和协议的关系，相互间规定有清楚的条文。王称封君，公爵称封臣。公爵对国王有一定的财政、兵役义务；国王也有义务保护公爵。国王做寿，公爵要提供多少贡品，国王嫁女、娶媳或新王即位，公爵要提供多少礼品，都有明确规定。甚至发生战争时，公爵需要向国王提供多少军队也有规定，例如规定提供四千人，那么国王想多要一个，公爵也可以不答应；而且连负担打仗的天数也有规定，一般的规定是四十天，如超过四十天，即使战争处于千钧一发的胜败关头，公爵也有权撤回其所提供的军队。至于神圣罗马帝国，皇帝是选举的：自七个候选人中选出，不像中国的君主系终身世袭制。总之，欧洲的封建国王与中国封建皇帝相比，权力相差悬殊。

从社会经济上看，中国封建皇帝是最大的大地主，把整个国家视作一家一姓的私产，在经济上不仅控制农业，而且控制商业手工业，一切实行官营、官办，使得中国封建社会经济形成自然经济占支配地位。这种自然经济又和宗法制联系起来，皇帝是宗族的大家长，每一个宗族都是封建王朝的一个社会细胞。在君权、族权的制驭下，全国上下都要向封建王朝提供繁重的赋税和徭役。一些维护封建地主阶级统治的思想家，还制造了让农民听任剥削的理论，"民不出粟、米、麻、丝，作器皿，通货财，以事其上，则诛"，[①] 以稳固封建统治的秩序。欧洲与中国封建社会上述情况不同，其国王也是一个庄园主。国王的生活，主要靠自己的庄园提供，不像中国封建皇帝，可以肆意挥霍享用全国的财产。

从思想文化与伦理道德方面看，长期的中国封建社会，形成了极为完整的封建思想文化与伦理道德观念。在两千多年的封建社会中，封建文化一脉相承，连绵不断，如先秦有诸子学，两汉有经学，魏晋有玄学，隋唐有佛学，宋明有理学，清代有考据学。这些学术思想，嬗递演变，互相继承，适用不同时期封建统治的需要，思想形式虽有变化，但万变不离其

---

① 韩愈：《原道》。

宗，都是服务于封建统治。其中，儒家思想，在整个封建社会中始终居统治地位，儒家鼻祖孔子在意识形态领域有崇高地位，曾经被尊为"素王""万世师表""至圣先师"等；记载孔子言论的《论语》和其他儒家典籍，都被奉为经典。儒家学说，根据封建统治的需要，编造了系统的、完整的伦理观念，诸如"三纲五常""三从四德"，等等。一些儒家的代表人物，如董仲舒、朱熹等，还把这些伦理观念，概括到哲学思想高度，如什么"天人合一""君权神授"，"道之大，原出于天，天不变，道亦不变"①；朱熹又把封建统治秩序，概括成绝对的、先验的"理"，鼓吹"君臣父子，定位不易，事之常也"，"皆是理必当如此"②。其他如天命思想、忠君思想，都具有极大的欺骗性、迷惑性，使封建伦理纲常，成为天经地义的准则，禁锢人们的思想，如同杀人不见血的软刀子，明显地起到了稳固封建统治的作用。正如清代进步思想家戴震所揭露："人死于法，犹有怜之者；死于理，其谁怜之！"

然而在欧洲封建社会中，占统治地位的思想只有基督教。恩格斯曾经指出："中世纪只知道一种意识形态，即宗教和神学。"③ 而且，基督教有很强的排他性，它宣传人是有罪的，一生下来就要受洗礼，不信基督教就是魔鬼。哥白尼提出太阳中心论，违反了教义，受到迫害；伽利略也曾受迫害；布鲁诺被烧死。有时甚至就是国王，也不敢于同宗教统治者抗衡。如德意志的亨利四世因与罗马教皇冲突，被驱逐出教，后来打着赤脚在教皇门外的雪地上跪了三天才得到赦免。基督教，作为一种宗教，有哲理成分，也有迷信色彩，随着科学的发展，逐渐引起人们怀疑和不满。到了18世纪启蒙运动兴起，涌现出一大批启蒙思想家，如孟德斯鸠、卢梭、伏尔泰、狄德罗等，对基督教予以猛烈批判。当然，除基督教外，中世纪的欧洲，也还有一些封建伦理思想，但远不如中国封建社会的伦理思想那样系统和完整。

由于中国封建社会发展得极度完整和典型，源远流长，既有其专制、残酷、愚昧、落后的主导一面，也曾有其光辉灿烂的一面。譬如，由于较

---

① 《董仲舒传》，《汉书》卷56。
② 朱熹：《朱子语类》卷95。
③ 恩格斯：《路德维希·费尔巴哈和德国古典哲学的终结》，《马克思恩格斯选集》第4卷，人民出版社1972年版，第231页。

早地实现了中央集权统一,促进了统一多民族国家的形成,有利于政治、经济、文化发展,也有利于抵御内外叛乱和侵略。同时,中国封建社会的统治者,有些开明的皇帝和官吏,从封建统治的长远利益出发,在实行君主专制的同时,也制定了一些牵制君权的办法,如设置御史大夫,奖励纳谏,对皇帝进行制约、监督。唐代门下省的官吏,甚至可以批驳皇帝的诏敕。有些思想家强调:"民为邦本,本固邦宁。"如孟轲就提出"民为贵,社稷次之,君为轻"①,甚至在回答"臣弑其君可乎?"时,提出"闻诛一夫纣矣,未闻弑君也"②。这使得封建专制受到一定的约束,矛盾和冲突在一定时期内暂时有所缓和。

同时,由于中国较早地建立了统一的封建国家,促进了古代农业、手工业与科学技术的发展。如早在一千八百年前,就发明了造纸法;在一千三百年前,就发明了印刷术。指南针和火药的应用,也早在欧洲人之前,并且是由中国传入欧洲的。所有这些,都使中国成为世界文明发达最早的国家之一,既促进了中国古代灿烂文化的形成,也推动了世界前进的历程,大大增添和丰富了整个人类的文化。又如文学方面的楚辞、汉赋、魏晋南北朝的骈体文、唐诗、宋词、元曲、明清小说等;史学方面,世界上找不到一个国家有中国这么多丰富的史书、文献、典籍;文字方面有甲骨文、金文。埃及和巴比伦都是文明古国,但古埃及和巴比伦的文字,至今已有许多变得大家都不认得了,悠久的文化被中断。印度是文明古国之一,但印度过去对历史年代记载不大注意,在史学方面远不如中国发达;中国南北朝时期和尚法显所撰的《佛国记》和唐僧玄奘所撰的《大唐西域记》中所记载的印度情况,甚至成了印度最宝贵的史料。中国古代的灿烂文化,也孕育了许许多多伟大的思想家、科学家、发明家。因而,中国封建时代的文化,既有封建性的糟粕,也有民主性的精华。事实上这也是形成中国封建社会长期性的因素之一。

还有,由于中国的封建社会发展得比较完备和典型,封建文化丰富而深厚,对外来的思想文化也比较容易融合或兼收并蓄,而在融合、收蓄的过程中,必须使这些外来思想纳入到中国封建主义文化的轨道。如佛学,

---

① 《孟子·尽心篇下》。
② 《孟子·梁惠王篇》。

起源于印度，于汉代传入中国，魏晋南北朝进一步发展，到唐代就很盛行。为什么会得到这样的传播和发展呢？就因佛学传入中国后，渗透到中国的儒家思想中，适应了中国的国情，如宋明理学就吸收了大量佛家思想。这种特点，在对待西方近代科学方面，也有类似情况。如西方近代自然科学和社会科学传入中国之后，一些人也吸收和介绍了一些西方的科学文化，但却提出了"中学为体，西学为用"的口号，严重地妨碍了西方进步文化以本来面目的传入。再如近代东方国家曾派留学生到西方学习，中国的严复与日本的伊藤博文大约在同时到英国留学，但严复回国后只翻译了几本书，这在传播西方资产阶级文化方面，固然起了一定的进步作用，但在政治实践上却没有更大的进步影响，后来他又退回到尊孔复古的老路上去。而伊藤博文回到日本，却推动了日本的明治维新，并取得成功。这个例子反映了中国的封建文化根深蒂固，外来文化必须经过漫长的渗透过程，不能立刻见效。

所有这些，都是中国封建社会形成长期性的原因。当然，历史现象是极其错综复杂的，尤其是像中国封建社会为什么具有长期性这样的重大而复杂的问题，不是几条就能说清楚，也不能把所有的原因都包罗无遗。我们通过中外历史的对比，提出上述几点原因，只是想抛砖引玉，以便引起深入讨论；也期望在讨论中，使我们这些不成熟乃至错误的想法，得到补充和纠正。

三　从中国封建社会长期性原因的探讨中得到的历史启示

我们在分析探讨中国封建社会长期性的原因时，不能只是停留在对历史原因的说明上，而应进一步从长期性原因的探讨中，总结出必要的历史启示。

从中国封建社会长期性原因的探讨中，可以清楚地看到，中国封建社会之所以长，与中国没有在封建社会内部产生并形成强大的资产阶级有关。中国没有经过发达的资本主义社会，就陷入半封建、半殖民地社会。今天，我们已处于社会主义革命和社会主义建设的历史时期，无论是封建主义或者是资本主义，和社会主义都是格格不入的，对它们都应进行批判。但从中国历史上的具体情况出发，应该说在我国社会里，特别是在农村，在老年人思想中，封建主义的思想影响，较之资产阶级思想影响更多、更主要。但是，新中国成立后的长时期，我们比较重视对资产阶级思想的批判，却忽视或者说没有足够重视对封建主义的批判，以至于在十年浩劫中，林彪与"四人帮"大搞现代迷信，神化领袖，推行家长制、一言堂，还有一定的市场乃至泛滥成灾。这也说明，在中国现实社会中，存在着封建主义思想的社会思想基础与土壤。因而，批判封建主义并肃清其影响，是我们目前，乃至较长时期内思想战线上的一项重要任务，绝不能掉以轻心，或敷衍了事。沉痛的历史教训说明，中国的社会主义革命和社会主义建设，不肃清封建主义的思想影响，就不可能顺利进行。新中国成立以来我们在经济建设上虽然取得了巨大的成绩，但也走了一些弯路，受了一些挫折；这些弯路和挫折，固然有多方面的原因，但也和封建主义的残余影响有关。我们党内长期存在的"左"倾思想路线就其思想根源来说，也有封建主义的思想作怪。因此，我们必须继续解放思想，排除阻力，深入批判封建主义并肃清其影响！

从中国封建社会长期性原因的探讨中，还可以看到中国封建社会形成长期性的重要原因之一，就是在封建社会中自给自足的小农自然经济始终占支配地位，商品货币经济未能长足发展，即使辛亥革命推翻封建帝制后，直到新中国成立之前，这种落后的经济状况，在广大中国农村也未根本改变，这是封建主义思想影响甚至继续泛滥的基础和土壤。因而，要彻底肃清封建主义的流毒影响，使之失去赖以存在的经济基础，就必须大力发展现代化的社会主义经济，自觉地贯彻党的十一届三中全会以来的思想路线，当前必须认真地、不折不扣地贯彻执行国民经济调整的方针，早日把我国建成现代化的社会主义强国。

（作者附注：本文的主要思想观点是李春辉同志1980年10月29日应邀在湖南省社科联主办的学术讲演中提出的，后经与王俊义同志研究讨论，共同整理，改写成此文。）

（原载《求索》1981年第2期）

《徽州学概论》序

由安徽省黄山高等专科学校校长兼该校徽州文化研究所所长姚邦藻教授主编的《徽州学概论》（以下简称《概论》）就要付梓问世了，殊属可喜可贺！

迄今为止，国内外学术界有关徽州学（亦称徽学）的研究成果甚是丰硕，已先后发表出版了不少的论文、论集、专著、学刊和资料汇编。不过这些成果多偏重于对徽州学某一方面的论述，诸如对徽州社会经济、徽州商人、新安理学、徽州朴学及徽州人物个案的评述，或是对此一地区的教育、科技、工艺、建筑等方面的介绍。而从地域文化的角度，运用宏观与微观相结合的方法，将徽州学作为一门独立的学科，并对之进行综合的全方位、多层次的论述，本书则尚属首创。仅此而论，作者们对建立徽州学学科体系方面的筚路蓝缕、前驱先路之功，实不可没。

说起来，我与本书及其作者确有不解之缘，自70年代始至90年代初，我曾长期任职于中国人民大学清史研究所，并从事清代学术思想史研究，戴震作为徽州学重要组成部分的皖派朴学的卓越代表，且其又将乾嘉汉学推向高峰，自然属于我的专业研究范围。因这层关系，从那时起，就与徽州师专（黄山高专的前身）所属的戴震研究会建立了密切的学术联系，曾不时收到该会师友寄赠的戴学研究成果及有关信息资料，使我深受教益，铭感于心。进入90年代不久，我又调入中国社会科学院所属的中国社会科学出版社担任总编辑之职，业余仍继续从事清学研究，与黄山高专师友们的交往从未中断，特别是与方利山教授在学术上经常切磋交流。最近，他们的大作——《徽州学概论》杀青，提交我供职的中国社会科学出版社审议出版，机缘巧合，又由我承担责任编辑之职。由于有这些缘分，作者挚意嘱我为本书写篇序言，曾经一再辞谢，终因盛情难却，只好遵命为之。

　　徽州学源远流长，博大精深，这是国内外学术界的共识。而且，我国历代的先哲鸿儒，早就以"徽学"名之，并对之进行了勾稽排比、探幽发微的研究，留下可资借鉴的宝贵资料。当代学人对于徽州学的研究，也积累有不少的成果，如史学前辈傅衣凌先生对徽州商人的研究，实为当代徽州学研究的奠基之作。此外，日本、美国等国，也有不少学者涉足此一领域。特别是自20世纪50年代以来，大量徽州文书的出现，如同新的宝藏被发掘，进一步引起国内外学界的极大关注，也使徽州学的研究突飞猛进，步入新的阶段，遂成为与藏学、敦煌学并峙的三大显学之一。自80年代中期以来，在徽州和安徽省相继建立了徽州学研究会，又在北京、合肥等地成立了专门开展徽州学研究的学术机构，本书作者所在的黄山高专还成立了徽州文化研究所，集中了一批优秀的研究人员，致力于徽州学研究。这些学术团体和研究机构还多次召开全国、国际性的徽州学研讨会，有力地推动了徽州学研究的健康发展，使之呈现蒸蒸日上、多姿多彩之势。《概论》一书正是在上述研究的基础和情势下，经过作者们多年潜心研究而问世的。

　　《概论》全书的内容，分上、下两篇。上编为《徽州学通论》，乃从宏观角度，提纲挈领、简明扼要地论述了"徽州学的含义""徽州学的研究对象和范围""徽州学研究的目的和意义"，从学理上对这门学科的一些基本范畴进行了界定和阐释，对这门学科的框架和体系做了有益的探讨，使读者对徽州学有总体的认识和了解；下编是"徽州学分论"，以三章十九节的篇幅，从微观角度，分别论述了"徽州人""徽州人文""徽州技艺"等徽州学的各个组成部分。这些章节通过具体细致的论列，将徽州学所涵盖的各个领域，一览无遗地展现在读者面前，它从徽州宗族和土地制度、徽州人的历史地理演变、徽商及体现徽州人精神风貌的杰出代表人物讲起，接着又对"徽州人文"所包含的各个方面，诸如"新安理学""徽州朴学""徽州教育""徽州方言""徽州版画与篆刻""新安画派""徽戏""徽州民俗"等，一一予以论述。最后，又论述了"徽州技艺"如徽州科技、建筑、工艺、徽菜、刻书藏书、文房四宝、新安医学等诸多方面，一一条分缕析。这些论述涉及领域多，范围广，表面上似乎显得有点烦琐和罗列，但读起来却津津有味，因为承担这些章节的撰稿者，多是这些领域的专家，都能以丰富的史料，明快的语言，如数家珍似的对所论各个门类的历史演变、长短优劣、成就影响、驾轻就熟地予以概括和总结，大大开阔了读者的视野，增进了各方面的知识，也使人形象而生动地感到徽州学的确是内涵丰富、博大精深，在整个中华文化宝库中具有辉煌的地位。

再就全书的结构而言，虽然各个章节分别阐述的徽州学研究的基本范畴及其涵盖的内容和诸多文化现象，表面上看似乎互无联系，其实它们绝非各自独立的单一存在，而是有其内在逻辑性联系的一个富有特色的地域文化整体，正如本书《结语》中所说："徽州宗族社会是徽州人的行为处事和徽州各种特色文化现象的基本社会环境；徽商经济是徽州文化兴盛繁荣的重要物质基础，深刻影响着徽州文化的方方面面；徽州教育的历史辉煌夯实了徽州文化的人才基础；新安理学、徽州朴学则从内质上提升了徽州文化的理性层次和学术品位；徽州方言、徽州民俗等突出展示了中华文化在徽州地域的厚实积淀；徽州科技、徽州建筑、徽州文房四宝、徽州工艺、徽州版画篆刻、徽戏、徽菜、徽州刻书藏书、新安医学、新安画派等各臻极致、争奇斗艳的徽派奇葩则集中显现了徽州文化在中华文化和世界文化史上的夺目光辉。"通过本书各章各节的论述，则将徽州文化各方面的内在联系，令人信服地揭示出来，这也反映出本书的作者在全书的章节安排、内容剪裁方面，可谓匠心独运，做到了历史与逻辑的统一。

通过对《概论》丰富内容和内在逻辑的评介，我们不禁会产生无限的遐思与联想，"瑰丽神奇的徽州黄山，仅其耸立于奇峰郁郁苍苍的迎客松就令世人倾倒，但它最奇的还在于区区方圆五百里范围内竟尽得大自然的天工造化，集奇松、怪石、云海、温泉四绝于一身，兼有岱宗之雄伟、匡庐之清秀、衡岳之幽远、华山之峻美，集天下名山胜境之大成，登黄山天下无山，这就是黄山"。但是，我们又自然会联想到，山清水秀所繁育出来的"徽州地域文化，仅是赫赫煌煌的徽商文化现象，就使得中外学界惊奇赞叹，但它最独特的还在于，在中华这块并不算广阔的地域，在中国封建社会的一段特定时期，竟然几乎在每一个文化领域，都有令世人注目的杰出成就，蔚然成中华文化的一段奇丽的辉煌，它的丰富的文化现存和文献资料，正促成徽州学走向世界"。本书的作者们，恰正处于徽州文化的发祥之地的黄山脚下，他们在客观上据有天时地利人和的优越条件，又加上主观上的深厚积累和学养，众志成城，终于率先向学术界献出了《概论》。作者曾非常自谦地说，"黄山高等专科学校地处徽州文化发祥地，深入研究徽州文化为建设社会主义精神文明服务，责无旁贷"，因而"不揣浅陋，把对徽州文化的一些描述和思考作一规整，算是对徽州学学科建设的一点摸索和尝试……惟愿我们的尝试能成为徽州学学科工程的铺路石子"。我以为作者们的探索和尝试是成功的，他们的探索和尝试，无疑能作为徽州学研究前进道路上的一颗坚实的"铺路石子"，必将推动徽州学研究的更加深入。作为《概论》的第一读者，我十分感谢作者们为此付出的辛勤劳动。

诚然，徽州学是中华文化瑰宝中的显学之一，但其与并为显学的藏学、敦煌学的研究状况相较而言，虽然也取得可喜的成就，却毕竟起步较晚，研究基础还相对薄弱，仍处方兴未艾阶段。目前，国内外学界对徽州学的诸多问题，譬如徽州学到底如何定义？其上下限应如何界定？徽州学与朱子学、戴学、胡适学、陶子学关系怎么摆？徽学与徽商的关系应如何看待？徽学的特质究竟是什么？徽学与徽州文书的关系又怎样？……这些问题都被视为是徽州学研究中的几大悬案。学术界也还存在着不同的意见和争论，《概论》虽然对上述问题都提出了自己的看法和见解，但也只能说是一家之言，抑或存在着不够严密和疏漏之处，学术界都可进一步研究和讨论。而且，从中外学术史发展演变的规律看，任何一门新兴学科的建立，都需要在不断的实践与总结中，逐步完善和日臻成熟，我们对于《概论》也最好作如是观。

（原载《黄山高等专科学校学报》2001年第3卷第1期）

筚路蓝缕 开拓创新

——《中国流氓史》序

陈宝良同志的新著——《中国流氓史》，即将付梓问世。他希望我为之写篇序言。我曾思忖再三，一般说为人写序者，多是大家名流，或者是有卓识高见，这在我都不敢当。不过，因工作关系，我一则是宝良同志这部书稿的第一个读者；二则，和他又是同道，都曾在明清学术思想文化领域耕耘。前几年，当我还在中国人民大学清史研究所工作时，一位学术界的朋友就曾向我推荐说："北师大有个年青人叫陈宝良，是个很有发展前途的研究思想文化的人材。"那时，我就读过他的论文，未曾谋面就已相识。说来有缘，而今我们又走到一起，同在从事"为他人作嫁衣裳"的编辑工作。既是第一读者，又是同道与同行，对彼此的学业与甘苦，自然会有更多的了解与理解。想到这些，也便乐意就他这部新著及相关的问题，谈一点自己的看法。

我说《中国流氓史》是宝良同志的新著，"新"者有两层含义：其一，他在这部专著问世之前，就已写作出版了《悄悄散去的幕纱——明代文化历程新说》《明末清初的耶稣会士》两部专著，还有《明代的社与会》《明代无赖阶层的社会活动及其影响》等二十余篇论文，在《历史研究》等专业学术刊物上发表。当他的《明代文化历程新说》出版时，一位明史专家就评论说："这部著作提出了一系列超越前人的新论点。它不仅在现时很有新意，到将来仍具有参考价值。"又说："作者在纵向把握整个明代文化的演变过程，横向分析各流派的特色上，都能独抒己见，不落前人的窠臼。"《中国流氓史》则是其继上述论著之后，推出的又一部力作，因此称之为"新著"。

其二，所以称为"新著"，更主要的还在于这部书从选题到体例，乃至内容结构,以及史料运用等方面,都给人以耳目一新之感。该书较为全面系统地论述了从先秦至民国时期中国历史上的流氓群体,既纵向叙述了流氓在中国历史上的发展演变,分章勾勒了先秦时期的惰民与游侠、秦汉时期的恶少年、魏晋南北朝时期的无赖、隋唐时期的坊市恶少与市井凶豪、宋代的破落户与捣子、元代的无籍之徒、明代的光棍与喇唬、清代的无赖棍徒,将流氓在各历史时期的称谓和变化,一览无余地展现给读者;又横向论述了流氓的定义;流氓与其他社会各阶层,如流氓与游民、与豪强、与太监等的关系;流氓与整个社会的关系,其在社会政治、经济,军事、文化诸领域的活动与影响;各时期流氓活动的手段,如欺骗、讹诈、打斗、抢掠、拐卖等,五花八门,无所不有,惟妙惟肖地暴露了流氓的嘴脸。全书内容丰富,有相当的广度和深度,确然是一部较为系统、颇具规模的《中国流氓史》。就我所知,国内外学术界以中国历史上的流氓为题材写成的历史专著,这还是第一部。正因为是前驱先路的第一部,作者在研究写作过程中可资借鉴的研究成果就极少,据我所见,仅有屈指可数的几篇论文。在这样的研究基础上,要写一部系统的中国流氓史,谈何容易。然而,宝良同志知难而进,以极大的学术勇气和毅力,孜孜不倦,如大海捞针似地从浩瀚的史籍中,勾稽出大量史料一再排比整理,归纳分析,规划全书的结构,组织内容章节,首创了全书的体例。在开篇的绪论和殿后的余论中,概括论述了流氓史有关的宏观问题,全书的中段设立多章,叙述分析流氓在各个时期的演变与活动,叙述中又夹叙夹议,史论结合。书稿在文字表达上,也一反某些历史学术著作那种艰涩生硬的文风,而是简洁明快,清新活泼,极富可读性。通过这些创造性的劳动,他写出了我国学术史上的第一部中国流氓史,既属第一,理所当然直称之为"新著",其筚路蓝缕,开拓创新之功,实不可没。

毋庸讳言,由于是首创之作,创榛辟莽,思虑难免不周。如前所述,此书在史的叙述上,脉络清晰,条理分明,不少分析论断也有相当的深度和灼见。但全书在更深层次的理论阐述方面,仍有不足。譬如,从古至今,流氓与各时期的政治、经济、军事与文化,都有错综交织的关联,如何在叙述各历史时期流氓的变迁与活动时,透过史实,深入分析流氓在其所处时代的社会作用和影响,书中虽有论述,却显得薄弱。冉如,流氓的活动及其所造成的影响,在各个历史时期都是不容忽视的社会问题,它直接关系着社会的治乱，民众的忧戚，而各时期统治者的统治思想与行为方式，又影响制约着流氓群体的升涨与沉浮，各个时期的统治者对流氓及其活动，究竟采取了什么样的政策和措施，是推波助澜呢；还是除恶务尽？这其中必然包含了历史的经验与教训，如能用心搜索这方面的材料，实事求是地进行分析，对后人解决这一社会问题，尚可提供一定的借鉴，但全书对此似注意不够。再如，流氓作为一个社会群体，不管如何演变，却一直存在着、活动着。客观上来说，既有其活动与存在，伴随之必然会产生带有流氓特征的流氓意识，但本书在较为详细地列举流氓的活动与手段的同时，虽然在余论中论及流氓意识，却未能着力予以揭露和剖析。如此等等，说明宝良同志这部新著，在理论阐述和体例创立方面，还可进一步深入和完善，不知宝良以为然否？

马克思曾经指出："现代历史著述方面的一切真正进步，都是当历史学家从政治形式的外表深入到社会生活的深处时才取得的。"[1] 宝良同志的这部《中国流氓史》，正是"从政治形式的外表深入到社会生活的深处"的有益尝试。中国是历史悠久、文明灿烂的国度，一部真实形象的中国史，理应是活生生的，有血有肉，绚烂多彩，丰富生动的。但新中国成立之后，在相当长一段时期内，因受极左政治思想路线干扰，史学研究却过多地局限在政治史、经济史领域，对于文化史、社会史等诸多领域却很少涉足，致使丰富多彩的中国史显得苍白和空洞。近年来，在解放思想、实事求是的思想路线指引下，随着改革开放政策的推行，史学研究也有了生机，文化史的研究热潮迭起，社会史的研究方兴未艾。《中国流氓史》，正是在史学研究日趋活跃繁荣过程中的产物。宝良同志结合自己的这一研究，还精心组织了一套贴近社会生活的江湖文化丛书，他所著的《中国流氓史》便是这套丛书中的一种。其他如内容涉及娼妓、侠客、帮会、杂艺等方面的著作，也将由中国社会科学出版社陆续推出，这也是出版社在努力开拓新选题方面的一点探索和尝试。我们恳切希望专家学者对这套江湖文化丛书予以支持和品评。

由宝良同志从研究撰写《中国流氓史》，到组织编辑江湖文化丛书，

---

[1] 马克思：《马志尼和拿破仑》，《马克思恩格斯全集》第12卷，人民出版社1962年版，第450页。

我又想起常常困扰编辑和出版部门的一个老话题，即一个编辑如何恰当处理其编辑业务与个人研究写作的关系问题。宝良同志作为一个青年编辑，近五六年来，撰写了两三部专著和数十篇论文，这说明了一个基本的客观事实：他有坚实的专业基础和很强的研究写作能力，又有刻苦勤奋的读书治学态度。可以想象，他在完成编辑任务的同时，又取得了如此可观的研究成果，比之于有些只编不写的编辑，或者是那些只写不编的研究人员，必然要付出双倍的心思和精力。因此，我觉得一个编辑，特别是在学术出版社承担某一专业学科的编辑应该多读、多想和多写，既要做好编辑业务，又要在可能情况下从事些研究和写作。常言道："书不读则空，笔不动则拙。"一个编辑经常的编辑业务，无非组稿、审稿和改稿，或者说是选好题、编好书。而要组织某一学科有开拓创新的选题，编辑就有必要像该学科学者那样，去了解、研究、把握所编学科学术研究的历史和现状、学术发展的动向与趋势。如果对这些茫然无知，即便是有创新的选题，也会在眼皮下被轻易放掉。编辑要审好稿件，就必须掌握与书稿有关的专业知识和信息，还要善于发现问题，提出问题，这就需要编辑对与书稿内容相关的学科，有相当的造诣和研究，否则便不能提出中肯的、令作者信服的审读意见。此外，编辑要改好稿件，对书稿进行文字上的修饰和加工，给书稿锦上添花，编者本身就需要较高的文字素养和较强的写作能力，这也只有靠研究写作的实践来培养。同时，一个编辑，只有在从事编书的同时，又进行研究和写作，有一定的研究成果面世，才有机会投入相关学科的学术活动，也才有更多的可能广交作者，以文会友。所以，有人提倡编辑要学者化。从中国历史上看，历朝历代的大编辑家，莫不是大学问家。编辑业务与研究写作可谓相辅相成、相互促进。我国出版界的前辈和楷模邹韬奋先生，早就认为编辑与作者，本不应是彼此对立，而是应统一于一身的。君不见我国现代文化史上的一些大师和巨匠，如鲁迅、郭沫若、茅盾、叶圣陶、丁玲等，不都是编辑出身吗！他们或者是在做编辑的同时，又进行研究与写作，或者是在研究写作的同时，又做编辑。古往今来，无数的事实证明，编辑与研究、编辑与写作，完全可以统于一身，相互促进，相得益彰。我想，宝良同志若不是从事了《中国流氓史》的研究与写作，恐怕也难于及时组织出江湖文化丛书的选题。

宝良同志还年轻，而今他尚不满而立之年，今后要走的路还很长。虽然,他已才华展现,崭露头角,但学无止境,无论是编辑业务,或者是研究写作,都一定会更上一层楼,发挥更多的才智,施展更大的抱负。相信他会在编辑与研究的更多实践中,编出更多的好书,写出更多的佳著。

愿与宝良同志共勉!

(原载《中国流氓史》,中国社会科学出版社1993年版)

《徐州自然灾害史》序

当徐州师范学院赵明奇同志主编的《徐州自然灾害史》将付梓之际，他一再嘱我为之写篇序言。倘就实情说，我虽然有过这类著作的评论文章，但对自然灾害史并无专门研究，且这段时间又忙得精疲力尽，本难从命。然基于对这一课题研究意义及对书稿价值的判断，加之对明奇同志的认识和了解，最后仍然挤时间精读了书稿，勉力对其谈些浅见。

中国自古以来就是以农立国的社会，自给自足的小农经济长期占主导地位，农业是国计民生的基础和命脉，农业收成的丰或歉直接关系到人民能否安居乐业，社会是否稳定。然而在生产力与科学技术尚不发达的古代，农业的丰歉则对自然有很大的依赖性。如果是连年风调雨顺，无灾无害，就可能五谷丰登，国泰民安；倘若老天变脸，水、旱、风、雹、雪、虫、地震等灾害无情袭来，百姓就难免流离失所，甚至于赤地千里，饥民遍野，饿殍载道，进而引起社会动乱，统治基础动摇。可见，自然灾害史的研究与探索历史上的政治变迁、社会发展以及人民的生活有着密切的关联，无疑有重要的历史学术价值。

且莫说古代，就是在科学技术迅猛发展，生产力大大提高的今天，自然灾害仍严重地威胁着人类。《人民日报》曾刊载一条消息称："据民政部农救司今天提供的资料，近年来交替发生的旱灾、风暴灾、霜冻灾、病虫害和地震等自然灾害，使我国农村平均有五六百万间民房被破坏，有五六千人死于非命，近三亿亩农作物受灾减产，造成一亿多人缺少口粮。国家地震局局长安启元透露说，新中国成立以来，各种自然灾害使中国蒙受的经济损失已达数百亿元、政府用于各项救灾的专款达数百亿元。减轻自然灾害，减少人为事故，是我国经济建设的当务之急。"① 自然灾害造成的损失的危害在我国如此，在世界其他各国特别是发展中国家也概莫能外。因此，联合国通过决定，从1991年到2000年，开展"国际减灾十年"活动。灾害史研究亦是活动之一。各种自然灾害的发生，既有偶然性，也有必然性，深入研究历史上的自然灾害，将会逐渐了解自然灾害发生的周期和规律，提高防灾、抗灾的能力，从而减少、减轻自然灾害造成的危害和损失。

综上所述，对自然灾害史的研究，理应引起历史学工作者重视，因为"现代历史著述方面的一切真正进步，都是当历史学家从政治形式的外表深入到社会生活的深处时才取得的。"② 明奇同志正是基于这种出发点，毅然选择了徐州地区自然灾害史作为研究课题。位于黄淮平原的徐州地区，既是历史文化发达地区，又是自然灾害多发的地区。研究这一地域的自然灾害，对于认识、改造、建设黄淮平原，佐证现实决策都有所裨益。何况，对该地区自然灾害史的研究，至今也还是空白。明奇同志曾致力于地方史志、历史文献、目录版本学等方面研究，且有熟悉该地区历史地理、文献资料的优势。课题一经确定，他又组织同好，孜孜不懈，坚持数年，通过艰辛的劳动，而今终于完成了《徐州自然灾害史》。

拜读全书后，我深感其确实是一部研究徐州自然灾害方面的成功之作。作者在梳理浩瀚史料的基础上，淘沙存金，删繁就简，以年系事，以类相从，难点予以注释，疑点加以按语，并标明灾害种类的次序号，附以分类索引，不失为一部简明扼要，资料丰富，条理清晰，体例得当的徐州地区自然灾害历史。与有关自然灾害史方面的同类书相比较，其具有如下几点特色：

一、记载自然灾害的时间跨度长、种类多。全书对徐州地区自然灾害的收录，从时间起讫说，上起史前时期，包括旧石器早、中期、晚期和新石器时期，中经先秦、秦汉、魏晋、隋唐、宋元、明清、民国，直至1949年新中国成立之前；就其记载的灾害种类说，包括水涝、干旱、蝗

---

① 《人民日报》1987年11月18日。
② 马克思：《马志尼和拿破仑》，《马克思恩格斯全集》第12卷，人民出版社1962年版，第450页。

虫、冰雹、狂风、暴雨、寒霜、地震、瘟疫及雾、雷、兽、鸟等灾害。而已有的同类史书，或宥于专业范围，或困于断代时限，均不及此书记载自然灾害的时间跨度长、种类多。

二、以徐州地区的自然灾害为研究范围，具有明显的地方特色。我国历史悠久、地域辽阔，由于地理环境、自然气候的差别，各地发生的自然灾害也不同。徐州位于黄淮平原腹部，黄河水患尤为频仍。当地有句民谣："不怕刀铤之险，就怕鱼鳖之患。"因此从实际情况出发，全书对水灾的记载尤多。书中记述、考证历史上徐州地区的自然灾害，从秦汉至新中国成立前，计1000种次，其中水涝即多达445次，几占二分之一。这便反映了徐州不同于其他地区的自然灾害特点。再如徐州附近的贾汪，常有乌鸦为患为灾，在贾汪煤矿一带，乌鸦之多，遮天盖地，以致折断电线，损毁庄稼，造成灾难，这恐怕也是其他地区所少见。倘若全国各地区，都能仿而效之，编写出本地区的自然灾害史，不仅能反映各个地区自然灾害的情况和特点，且对综合研究全国的自然灾害史，也能有所推进和深入。

三、将传统的考证比勘功夫与现代的情报语言学知识相结合，使历史文献更好地为现实服务。就一般情况说，历史文献学家们多谙于考证比勘的传统功夫，而情报学家们则钟情于现代科技。本书主编明奇同志，既有传统学术的功底，又懂得情报语言学方面的知识，他在书中将二者结合起来，对书中每次灾害的史料，既进行了比勘考证，又依类分析，赋以种类次序号，这就为专家学者进一步研究提供了极大方便，也为计算机输入提供了条件。如此将传统功夫与现代意识结合起来，使史学更好地为现实服务，我相信肯定会得到地方政府的赞赏和支持。作者的这一尝试或许正是史学与现代科学联姻的媒介，也或许是史学走出困境的突破口之一。

本书在取得相当的成功和具有独到特色的同时，窃以为也还存在某些不足。较为突出的是，全书虽然记载自然灾害时间跨度长，种类多，但收录的灾害仅1000种次，显然对历史上发生在徐州地区的自然灾害收录得还不够全面。这可能与史料散佚有关。此外，天灾与人祸，常相互伴随，互为因果，诸如历史上徐州地区频繁的战争与政治的腐败往往引发天灾，或者加深灾害的程度。同时不同时代的统治者，依据其政治上清明与昏暗的程度不同，在防灾、抗灾、救灾方面所采取的措施也各有区别。本书对这方面的关注，似乎也还需要加强与充实。

  这里还想说明的是，近几年我由于从教学研究单位转入编辑部门工作，工作过程中结识了不少作者，与明奇同志也因此相识而为友。通过和他多次接触，无形中对他也有了较多的认识和了解。明奇同志曾为老三届知青，他与许多同辈人一样，曾插队农村当农民，还曾下矿井做过采煤工。在艰难困苦的环境中，他经受过磨炼，既增添了生活阅历，也锻炼得更加踏实和成熟，且始终保持了锐意进取，自励于学的奋发精神。多年来，他从不为外界变幻无常的环境所困惑，矢志不移，孜孜以求，一门心思倾注于教学研究事业。我衷心祝愿他再接再厉，不断撰写新篇佳著，在学术研究上取得更多更大的成就！

（原载《史学集刊》1996年第1期）

中华民族文化综合研究的新成果

《中华民族》是一部由中央民族学院四十多位各民族学者撰写的一部具有特色的中华民族文化综合研究的新著。

长期以来，多数有关"中国文化"或"中国文化史"方面的著作，仅限于对汉族文化的研究，对于少数民族文化的内容很少涉及，而一般的民族研究，包括民族文化研究，又不包含对于汉族的研究。令人欣喜的是《中华民族》一书的作者突破了这一局限，把包括汉族在内的56个民族的文化都视为中华民族文化的组成部分，对各民族文化的具体表现形式及其缘起沿革、文化模式、民族性格等问题，从全方位、多层次的角度，进行了系统研究，力求展现中华民族文化的全貌。全书努力表现这样的主题：我国56个民族在各自的特殊条件下创造出各具特色的民族文化，它们共同构成了中华民族的文化，这就是说，每个民族都对中华民族的形成和发展作出了自己的贡献。毋庸赘言，这一主题本身是富有新意的。

从这点出发，全书以民族文化为纲，对中华各民族的文化历史，做史志结合的综合论述，这是它在体例上的突出特色。将56个民族的文化历史并列论述，展现出各个民族文化既千姿百态、各领风骚，又同属中华民族，具有诸多共性的绚丽多彩的画卷，比之于已有的以中原王朝体系为纲，将少数民族归入"四裔"的中国文化史志著述，不仅别开生面，而且在结构上具有极大的合理性。

全方位论述中华文化，是《中华民族》又一特色。本书作者充分发挥了民族学理论、方法的优势，从民族学对于文化这一概念的基本理解出发，一改过去中国传统文化研究局限于高层文化或精英文化的做法，不仅注意到哲学、文学、历史学、伦理学著述中表现出的精神文化内容，也注意到底层文化，包括物质文化内容以及风俗习惯、文学艺术、科学发明、工艺技术等文化内容,在方法上既注意文献资料的考证,也注意民族学调查和考古发掘成果的实际例证,从而丰富了我们对于中华民族文化的认识。

在具体的方法论层面上,该书引入"经济文化类型"的理论概念,归纳了各民族的物质文化的类型。这是《中华民族》的另一个特色。"经济文化类型"是著名民族学家林耀华教授率先在中国倡导的对于民族进行综合性研究的科学分类概念,用以具体反映处在不同自然地理条件下、具有一定社会经济发展水平的各民族在历史上形成的经济和文化特点。《中华民族》的作者大都以这一科学的理论方法去研究各民族的文化,从而把自己的研究建立在历史唯物主义的基础之上。这种研究的科学性是显而易见的,它也为文化研究吹进了清新的空气。

《中华民族》的主要部分,是对56个民族文化历史分别进行论述的56篇论文,姑称之为分论。各分论的作者,多有丰厚的学术积累,少数民族的55篇分论涵盖了20世纪以来中国少数民族研究的主要成果;汉族分论,则几乎涵盖了过去称为"中国文化史"的基本内容。各分论都具有大致相同的民族学的文化理论构架而又各具特色。如集中国北疆历史上各游牧民族文化之大成的蒙古族文化,以勇于开拓为主要特色,贾敬颜教授所撰的《蒙古族》,一开头就突出了蒙古族在世界文明史上写下的显赫篇章,及其在推动中华民族历史发展进程中做出的杰出贡献。又如,起源于森林狩猎民族的满族文化,其留守型保留了较多的森林狩猎文化的特点,如长于骑射等;而定鼎之后的驻防型则表现出较大的开放性,出现了人文荟萃,精英辈出的空前盛况。赵展副教授撰写的《满族》,便具体地论述了满族文化的各种类型及其夺目的光彩。再如张公瑾教授积多年悉心之研究所撰的《傣族》,则对傣族文化的方方面面,从族源历史、稻作农耕传统,以竹楼建筑为物质依托的生活习俗、心理特征,到精于历算和崇信小乘佛教的精神文化等,一一作了特色鲜明的论述。他如王尔松副教授撰写的《哈尼族》,索文清副教授撰写的《门巴族》等,均显示出作者的功力。

汉族的历史文化为人熟知,有关的研究成果也多不胜举。《汉族》一文撰写的难度是可以想见的。作者田晓岫用六七万字的篇幅,对于汉族族称的缘起、汉族文化的起源、汉民族的形成与发展、汉族物质文化的特点、特殊工艺及发明、礼俗、宗教信仰、语言文字、文学艺术、科学技术与发明、在中华民族发展史上的贡献等问题进行了阐述，且不乏独到之见，博观约取，提纲挈领，实属不易。

需要特别指出的是，著名的民族学家、社会学家费孝通教授曾于1988年对于"中华民族的多元一体格局"问题作了精辟论述，认为中华民族是一体，她所包括的56个民族单位是多元。此论提出了中华民族形成的整体的观点，对当前民族学研究以及中华文化结构的研究具有指导意义，其中包含的对立统一的辩证思维方式是我们认识中华文化结构全局的一把钥匙。1991年问世的《中华民族》全书56篇分论和一篇绪论的结构及思路或受"多元一体"观点的影响，在客观上为多元一体观点提供了直接的实际例证。《中华民族》的《绪论》部分是对中华民族历史文化的总说，作者既博采众长，又对长期争讼的一些重大理论问题提出了新见。诸如：

对"中华"一词缘起的考释。作者指出："中华"一词源出"中国诸华"。"中国诸华"最早见于《吕氏春秋简选》（汉）高诱注，意指"中国各族圣人的后代"，强调其初始含义是对中国境内各族的总称。此说有别于释"中华"为"中国华夏"，也有别于长期存在的在用于指称民族时将"中华"与汉族等同的理解。

对中华民族文化的形成做动态的观察和概括。作者注意到传统史观的"中心放射说"（或称"一根多发论"），并兼顾近代以来逐渐在学术界居主流地位的"多元辐辏说"（或称"殊途同归论"），提出包含双向运动的"搅拌说"。此说引起著名民族学家杨堃教授的兴趣，他指出"这一新说足应引起民族学界的重视"[①]。

作者还从中国人日常生活方式和传统思维方式入手，论证中华文化的基本模式是责任感文化。作者认为中华文化价值观念的核心，在于强调每一个成员所应该履行的对社会、家庭、家族的责任。这种责任感文化把全民族的意志力量凝聚在维护群体生存的基本条件，即发展物质生产和维系家族繁衍上。作者认为，中国文化是世界古文化中唯一没有发生文化断层的独立、连续发展的文化，中华民族虽历经劫难，仍蕴藏着

[①] 《光明日报》1991年12月9日。

生机与活力，责任感文化对此起到了重要作用。这些见解不失为一家之言。

《中华民族》一书又反映了改革开放以来民族研究各学科的长足发展。1981年曾出版有作为民族问题五种丛书之一的《中国少数民族》，这是中国第一部全面介绍55个少数民族概况的民族学著作，是70年代以前我国数代民族学者实地调查、刻苦研究的学术结晶，其筚路蓝缕之功不可没。党的十一届三中全会之后，我国民族研究各学科学术思想解放，研究领域拓宽，民族学研究也逐渐向民族文化这一主题转移。总起来看，就学科发展趋势而言，大致朝向两个方面：一方面，是对于各民族历史文化的深入研究；另一方面，是对中国56个民族共同构成的整体中华民族的综合研究。就后者而言，最具代表性的是前述费孝通先生提出的"中华民族多元一体格局"的理论。这一理论开辟了我国民族研究的新阶段，深深影响着一代人的学术思考。《中华民族》也体现了前述第二种学科发展趋势，它受到费先生理论的影响也是显见的事实。由于它的努力，有的专家在评论本书时指出，"把汉族和各少数民族一起列入研究范畴，从中华民族整体系统的角度全面论述，本书是第一本，它同时弥补了某些学科对中国文化及文化史研究中所表现出来的只注重汉族而相对忽略少数民族的不足"。因此，无论从方法上还是从研究内容上，《中华民族》都反映了改革开放以来民族学科取得的新成果和新进展，值得肯定。

毋庸讳言，本书也存在某些不足之处。首先，我感到这部综合研究中华民族文化的著作，忽略了对中华民族文化与世界各民族文化交流的研究。与此相联系，对于中华民族文化在世界文化史上的地位和作用的论述也显得薄弱。其次，书中对中华民族文化的整体描述与研究，谈及其理想文化的成分较多，而对其负面的探讨则较少，不能不是一大缺憾。

该书先后被评选为"光明杯"优秀社会科学论著奖及华夏出版社的优秀出版著作奖。

（原载《中国社会科学》1992年第6期）

荟萃百家　撷采众长

——《中华杂经集成》评介

最近，我欣喜地读到中国社会科学出版社出版的《中华杂经集成》，深感这部中国古代百家杂经之总汇，在古籍的整理与编辑出版方面，另辟蹊径，别具特色。

中华民族传统文化源远流长，博大精深，内容异常丰富。作为中国传统文化载体的古代典籍也浩如烟海，据统计，历代流传下来的各种古籍就有几十万种之多。为弘扬民族优秀文化传统，加强社会主义精神文明建设，各个出版社在整理、编辑、出版古籍方面，都做了大量工作，使经、史、子、集等各类古籍，大多陆续得以出版。仅就经部古籍而言，各种版本的儒家《十三经》、包括宗教方面的经典佛教《大藏经》、道教《道藏》等都相继重新问世。至于各种古籍的单行本与白话今译本，更是不胜枚举，目不暇接。鉴于上述状况，《中华杂经集成》则广泛搜集了除《十三经》《大藏经》《道藏》之外，且在古籍中也被称为"经"的各以经命名的杂家典籍，多达110余种，几乎囊括了儒、佛、道以外的各种杂家经典，这在古籍的编辑出版中尚属首创，全书将所收各类典籍又分作"儒家"（按：乃《十三经》之外的少数几部儒家典籍）、"兵家""农家""医家""历算""术数""工艺""杂学""地理"等十类。全书内容丰富，包罗万象，涉及人们生活的方方面面，诸如天文、历算、军事、医药、游戏、养生、嫁娶、畜牧、术数等。在编辑上以类相从，按时代先后为序，分作四卷，作为中国古代百科杂经之总集汇集成书。

就《中华杂经集成》的思想意义而言，它具有其他古籍不具备的特点。古书中凡称为"经"的典籍，多是人类社会生产、生活实践经验的积累与总结，且是本领域的典范之作，因而在中国古代社会中，人们一向重视尊经重道。但就"经"与"道"的原始意义而言，不过就是指人们天天行走的道路。随着人类长期的自然和社会实践经验的积累和深化，进一步认识到在各类实践活动中，都有一些必须遵循的原则和方法。古代的学者和思想家便将这些原则和方法称为"道"，而将记载和体现这些原则和方法的典籍称为"经"。可见，各类经典都有其独特的价值和意义。然而，自汉武帝罢黜百家、独尊儒术后，儒家的典籍和文化便一直处于封建正统地位，历代封建统治者都大力强化和提倡儒经，并使其成为封建社会中士子的唯一利禄之途，致使其他各种杂家经典，逐渐为人们忽视，甚至被视为"旁门左道"，或者是君子不屑的"小人之事"。久而久之，古人耗费许多宝贵心血撰写的各种杂经，也就慢慢亡佚，这无疑是中华文化的重大损失。其实，如前列举的各种杂家经典，涉及人们日常生活的各个方面，诸如天文、历算、农畜、医药、军事、技艺……与人们的现实生活关系更为直接。其中，相当多的内容是古人对生产、生活实践经验的结晶，对后人认识和研究这些领域，具有重要的参考价值。正是基于这样的认识，《中华杂经集成》的编纂者，才不惮其劳，从古代各种丛书、类书、文集乃至从各个图书馆收藏的手抄本中，勾稽搜罗到各类有价值的杂经，使之集于一书，既为读者阅读提供了方便，也弘扬了儒、佛、道之外的中华民族的优秀传统文化。

（原载《人民日报》1995年5月25日）

推进史学繁荣、缓解出版难的有益创举

——写在《东方历史学术文库》出版之际

历史学是人文社会科学的基础学课，在整个人类社会生活中具有十分重要的价值和地位。上至治国之道，总结历史上的经验和教训，鉴古知今，推进国家的社会主义现代化建设；下至人民群众爱国主义思想的培育、道德情操的陶冶与文化素质的提高，都与历史学息息相关。随着社会主义精神文明建设的加强与思想文化道德提高的需求，历史学的重要地位和作用将会日益突出。特别是中华民族历史悠久，五千年的文明史绵延不断，并富有修史的优良传统，"易代修史"坚持不懈，卷帙浩瀚的二十五史、二十六史贯彻古今，自古至今，众多优秀的史学家，在史学园地辛勤耕耘，积累了丰厚的历史学财富。我国的史籍之丰富，史学人才辈出，在世界上可谓无与伦比。我们理应发扬重视历史的优良传统，加强史学研究，繁荣历史科学，并在广大人民群众中普及历史知识，开展历史学的教育和提高。

但近年来在发展商品经济的大潮中，由于历史学科与商品经济的关系不那么直接，运用历史知识推进经济建设，也难以取得"立竿见影"之效果，因而，一些缺乏长远眼光的人，对于历史学科的学习和掌握，便不感急切。一些出版社，也因历史学论著销量小，印数少，会造成亏损，而不愿出版历史学学术著作，至于学者们爬梳整理的历史学资料，更是出版无望，以至于出现史学论著出版难，史学队伍后继乏人，史学研究不景气的现象。如果这种状况长期延续，必然会造成严重不良后果。我们绝不能忘记"历史就是我们的一切"。忽视历史，必然会遭到历史的惩罚。

有鉴于此，党和政府一再倡导和强调要学习历史，一些有识之士，也一再为历史学的发展和繁荣摇旗呐喊，奔走呼号。这方面，中国历史学会东方历史研究中心，这几年尤做了可贵的努力和奉献。他们为了推进史学的繁荣，缓解历史学论著出版的困难，由民间集资，设立了东方历史研究基金，资助出版《东方历史学术文库》。为将这套东方历史学术文库出版好，陆续推出一批一批高质量的历史研究论著，他们特别聘请了周一良、戴逸、齐世荣等著名的历史学家，组成《东方历史学术文库》学术评审委员会，坚持严肃、认真、公正的原则，对大批申请基金资助出版的来稿，进行筛选评审，以无记名投票的方式，评出一些优秀的论著，相继交中国社会科学出版社出版。自1994年至今，已先后出版了《魏忠贤专权研究》（苗棣）、《十八世纪中国的经济发展和政府政策》（高王凌）、《二十世纪三四十年代河南冀东保甲制度研究》（朱德新）、《江户时代日本儒学研究》（王中用）、《新经济政策与苏联农业社会化道路》（沈志华）、《太平洋战争时期的中英关系》（李世安），以及《中国古代私学发展诸问题研究》（吴霓）、《官府、幕友与书生——"绍兴师爷"研究》（郭润涛）、《1895—1936年中国国际收支研究》（陈争平）、《1949—1952年中国经济分析》（董志凯）、《苏联文化体制沿革史》（马龙闪）、《利玛窦与中国》（林金水）、《英属印度与中国西南边疆（1774—1911年）》（吕昭义）等十三本著作。这些论著或开辟了新的研究领域；或在深度和广度上超过同类著作；或采用了新的研究方法；或提出新的学术见解与发掘了新的史料，皆持之有故，言之成理。出版之后，受到学术界普遍好评。1996年度的《东方历史学术文库》的评审工作，正在进行。此套文库，将长期坚持下去。可以预期，经过五年、十年、二十年持续不断的资助、编辑和出版，一批一批的史学论著得以问世，必然是琳琅满目，蔚为可观，必将推进史学的繁荣和发展。因此，东方历史研究基金的设立与《东方历史学术文库》的出版，无疑是推进史学繁荣，缓解历史学论著出版难的有益创举，值得钦佩和称道。

（原载《光明日报》1996年6月5日）

《学术随笔文丛》出版前言

在中国学术文化发展的历史长河中,历代都不乏硕学鸿儒,他们常常在精心编撰鸿篇巨制的同时,往往又举重若轻地写一些随想录或笔记式的短篇。鸿篇巨制固然能成为传之后世的不朽名作,随想录式的短篇同样会成为"千秋绝调"。学术文章不以长短论高下,古今皆然。明代学人袁中道曾谓:"不知率尔无意之作,更是神情所寄。往往可传者,托不必传者以传。以不必传者,易于取姿炙人口而快人目。班马作史,妙得此法。今东坡之可爱者,多其小文小说。其高文大册,人固不深爱也,使尽去之,而独存其高文大册,岂复有坡公哉?"可见,"高文大册"与"小文小说",各有其价值和特色,其卓异者,皆谓中华学术之瑰宝。

我国当代的著名学者,大多继承了古代学术的优良传统,于潜心研究撰写大部头专著的同时,也常有思想闪光与真知的发现,或在探研学术问题的深邃思考中,形成稍纵即逝的真理颗粒;或在对各种书籍的"序""跋"中,阐发个人对学术问题的独见;或在博览群书时,考释出对某人、某事、某书的真谛……这无疑都是学术研究中的宝贵结晶。对此,学者们也常率尔命笔,以随思录的形式形诸文字。倘能将这些文字汇集成册,当能促进学术研究与学术交流,给众多学人与广大读者以启迪。

近年来,在图书出版界出现了"散文热",但多属文艺性散文,而学术随笔尚不多见。中国社会科学出版社向以出版高层次学术著作为特色,根据我社的宗旨,特组编了《学术随笔文丛》(以下简称《文丛》),以繁荣图书出版。

《文丛》的特点,着意在"学术"与"随笔"上,即文章的内容须是学术性的,但并非长篇学术论文,而是短小精悍的随笔形式,且具有思想性、知识性与可读性;文风要清新、简练、洒脱、活泼,富有文采,但又非一般文艺性散文。它既区别于现时出版的学术论集，又不同于文艺散文创作。

《文丛》的内容，力求丰富多彩，涵盖面广，包括学术短论与考辨；读书札记及学术论著的"序""跋""评"，治学心得体会，学术人物的回忆与怀念，学术争论的回顾与思考，师友往来书信，学坛掌故逸闻……

《文丛》的篇幅，每本大致在十五至二十万字之间，以免篇幅过大。这样既促作者慎重选文，以保证该书的质量和特色，同时也便于读者阅读并减轻购书时的负担。

《文丛》各集所收文稿，以散见于报刊上发表过，既有价值而读者又难寻觅，以及未曾发表过的文稿为主。对已结集出版过的文章，尽可能不选。此乃针对时下某些结集出版过的同类读物，同一作者相同的文章，刚编入此书，旋又编入彼书，读者对此已深为不满，《文丛》将尽量避免这种重复出版的现象。

《文丛》第一辑，首先组编了我国人文社会科学各领域有影响的老一辈著名学者的学术随笔，以后还将扩大遴选中青年优秀学者的书稿。无论是老一辈学者，还是中青年学者，《文丛》都将坚持高层次、高质量，以使《文丛》的出版对学术发展和文化积累有所裨益。

（原载《学术随笔文丛》，中国社会科学出版社 1997 年版）

学术出版社要有学术大家支撑

——追忆《学术随笔文丛》出版前后

创建于1978年的中国社会科学出版社，近日迎来建社30周年大庆。社里的同仁们，正满怀喜悦之情迎接社庆的来临。回忆出版社从建社初期的艰苦创业，到踏实成长的勤奋兴业，再至今日"三十而立"走向成熟，成为出版界的参天大树，且是具有以出版高层次学术著作为显著特色的名牌大社，怎能不使曾在这个园地里辛勤耕耘的每一位园工为之欢欣鼓舞呢！

30年的岁月，从宇宙时空而论，不过是弹指一瞬，然而从一个出版社及从事编辑出版的个人而言，又是何等重要而宝贵。曾在这个社工作的每一名员工，如能联系出版社30年来走过的路，回忆自己在此间参与某件事、某项活动和编辑出版过的某种有价值的书，再从中总结出有借鉴意义的经验和教训，对今后出版社的发展当有裨益。

我自己的人生经历中，从1991年至1999年在出版社工作过九个年头，且先后忝列副总编、总编辑之职。人生有几个九年？可见，这段经历不可忽视。我来出版社工作之前，长期在中国人民大学工作，从事清史与清代学术思想史的教学与研究。到出版社后，积习相沿，在编辑出版工作岗位上，仍未中断学术研究，且不时参加各种学术活动，出国讲学，撰写论著。1999年从出版社退休后，又回到原来的领域，继续从事清史研究，近来又参与了目前正进行的国家纂修《清史》的有关工作。因而，我在出版社工作的这几年，时间虽不算短，但说实话，就像是一个来去匆匆的"过客"，常心不专一。加之，自己于编辑出版乃半路出家，既缺乏应有的工作经验，又没有经营管理才能。对于出版社说来，确没有做出什么建树和贡献，实感到惭愧！尽管如此，也还是有些事情难以忘怀，值得回忆，也想从中悟出一点经验。

值得追忆的就是1996年的一次上海组稿之行及1997年在北京召开的一次出版座谈会。通过这些事件与活动，使我深感一家以出版学术著作为特色的出版社，必须有一大批学术大家与名家来支撑，否则其工作就缺乏坚固的基础。

记得1996年前后，图书市场出现了散文随笔热销的趋势。当时，担任我社总编辑助理的白烨编审组织策划了《世界散文随笔精品文库》，一度成为我社畅销书和品牌书之一。随后，我们策划组织了更具本社特点的一套《学术随笔文丛》。设想这套随笔不同于当时已出版的文艺性的散文随笔，而要有更多的学术含量，但又不是引经据典的长编大论，而是零金碎玉式的短小精悍的随笔式短文，内容包括学术短论、师友通信、人物怀念和论著的"序""跋""评"等。文笔要清新、简练、洒脱，既有思想性、学术性，又要有知识性和可读性，每本篇幅都不大，大致在十五万至二十万字之内，这样既促使作者慎送高质量文稿，又便于读者购买和阅读。

从上述设想和策划看，这套书创意新，有特色，质量要求也很高，关键是必须有相应的作者，否则只能流于纸上谈兵。令人欣喜的是我们在北京很快得到一些大师级学术名家的支持，都俯允慨赐他们的佳著。如时任中国社会科学院院长、学术思想大家胡绳研究员的《夜读散记》，时任中央党校副校长的著名经济学家苏星教授的《论外集》，时任中国史学会会长的著名历史学家戴逸教授的《繁露集》，以及时任中国艺术研究院副院长的著名红学家冯其庸教授的《落叶集》，还有著名中国思想史大家张岂之教授的《春鸟集》，等等。有这些学术大师、大家的支持，一下子就把《学术随笔文丛》支撑了起来。

为了使这套书能持续出版，稿源不断，我们想，作为我国学术文化重镇的上海，也是学者云集、大家如林之地，何不到上海去组稿。为此，我同在上海有一些关系的社发行部副主任王磊同志一道，于1996年暑期专程赴上海。当时，也只是抱着试试看的心情，能否拿到满意的稿件并无多大把握。到上海后，我们计划先拜访曾任上海市委宣传部长的著名文艺理论家、古典文史哲大家、执学界牛耳的王元化先生，以争取他对这次组稿活动的支持。他是在国内外享有盛誉、学术活动频繁的忙人和要人，是否有时间接待则心中无数。喜出望外的是，经过王磊联系沟通，王元化先生迅即答应了我们的请求，到上海的第二天便约我们到其府上晤谈，并给予我们无私的援助和支持。

至今，我还清楚地记得，当时的上海，酷暑炎热，挥汗如雨，闷热的气候，使人难以透气。王元化先生虽然是身居高位，且年近八旬的大学者，却非常随和，平易近人。接待我们的那天下午，他在自家简朴的客厅里，手持一把大蒲扇，身着跨栏背心和短裤，足穿拖鞋，无所拘束地和我们亲切交谈起来。在听取了我们对这套《文丛》的设想及请求他支持的来意后，认为这套书的创意不错，有可行性，并对我社出版的图书，也多有了解。不仅愿与出版社合作，将他的学术随笔——《清园夜读》（增订本）和《清园近思录》交我社出版，还帮我们列出一批上海知名学者及长于学术随笔撰写的作者名单。果然，他通过不同方式的联络，以其德高望重的影响力、号召力，并在《文汇读书周报》主编褚钰泉等人的鼎力协助下，次日，便请来多位上海的一流学者，与我们济济一堂，交流晤谈。当时参加聚谈的有学识广博、文采飞扬的散文随笔大家黄裳，博古通今、谈笑风生的著名历史学家唐振常，上海古籍出版社原总编辑、古典文学家钱伯城，中西贯通的著名人文学者王勉（鲲西），以及资深编辑、古典诗词名家金性尧等学界前辈。经过沟通交流，与会的这些学界名流，大都愿为《学术随笔文丛》提供稿件，特别是幽默风趣、学识博杂的金性尧先生于散会之后，当即拉着我和王磊的手到他家中，拿出他拟提供的著作样稿，进一步询问对书稿的要求，还风趣地说："你是总编辑就不用回去请示后拍板了吧"。金老当场决定将书稿整理后交我们出版。

我和王磊同志从上海回京不久，果然接到金性尧先生寄来的书稿——《饮河录》。此后，这本书在编辑出版过程中又引出一段佳话。作为大家名流，且是出版界前辈的金先生，在与我社此书责任编辑冯广裕同志交往中，虚怀若谷，相互切磋，密切配合。他对广裕同志逐一查证、核对出原稿中某些引文讹误，不但认真纠正，还向责编致歉，并对这种编辑作风予以高度肯定。收到样书后，他致信冯广裕，认为他的编辑工作，"体现了大社的气魄"。除金性尧先生外，不久，出版社又陆续收到黄裳先生的《妆台杂记》、钱伯城先生的《泛舟集》、鲲西先生的《推窗集》、汤志钧先生的《鳞爪集》等书稿，都收入到相继出版的

《学术随笔文丛》。十多年后的今天，当年参加约稿聚会的有些先生，如唐振常、金性尧及深受敬仰的王元化等，都已先后遽归道山，抚今追昔，回忆他们对《学术随笔文丛》的支持，怎不使人扼腕长叹，潸然泪下。特别是通过这次组稿结识的王元化先生，他不仅是学识渊博、会通中西的大学者，而且是具有深邃哲理的睿智思想家。为学习领悟他的学识和思想，他交由中国社会科学出版社的两部大著，我都担当责任编辑，也因此与之有了更多的交往。后来，他在其《清园近思录》"后记"中还特意提到："近年来因出书的机缘，结识了中国社会科学出版社的总编辑、清史专家王俊义先生。他是一位令人敬重的学者。我的上一本《清园夜读》和现在即将出版的《清园近思录》都经他亲任责编，得到了他的许多帮助，在此谨致以衷心感谢。"这番亲切的话语充分体现出一位前辈学者对我这个后生晚辈的厚爱和提掖，他的驾鹤西去，既是学术文化界不可弥补的损失，也使我失去一位可敬可爱的长者，内心的哀痛是不言而喻的，真可谓哲人其萎，典范长存。

学术大家们对《学术随笔文丛》的支持，不仅表现在我们上海之行的组稿活动中，还反映在出书后给予的热情鼓励。记得这套文丛的第一辑出版后，为扩大其社会影响，并听取各方面意见，以改进工作，出版社于1997年8月在北京韬奋图书中心举行了出版座谈会。我们原来担忧，拟邀与会的学者，大都非常繁忙，又多系年高德劭的前辈，能否与会，殊难预料。岂料开会之时，邀请与会的一些大家、名流学者，如学界泰斗任继愈老先生、戴逸、冯其庸、丁守和、张岂之、陈乐民、资中筠、董乐山、王梦奎，以及耿云志、苏叔阳、刘梦溪等都应邀与会，真是高朋满座，名流云集。

这次座谈会，由时任社长的郑文林同志主持，我代表出版社介绍了这套书的创意及有关情况。而后，与会的专家学者，迅速热烈回应，就该书的内容特点，包括装帧设计进行了评论。任继愈先生予以热情肯定说："刚才介绍的编辑意图与我对这本书的印象比较吻合。这本书的装帧没有用精装和硬皮，版式也比较疏朗，看起来较舒服。天头上带书眉就更方便阅读。学术随笔叫做随笔，但不可轻视它。有些古人的随笔就影响了几百年，大家很重视。如顾炎武的《日知录》。现在生活节奏快，少数人读大部头的书，多数人不大有时间看，现在更需要有精品本身有吸引力。大专家写小文章,是件很好的事。"时任国务院研究室主任的著名经济学家王梦奎先生也肯定地说:"看了这本书很兴奋,创意很好,尽管是随笔,但内容不亚于论著。"冯其庸先生也进一步评论说:"长期以来,板起面孔说话太多了。广大读者希望看一点真实而轻松的、亲切与谈心式的文字。现在一下子拿出九本书,可以在学术界、文化界、读书界产生很好的影响。"其他一些与会学者如陈乐民、耿云志、刘梦溪等,也都就学术随笔应具有的特点和文风谈了很宝贵的建议,热切期望这套书能出得更好。与会学者的发言,无论是鼓励肯定,还是建议批评,都使我们为继续编辑出版这套书备受鼓舞,增强了信心,接着又编辑出版了第二辑。本来还想继续编辑出版下去,遗憾的是,我于1999年从出版社退休,与我合作共事的几位同志也先后或退休,或调离,致使这套文丛未能持续出版。

我在出版社工作期间,看到、听到和直接接触到的学术界的大家名流对出版社支持的人和事还很多,他们都乐于将自己精心撰写的论著交我社出版,如季羡林老先生就曾十分感慨地说:"在商品经济大潮的冲击下,出版界就剩下中国社会科学出版社这块绿洲了!"因此,他精心帮助我社组织编译出版印度大型史诗、古经典名著——《摩诃婆罗多》。另外,有一次我和负责编辑《中国哲学大纲》的黄德志编审去拜访作者张岱年老先生,请他能续签合同并对合同条款提出意见。张老先生十分信赖地说:社科出版社的合同,我认为合理,没任何意见。随即拿笔就签了字,足见张老对出版社的信任。任继愈先生的多部大著,如《中国佛教史》等,也交由我社出版。不仅是像季羡林、张岱年、任继愈这些学养深厚的老一辈学界大师,还有不少具有雄厚学术研究潜力的中青年学者,也都将自己的成名之作交我社出版。如我社持续出版的《中国社会科学博士论文文库》,就凝聚了一大批新一代学人,推出了不少学术质量很高、在学术界很有影响的优秀学术著作。而今,不少当时《中国社会科学博士论文文库》的作者,已大都成为各学科、各领域的学术带头人,活跃在国内外学术舞台上。

无论是德高望重的学界前辈,还是后来居上的学界新秀,都是我们出版社的擎天柱石。由于他们的支撑,才使得我们出版社这座出版学术著作的神圣殿堂得以巍然矗立。

多年来学术文化界一直盛传当年清华大学校长梅贻琦先生的名言:

"所谓大学者，非谓有大楼之谓也，乃有大师之谓也。"我想，我们中国社会科学院是我国哲学社会科学界最高的研究殿堂，作为社科院直属的中国社会科学出版社又以出版高层次学术著作为特色，而这一特色理应长期坚持。如往前推20年，以出版学术著作为特色的出版社，唯有社科社最为突出，而今在出版界竞争日益激烈的情况下，如百舸竞流，许多大学出版社、教育出版社，在出版学术著作方面，也甚是突出。如逆水行舟，不进则退。如何长期保持社科出版社的特色和优势，值得全社同志深思。我想，随着时代的发展和变化，伴随经济实力的增长，必要的办公条件、办公设施，需要不断改善提高。然而真正能永久传承的还是学术大师和学术名家的高质量、高水平的优秀学术著作。因而就出版社而论，也是"乃有大师之谓也"。我们必须真心诚意地聚集院内外的学术大家，不断争取到他们的优秀著作，保持出版社的显著特色和名牌效应，才能永远立于不败之地。

谨以上述感言，庆贺社庆30周年，并与在位的全社同仁共勉！

（原载《中国社会科学出版社建社三十周年文集》，中国社会科学出版社2008年版）

学博思精　大家风范

——读《清园夜读》（增订本）有感

当代著名学者王元化先生的《清园夜读》自1993年问世，便深受海内外学界的喜爱与关注，虽经一版、再版，仍然迅即售罄。此间，台湾还曾于1996年出版过海外版，但在大陆则迄未重印。为满足广大读者的需求，现经作者修订，交由中国社会科学出版社出版了增订版。增订版除改正了旧版的错排外，还增加了七八篇未编入原书中的文章，其中《简论道德继承》一文，尚属首次发表，而且提出了以往论著中没有谈到过的新观点，有很高的学术思想价值。

增订本《清园夜读》全书收文50余篇，并分别纳入"考释""人物""掌故""书简""序跋"等栏类。这些文章，表面看似乎都是信手拈来的随笔性短文，并不是鸿篇巨制，但若仔细展读，认真玩味，便会感到这些短文皆字斟句酌，寓意丰厚，其价值绝不亚于那些下笔万言的长篇大论，可谓是学博思精，堪称大家风范。

中国的学术，一向重视学思并重，但要做到这一点，并不容易。而王元化先生的《清园夜读》以及他的其他著作，却继承了学思并重的优良学术传统，真正做到了学思俱佳。从《清园夜读》的各篇文章中，我们可以看到元化先生可谓学贯中西、融汇古今，既有渊博的学问，又有穿透纸背的深邃思想。他对中国传统的经、史、子、集可谓驾轻就熟，运用自如。而对于西方的哲学文化，因用功至深也了如指掌，正如他自己所说，曾"完全被黑格尔哲学所吸引"，而"认真地阅读了可能找到的他的著作，其中《小逻辑》《美学》《哲学史讲演录》三种，成了我熟读的书。仅《小逻辑》这部著作，我就读过四次"，"我深深服膺德国古典哲学自康德以来所倡导的批判精神"。加之，人所共知元化先生的个人经历又十分坎坷，他从 1955 年即被诬陷为"胡风反革命集团"成员，遭受政治迫害长达 20 余年，但其意志弥坚，好学深思不辍，而且体味到"人的尊严愈是遭到凌辱，人的人格意识就会显得坚强起来"。因此在重返学术舞台后，将自己长期积累的渊博学识，与深邃的哲理思想、批判精神和丰富的人生阅历，都匠心独运地熔铸渗透于《清园夜读》等著述之中，致使其著作能阐幽发微，小中见大，既包含有丰富的知识，又有深刻的思想。收入《清园夜读》的文章，大都体现了上述特点。诸如"考释"类中的《扶桑考辨》《简论尚同》《简论道德继承》《读胡适自传唐注》《胡适的治学方法与国学研究》《玛雅访古志》等，无不将传统的"考据、义理、词章"很好地结合起来。他既长于考据，能娴熟地运用乾嘉考据学的方法，令人信服地考证论题，又笔端生花，善于词章，尤其是富有思想，对许多问题，诸如"五四"传统、道德继承、同一性与多样性、个性与共性、主体精神、中西文化异质、关于胡适的评价等，都有自己独特的思想见解，其思想之深刻、观察之敏锐、分析之中肯，充分反映出他既是学问家，又是思想家的品格。另如书中对当代一些学术大师汤用彤、杨遇夫、熊十力、郭绍虞、王瑶、谭其骧等人的怀念文章，以及对顾准、张中晓等人著作的序跋，也都或记述他们的学术成就，或称赞他们的品德情操，或讨论一些思想与学风。不过，都不是孤立地就事论事，而是深刻地揭示了一代知识分子与时代的关系。同时，又都贯穿了这些学者及其著述所坚持的自由思想与独立人格。即就是书中的那些掌故丛谈，如《青松红杏图》《沈荩之死》《宦术》《祀天敬孔》等，虽然是作者在广泛的涉猎中随读随记的札记，也都有深刻的寓意与微言，颇耐人咀嚼。当然，书中各篇所包含的博大精深的思想，我不见得都能领会，还有待于方家阅读后指教。

总之，一言以蔽之，元化先生既有渊博的学识，又有深邃的思想，常能言人所不能言，想人所不能想。人们总能从他的思想和著述中获得启迪。

（原载《人民政协报》1997 年 11 月 15 日）

刚正不阿　坚持真理

——读《黎澍十年祭》

近读《黎澍十年祭》,掩卷而思,深感这是一本厚重的纪念文集,值得认真一读。

黎澍先生是位著名的马克思主义历史学家、思想家、理论家,更是一位在改革开放时期勇于冲破禁区,推动思想解放的先驱。倘若天假其年,必能做出更多更大的贡献和建树。然而"世间多少不平事,最痛好人命不长",黎澍的悲剧也在于此。1988年11月下旬,正当他奋笔疾书,伏案撰写一篇纪念五四运动70周年的论文时,却因劳累过度而猝倒于书案旁,随后于12月9日,在未竟其业、未展其志的心境中,愤懑离开人世。这种为追求真理而鞠躬尽瘁的献身精神,怎能不引起人们对他的敬仰与哀思。早在其仙逝五周年之际,其生前的同事与知己李新教授就在一首悼诗中说:"自君去之矣,忽忽五周年!回首犹如昨,闭目思容颜。""奈何君早逝,狐鼠尚苟安?且待三五年,奠酒为君欢。"1998年12月,已是黎澍逝世十周年的日子,也正是李新所预期的"且待三五年,奠酒为君欢"的祭日。这十年间,客观世界发展变化的实践,更加证明黎澍是值得人们永远纪念的杰出学者和思想解放的先驱。为了缅怀光大黎澍的学术思想、理论建树及其高风亮节,学术界的一些有识之士,早就建议和筹备编辑黎澍的纪念文集,而今终于在黎澍逝世十周年之际,由黎澍纪念文集编辑组编辑,并由中国社会科学出版社出版了《黎澍十年祭》,以祭奠黎澍的在天之灵。

说它是一本厚重而值得认真一读的纪念文集,首先表现在该书作者的阵容强大。全书由二十四篇纪念文章所组成,主要作者有于光远、李锐、李普、李新、戴逸等。这些作者多是著名的理论家、历史学家,而且多与黎澍相处较久、相知较深。他们或者是与黎澍肝胆相照的故交老友，或者是与之共事多年的史学界的同事，也有的是亲聆其教诲的后学与学生。这些老友、同事和学生所撰写的文章，或回忆与黎澍的交往，或记述其学术思想与理论建树，或缅怀其对后学的提掖培养。尤可贵的是这些从不同角度撰写的文章，绝无形式主义的八股陈套俗语，全都是倾吐肺腑、真情流露，无所讳忌地通过大量生动具体的事例，展现了黎澍学术、思想和人品。

《黎澍十年祭》作为一本厚重的纪念文集，还表现于内容的充实丰富。黎澍之所以令人敬仰与怀念，首先在于他是一位有杰出贡献的历史学家、思想家和理论家。后人要纪念他缅怀他，自然想要具体了解他在学术上、思想上、理论上究竟有哪些贡献和建树。这一问题通过本书的多篇文章，诸如《马克思主义的史学家黎澍》《黎澍学述》《睿知的学者勇猛的斗士》《科学是为真理而斗争的事业——忆黎澍的学术生涯》《黎澍论社会主义时期的反对封建残余问题》《历史的创造者问题拨乱反正的理论意义与实践意义》《黎澍十年祭》等，便可得到准确而圆满的回答。通过这些文字的阐述，读者可以清楚地了解，黎澍如何在思想上反对封建主义，在理论上批判教条主义。正是黎澍，于粉碎"四人帮"之后，在拨乱反正的过程中，以其如椽之笔，撰写了《评"四人帮"的封建专制主义》《消灭封建残余影响是中国现代化的必要条件》等名篇，深刻而尖锐地揭示了新中国成立后的三十年依然存在封建势力的残余。封建思想在许多人的心目中，在社会生活——尤其是在社会政治生活中还严重存在，不但在"文化大革命"中又一次大暴露，就是在粉碎"四人帮"之后，其余毒也不容轻视。他又针对新中国成立以来长期存在的"左"倾教条主义把马克思主义的某些理论观点简单化、绝对化、公式化、片面化的恶劣倾向，勇敢地提出："在社会科学恢复和发展的时候，我们不能以破除林彪、'四人帮'的现代迷信为满足，必须根本摒除一切形式的教条主义、本本主义，坚持从实际出发。"黎澍还针对某些流行已久的说法，如"人民群众是历史的创造者"，"一切历史都是阶级斗争史"等似是而非的观点，连续发表了《论历史的创造及其他》等论文，这些思想观点，都显示了其作为一个思想家、理论家的本色。

黎澍之所以能成为杰出的历史学家、思想家，理论家，能发人之所未发，言人之所未言，一方面是因为他有丰富的学识和深厚的马克思主义功底，另一方面还在于他敢于坚持实事求是，敢于追求和坚持真理，勇于独立思考，倡导学术研究中的自由、民主精神。他不管是出于哪家成法，也无论是出自何人的思想，但凡不能经实践检验的理论，都敢于怀疑，敢于批评。为此，他不畏权势，不怕高压。如有人指责其提出的"消灭封建残余影响是中国现代化的重要条件"的观点，是"污染"，是"放毒"。他便据理反驳说："我研究的是马克思主义，研究的是中国近代史、当代史，我污染谁了？"这充分反映了黎澍不畏权势，坚持真理的学术品格。至于他培养爱护青年、提携学术后进等高尚品德，在书中的《黎门师从记》《回忆黎澍同志》《回忆黎澍先生》等文中，也都有生动的记述。

总之，《黎澍十年祭》，使得黎澍这位刚正不阿、坚持真理的历史学家、思想家、理论家，音容犹在，风范长存。要纪念和学习黎澍学术思想和高风亮节，要发展和繁荣社会科学，要推进政治体制改革，加强民主法治建设，便值得一读此书。

（原载《文汇读书周报》1999年1月30日）

一部简明扼要、深入浅出的
优秀历史教材

——《简明中国历史读本》读后

最近，拜读了中国社会科学院历史研究所主持编写，并经中国社会科学出版社出版的《简明中国历史读本》（以下简称《读本》），读后深受教益。日前，以研究中国史学史和史学理论著称的瞿林东教授，在概述新时期历史学的发展与成就时，撰文指出："在历史知识社会化方面，有许多雅俗共赏的历史读物出版，尤其是新近面世的《简明中国通史读本》《中华史纲》等，对于普及历史知识、深入开展历史教育方面，已经并将产生积极的作用和影响。"我十分赞同瞿先生的评价和估计。对于蔡先生的同类著作《中华史纲》，已有史家公开发表评论，又有媒体记者的长篇专访，诸如《一本好读的中国通史简写本》，以及《蔡美彪：洗尽铅华是本色》，对蔡先生这部著作的内容特色及其治学精神与学术风范，都有很高的评价与报道，无须笔者再来赘言。这里，仅想就《读本》谈一点读后感言。我总体认为这是一部观点正确、内容翔实、结构严谨完整、体例统一、简明扼要、深入浅出，能雅俗共赏的优秀历史教材，其突出特色和成就，主要有如下几点：

其一，传承发扬了老一辈马克思主义史家的"通史家风"，结合中国历史实际，坚持和运用了唯物史观。众所周知中华民族既有光辉灿烂的文明发展史，又有学史、修史和用史的优良传统。就修史方面说，几乎历朝历代都重视编纂通史类的著述。其中，司马迁的《史记》、司马光的《资治通鉴》，可谓是传统史学通史著作的经典，至20世纪新史学兴起后，世纪之初就有夏曾佑的《最新中学历史教科书》，而后又有白寿彝先生作总主编的20世纪中国通史的压轴之作《中国通史》巨著（十二卷二十二册 1300 多万字）。据有学者统计，1900—1999 年，国内学者用各种史观、各类体裁编写的中国通史著作就有 130 多种，人们之所以如此重视通史之作，主要在于其能适应时代需要，反映该时代历史研究的总体水平。

在中国通史编写发展的历程中，尤为值得关注的是自 20 世纪初马克思主义的唯物史观传入中国，经李大钊、郭沫若等早期马克思主义者的传播，并运用唯物史观研究中国历史、撰写史学著作，将中国史的研究引入新的阶段。早在 1949 年之前的抗日战争、解放战争的年代，吕振羽、翦伯赞、范文澜等马克思主义史学家为适应时代和革命需要，就着手运用唯物史观编写出版了一些中国通史，诸如吕著《简明中国通史》、翦著《中国史纲》和范著《中国通史简编》等。这些著作进一步推进了马克思主义史学在中国的发展，大大改变了中国史研究的面貌，虽然受战乱时代各种主客观条件限制，还显得粗糙，不够完善，却不同程度地奠定了用唯物史观编写中国通史的初步框架和基础，也熏陶了一些史学工作者步入马克思主义史学研究之行列。

1949 年新中国成立，各方面都发生了天翻地覆的变化，意识形态领域也弃旧图新，历史唯物论和辩证唯物论的世界观和方法论成为主导意识，学习马克思主义，学习社会发展史，培养和树立新的世界观、价值观，日益成为人们的普遍追求。形势迫切需要有能帮助人们学习中国历史的著作，于是在当时的中国哲学社会科学部（社会科学院前身），先后成立了由郭沫若兼任所长的历史研究所和由范文澜担任所长的近代历史研究所，并由这两位史学大家牵头领衔主编中国通史著作。正是在这样的历史背景下，由他们两位及其后继者主编和主持编写了十二卷的《中国通史》（500 万字，曾以《中国通史简编》命名），以及十册本的《中国史稿》（约 200 万字）。这两部多卷本的中国通史，都是以唯物史观为指导而编写的大型史书，其对各级党政干部和包括专业史学工作者在内的社会各界人士，学习和研究中国历史，认识社会发展规律，提高历史文化素养，从事历史教学和研究，都曾发生过不可估量的作用和影响。尽管这两部书，因编写和出版过程中，由于政治运动频繁，时有中断，拖时久长，在内容和观点上都留有所处时代的烙印与局限。对此郭老和范老自身都曾有清醒的总结和反思。不过，就其主导方面和积极作用，绝不可低估，而且通过这两部大书的编写，也培养造就了一批马克思主义史学工作者。今天由中国社会科学院历史研究所老、中、青三代史家集体编写的《简明中国历史读本》（其中有些作者就参与过《中国史稿》的编写），应该说就是郭沫若、范文澜等老一辈马克思主义史学家开创奠基的中国通史编写事业，或者说是"通史家风"的传承和发展。

《读本》的作者们在编写此书过程中，铭记"前事不忘、后事之师"，将坚持运用马克思主义和唯物史观贯穿于全书。唯物史观有些基本理论：诸如生产力与生产关系构成的社会生产方式的理论；人类社会发展五种社会形态的理论；经济基础与上层建筑相互关系的理论；阶级分析与阶级斗争的理论；人民群众是推动社会发展的主体和动力；杰出历史人物在历史发展过程中的作用也应予以肯定……《读本》以这些唯物史观的基本理论为指导，结合中国社会的实际情况，清理出中国历史的发展脉络，曾先后经历了原始社会、奴隶社会、封建社会及半封建半殖民地等社会形态；同时分析了各个社会形态下的社会生活与阶级发展，以及阶级、阶层之间相互依存与斗争的状况；肯定了奴隶暴动与农民运动推动社会发展的积极作用，评价了秦皇、汉武、唐宗、宋祖等统治者的文治武功，肯定了他们在推动各民族之间的统一融合中的历史作用；另外，对诸多杰出的思想家、文学家、科技家的贡献和影响也都有肯定和分析。该书对唯物史观的运用，并非机械地照套照搬，而是从中国社会实际出发，作出符合中国历史特点的结论。譬如《读本》在分析中国奴隶社会时，就指出："中国历史上奴隶制源于东方型，不仅家内奴隶制充分发展，而且家族公社与农村公社两类共同体并存，与古代希腊罗马的奴隶制有所不同。"同样，根据中国封建社会的土地占有制形式，也指出其与西欧封建领土经济不同，有其自身的不同特点。类似这样的具体分析和运用，在书中还所在多有。

客观地说，自马克思主义唯物史观诞生以来，实践证明它是科学地揭示人类历史发展的普遍规律，能通过错综复杂的历史现象，透视历史的本质，是人们学习研究历史和借鉴历史经验的锐利武器。面对当今时代风云变幻的国内外形势，以及各种意识多元并存、各种思潮风起云涌的局面，要编写一部适合党政干部和广大群众学习的简明中国历史读本，使读者树立正确的历史观、价值观，无疑应该坚持唯物史观为指导。

其二，依据典型史料，结合新的研究成果，简明扼要，深入浅出地梳理了中华民族自原始社会至清朝灭亡的历史发展道路，传播了丰富的历史知识和信息。有鉴于在此之前中国通史类著述，虽不乏成功之作可资借鉴，但已有的这类著作，或部头太大，或篇幅过长，且引据繁复，读之费时费力，虽适于专业学术研究，却不便于一般读者。还有些著作，学术观点新异，传播的知识也欠准确，质量参差不齐。针对这些情况，在坚持唯物史观的前提下，对中国历史的阐述，内容既要翔实丰富，又必须简明扼要，深入浅出，以使得广大干部和群众在工作繁忙、生活节奏紧张的情况下，能用较短的时间学习和阅读。《读本》正是根据这种状况和需要而编写的。

人们学习历史时，首先想要了解历史是如何走过来的，历史上发生了什么事件和人物，有什么成败和得失，中国在世界上有些什么贡献、处于什么地位，有哪些经验教训可以吸取，等等。而《读本》对这些问题都做出了很好的回答，如前文所述，与世界多数国家和民族一样，中华民族也经历了从野蛮到文明的各种社会形态，她从原始社会到文明起源、国家形成，又历经夏商西周、春秋战国、秦汉、魏晋南北朝、隋唐、五代十国、宋辽金、元、明、清等各个历史时期。《读本》则将上述各时期，有机地纳入全书相应的各个章节，组织多位学者分工合作来完成。由于分工撰写各时期、各章节的作者，多是历史研究所的学术骨干，大都是长期研究各相应时期的专家，因而能依据典型的史料和简洁明快的文字，将艰难曲折的历史发展过程，和错综复杂的朝代更迭演变，条理分明，脉络清晰地给予总结和梳理。同时，又重点突出地讲述了各个时期发生的重大事件，出现的重要历史人物。又能针对不同时期的历史特点，有所侧重地论述了各时期的政治制度，典志礼仪，经济发展水平，各个阶级、阶层的社会生活，各民族之间斗争、交流与融合，思想文化，科学发明，还评论了各个朝代在历史发展进程中的地位、作用、影响及其对中国和世界做出的贡献，进而总结出治国理政的经验和教训，乃至历史发展的必由之路，以使读者在潜移默化中增强民族自信，激发爱国情怀，获得历史知识，提高文化素养，培养良好的道德情操。

《读本》作为一本简明通俗的历史读物，虽以普及为前提，但又力求使之具有学术性，保持科学性，尽可能将新发现的史料和新的研究成果纳入书中。由于作者多是相关领域的专家，他们在写作过程中，既参考吸收了学术界已有的成果，也将自己的研究成果融化到有关章节。如撰写

《中国的原始社会与文明起源》章的王震中研究员,对史前时期和中国文明起源的研究已有不少建树,因此能运用丰富的历史文献资料和各地的考古发掘成果,将此章涉及的古人类、新旧石器时代、文明起源等人们十分陌生的内容,较为浅显明白地予以阐述。他根据古人类学和考古学界在云南禄丰发现的古猿化石资料,改变了以往国际学术界认为人类起源于非洲的观点,认为"禄丰古猿的发现,使我们更有理由相信,中国是世界人类起源的重要地区之一"。又如撰写《秦汉时期》章的杨振红研究员,本身就是专门研究秦汉史的专家,也有丰硕的研究成果,她在撰写本章时,就吸收了其关于新出简牍资料的研究成果,使论述内容更加充实而富有新意,其他如《夏商西周时期》《隋唐时期》《元》和《清代前期》各章的作者与内容也有类似的情况,恕难一一列举。这就使得《读本》不仅一般读者看得懂,容易理解;而且专业的历史工作者,也可从中得到新的收获,形成了通俗性与学术性相结合的特色,达到了雅俗共赏的效果。

其三,全书结构严谨完整、体例统一且有创新。一部好的史书,当然首先要有正确的历史观和翔实准确的历史内容,同时也要有适于承载其观点和内容的体裁与体例,特别是集体编写的史书尤须如此。令人欣喜的是《读本》在体裁体例方面也取舍得当,结构严谨,体例周密统一,并有所创新。

本书在体裁方面,编者根据历史研究所多年编写《中国史稿》的丰富经验,又吸收参考了学术界近年来编写史书的新进展,运用了当代同类史书惯用的章节体。因为这种体裁能避免其他体裁"大势难贯"的缺陷,便于阐明历史发展规律。全书凡四十万言,除《绪论中国历史的发展道路》,宏观论述了有关中国历史的若干重大问题外,又设立十一章分别论述了中国历史的各个时期。在每章的开端,先用极简练的文字概述本时段的历史起讫、历史发展轮廓,以及其在中国历史进程中的地位和影响,使读者对该时期的历史有一个总的清晰印象。再在每章之下,设若干节及三级子题,更为具体地叙述各时期、各个方面的具体内容,使得全书的结构严谨完整、首尾一贯,章、节、目都十分清晰明了。

体例是史书的外在形式,一般说包括语言文字的使用,引文注释的处理,插图与附录的安排等,这些问题看似细小琐碎,却关系到全书的总体质量和著作风貌。加之,本书是历史教育的普及读物,不同于高深的学术著作和个人的学术专著，应力求明白通晓，形象生动，以更好地服务于一般读者。对此《读本》都做了周密的考虑和统一的规定：

书中的语言文字，使用通行的白话语体文，并继承了传统史书"文省事增""文约意丰"的原则，力求简洁明快，流畅通顺，用少量的文字，讲更多的史事和知识。为了扫除读者阅读中的拦路虎，《读本》对行文中出现的人名、地名及古青铜器、陶器中生僻怪异的繁难字，都标以汉语注音，两相对照，一览无余。

在一般史书中，常常大量引用历史文献资料的原文，给普通读者造成阅读生硬，文意难以顺解的困难。鉴此，《读本》尽量少引原文，多是将引用的史料融会贯通，用自己的语言表述。有时必须引用的原文，也仅引用其中最典型的三言两语的字句。这样既不影响史实的准确有据，又节省了文字，达到更好的阅读效果。

另外，《读本》也对一般史书常常用大量注释的惯例，而尽量少作注释，但对所用必要的注释，则除注明引文出处外，对正文中出现的重要专业名词概念，则也用注释给予解释。同时对史学界某些问题的不同学术观点，本书也通过注释，既说明作者的主张，也介绍了学界的不同观点，如书中提到"中国的农业起源最早可以追溯到一万多年以前"，就用了一个注释说明："世界上的农业起源中心有西亚、东亚和中南美洲三个。东亚农业起源的中心主要在中国。"对于中国古代社会的分期封建社会起于何时，也用注释，既表明本书所持观点，也介绍了史界的其他不同观点。通过诸如此类的注文，既帮助读者了解到学术界的各种不同学术主张，也扩大了视野和信息量，并贯彻了百家争鸣的原则。

图文并茂，以图证史、用图证文，也是《读本》在体例上的一个亮点。书中安置了60多幅彩图和插图。在全书正文前，置放了三十多幅彩图，这些多为国家博物馆等处珍藏的国之珍宝级文物的图照，如"商司马戊大方鼎""汉马王堆帛画"等，而且不是简单孤立的置放，均与正文一一相对应，在正文中说明"见彩图六""见彩图十四"等，使读者对历史增加了直观感、形象感，起到了以图证史的作用。此外，在正文的行文中也加了不少有关地域、人物和艺术方面的插图，如在《清代前期》这一章讲到"清朝完成了统一大业、奠定了中国的辽阔疆域"时，便插有"清代嘉庆二十五年（1820）疆域图"，既起到了以图证文的作用，又增强了史事的说服力。

《读本》在体例上的运用和安排，在同类的中国通史著作中，也或多或少使用过，但将体例诸多方面事项都运用到书中，确可谓匠心独运，有综合创新之功。

当然，我们说《读本》是一部优秀之作，并非它已十全十美，无一点瑕疵，那则未免过于绝对，以笔者之拙见，此书也还有些缺点和不足，诸如极个别处的历史纪年前后矛盾。如该书第41页标明"西周（约公元前1046—前771年）"，而第65页又说"公元前770年，平王东迁"，"至此，西周灭亡，历史开始进入东周即春秋战国时期"，然而到第72页，讲"春秋战国时期"时，开篇即说"春秋战国（公元前770—前221年）"。如此前后不一，那么西周究竟灭亡于何年？东周亦即春秋又究竟起于何时？再者，作为一本通俗简明的历史读物，所持观点应尽可能平实稳当，免引歧义，这是得当的。但新时期以来，学术界在拨乱反正、进行深入研究的过程中，已然形成的共识，书中则应尽可能吸收。譬如对太平天国农民运动，肯定其"极大地扰动封建社会的旧秩序，加快了封建社会的崩溃"，也"向外国侵略者显示出中国人民强大的革命力量"，这无疑是正确的评论。但是，对于太平天国的领导人，尤其是洪秀全晚年的腐化、昏聩、愚昧，并引发领导集团争权内讧等，也有必要用少许文字予以揭露，但却显得不够。这不利于深刻总结农民起义失败的历史教训。还有在论述晚清政治制度的演变，设立了"总理各国事务衙门"等新的机构时，仅认为其"适应了西方保障其在中国享有各种特权的强烈需要"，这样的评论似不够周全，因为这些机构的设立也适应了当时国际交往的客观需要，明显带有近代化性质。当然，即使存在这些缺点和不足，并不影响其依然是一部简明扼要、深入浅出的优秀历史教材。

江泽民同志在是书《序言》中最后指出，"由中国社会科学院历史研究所编写的《简明中国历史读本》，为我们了解中华民族发展史提供了一部通俗易懂的读物，希望大家都读一读"。诚然，《读本》作为一本优秀的历史教材，确值得大家一读。

（原载《光明日报》2012年10月5日）

民族史研究领域的一项重要成果

——刘志霄著《维吾尔族历史》(中编)评介

最近,中国社会科学出版社出版了新疆社会科学院刘志霄研究员的新著——《维吾尔族历史》(中编),由于工作关系,我有幸较早地拜读了这部书稿,同时,也对其作者有了较多的接触和了解。而今,伏案沉思,我深感刘志霄先生的这部大著是民族史研究领域的一项重要成果,它不仅有很高的学术价值,而且有重要的现实政治意义。

大家知道,维吾尔族是我国民族大家庭中光荣而古老的成员之一。维吾尔族在漫长的历史长河中,在经历自身民族发展过程的同时,也广泛参与了祖国历史舞台的政治、经济和文化活动,为缔造悠久的中华历史和灿烂的中华文化,做出过伟大的贡献。因而,关于维吾尔族的历史发展及其在统一的多民族国家中的地位和作用,在我国的历史文献中,无论是汉文或者是维文中,都有广泛的记载,如能利用这些历史文献资料,编写一部全面、系统的维吾尔族历史,将能令人信服地证明我国自古以来就是一个多民族国家,自古以来我国各族人民就生息、繁衍、劳动在祖国大地上,各族人民都共同创造了中华民族悠久的历史和灿烂的文化,而且这种历史和文化至今还是维系我国各族人民关系的坚韧纽带。同时,维吾尔族历史的编写,也将有力地推动维吾尔族对祖国的认同感,进一步促进社会主义多民族国家的统一与团结。正因为如此,我国老一辈历史学家早就倡导编写维吾尔族的历史专著,但由于政治和社会的各种原因,他们未能实现自己的愿望。令人欣喜的是,如今刘志霄先生,终于以坚毅顽强的责任心、使命感,实现了老一辈历史学家的夙愿。他作为新中国培养出来的一代民族史专家,继80年代完成出版了《维吾尔族历史》(上编)的汉文本和维吾尔文本之后,如今又独力完成出版了《维吾尔族历史》(中编)。这无疑是民族史研究领域的重要成果,它的出版确值得学术界和广大民族工作者关注和祝贺。

《维吾尔族历史》(中编)与 80 年代出版的《维吾尔族历史》(上编)相衔接,涉及的时间跨度上迄 19 世纪 40 年代,下至 1949 年中华人民共和国成立,以 80 万字的篇幅,运用马克思主义的历史唯物主义观点,将维吾尔族的历史置于整个祖国历史发展的大背景之下,对此一时期维吾尔族的历史发展,以及政治、经济、文化等方面的状况,进行了全面系统的分析和论述。它以历史与逻辑的统一,无可争辩地说明维吾尔族的历史是整个祖国多民族统一国家历史的不可分割的组成部分,与整个祖国的历史,特别是中国近现代党所领导的革命斗争史,荣辱与共,休戚相关。本书所涉及的时间范围,正是整个中华民族发生急剧变化的历史转折时期,由于作者将维吾尔族的历史置于全国历史的总背景之下,维吾尔族的历史是整个中国近现代史的重要组成部分,因而整个中国近现代历史进程中的一系列重大事件,诸如帝国主义列强瓜分中国、变法维新、军阀混战、国民革命,中国共产党成立等,都构成了维吾尔民族近现代政治、经济、文化各领域发生变化的重要成因。其中积极意义的成因推动了维吾尔民族历史的进程;消极意义的成因则阻碍和滞后了维吾尔民族历史进程。由于中国近现代史的总体背景在《维吾尔族历史》(中编)里得到了充分的反映,从而使维吾尔族的近现代史和谐并同步于全国历史的进程和节奏。

综观全书,给人留下突出的印象是,本书观点正确,史料丰富,史实准确,文字表述也生动可读。

赛福鼎同志在为本书撰写的《序》中,首先肯定了本书的观点是正确的,他说:"正确观点的基本含义就是要坚持马列主义、毛泽东思想。马列主义、毛泽东思想是我们国家政治生活的准则,是我们进行社会主义物质文明建设和精神文明建设的指导思想,也是我们辨认、界定和评说历史事件的理论依据,它使我们全面、系统地观察问题,避免随心所欲、杜撰事实,导出错误有害的结论。"而本书对维吾尔族历史上此一时期发生的许多错综复杂的历史人物和事件,正是以马列主义、毛泽东思想为指导,依据可靠的史料,去进行具体分析的,因而能得出令人信服的结论。

相当长一段时间内,一些历史著作包括一些讲述维吾尔族历史的论著,往往把历史,把维吾尔族的历史,简要地写成政治史,甚至是战争史，抹杀了历史的丰富内容。实际上，经济的活动，文化的积累是一个民族历史活动的主要内容，也是一个民族历史大厦的支撑点。同样，经济活动与文化积累也在维吾尔族历史中占有很大比重。刘志霄先生的这部著作，克服了往日某些论著的缺陷，对这一时期维吾尔民族的经济活动和文化积累进行了较为深入的研究和分析，致使本书的内容，显得丰富和充实。

资料丰富也是本书的突出特点。本书作者既精通汉文，也精通维吾尔文和哈萨克文。他利用这些有利条件，既能利用汉文史籍，又能翻译借鉴大量维吾尔族史料和一些外文资料。作者在写作过程中，为了充分利用维吾尔历史文献和口碑材料，曾风尘仆仆，不辞辛苦，多次去维吾尔族聚居的喀什、和田、哈密、伊犁、吐鲁番、阿克苏等地，进行实地考察，收集到大量第一手的维文文献和口碑材料，使本书得出的结论，都建立在丰富的资料基础上，而非空中楼阁或空洞的说教。

另外，本书作者曾从事过新闻与文学研究工作，擅长于文字叙述表达。他在撰写本书时，力求文字表达生动、活泼、清新可读，避免了某些历史著作那种令人望而生畏、艰涩难读的缺点，使得本书在文风上有很大的优点。

当80年代中期刘志霄先生的《维吾尔族历史》（上编）出版问世之际，赛福鼎同志就曾热情洋溢地为之撰写了序言并予高度评价说："这是我国第一部叙述维吾尔族历史的著作，也是我国三十多年来的民族史研究的重要成就之一。它的出版对于增进对我国维吾尔族的了解，尤其是对维吾尔族为缔造祖国历史文化所做伟大贡献的了解，具有重大的现实意义。对于推动维吾尔族史研究、新疆史研究以及整个中华民族形成和发展史研究，有着一定的学术价值。"同时，赛老也勉励作者在此基础上，更加努力完成自己这项很有意义的学术工作，编写出更多更好的各种体裁的维吾尔族历史著作。刘志霄先生更不负老一辈的期望，在担负大量行政管理工作的情况下，又撰写出版了《维吾尔族历史》（中编）。本书的出版更加印证了赛老的上述评价。

同时，还必须着重指出，本书不仅有很高的学术价值，而且有很重要的现实政治意义。应该说这部著作的出版，对于科学地认识、分析维吾尔族的历史，对于坚持祖国统一，维护民族团结，都有重要现实意义。因为巩固和发展以平等、团结、互助为特征的社会主义民族关系，是建设有中国特色的社会主义事业的一项重要任务。唯其如此，党的六中全会《决议》明确指出："在加强民族团结，维护祖国统一的教育中，要坚持党的民族政策和宗教政策，宣传马克思主义的民族观和宗教观。"刘志霄先生的这部著作，由于坚持了马克思列宁主义和毛泽东思想，能在占据大量材料的基础上，利用历史唯物主义观点，来分析和研究维吾尔族近现代的历史，正体现了马克思主义的民族观和宗教观。新疆维吾尔自治区党委书记王乐泉同志在和本书作者的一次长谈中曾说，"此书对于新疆的稳定会产生长远的、深层次的影响"，又说，"要解决新疆的问题，一要发展经济，使各民族共同富裕起来；另一是求得历史的认同，即要用足够的力量，来写新疆地方史，写维吾尔族的历史，而这本书正是广大维吾尔族领导干部和广大群众均能认同的一部史书"。王乐泉书记的这番话，充分说明本书在现实的民族生活中的重要现实意义。因而，我们理应展现这部书的学术价值和现实意义，使其在推动民族史研究以及维护国家统一和民族团结的现实生活中发挥应有的作用。同时，我们也十分恳切地期望本书的作者再接再厉，在不久的将来再推出《维吾尔族历史》（下编），对维吾尔族史乃至中华民族史的研究做出更大的贡献。

（原载《民族研究动态》1996 年第 4 期）

一位美国友人笔下的吴晗

——关于《时代之子吴晗》

美国友人、历史学博士马紫梅（Mary Mazur）教授撰写的《时代之子吴晗》，最近已由中国社会科学出版社出版。这部出自美国友人笔下的关于吴晗的传记性著作，较之以往的同类著作独具特色。

马紫梅曾长期从事中国语言和历史研究，先后获得芝加哥大学中国语言和文明硕士及中国历史学博士，现执教于芝加哥大学东亚研究中心。80年代起她曾在我国北京大学历史系进行学术交流。多年来，她对中国的历史文化及吴晗有浓厚的兴趣，并决心写一部吴晗的传记。据到过美国马紫梅家中的我国学者介绍：她的书房中收集、陈列了大量吴晗的著作、文稿和有关材料，其言谈之中处处流露出对博大精深的中国历史文化的崇拜，以及对吴晗刻苦、严谨学风的赞赏，对吴晗顽强、真诚、奋进和刚直不阿精神品格的敬仰，对吴晗及其全家在"文化大革命"中所遭迫害的同情。这足以反映了作者对吴晗和中国历史文化的浓厚兴趣与友好之情。尽管由于我们和作者所处的国度不同，历史文化背景不同，在意识形态方面也有明显差别，但这些客观存在的差异，并没有影响和削弱作者对吴晗、对中国人民及中国历史文化的友好之情。

翻开这本书一读，我们可以看到作者将传主置于所处时代的大背景之中，紧密结合传主所处时代的政治、经济、文化状况，记述传主的人生道路。由于吴晗是"推动一代知识分子的进步"的典型（费孝通为本书的"题词"），他不仅是"一个勤奋治学追求真理不断进步的历史学家"，而且是一个由"爱国民主主义者转变为共产主义者"的典型，他所走过的道路"是本世纪我国知识分子前进的光明大道"，因此要撰写这样一个历史人物的传记，如果脱离时代条件孤立地就传主写传主，就很难反映出传主合乎历史发展轨迹的人生道路。可贵的是，本书的作者自觉地意识到这一点，将传主置于所处时代的大背景之中，紧密结合其所处时代的政治、经济、文化、思想状况，联系当时发生的重大历史事件及这个时代涌现的各种历史人物，以及吴晗对这些历史事件和人物的态度，反映出吴晗的思想发展和演变的轨迹。有说服力地展现出吴晗一生追求真理，不断进步，由民主爱国的知识分子转变为共产主义者的轨迹。作者的这些记述，紧密结合时代的风云变幻，充分说明吴晗既是时代的产物，又是跟随时代前进的时代之子。因而，本书命名为《时代之子吴晗》，可谓贴切而恰当。值得一提的是作者为撰写此书，不仅在美国本土广泛收集有关文献资料，而且多次来华，并风尘仆仆，不辞劳苦，两次亲到吴晗的家乡——浙江义乌苦竹塘村，还驻足北京、昆明、成都、安阳、广州、杭州、金华……遍访吴晗的同学、同事、朋友、亲属，以及民主同盟和共产党内与吴晗有联系的高层领导，经作者直接访问的各界人士不下一百多位。作者之所以如此严肃认真，广为考察和访问，乃在于她认为如果"仅靠流传的文字资料即文献或学者著作来写传记，只能写出平铺直叙，深度广度都有限的作品来"，而如果"用这种方法来写吴晗的传记，其结果会把这个才子写得飘忽不定和真实的生活环境脱节，不能正确表现他在特定的时间和空间的形象"。正由于作者摆脱了以往写作传记的传统窠臼，广泛收集第一手访问材料，用于本书写作之中，使得本书的内容更加具体、丰富和生动，也使本书具有不可取代的史料价值。

关于吴晗的传记已经出版过三部，这一部是由外国人撰写的，也是一部值得一读的很有特色的佳著。

（原载《文汇报》1996年7月15日）

苏秦联姻说考辨

在戏剧舞台上有关苏小妹与秦少游联姻的剧作可谓多矣！早在元代的一些杂剧中，苏秦联姻之事便见端倪。明代冯梦龙的话本《醒世恒言》问世后，"苏小妹三难新郎"的故事，更是广为流传。稍后，抱瓮老人复将此篇收入《今古奇观》，清代剧作家李玉也据此编成传奇《眉山秀》。辗转相传，于是这段风流佳话，风靡街里巷井，家喻户晓。本来，苏洵及其子苏轼、苏辙，都是著名文豪，"一门三父子，文章共比高"，在人们心目中苏门之女的"苏小妹"，自然也会才智出众。而秦少游呢，既才华横溢，多情善感，又与苏轼谊兼师友。因而，苏秦联姻，自是顺理成章，倒也符合我国民间才子佳人终成眷属的美好愿望。所以，读者和观众，有谁会去怀疑史实的真实性呢？

殊不知，苏小妹与秦少游联姻之说，与历史的真实则风马牛不相及。据《苏氏宗谱》（陈列于四川眉山苏氏故居"三苏祠"）记载：苏洵及其妻程夫人，共生育子女六人，按出生先后次序乃为：长女、长子、次女、幼女、次子、幼子，男女各半。其中，长子名景先，次子名苏轼，幼子名苏辙。依宗谱记载可知，苏轼有一兄、一弟和三位姐姐，并无胞妹。再从苏洵、苏轼的著述中，不仅可以印证宗谱的记载，而且还可查知，苏氏这六姐弟中，长女、长子与次女，均未满七岁而夭亡，正如苏洵所述，"自长女之夭，又一年而长子死……又五年而次女卒"，"骨肉之亲，零落无几"[①]。既然苏氏的长女与次女，也就是苏轼的大姐和二姐，均已早夭，当然谈不到与秦少游有联姻之举。

问题是苏洵的六个子女中，还有位幼女，也就是苏轼的三姐，其情况

[①] 《苏氏宗谱》，《陈列于四川眉山苏氏故居》。

又如何呢？苏洵对他这位幼女，也曾述及："丁亥之岁，先君去世，又六年而失其幼女。"丁亥年为宋仁宗庆历七年，又六年乃宋皇祐五年（1053），就是说苏洵的幼女，也于1053年去世。正由于六个子女多夭折或早逝，所以苏洵在《祭亡妻文》中说："生逢百殃，有子六人，今谁在堂，惟轼与辙，仅存不亡。"① 那么，这位幼女死时年华若干？何以致死呢？据司马光为苏洵妻所作《苏主簿夫人墓志铭》云："幼女有夫人之风，能属文，年十八，既嫁而卒。"② 依司马光所云这位幼女在十八岁时出嫁，不久即死，且"能属文"，"有夫人之风"，似乎就是艺术形象苏小妹的原型。而她所嫁是否就是秦少游呢？然查遍有关史料，均无其与秦少游相配的记载。关于他的配偶有明确记载的却是，"子外家，不得志以死"，就是说，她嫁于外亲，且不得志以死。对此，苏洵在其《自尤诗》中曾追悔不已地说："汝母之兄汝伯舅，来为厥兹求婚姻，乡人婚姻重母族，虽我不肯将安去。"清代学者王文浩在《苏诗总案》中也曾指出：这位幼女"事程正辅妻，正辅名之才，即母夫人之侄也"。

很清楚，苏洵的幼女，亦即人们所谓的苏小妹，所嫁并非秦少游，而是其表兄程正辅。

再就秦少游的生平经历看，他出生于宋英宗皇祐元年（1049），据前所述，苏洵的幼女于1053年即去世，那时，少游方不过四岁，不可能与苏家有联姻之事。再据秦少游的后人所编《淮海先生年谱》（按：少游号淮海）记载：少游于宋仁宗治平四年（1067）"娶潭州宁乡主簿徐成美女名文美"。秦少游所作《徐主簿行状》中也自云："君所学问，聚书万卷……以文美妻余"③。清人钱泳《履园丛话》中也谓："或有问于余曰：俗传苏小妹嫁秦少游，事有之乎？余谢曰：不知也。时余适修高邮州志，翻《淮海集》，乃知少游之夫人乃姓徐氏"④。这些都说明，秦少游之妻，乃同邑徐成甫之女徐文美，并非苏洵之女苏小妹。

上举有关史实记载均说明，苏洵所有的女儿，都与秦少游无干，但何以出现苏秦联姻的千古佳话呢？这或许是出自人们对苏氏幼女不幸遭遇的

---

① 苏洵：《极乐院造》，《嘉祐集》卷15。
② 苏洵：《祭亡妻文》，《嘉祐集》卷15。
③ 秦观：《徐君主簿行状》，《淮海集》卷16。
④ 钱泳：《履园丛话》卷24。

同情，加之秦少游又有"两情若是长久时，又岂在朝朝暮暮"等情意缠绵的佳词名句，苏才女与秦才子，确是一对理想的佳偶。因而，文人们便虚构出《苏小妹三难新郎》《眉山秀》等脍炙人口的名篇，且历数百年而不衰，在现今的戏剧舞台上，京剧、越剧等剧种，仍不乏苏秦联姻的佳作。但从历史学的角度看，对子虚乌有的苏小妹与秦少游联姻，却有考辨的必要。否则，难免会造成真假难分的假象。

（原载《文汇报》1984年7月9日）

郑和下西洋

明代航海家郑和,从永乐三年(1405)至宣德八年(1433),先后七次出使西洋,所至亚、非三十多个国家,在早期世界航海史上写下光辉的一页。

郑和,原姓马,名三保,云南昆阳州人,永乐初年因"起兵有功,累擢太监",深受朱棣信任,赐名郑和,故人称"三保太监"。其家族世代信奉回教,祖父和父亲都曾远涉重洋,到麦加朝圣,使郑和自幼受到航海知识的熏陶。

明初,社会经济得到恢复发展,国家赋税收入增加,人民生活较为富足,因而产生扩大国内外贸易的要求,沿海商民甚至冲破明朝的"海禁"政策,"往往私自下蕃,交通外国"①。同时,南洋各国也有通商贸易的需要。既然国内外都有通商贸易要求,封建皇帝与勋戚贵族又想追求海外的奇珍异宝;加之,以"靖难"之名刚取得统治权的朱棣,又很需要提高在国外的声望,加强在国内的统治,于是便决定"造巨舰通海外诸国"②。正是在这样的历史状况下,郑和被委任通使西洋。

永乐三年,郑和第一次出使,率士卒27800余人,携带了大量金银及绸缎、瓷器、铁器等手工业品,配备了翻译、医生、修船工匠等分乘"大舶修(长)44丈、广(宽)18丈者62(只)。自苏州刘家河泛海至福建,复自福建五虎门扬帆,首达占城(今越南),以次遍历"诸国。此后他又陆续六次奉命出使,直到宣德五年(1430)"复奉命历忽鲁谟斯等

---

① 《明永乐实录》卷10。
② 《明史·夏原吉传》。

17国"，至宣德八年回国为止，七下西洋。① 七次航海过程中所到的国家和地区有：今天印度支那的占城（越南）、真腊（柬埔寨）、暹罗（泰国）、南洋群岛的苏门答剌、旧港、爪哇（印度尼西亚）、锡兰山（斯里兰卡），以及印度半岛的榜葛剌（孟加拉）、古里（印度），乃至忽鲁谟斯（属伊朗）与红海口的阿丹（亚丁），和远至非洲的木骨都束（即索马里的摩加迪沙），等等。由此可见，郑和所到的所谓"西洋"，并非指欧洲大陆，而是泛指我国南海以西的海洋，包括印度洋及沿海地区。

郑和每到一处，即宣读明朝皇帝的书信诏谕，赠送礼品，希望建立联系，通商友好，而后往往分散进行贸易。据记载"中国宝船到暹罗，亦用小船去做买卖"，所到对方各国，也多是友好相迎还赠礼品，他们对"中国青瓷盘碗等品，纻丝绫绢烧珠等物甚爱之，则将淡金换易"，或"用铜钱买易"② 中国从这些国家买得香料、药材、珠宝、象牙；他们则从中国买得瓷器、丝织品等。经郑和的沟通联系，这些国家的上层人物，也纷纷搭乘郑和回国的船只，或自乘船只前来中国，奉献贡品并进行贸易，"海外诸国入贡，许附载方物与中国贸易"③。郑和每次出使虽带有军队，但对通商诸国，并不诉诸武力，只是在遭遇海盗抢掠的情况下，才实行自卫。事实证明，郑和七下西洋，并未占领国外一城一地。随同郑和航行的翻译、书记马欢、费信、巩珍等人，回国后，分别写了《瀛涯胜览》《星槎胜览》《西洋番国志》，并绘有《郑和航海图》，详细记述了所到各国的历史地理、文化物产、习俗信仰，并绘制了航程路线等，这些是关于郑和下西洋的重要历史资料。

远在五六百年前，郑和率领的船队，战狂风恶浪，绕险滩暗礁，困难是可想而知的。要顺利完成使命，不只是凭恃勇敢和智慧，更要依据相当发达的航海技术。郑和等人正是创造性地继承和发展了我国历史上所积累的航海知识和经验，同时对航海队伍进行严密的组织，选拔使用了各种专门人才，致使其能多次航行，不辱使命，而且组织规模之大，航行时间之长，所至范围之广，都是空前的。比之于欧洲的哥伦布到达新大陆，迪业

---

① 《明史·郑和传》。
② 均见《瀛涯胜览·暹罗国·占城国·爪哇国》。
③ 《明史》卷31《食货志》5。

士绕过好望角，以及达·伽马探索新航路，都要早半个世纪以上。这表明当时中国的航海与造船技术，在世界上居于领先地位，也说明中国人民对世界航海史，对沟通东西海上交通，做过巨大贡献。

郑和下西洋的航海活动，促进了中国与南洋群岛、印度洋沿海地区等亚非国家的友好往来，彼此加强了联系，相互促进了经济文化的发展。随着郑和下西洋之后，中国人到南洋群岛各国去的日益增多，他们带去了较为先进的生产技术与文化，并和当地人民一道辛勤劳动，这对于开发南洋，促进南洋各地社会经济的发展，显然有重要作用。因此，在这些国家和地区，如印尼有三宝垄、泰国有三宝塔、马来西亚的马六甲有三宝城，用此表示对郑和及其航海活动的纪念。

（原载《人民日报》1982 年 1 月 25 日）

清代名人在宣南二则

陶澍与北京宣武城南

陶澍，字子霖，号云汀，乾隆四十四年（1779）生，湖南安化人，清代嘉庆、道光时期倡导并践履经世改革的著名学者、思想家、封疆大吏，是一位学术与事功双峰并峙的人物，而他一生的学术与事功却是早年任京官、居宣南时奠定下基础的。

陶澍出生于世代书香之家，其先祖乃晋代著名学者和名臣陶侃。陶澍对这位先祖十分敬仰，曾"辟书舍，肖公祀之，用志景仰"，还曾作《陶桓公（侃）年谱》，以加深对先祖的认识和了解。陶澍的父亲陶必铨，曾执教于当地城南书院、岳麓书院，于经史之学，颇有根底。陶澍自幼便"随府君受书，朝夕在侧"，受到其父严格的督课与教诲。陶必铨在学术上主张"会通求实""通经致用"对陶澍深有影响，使之"少负经世之志"，"以天下为己任"。陶澍日后谈及自己的成就时曾说："多得益于先父遗训。"[1] 因有良好的家庭教育和影响，陶澍于嘉庆五年（1800）中举，嘉庆七年中进士，从此步入仕途，先后任庶吉士、翰林院编修、詹事府詹事、江南道监察御史、陕西道监察御史、户科给事中，以及各科乡试、会试同考官、内监事官等职，嘉庆二十四年（1819）授川东兵备道，开始外官生涯。嘉庆二十五年，升任陕西按察使兼布政使。道光元年（1821）改调福建按察使，尚未就职又改任安徽布政使。道光三年升为安徽巡抚，成一方大吏。道光五年，调任江苏巡抚。道光十年，升为两江总督，直至

---

[1] 陶澍：《例赠儒林郎翰林院编修显考萸江府君行述》，《陶文毅公全集》卷47。

道光十九年（1839）病逝前，始终担任此职，可谓是清嘉道时之"干国重臣"。

陶澍所处的嘉道时期，"康乾盛世"已是落日余晖，整个社会已呈"悲风骤至"的衰世景象，同时中国社会又处在由古代向近代转型的前夜。面对社会危机与社会转型的各种征兆，生活于当时政治、文化中心之北京的一些关心国事、思想敏锐的士大夫，正思考扭转社会危机，构想社会改革方案。素抱经世之志的湖南青年学子陶澍，恰在此时来到京城，并居住在京官、学士、文人、墨客较为集中的宣南。如同他在一首诗中所云："峨峨宣武坊，昔我曾居此。四迁未始离，破屋聊栖止。"并予自注"余初居永光寺西街，旋移椿树胡同、上斜街、顺城门大街、教场胡同五条，皆在宣武坊南"①。据陶澍生平资料查知，他曾于嘉庆六年（1801）入京会试而落第后，遵父训"为进取计，遂止京邸"，次年再次会试，才"名在二甲前，引见改庶吉士"，其后在京都各部院任职，直到嘉庆二十四年（1819）出任川东兵备道为止，计有十六七年的时间，其住所虽经几次搬迁，却始终没有离开过宣南地区。这段生活经历，对其一生的学问与事功有重要意义和影响。

他入京之初，其父就谆谆教诲"况庶常清暇，正宜厚植根底，为异日有体有用之才"②。遵照父亲的教导，他利用公务较为清暇的时光，认真阅读了大量经、史、子、集方面的各类图书，为日后肩负督抚重任，积累了丰富的历史经验和知识素养。同时，他还结识了不少居住在宣南的师友，其中多是讲求经世致用的学者和官吏。如理学家唐鉴，与陶澍既是湖南同乡，又同在翰林院国史馆任职，是时又在宣南比邻而居，正如陶澍在一首诗中所云"我庐君屋咫尺间，街南道北时往还"，并自注"余居椿树头条胡同，君居二条胡同"③。另如与陶澍同结宣南诗社的胡承珙、贺长龄、钱仪吉、潘曾沂、林则徐等，也分别居住在宣南下斜街、米市胡同、莆阳会馆等处。该诗社常举行雅集，或赏菊观梅，或品评文物，或纪念凭吊先贤，在此过程中，以文会友，诗酒酬唱，既开阔胸野，又加深了友

---

① 陶澍：《潘公甫以宣南诗社图卷属题抚今追昔有作》，《陶文毅公全集》卷54。
② 陶澍：《例赠儒林郎翰林院编修显考芸江府君行述》，《陶文毅公全集》卷47。
③ 陶澍：《谢唐镜海太史惠丸药》，《陶文毅公全集》卷55。

谊。由于清朝的统治已弊病丛生，士人们常"相与指天画地，规天下大计"。在宣南诗社里以及与陶澍相互交往的友人中，确也产生了一些抨击时政，针砭流弊，提倡经世致用的学者、思想家和官吏。他们共同筹划和推进了嘉道时期的各项改革。如魏源，本来陶、魏两家，既是同乡，又有世交之谊。当魏源弱冠之年入京应试时，陶澍已做了十多年的京官，因此对魏源多方关照，倍加提携，曾将他引见给宣南诗社的诗友，并向一些达官显宦予以推荐。魏源曾自述："源自弱冠入京师，及来江左，受公（陶澍）知数十载。"① 日后，陶澍任江苏巡抚、两江总督时，魏源入其幕，深受陶之器重，"以文章经济相莫逆，凡海运水利诸大政咸与筹议"②。魏源作为陶澍的主要谋士，对陶在海运、盐务、河工等方面推行的改革，也积极支持，精心出谋献策，提出许多恰当建议，为陶澍的事功做出卓越贡献。再如林则徐，与陶澍在宣南诗社中开始交往，日后又同在江南为官，陶任江苏巡抚时，林为江宁布政使。陶任两江总督后，林又升为江苏巡抚。二者作为上下级相互共事多年，彼此"志同道合，相得无间"。陶的许多改革大计都与林则徐商议，甚或交林则徐去办理，相互信赖，配合默契。道光十九年陶澍因病开缺前，曾向道光皇帝推荐林则徐继任两江总督，认为林"才干心细，十倍于臣"③。再如包世臣、贺长龄、梁章钜、姚莹等，从宣南到江南都与陶澍有密切交往，也都是陶澍经世改革的谋划者、参与支持者。正由于陶澍在居家宣南时，就团结、联络了一批具有经世改革思想的学者和官员，才使他以后的改革活动，有广泛的思想基础和社会基础。

陶澍居家宣南在朝中各部院任京官期间，不仅留心经世之学，博览群书，广交师友，为日后的改革事业奠定了思想基础。同时，在此期间，他还以主要精力用于处理任职衙门的政务及各种临时交办的差事，如其所说："典文衡者再，监场事者五，巡漕、查仓、查库者各一，至于磨勘验看差使，更不一而足。"④ 而且，凡经他办理的各种事项，大都卓有成效。如"授命巡视中城"，以很高的工作效率，处理了大量积案，"以十月而

---

① 《太子太保两江总督陶文毅公行状》，《魏源集》下，中华书局1983年版，第912页。
② 《邵阳魏府君事略》，《魏源集》下，第948页。
③ 《太子太保两江总督陶文毅公行状》，《魏源集》下，第912页。
④ 陶澍：《复王垣夫先生书》，《陶文毅公全集》卷10。

结八百余案"。其"巡视南漕"时,又"以半载而办五百万石之米,早于上年两月,为前后十余年所未有"。他在掌吏科时,面对"案牍如鳞","以一手治之,未尝假之书吏"。为杜防吏治腐败,他曾上折请废止"重签之法",以免"贿托营求之渐",及不肖之徒借以投机取巧。① 为杜绝从督抚到州县层层行贿、受贿,他还曾上折揭露当时上司勒索州县之弊较为普遍,"督抚藩臬中,虽贤者亦或不免。至于作威作福,不公不法,横索属员者,则不待言也",而要杜绝州县之积弊,就必须正本清源,上司首先要廉洁奉公,"各省大吏,受恩深重,若不正本清源,以身率民,而徒以不肖之州县为解,恐吏治终无起色"②。此间,陶澍还曾于嘉庆十五年(1810),受命典试四川,沿途经过冀、晋、陕、川、楚、豫六省,对所经各省之地理形势、风土人情,详加考察,并以日记体裁写成《蜀輶日记》一书。书中对各地"建置沿革,都邑之利病,民气之淳浇,山川形势险易"③,都有详细记述。同时,他还结合江河形势,对漕运、水利提出若干建议。《蜀輶日记》的写作,反映了陶澍勤奋治学,又用心思考的品德。总之,十多年的京官生活,既使陶澍对清朝的政治体制、官僚组织的运行程序,以及从中央到地方的吏制腐败,积存的各种弊端,有了清楚的认识和了解,也充分显示了他的干练和能力,并为他日后担任巡抚、总督等要职,实行改革积累了经验,创造了条件。

漕运、盐务、河工是对清朝政治和经济有重大影响的"三大政",至嘉道时期由于吏制腐败,积弊丛生,"三大政"均出现严重危机,而江南地区恰恰又是漕、盐、河问题最为集中的地区。身为江南地区最高行政长官的陶澍,任职期间,克服重重困难和阻力,团结各级官吏和有关学者,进行了全面深入的改革。在漕运方面,他针对河运道阻滞、漕运冗员充斥、旗丁勒索、浮收严重等弊端,提出改漕运为海运,删除浮收,禁止勒索,严惩抗漕等改革措施,终使海运顺利进行,达到"利国、利民、利官、利商"的卓越成效。此外,整顿盐务是陶澍推行的另一项重大改革。清代承袭了明代食盐运销的纲引制度,初期尚有成效,但在实行过程中弊

---

① 陶澍:《复王垣夫先生书》,《陶文毅公全集》卷10。
② 陶澍:《陈奏州县积弊折子》,《陶文毅公全集》卷5。
③ 陆继辂:《蜀輶日记序》,刊于《蜀輶日记》卷前。

端却愈积愈深，至道光时期盐务已极度疲敝。道光十年（1830），他任两江总督并兼两淮盐政，针对盐务存在的弊端，进行了大刀阔斧的改革，主要是改纲引为票盐，并采取了删浮费、轻商本、速运销、严缉私等兴利除弊的措施，使已趋山穷水尽、不可收拾的淮盐局面，大为改观，遂使食盐运销顺畅，盐课收入增加，有效地遏制了私盐的泛滥，也进一步满足了百姓的生活需要。陶澍在为官安徽、江苏及主政两江期间，还"以农用水利为国计民生要务"，必须"专意讲求"，在吸收前人经验的基础上，又因地制宜，创造新的办法，治洪泽湖、浚太湖、疏吴淞江、浏河、白茆河、得胜河等河湖，修筑海塘，并协助治理黄河，均取得明显成效，被誉为"澍治水利"、"垂百世之利"。

陶澍主政江南地区所实行的改革，缓解了江南地区的社会危机和社会矛盾，有利于农业及商业发展，同时也减轻了农民和工商市民的负担。因此，他在当时深为朝廷器重与奖掖，也颇受社会各阶层的爱戴。陶澍既是一个经世学者，又是封疆大吏，其经世思想与实践，在当时和后世都有重要影响，他作为嘉道时期经世派的领袖和旗帜，直接促进了嘉道时期经世派的成长和壮大，同时，也对鸦片战争以后近代史上一些著名大吏以影响，如左宗棠、胡林翼均受其提掖，"皆识之未遇，结为婚姻，后俱为名臣"[1]。其经世改革方略，也是曾国藩经世思想的直接来源，曾国藩任两江总督后，曾说："查淮北盐务，自从前督臣陶澍改行票盐，意美法良，商民称便，果能率由旧章行三百年不弊。"[2]

道光十九年（1839）陶澍因病辞世，道光皇帝优诏称其"实心任事，不避嫌怨"，并"晋赠太子太保……谥文毅，祀名宦祠"[3]。其著作有《陶文毅公全集》64卷（包括奏议、诗文集）及《蜀輶日记》《陶桓公年谱》《陶渊明诗辑注》等。

---

(1) 曾国藩：《截停淮北饷盐并设法整理以复旧制折》。
(2) 同上。
(3) 赵尔巽等：《清史稿》卷379，中华书局1977年版，第11607页。

龚自珍在北京宣南

龚自珍,生于乾隆五十七年(1792),卒于道光二十一年(1841),又名巩祚,字璱人,号定盦,晚年又号羽琌山民,浙江仁和(今杭州)人,是中国历史由古代向近代社会转型时期的思想家、文学家和诗人。值得注意的是在其50年的人生岁月中,有近30年的时光,都是在北京宣武城南度过的,北京宣南可以说是他的第二故乡。

龚自珍出身于累代仕宦的书香门第。其祖、父辈皆为进士出身,都曾长期在京都为官。父亲龚丽正是著名汉学家段玉裁的门生与女婿,有《国语补注》《楚辞名物考》等著述留世。母亲段驯亦工书法、能诗文,著有《绿华吟榭诗草》。自珍于孩提时,即由其母在灯前帐下授读古诗文词。由于父、祖辈在北京做官,龚自珍于嘉庆二年(1797)六岁时,就来到北京,先后住在宣南珠巢街、绳匠胡同、斜街、横街等处。龚自珍常常在一些诗文中回忆其居处的情景:"因忆斜街宅,情苗苗一丝。……亦具看花眼,难忘授选时。"自注:"年八岁是为嘉庆己未,住斜街宅,宅有山桃花。""家大人于放学后,抄文选授。"又记述:"因忆横街宅,槐花五丈青。文章酸辣早,知觉鬼神灵。"自注:"年十三住横街宅,严江宋先生评其文曰'行间酸辣'。作《知觉辨》一首,是文集之托始。"[①]此后,龚自珍或因回原籍探亲,或因其父由京官外任安徽徽州知府、苏淞太兵备道,而随父母居于任职所在地,曾一度离开北京。但即使是此间,他也曾多次来北京参加会试而留住于此。嘉庆二十五年(1820),他再次来京会试仍未第,"筮仕得内阁中书",并于道光元年(1821)来内阁任职,又住在北京。至道光九年(1829),他又一次会试并得中进士后,任内阁中书、礼部主事等职,直至道光十九年四月,辞官离京南归,在这长达20年的时间里,虽然又多次搬迁,但都住在宣武城南一带,如门楼胡同、横街圆通观、上斜街、下斜街、烂面胡同等处。龚自珍也常在诗文中提到这些住处,如《庚辰春日重过门楼胡同故宅》、"戊子腊月,上斜街寓宅作""弟已迁居烂面胡同路东",如此等等。龚自珍长期居住在北京

[①] 《因忆两首》,《龚自珍全集》,上海人民出版社1975年版,第445页。

宣武城南，对其一生的师友交往、学术成就及其社会批判思想的形成与发展，无疑有重要影响。

北京作为首善之区，既是全国的政治中心，又是学术文化中心，而宣南一带更是人文荟萃之地。龚自珍长期生活在这里，其各种知识的来源与形成，既受家庭的熏陶，又有机会受名师指点，以及各种思想流派的影响。据《定盦先生年谱》记载：他八岁即得旧《登科录》读之，开始搜集科名掌故；十一岁受名师宋鲁珍先生家教；十二岁从外祖父段玉裁学许慎《说文解字》，奠定了文字音韵学的基础；十三岁就在宋鲁珍先生的指导下，创作《水仙花赋》《辨知觉》等诗文；十四岁开始考古今官制；十五岁编辑自己的《古今体诗编年》；十六岁读《四库全书提要》，治文献目录之学；十七岁，游太学，见石鼓文，开始重视金石之学；十九岁，应乡试中副榜，并开始倚声填词；二十一岁考武英殿校录，遂为校雠掌故之学；二十八岁，从当时今文经学家刘逢禄学习《公羊春秋》，阐发变革思想。另外，在此前后，他还结识了著名的西北边疆地理学家程恩泽、徐松，共同研究边疆历史地理；又从佛学名家江沅学习佛学，校注佛经。宣南琉璃厂，是各种文物与书画的集中地，龚自珍也常到这里收集文物碑帖。[①] 这种环境的熏陶与影响，使得龚自珍对传统文化中的经、史、子、集各部之学，以及文字、音韵、地理、目录、典制，乃至释道典藏等，都有涉及，甚或有很高造诣，成为博学多才，富有思想的学者、思想家。魏源在概括龚自珍的学术思想时说他"于经通《公羊春秋》，于史长西北舆地，其文以六书小学为入门，以周秦诸子吉金乐石为崖郭，以朝章国故世情民隐为质干，晚尤好西方之书（笔者按：指佛学）"[②]。而龚自珍这些学术思想的形成，当和其长期居住在北京，特别是与宣南地区这一客观环境有关。

龚自珍生活的年代，清朝的"康乾盛世"已成过眼烟云，社会已面临"日之将夕，悲风骤至"的衰世局面。他作为一个文学家和诗人，且血性直肠，真诚直率，"乐亦过人，哀亦过人"，又重视友谊，性喜交游。

---

① 吴昌绶：《定盦先生年谱》，载《龚自珍全集》，上海人民出版社1975年版，第598—621页。

② 《定盦文录叙》，《魏源集》上，中华书局1976年版，第238页。

当时先后居住在宣南一带的不少文人名士，如魏源、林则徐、汤鹏、姚莹、包世臣、黄爵滋、张际亮等，都是他的好友。这些人都是"慨然有肩荷一世之意"，"皆慷慨激励，其志业才气，欲凌轹一时"的人物。① 他们之间，常互通声气，切磋学艺，指天画地，抨击时政，龚自珍更是"与同志纵谈天下事，风发泉涌，有不可一世之意"②。宣武城南，不仅是文人名士汇聚之区，也是各种庙寺、道观、园林、古迹所在之地。龚自珍也常与友人游览访胜，并留下诗篇，如《丙戌秋日独游法源寺，寻丁卯戊辰间旧游，遂经过寺南故宅，悯然赋》《同人访万柳堂址》《题陶然亭壁》等。他在《枣花寺海棠下感春而作》中，还写道："词流百辈花间尽，此是宣南掌故花。"③ 龚自珍等文人名士在宣南的足迹所至，留下不少的文坛掌故与人间佳话。这些掌故与佳话，往往又是社会生活的真实写照。如其于嘉庆二十四年（1819）所写的《题陶然亭壁》中所说："楼阁参差未上灯，菰芦深处有人行。凭君且莫登高望，忽忽中原暮霭生。"④ 就通过对黄昏时候陶然亭一带景物的描写，暗喻了社会的动荡。当错落高低的楼阁还没有上灯，而湖草深处就已经有人在活动。京城尚且如此，如果再登高远望，中原各地就更是一片茫茫隐伏危机了。面对社会危机，特别是在鸦片战争前夜，龚自珍与周围的朋友们，更是忧心忡忡。他们有时聚会于陶然亭，畅谈国事，感慨万端，"搔首高亭秋气早"，"剪烛终宵万感长"⑤，议论形势，甚至谈到四更方散。龚自珍、魏源、林则徐、黄爵滋等，正是在相互往来、交流思想、写诗撰文中，共同形成了鸦片战争前后的经世思潮，龚自珍则是这一经世思潮杰出的代表人物。

以龚自珍的身世与经历而言，他完全有可能走上正统的封建仕途，或者是沿着其外祖父段玉裁的道路成为注释群经的汉学家。事实上段玉裁也确实反复告诫他"勿读无用之书，勿作无用之文"，要"努力为名儒为名

---

① 姚莹：《汤海秋传》，《东溟文后集》卷11。
② 张祖廉：《定盦先生年谱外纪》，载《龚自珍全集》，上海人民出版社1975年版，第632页。
③ 《龚自珍全集》，上海人民出版社1975年版，第488页。
④ 《杂诗，己卯自春徂夏，在京师作，得十有四首之十二》，《龚自珍全集》，上海人民出版社1975年版，第442页。
⑤ 张际亮：《七月初四同树斋太史等登陶然亭四更始归慨然有作》。

臣，勿愿为名士"①。他周围也有些朋友一再劝他"曷不写定《易》《书》《诗》《春秋》"，也就是要他埋首书斋，对儒家的各种经典进行认真的校勘、训诂和注疏。然而，龚自珍终其一生，并未遵循上述训诫与劝告。反之，由于时代的需要，个人的志向，以及他那愤世嫉俗的叛逆思想和放荡不羁的浪漫性格，却使他走向经世改革的社会批判之路。

如前所述，由于龚自珍自幼就随父入京，还曾随父亲的升迁调任，往来于河北、安徽、浙江、江苏等地，且常居官衙。后来，他自己又长期在京做官，因而，深悉官场内幕。同时，他又广泛接触社会各个阶层，与人交往不计身份，不讲门第，上至王公大臣，中至文人名士，下至市井贫民，常常是"朝从屠沽游，夕拉驵卒饮"。加之他渊博的学识，敏锐的思想，又素抱经世之志，这就使得他既能对社会有深切了解，又能敏锐地体察到时代脉搏的跳动。当整个清王朝，从中央到地方的各级统治者，大多数人还昏庸地以"天朝上国"自居，终日沉溺在醉生梦死的歌舞升平之中时，他就敏锐地体察到社会已走向衰世，"自京师始，概乎四方，大抵富户变贫户，贫户变饿者，四民之首，奔走下贱，各省大局，岌岌乎皆不可以支月日，奚暇问年岁"②。他洞幽见微，觉察到封建末世的种种弊端，以尖锐而形象的语言，深刻揭露了封建专制的独裁、黑暗和腐朽，斥责专制皇帝视大臣如奴役，"仇天下之士"，"震荡摧锄天下之廉耻"③。由于专制君主视臣下如犬马，像绳索一样捆绑着臣下的手足，各级官吏不能"行一谋，专一事"，大都是些谄媚君上，趋福避祸，只知升官发财，封妻荫子的昏聩、无能、贪婪、卑鄙的庸碌之辈，致使整个社会万马齐喑，毫无生气。不仅朝廷上没有贤相和能将，社会上也没有像样的士农工商，甚至连小偷和强盗都是低能儿。龚自珍还揭露封建末世在社会经济上所呈现的弊端，主要是土地兼并严重，社会财产分配不公，使"贫者日愈倾，富者日愈壅"，致使"不祥之气，郁于天地之间，郁之久乃必发为兵燧，为疫疠，生民噍类，靡有孑遗，人畜悲痛，鬼神思变置"④。这里，龚自珍已深刻揭示出经济上的贫富不均愈演愈烈，必然导致社会不安定，乃至

---

① 段玉裁：《与外孙龚自珍札》，《经韵楼集》。
② 《西域置行省议》，《龚自珍全集》，第106页。
③ 《古史钩沉论一》，《龚自珍全集》，第20页。
④ 《平均篇》，《龚自珍全集》，第78页。

发生战争和灾异。最后"大不相齐，即至丧天下"，统治者的丧钟就要敲响了。在封建专制统治下，此等言论，实在是惊世骇俗。他对封建末世的揭露和批判，宛如划破沉沉黑夜的雷鸣闪电，振聋发聩，启迪了人们的心灵。面对封建末世的黑暗与腐朽，他进而提出变法革新，援引《易经》中"穷则变，变则通，通则久"的变革思想，强调社会必须变革，期望当政者尽快改弦更张，大声疾呼"一祖之法无不弊，千夫之议无不靡，与其赠来者以劲改革，孰若自改革"①。他认为"自古及今，法无不改，势无不积，事例无不变迁，风气无不移易"②。他身体力行提出各种具体的变法革新主张。

针对当时的土地占有不均，社会财富分配不公，龚自珍提出均平的主张，"有天下者，莫高于平之之尚"；针对封建君权独裁，权力过于集中，他提出加重大臣和地方官的权力，以改革督抚大臣不能"行一谋，专一事"的状况；针对科举制埋没真才实学的弊端，他主张改八股考试为对策，尤其反对对人才的束缚和扼杀，要"不拘一格降人才"；针对沙皇俄国对西北边疆的觊觎，他主张新疆设立行省，以防范沙俄的侵略与边疆分裂势力的叛乱；针对英国殖民主义者的鸦片输入与武装侵略，他鲜明主张严禁鸦片，以重刑打击种植和吸食鸦片者，同时建议林则徐要以武力防卫，坚决抵抗英人的鸦片输入和武装侵略。这些思想与主张，实开启近代中国爱国反帝思想之先河。这里需要指出的是他那反映时代呐喊的许多诗文名篇，多是他居住在宣南时期写成的，确为宣南地区增光生辉。

龚自珍在中国社会转型时期提出的许多思想和主张，多具有超前和启蒙意义，必然会在新旧思想斗争中引起不同凡响，既被先知与同调肯定为"近数十年来，士大夫诵史鉴，考掌故，慷慨论天下事，其风气实定公开之"；也被一些守旧顽固势力视为异己，对之加以迫害和打击；一些世俗之辈则将其看成是"呆子"与"狂士"。他周围的一些友人，也善意规劝他删去著作中不合时宜的言论，如"常州庄四能怜我，劝我狂删乙丙书"。挚友魏源也劝他要"明哲保身"，"痛自惩创"。面对各种各样的威胁、流言与规劝，龚自珍却以大无畏的精神表示："大言不畏，细言不

---

① 《乙丙之际著议第七》，《龚自珍全集》，第 6 页。
② 《上大学书》，《龚自珍全集》，第 319 页。

畏，浮言不畏，狭言不畏"，仍然是"怨去吹箫，狂来舞剑"，照样是疾恶如仇，不顾利害，常常是"上关朝廷，下及冠盖，口不择言，动与世忤"①。龚自珍这种"动与世忤"的思想性格，在封建专制社会里，当然不可能在仕途上飞黄腾达，且难免冷署闲曹，困厄下僚，穷愁潦倒，抑郁闷积，而壮志难酬。

龚自珍自忖继续在京城实难有所作为，遂决意南归。道光十九年（1839）四月二十三日，他轻装简从，只身出都，怀着"落红不是无情物，化作春泥更护花"的依恋心情，离别了他生活居住近30年的京师宣南。同年九月，他又北上接还眷属，因某种特殊原因，却未能进城再一顾宣南旧居。他在往返途中，百感交集，赋诗抒怀，写下大型组诗《己亥杂诗》，将生平经历、思想著述、师友交往、旅途见闻，一一写入诗中。这首大型组诗，既是自传式的记录，又处处体现了他对国家命运、人民苦难的关注。如看到拉纤的船夫艰难地挣扎在航道上，即同情地写道："只筹一揽十夫多，细算千艘渡此河。我亦曾縻太仓粟，夜间邪许泪滂沱。"他又深情怀念着自己的友人两广总督林则徐，祝愿他将禁烟斗争进行到底："故人横海拜将军，侧立南天未蒇勋。我有阴符三百字，蜡丸难寄惜雄文。"他还以磅礴的气势，写下那首震撼时代的名篇："九州生气恃风雷，万马齐暗究可哀。我劝天公重抖擞，不拘一格降人才。"当然，毋庸讳言，由于龚自珍乃失意南归，因而在《己亥杂诗》中也有些诗句，暴露了他"逐色谈空"，交游妓女，诵经拜佛的颓废消极情绪。

龚自珍南归后，曾执教于江苏丹阳云阳书院，同时兼任杭州紫阳书院讲习。道光二十一年（1841）夏秋之季，他曾写信给驻防上海的江苏巡抚梁章钜，拟辞去教职，赴沪共商抗英事宜。但不久，却于同年八月十二日（9月26日）暴逝于丹阳。一代巨星的陨落，给中国的思想文化造成巨大损失。

龚自珍一生写了大量诗文和学术著作，其中不少已散失，流传下来的有散文300多篇，诗词近800首，均收入《龚自珍全集》。这些诗文与著述，在中国近代思想文化史上有不可磨灭的重大影响，无论是在嘉道当时

---

① 张祖廉：《定盦先生年谱外纪》，载《龚自珍全集》，上海人民出版社1975年版，第648页。

对扭转一世学风，推动经世思潮的兴起，还是对戊戌维新思潮的发展，乃至于对资产阶级革命思想的发动，都有启蒙作用，正如梁启超所说："晚清思想之解放，自珍确有功焉。光绪间所谓新学家者，大率人人皆经过崇拜龚氏这一时期。"①

（原载《清代宣南人物事略》，北京燕山出版社 2006 年版）

---

① 梁启超：《清代学术概论》，《梁启超论清学二种》，复旦大学出版社 1995 年版，第 61 页。

鲁迅与姚克

在鲁迅所交往的人们中，姚克是比较引人注目的一个。翻读鲁迅的书信和日记，即可发现从20世纪30年代初期起，鲁迅与姚克的交往就十分频繁而密切，二人的友谊相当深厚。回顾鲁迅与姚克的交往，可以看到鲁迅对青年的爱护支持，对进步文化事业的关注；也可以了解姚克当时的政治倾向和创作倾向。这对于研究鲁迅，以及研究现代文学史上的人物和事件，都不无裨益。

追溯鲁迅与姚克的交往，还得从美国进步记者、作家斯诺讲起，因为姚克是鲁迅与斯诺进行联系的桥梁，而姚克本人也以此为缘起结识了鲁迅。

斯诺于1928年远涉重洋来到中国，他当时还是一个二十二岁的青年。作为《密勒氏评论报》和《芝加哥论坛报》的编辑和记者，由于目睹了国民党统治的腐败、人民的痛苦和社会的黑暗，他很快成为中国革命事业的同情者。他十分崇敬鲁迅，并想把鲁迅的作品翻译介绍到欧美。为了使翻译顺利进行，他找到姚克进行合作，正如斯诺所自述："当时，我不怎么懂中文，但我找到了一个能干的合作者——姚莘农。他是一位有才能的青年评论家，剧作家和散文家。"斯诺这里所说的姚莘农就是姚克。

姚克，原名姚志伋，字莘农，浙江杭县人，生于1904年，毕业于苏州东吴大学，他精通英文，又熟悉中国古典文学和现代文学，因常为各英文报刊写稿，由此认识了斯诺。

斯诺与姚克决定翻译鲁迅的作品后，首先由姚克写信给鲁迅，以取得其支持和帮助。姚克曾谈到他开始同鲁迅的联系过程说："1932年的冬天，我和一个美国青年作家，计划着翻译鲁迅的作品；同时我就写信给鲁迅先生，请求他给我们'翻译的特权'，这种情况是必要的，否则就是侵害版权……也因此认识了鲁迅先生。"① 鲁迅接到姚克的信后，迅即复信，不仅欣然同意，而且还先后约见了斯诺与姚克，帮助他们解决翻译过程中的具体疑难。鲁迅于同年11月30日、12月3日的日记中，便记有："见姚克信"，"复姚克信"；又在1933年2月21日，3月7日的日记中记有"晚晤施乐（即斯诺）君"和"下午姚克来访"。姚克当时也是一个二十多岁的青年，他在回忆文章中，生动而形象地描述了第一次与鲁迅见面："鲁迅的来信约我到施高塔路内山书店见面；一路去的时候，一种错综复杂的情绪在我胸中荡漾着，在欢欣之中带着几分顾虑和畏怯。"他顾虑的是："我是新近才写起文章来的；而且寥寥的几篇还是用英文发表的，文坛上绝对没有人知道我的名字。鲁迅先生恐怕会瞧不起我吧？"但是，见面之后，姚克的顾虑顿然消失，因为鲁迅先生是那样的亲切、和蔼、诚恳，"没有一点吓人的'大师'派头和'学者'架子，也没有那种谦虚得要命的'君子'之风。"见面后，鲁迅首先含笑问："是姚先生？那天的信收到了吧？"而后，对姚克提出的翻译中的疑难问题，"他逐条明明白白地解答给我听"。后来，姚克曾说，鲁迅"对于青年的爱护是少有的。据我所知，不论那一个面不相识的青年写信给他，他总是答复的"。② 对于鲁迅的帮助支持，斯诺也十分崇敬而感激地回忆说："在上海，姚和我同鲁迅多次见面，那时候，我们计划把一些现代白话小说译成英文，结集出版，对此，鲁迅热情地给予支持。"

姚克与斯诺合作翻译鲁迅的作品，前后持续三四年之久，鲁迅先生也始终不渝地给予帮助和指导。开始，他们专门翻译鲁迅的作品，后来鲁迅建议："现在新出台的作家中，也很有可以注意的作品，倘使有工夫，我以为选译一本，每人一篇，绍介出去，倒也很有意义的。"斯诺和姚克接受了鲁迅的建议，在翻译鲁迅著作的基础上，又选编翻译了茅盾、郭沫若、柔石、郁达夫、巴金、丁玲等著名左翼进步作家的短篇小说，汇编成册，取名《活的中国》，于1936年年底在伦敦出版。正是通过这部书的选编翻译，使斯诺"认识到旧中国的现状和新中国的前景"，促使他"突破黑暗重围，奔赴陕北革命圣地"。而对于《活的中国》鲁迅则给予了巨

---

① 姚莘农：《鲁迅先生遗像的故事》，《电影戏剧》1936年第1卷第2期。
② 姚莘农：《痛悼鲁迅先生》，《逸经》1936年第18期。

大的支持，从选目的确定，到翻译过程中的要求和疑难，鲁迅对斯诺和姚克提出的问题，几乎是有问必答，有求必应。如翻译过程中，斯诺写了一篇《鲁迅评传》，由姚克译成中文送请鲁迅审阅，鲁迅十分认真负责，对涉及的史实和看法，提出十多条具体详细的意见，复信说："关于来问及评传的意见，另纸录出，附呈，希察。"再如，他们为了能在译本的卷首，刊印原作者的照片，又由姚克向鲁迅索取，鲁迅即给了姚克几张自己的照片，由其挑选，但姚克认为这几张照片，都"不能把他的性格传出神来"，就请鲁迅"在便中重新拍摄一张比较好的"，鲁迅也不厌其烦，欣然应允，这就是鲁迅于1933年5月26日在日记中所记的"午后……同姚克往大马路照相"，而且摄好了所需要的相片后，还同姚克"合影了一张照，以留纪念"。

姚克由于和斯诺翻译鲁迅作品，和鲁迅发生联系，而后关系日益密切，仅据《鲁迅日记》记载的不完全统计，从1932年冬到鲁迅逝世，姚克给鲁迅的书信有五十二封，鲁迅给姚克的信，也有三十六封之多。从鲁迅给姚克的通信内容看，可以说是从工作到生活，乃至对当时政治现实的看法，无所不谈，其中，有对姚克翻译、写作方面的指导；也有对其政治上、生活上的关心。如嘱姚交友要慎重，"倘未深知底细，交际当稍小心"；又如劝姚克病后要注意休息，"流行感冒后，大须休养，希勿过劳为妥"；甚至对于国民党反动统治下的白色恐怖及自己的处境，鲁迅也多向姚克吐露，如说"这里腐烂得真可以，依然是血的买卖，现在是常有人不见了"。1934年4月鲁迅在险恶的环境中，还写信给在北平的姚克说："向来索居，真寂寞得很，不知先生至迟于何日南来，愿得晤谈为幸耳！"当鲁迅得知姚克于是年5月返沪后，连夜给姚克发出邀请信："本星期日（二十七日）下午五点钟，希惠临施高塔路大陆新村第一弄第九号，拟略设菲酌，借作长谈。"鲁迅在是日《日记》中，果然记着："晚邀莘农夜饭，且赠以《引玉集》一本，并邀保宗（即茅盾）。"当时，在白色恐怖下，鲁迅的住址是不轻易示人的，如鲁迅在给其密友曹靖华的信中所说："我的住址，可问代我收信之书店，他会带领的，但那时望预先通知，我可以告诉他，以免他不明白，而至于拒绝。"但是，他却不仅将住址告诉姚克，而且还邀至家中设宴接待，以便"借作长谈"，并邀茅盾先生作陪，说明鲁迅与姚克的关系绝非一般。1936年10月19日，鲁迅先生与世长辞，姚克极其悲痛地写了多篇感情真挚的悼文，还写了挽联："译著尚未成书，惊闻殒星，中国何人领呐喊；先生已经作古，痛忆旧雨，文坛从此感彷徨。"显然，姚克是把鲁迅看作新文化的旗手的。挽联中所谓的"译著尚未成书"，乃指他与斯诺在鲁迅先生指导下编译的《活的中国》，因为此书直到鲁迅逝世后才在伦敦出版，所以鲁迅在病中还询问去探望他的姚克，斯诺编译的这本书"已经出版没有？"鲁迅逝世后，举行悼念活动期间，姚克与巴金、黄源、肖军等人一起组成"治丧办事处"，在万国殡仪馆举行祭礼时，姚克担任司仪。这都说明，姚克确是鲁迅的"知友"之一。

30年代，在国民党实行的白色恐怖统治下，以鲁迅为代表的新文化运动，受到疯狂的围剿和镇压，姚克能和斯诺一起翻译介绍鲁迅的作品，进而又和鲁迅结下深厚的友谊，这些事实本身就反映了姚克的进步思想倾向。同时，由于鲁迅的帮助和影响，姚克与不少左翼作家都有接触和联系，并经常参加左联的活动。1933年，美国黑人进步作家休士访问中国，左联举行欢迎座谈会时，就请姚克做翻译。姚克还经常为鲁迅、茅盾主持的《译文》写稿，他所译肖伯纳的戏剧《魔鬼的门徒》，就是应鲁迅之约而执笔，后列为《译文》丛书之一。另外，姚克还把中国的优秀剧作翻译介绍到国外，曹禺的名作《雷雨》《日出》，就是由姚克译成英文的。1937年"七七"事变后，上海的戏剧工作者协会推举夏衍、阿英、崔嵬、姚克等十六人，集体创作了三幕话剧《保卫卢沟桥》，敏锐地反映了抗日战争序幕已揭开的现实。此后，姚克曾留学美国进修戏剧，还应邀到莫斯科参加苏联戏剧节。1940年返回已经沦陷的上海，在日寇铁蹄蹂躏下，他同广大进步爱国的文化界人士一样，没有屈服于敌伪的利诱和威胁，参加了进步戏剧界的演剧运动，与黄佐临等组织"苦干剧团"，在"孤岛"上艰苦斗争，编写了具有爱国思想倾向的历史剧《清宫怨》。新中国成立前夕拍摄的电影《清宫秘史》，就是以《清宫怨》为蓝本而改编的。姚克也主要是因改编《清宫秘史》应永华电影公司之约到香港，后来与不少电影工作者一起留居香港。新中国成立后，他在香港仍从事影剧编导，后来又任教于香港中文大学，先后担任过该校中文系系主任和文学院院长。新中国成立初，当上海越剧院赴港演出时，姚克还应邀参加座谈会，热烈祝贺国内戏剧界在探索戏剧民族化方面取得的成功。虽然，50年代因受

"《清宫秘史》是卖国主义"说法的影响，对他有过不公正的评价，姚克还是一直同国内亲友保持联系，1965年在给其母亲的信中还表示：要把他的两个孩子送回内地，使他们了解和热爱祖国。直至十年动乱中，姚克与内地的联系才被迫中断。他在香港中文大学退休后，移居到了美国。

（原载《人物》1982年第4期）

再说鲁迅与姚克

——对《关于鲁迅丧事情况》的补正

《社会科学》1981年第4期所载胡风先生《关于鲁迅丧事情况》一文，以其亲身经历回忆和叙述了鲁迅丧事中的一些细节，为研究鲁迅的生平与交往，提供了不少有价值的材料，读后甚受裨益。但与之同时，也感到文中对某些问题的叙述，即如对鲁迅与姚克关系的说法，未必完全符合历史事实，现就这方面做一些补正，以求教于胡风先生与从事现代文学史研究的专家和学者。

胡风先生在文中叙及鲁迅下葬时，有如下一段文字：

> 下葬时，棺材由我们自己抬（不要殡仪馆的人抬）。这没有问题，决定了由鲁迅生前接近的或没有攻击过鲁迅的十来个人抬……但临时也有人自动参加了进来，如姚克，他和这些人并无友谊关系的。鲁迅和他，也完全是一般的社交关系，只是因为他和斯诺的关系。（按：着重号由笔者所加）

此外，该文在谈到鲁迅先生的安葬仪式时，又说：

> 姚克也站到了台阶上（按：指举行安葬仪式时灵堂前的台阶），记不得他是替孙夫人翻译还是他自己也讲了话。当时谁愿意站到台阶上去，都不会受到阻止的。

胡风先生在《关于鲁迅丧事情况》全文中，涉及鲁迅与姚克关系之处，仅有以上两段文字。从这两段文字可以看到，胡风先生想要说明的是：①鲁迅与姚克之间并无友谊，其交往"完全是一般的社交关系"；②姚克在办理鲁迅丧事过程中的活动，都只是他个人的兴之所为，与鲁迅先生治丧办事处无关，他并不属于"鲁迅生前接近的或没有攻击过鲁迅的"人们之列。读了上引胡先生的回忆文字之后，人们也自然而然地会得出以上结论。

然而，事实却并非如此。

首先，需要指出，当鲁迅先生于1936年10月19日逝世之后，姚克确曾沉痛而积极地参加了治丧活动，而且这并非他个人兴之所好的随意举动，他和巴金、黄源、肖军，还有胡风等人，都是鲁迅先生治丧办事处成员；同时，在万国殡仪馆举行祭礼仪式时，姚克还担任悼念会的司仪。这些事实都有案可查，均记载于鲁迅逝世后不久编印的《鲁迅先生纪念集》中。很难想象，姚克作为鲁迅治丧办事处的成员，并担任祭礼时的司仪，没有经过鲁迅先生生前友好的研究商定，只是他个人"临时""自动参加了进来"。

另外，鲁迅先生逝世后，举国哀悼，世界震惊，在这个过程中，姚克还曾写了多篇悼念文章，如《最初和最后的一面》（载《鲁迅先生纪念集·悼文》第三集）、《鲁迅先生遗像的故事》（载《电影与戏剧》1936年第一卷第二期）、《痛悼鲁迅先生》（载《逸经》1936年第18期）等，还写有挽联："译著尚未成书，惊闻殒星，中国何人领呐喊；先生已经作古，痛忆旧雨，文坛从此感彷徨。"这些感情真挚的悼念文章和挽联，反映了姚克与鲁迅的交往，以及其对鲁迅先生的敬仰之情，如他回忆自己和鲁迅第一次会见时的心情说："再过几分钟就可以见到我一向憧憬的鲁迅先生了！"还根据他的亲身感受说明鲁迅对青年的关心和爱护："他对于青年写信给他，他总是答复的。"鲁迅先生也曾同姚克于1933年5月26日一起合影"以留纪念"。从姚克所写鲁迅的挽联内容，诸如"中国何人领呐喊"，"文坛从此感彷徨"，亦见姚克显然是把鲁迅作为新文化的旗手看待的。

姚克在鲁迅逝世期间的活动与言论，说明二人并非毫"无友谊关系"，只"完全是一般的社交关系"！反之，据有关事实看，从30年代初期起，直到鲁迅逝世为止，鲁迅与姚克之间，不仅有友谊联系，而且关系还十分密切，这从鲁迅的著述中还可以得到充分的印证。仅依《鲁迅日记》记载的不完全统计，从1932年冬至鲁迅逝世，反映与姚克交往的就有一百余处，姚克给鲁迅的信有五十多封；鲁迅给姚克的信也有三十六封之多（按：收入《鲁迅书信集》中的有三十三封）。从鲁迅给姚克的通信内容看，他对姚克可以说是倾吐肺腑，其中有对姚克写作方面的指导，也有对他政治上、生活上的关心，如嘱姚克交往要慎重"倘未深知底细，交际当稍小心"；又如劝姚克病后要注意休息，"流行感冒后，大须休养，希勿过劳为妥"，乃至对国民党反动派统治下的白色恐怖、文化围剿，鲁迅也都向姚克吐露，"这里腐烂得真可以，依然是血的买卖，现在是常有人不见了"。1934年鲁迅在险恶的白色恐怖之中，还写信给在北京的姚克说："向来索居，真觉得寂寞，不知先生至迟于何日南来，愿得晤谈为幸耳！"当鲁迅得知是年五月姚克返沪后，欣喜之至，随即给姚克发出请柬信："本星期日（二十七）下午五点钟，希惠临施高塔路大陆新村第一弄第九号，拟略设菲酌，借作长谈。"该日鲁迅在《日记》中也记有："晚邀莘农夜饭，且赠以《引玉集》一本，并邀保宗。"（按：姚克，字莘农；保宗即茅盾。）大家知道，在当时的白色恐怖下，鲁迅的住址是不轻易示人的，如同鲁迅在给其密友曹靖华的信中所说："我的住址可问代我收信之书店，他会带领的，但那时望预先通知，我可以告诉他，以免他不明白，而至于拒绝。"可见鲁迅的住址，在一般情况下是保密的，但对于姚克，鲁迅不仅将自己的地址直接告诉了他，还邀请其到家内设宴接待，以"借作长谈"，乃至邀请茅盾先生作陪，无疑说明姚克与鲁迅关系，确非一般。

鲁迅与姚克何以建立起友谊联系呢？这确和中国人民的朋友斯诺有关。

美国进步作家、记者斯诺，于1928年远涉重洋来到中国。当时，他还是一个二十二岁的青年，作为《密勒氏评论报》和《芝加哥论坛报》的编辑、记者，在编辑与采访活动中，广泛接触了中国社会，目睹了国民党统治的腐败，社会的黑暗与人民的痛苦，很快成为中国革命事业的同情者。他对于伟大的鲁迅十分崇敬，想把鲁迅的作品翻译介绍到欧美。但那时年轻的斯诺，尚不熟悉中文，于是他找到了姚克进行合作，正如斯诺所自述："当时，我不怎么懂中文，但我找到了一位能干的合作者——姚莘农。"斯诺还说过："在我还在上海居住的时候，就开始同一位姓姚的合作，翻译鲁迅的《阿Q正传》。而我到了北京以后，就邀请姚北上，继续进行这项工作。姚是东吴大学的毕业生，从来没有出过国，但他精通英语。此外，他也熟悉中国古典文学和现代文学。"姚克与斯诺由翻译鲁迅的著作，向鲁迅请教而开始结识了鲁迅，而后经鲁迅建议："现在新出台的作家中，也很有可以注意的作品，倘使有工夫，我以为选译一本，每人一篇，绍介出去，倒也很有意义的。"斯诺和姚克接受了这一建议，在合作翻译鲁迅作品的基础上，又选编翻译了郭沫若、柔石、郁达夫、巴金、丁玲等著名左翼作家的作品，汇编成册，书名《活的中国》，于1936年年底在伦敦出版。鲁迅逝世前不久，姚克去看望他时，鲁迅还关切地询问这本书是否出版。遗憾的是鲁迅生前未见到该书出版，所以姚克写给鲁迅的挽联中有："译著尚未成书，惊闻殒星，中国何人领呐喊。"斯诺正是通过这部书的选编翻译，进一步"认识到旧中国的现状和新中国的前景"，促使他"突破黑暗重围，奔赴陕北革命圣地"的[①]。然而，斯诺对《活的中国》的编译，既取得了鲁迅先生的巨大支持，也得到了姚克的精诚合作。姚克也在与斯诺合作翻译鲁迅著作的过程中，结识了鲁迅并成为"知友"。

应该肯定，在国民党实行文化围剿的白色恐怖下，鲁迅先生的作品时时遭受查禁，而姚克竟和斯诺一起翻译介绍鲁迅的作品，这件事情本身就是进步的活动，而且也对沟通中外文化交流方面有有益的贡献。此外，姚克在30年代还从事了其他进步文化事业，这正是他和鲁迅能结下友谊的共同思想基础。

《关于鲁迅丧事情况》的抄录者梅志先生在该文的前记中说：本文"是胡风同志在狱中，由监督当局所转要他写的有关鲁迅先生葬仪的材料"，又文末签署此材料的写作时间是"1976年11月16日夜"。可以想见，当时胡风先生尚在狱中，处于很不正常的政治境遇下，又写在1976年11月，那时"四人帮"刚刚被粉碎，林彪、"四人帮"借批判《清宫秘史》之名，恶毒陷害刘少奇同志的冤案尚未昭雪，因批判《清宫秘史》而强加给该剧作者姚克的许多莫须有的罪名，也还没有得到澄清，加之处于非正常境遇下的胡风先生也不大可能翻阅更多的文字材料，因此回忆材

[①] 参见肖乾《斯诺与中国新文艺运动》，《新文学史料》1978年第1期。

料中的某些史实和看法，难免会有些遗漏和出入，这是可以理解的。有鉴于胡风在鲁迅先生丧事过程中的地位和作用，该文势必有较大影响，故作此补正。

（原载《江苏师范学院学报》1982年第2期）

保持学术品牌　不断开拓创新

——祝贺中国社会科学出版社建社二十五周年

25年的岁月，在历史长河中不过是弹指一瞬。在中国出版界，也不乏像商务、中华那样有着百年光辉历史的名牌老社。相较而言，仅有25年历史的中国社会科学出版社（以下简称社科出版社），在出版界算是年资不长。但就社科出版社来说，这25年的历史却极不寻常，极其宝贵。她经历了初创时期的筚路蓝缕，艰苦奋斗，奠定了坚实基础；又经历了由事业型单位向企业型单位转变，实现了自收自支、自负盈亏的艰难转变；再到面对全国出版社500余家，年出书约十余万种，竞争日趋激烈的形势，不仅能立于不败之地，且于1993年就被中共中央宣传部和国家新闻出版署授予全国优秀出版社的荣誉称号，殊属可喜可贺。

一家成立时间不是很长，出版资源积累不算丰厚，硬件实力也不很强的出版社，为什么能迅速崛起，一跃而成为全国的优秀出版社？我想最主要的原因，就在于她始终坚持了正确的出版方向，始终把社会效益放在第一位，有自己独具的优势，形成了以出版高层次学术著作为主的品牌特色。回顾1978年建社之初，中央就确定了她是由中国社会科学院创办并直接领导的一家全国哲学社会科学综合性出版社。当时院领导为出版社明确的出版宗旨和任务是：编辑出版中国社会科学院和全国哲学社会科学界、文化界的优秀学术著述；出版国外重要哲学社会科学著作的中译本；出版社会科学各个学科的学术期刊。这样的出版宗旨和方针就给社科出版社做了明确定位。出版范围决定了她必然是以出版高层次中外学术著作为特色的出版社。25年来，全社同仁牢记这一办社宗旨，以全国最高的哲学社会科学研究机构——中国社会科学院为依托，联系团结了院内外一大批第一流的老、中、青学者，编辑出版了3000多种各类学术著作。其中许多图书或列为国家的"出版骨干工程";或列入国家哲学社会科学的重点规划项目。有些著作成为一些学科体系的奠基之作;有些论著则在学科建设上起有开拓作用。另外,翻译出版的国外学术著作,如《剑桥中国史》《新编剑桥世界近代史》《西方现代思想丛书》等也都一再重版,成为出版社的品牌产品。出版社出版的图书在国内外都有较大影响,其中有几十部先后获得国家图书荣誉奖、国家图书奖、中国图书奖、全国优秀畅销图书奖以及省部委的优秀著作奖。在编辑出版学术著作的过程中,也培养了一批有较高专业水平的编辑队伍,不少人既是"为他人作嫁衣裳"的编辑,又是在各自所属学科领域有一定知名度的学者。正因为有这样的编辑队伍,以文会友,广泛联系各学科的学者,及时了解各个学科的学术信息,并形成出版社的作者群,共同支撑起出版社的学术特色。与出版社的学术特色相适应,出版社的发行部门与行政管理部门也逐渐摸索出学术著作的发行渠道及学术出版社的管理措施。前几年,刚刚开始从社会主义计划经济向市场经济转变的过程中,有些出版社盲目追求经济效益,出现了违背出版方针、出版纪律的不良现象。而社会科学出版社则咬定正确的出版方向,坚守自己的学术品牌不动摇,因而深受学术界朋友的称道,有的学者曾赞誉中国社会科学出版社真是出版界的一块绿洲。唯其如此,社科出版社被评为第一批全国优秀出版社,绝非偶然。

近年来,伴随经济全球化进程,我国也加入世贸组织,国内外出版界的竞争更趋激烈,受市场经济制约,出版产业也愈来愈走向集团化、跨国化。就国内出版界说,也已先后成立了不少出版集团。各个大学出版社和地方出版社也异军突起,显示出很强的竞争实力,它们也在呼唤要"涵养学术品牌,推动学术繁荣",也就是说,打学术品牌的已不只是社科出版社一家。面对如此严峻的形势,目前在任的社领导和全社职工,都清醒地感到"逆水行舟,不进则退",正以高度的责任感,在进一步深化改革,推行全员竞争上岗,成立策划部,开发新选题,决心在坚守学术品牌的前提下,同时组织大众读物和畅销图书,力争实现双效益,不断开拓创新。

我衷心祝愿中国社会科学出版社在25年来已有成绩的基础上,欲穷千里目,更上一层楼。

(原载《中华读书报》2003年8月27日)

郭影秋传

一

郭影秋，原名玉昆，又名萃章，江苏省铜山县棠张乡马兰村人。1909年（清宣统元年）9月10日，出生于一个贫苦农民家庭。如同他在自传中所说："曾祖以来，累世为佃户。"① 家中一无房，二无地，不得不住地主家的房，种地主家的地，除缴纳苛重的租税外，还要无偿为地主家服各种劳役。他后来曾在一首小诗中说："我家本是田舍郎，祖孙三代住人房。"他十三四岁时，父亲把地主家的几间草房买下来，又多租种了些土地，生活才逐渐有所好转。

他7岁进私塾念书，学习十分用功，常常是"三更灯火五更鸡"，昼夜攻读。几年私塾期间，便熟读了《论语》《孟子》《中庸》《大学》《诗》《书》《礼》《春秋》等经书，又练习写古体诗，打下坚实的文史功底。

1919年"五四"运动爆发，1921年中国共产党成立，将历史推向新的阶段。此时的郭影秋已不满足于整天关在私塾里读四书五经，便跑到距家往返近百里的大彭（今徐州市），先读了几个月法文补习学校，后又转读于大彭市立一小。他住宿在学校，却交不起伙食费，只好每周往返一次，从家中背些干粮。郭影秋曾写诗回忆当时的生活情景说："忆昔远读书，干粮百里送。饼霉难入唇，饭稀如照镜。"②

1926年，国民革命军围攻徐州城时，郭影秋曾与同学商议，如何

---

① 郭影秋：《我的自传》（内部档案）。
② 郭影秋：《郭影秋诗选》，贵州人民出版社1983年版，第78页。

开城迎接。1927年，蒋介石发动"四一二"政变，郭影秋目睹共产党人惨遭杀害，其中有些还是他平素尊敬的老师，深深引起了其对共产党人的同情。1929年年初，郭影秋就读于江苏铜山师范，并任膳食委员会主席。国民党为安插党羽掌握学校领导权，策划了驱逐原铜师校长的学潮，并竭力拉拢郭影秋支持他们的活动。他义正辞严地予以拒绝，为此被国民党排挤出铜师。这年秋天，他又以优异成绩考入无锡国专。但由于经济困窘，学费无着，在无锡国专学习不到一个学期，又被迫中途辍学。

1930年秋，郭影秋又转学考取了公费的江苏教育学院。这时，他开始考虑社会实际问题，探索人生应走的道路，阅读了许多新兴社会科学书籍和"五四"以来的新文学作品，还秘密阅读恩格斯、列宁的著作，对中国社会和革命开始有所了解。1931年"九一八"事变后，京、津、沪、杭等地的学生纷纷到南京请愿，敦促蒋介石抗日，江苏教育学院的学生，也有二三百人到南京参加请愿活动，郭影秋是这支请愿队伍的领队。蒋介石曾接见了包括郭影秋在内的各地学生代表，并拍着胸脯说："我蒋中正，我国民党政府是坚决抗日的，明天就出师北上，矢志抗日。"但第二天一早，各地学生齐集南京中央体育场，准备为蒋介石的出征队伍送行时，却始终不见队伍出来，直等到夜间，大批手持刀枪的军警突然从四面八方将请愿学生层层包围起来，强行把各地学生遣押至车站。江苏教育学院为此事召开了全院大会，胁迫郭影秋当众悔过，否则就要开除学籍。郭影秋抱定"宁为玉碎，不为瓦全"的决心，表示绝不屈服。后来，在进步爱国教授的声援保护下，他才免受处分。

这次爱国请愿活动，使郭影秋对国民党的不抵抗主义有了进一步认识和了解，斗争实践也使他更加坚定了走爱国革命的道路。

二

1932年秋，郭影秋从江苏教育学院毕业，到徐州民众教育馆工作。在这里，他结识了薛暮桥、陈向平、李可染等人。他们经常在一起议论时事，交谈思想，还经常为《徐报》的副刊《新生》写一些有进步思想倾向的新诗和短文。1933年，他经薛暮桥介绍，参加了"中国农村经济研究会"，还参加了由钱俊瑞、姜君辰等组织的"新知书店股东会"。由于陈向平与上海左翼社会科学家联盟有联系，他们经常收到从上海寄来的进步书刊，甚至有《红旗》等共产党的党内刊物。郭影秋在《纪念向平诞辰七十一周年》的诗中提到"日日盼红旗"，便反映了他们当时盼望读到党刊的心情。这时，郭影秋在行动上也迫切地在寻找共产党组织。但由于徐州地区共产党组织于1929年、1932年两度遭到敌人的破坏，陷于瘫痪状态，所以他当时未能实现自己的心愿。

1934年夏，郭影秋到江苏沛县中学任教导主任。他对沛中大力进行改造和整顿，使学校面目焕然一新。在教学方面，他把国民党政府规定的公民课，改教时事政治，国文课主要选讲进步诗文，如高尔基的《海燕》，鲁迅的《狂人日记》《阿Q正传》，郭沫若的《女神》等，向学生灌输进步思想。[①] 课外开展体育活动，还成立了话剧团、京剧社等文艺组织。郭影秋常自编、自导、自演。一次，他们在沛县县政府礼堂演出左联的剧本《牺牲》，宣传抗日，郭既是导演，又饰演剧中主要人物。他饰演的东北义勇军排长遭日寇枪杀前，高呼"打倒日本帝国主义！"一时台上台下群情激愤。当时，在台下看剧的国民党县政府官员，竟气急败坏地叫嚷："这是共产党宣传！"还唆使一些特务跑到后台，强令停止演出，郭影秋据理力争说："为什么宣传抗日就是共产党宣传，难道全东北的人民群众都是共产党吗？！"

郭影秋在沛县中学的活动，一方面遭到国民党某些顽固派的嫉恨，另一方面却引起了中国共产党人的关注。这时，苏鲁豫特委负责人郭子化、张光中到沛县恢复建立党组织，并指定苗宗藩、王义在沛县开展党的活动。苗宗藩与郭影秋经过多次接触后，于1935年10月的一个深夜，庄重地对郭影秋说："经过党组织的认真考察，决定吸收你加入中国共产党，入党的事情要保密，除你我二人外，不许和任何人发生组织联系。"他多年来到处寻找党，渴望加入党，终于如愿以偿。后来，在1940年整党时，由于苗宗藩的历史问题，对郭影秋的入党问题曾经有过议论，经过严肃审查和研究，结论仍然是1935年10月为预备党员，

---

① 张世珠：《我们的母校——沛县中学》，《徐州史料》第2辑。

1936年2月转为正式党员。①

郭影秋入党后，按照党的指示，先后在校内组织读书会、时事座谈会，培养积极分子，动员和组织青年学生到社会上进行抗日宣传，逐步在沛中建立了党的秘密组织。1936年4月，中国共产党领导的微山湖武工队，在沛县湖东的夏镇处决了叛徒、特务姜友吉，为此，国民党徐州市党部策划了对共产党的大破坏、大搜捕。他们于6月11日夜，在徐州附近各县统一行动，凡被认为是共产党员或有"左"倾思想的"危险分子""嫌疑分子"，统统被抓起来，郭影秋也未能幸免，被捕入狱。

郭影秋在狱中多次受审，不管审问者如何威胁利诱，他就是"我不是""不知道"这两句话。敌人恼羞成怒，把他吊起来，用皮鞭狠命地抽打，再猛然松开绳子，将他从高处摔到地上，直至他被折磨得昏死过去。国民党特务还利用叛徒到狱里来劝诱。郭影秋坦然地说："我没有什么可交待的，如果要枪毙就不用说了，如不枪毙，我就准备把牢底坐穿！"②他在《狱中作》《徐州狱中有寄》等诗中写道，"试把铁椎敲劲骨，铮铮犹自有金声"，"打掉门牙肚里咽，英雄宁死不低头！"③ 真实地反映了他在狱中斗争的思想和情操。

郭影秋被关押了三个多月，敌人没有抓到他是共产党的任何证据，也没有查出他和姜友吉案的任何联系，加上他的老师俞庆棠教授等在狱外积极营救，终于在1936年9月下旬被释出狱。

三

郭影秋出狱后，未和党组织接上关系前，一度在徐州民众教育馆开办的农民生活学校任教。卢沟桥事变后，中共河南省委派刘文为特派员，来徐州进行党组织的恢复和重建工作。1937年8月中旬，原苏鲁豫特委书记张光中陪同刘文到农民生活学校来找郭影秋，向他布置了党的重建工

---

① 郭影秋：《往事漫忆》，中国人民大学出版社1986年版，第42页。
② 同上书，第56页。
③ 郭影秋：《郭影秋诗选》，第5页。

作，随即成立了铜山工委，并任命郭影秋为工委书记，万众一为组织委员，杨涵之为宣传委员，党的活动逐步得以恢复。1937年11月初，郭子化来到徐州，正式建立了苏鲁豫特委，郭子化任书记，张光中负责组织，冯彬如负责宣传，刘文以特派员身份参加特委领导，郭影秋任特委秘书。① 特委在徐州附近各县都指定了联络员，郭影秋以特委秘书的名义，联系各县的联络员，传达特委指示，指导工作，发展党员，整顿组织。经过一段时间的恢复和整顿，至1938年5月徐州沦陷前，各县的党组织都恢复和发展起来了，党的工作已能正常开展。在此期间，郭影秋还根据特委的指示，组织开办了抗日青年训练班。该班第一期学员就有300多人，曾请了匡业明等任教员。经过三个月的训练，又先后发展了一批党员和团员。这些学员毕业后，被安排在附近各县做宣传群众、组织群众、武装群众等方面的工作。1938年5月徐州沦陷后，他们大多数成为苏鲁豫皖四省边界创建革命武装、开展敌后游击战争的骨干力量。

1937年10月，李宗仁将军被任命为国民党第五战区司令长官。第五战区名义上管辖江苏、安徽、山东地区，实际上其直接管辖范围，仅只是苏、鲁、豫、皖交界的20多个县，也正是中共徐州特委的活动范围。李宗仁到徐州后，提出要成立第五战区民众抗日总动员委员会，以团结各界人士共同抗日。中共徐州特委决定利用李宗仁的民众抗日总动员委员会，来开展抗日民族统一战线工作。总动员委员会是半官方、半群众性的组织，李宗仁亲任主任，下设组织、宣传、战勤三个部，各部部长分别由李宗仁的秘书或地方上有影响的知名人士担任，如组织部长便是李的机要秘书夏次叔，副部长是徐州民众教育馆馆长赵光涛。郭影秋利用在民众教育馆工作的关系，特意找了赵光涛，表明愿意到总动员委员会组织部协助他们工作。赵光涛随即向李宗仁推荐了郭影秋任组织部总干事。而总动员委员会各部的部长、副部长多是挂名的，实际工作主要由总干事去做。郭影秋利用了这个有利条件，在组织部下面设立了青年干事和职工干事，均由共产党员担任。这样总动员委员会的组织部实际上便掌握在共产党手中。不久，郭影秋又被选为总动员委员会的12名常委之一，这样和第五战区

---

① 郭影秋：《苏鲁豫特委和湖西地区党的斗争历史回顾》，《济宁地区党史资料》第2辑（内部资料）。

的上层人士如李宗仁、李明扬的接触就更为频繁。同时，中共徐州特委又任命郭影秋为总动员委员会的中共党团书记。① 这段时间内，他以较多的精力从事党的抗日民族统一战线工作，处理了不少重大问题。

抗战爆发前，中国共产党在徐州地区，并未建立起抗日武装。为了发展革命武装，郭影秋与郭子化等费尽心思，经过多次交涉，终于取得国民党徐州专员兼任第五战区游击总指挥部总指挥、总动员委员会战勤部部长李明扬的同意，给共产党一个公开活动的游击队番号——湖西人民武装抗日义勇队，委任了张光中为队长，还配发了枪支弹药。张光中利用这个番号，在沛县、滕县交界处创立了四个大队的革命武装，每队一二百人。这是中共在徐海地区公开建立的第一支武装部队，以后统称为湖西人民武装抗日义勇队第一总队。②

这期间，国内许多知名人士如许德珩、章乃器、李公朴、梁漱溟等，都来过徐州。各地的青年抗日救国团体、艺术团体和著名的文艺界人士如金山、张瑞芳、王莹、冼星海等，也都到过徐州。他们到徐州后，一般都与总动员委员会联系，郭影秋尽量帮助他们解决各种实际问题，如他们要求见李宗仁，请求抗日，多半都是通过郭影秋打通关系，或由他直接陪同会见。

郭影秋在做国民党上层人士统战工作的同时，又通过总动员委员会广泛宣传抗日政策，发动群众组织了一些全区性的抗日群众团体，如1937年12月成立的徐州职工抗日联合会，1938年2月召开的青年代表会及其建立的第五战区青年救国团，以及先后成立的全战区的农民抗日救国会、儿童团、姊妹团等。通过这些抗日群众团体，把各阶层群众普遍发动团结起来，为进行全面抗战而奋斗。1938年3月，台儿庄会战爆发，总动员委员会举办了"保卫大徐州宣传周"，宣传提纲就是由郭影秋亲自起草修订的。他还通过总动员委员会，组织号召各县的民众动员工作团，组织了担架队、运输队、救护队，奔赴台儿庄前线，为取得台儿庄会战的胜利做了重要贡献。

1938年3月、4月间，总动员委员会组织了第五战区宣慰团，郭影秋

---

① 郭影秋：《抗战初期党在徐州地区的统战工作》，《社会科学战线》1982年第1期。
② 同上。

任团长，到战区各县进行抗日宣传和慰问工作。为庆祝台儿庄会战大捷，他还曾率团到台儿庄前线进行慰问和巡视。这时，他听到国民党要放弃徐州的消息，决定迅即返回徐州，但去徐州的铁路已不通。待他连夜步行赶回徐州后，中共徐州特委已经撤离。

郭影秋赴台儿庄慰师之前，中共徐州特委曾开会做过研究，议定一旦徐州沦陷，党的工作重点便转移到敌后，开展游击战争。关于郭影秋本人的工作，会上有两种意见，一种主张他留在敌后打游击，另一种主张他仍然留在李宗仁那里，继续争取合法的地位和工作环境。但当他返回徐州时，国民党的武装力量和共产党的办事机构、工作人员已全部撤离。5月17日黎明，日军的炮弹已打到徐州车站。在这种形势下，郭影秋冒着从头顶呼啸而过的炮弹，孤身向徐州东南寻找党的组织。

四

郭影秋随着从徐州撤出的人流，向徐州东南跑了70多里，到了有党的联络点的殷杨庄，向这里的支部书记讲了当时的形势及开展游击战争的设想。当晚在殷杨庄召开了党支部会议，组织起有十余人参加的游击分队。但刚刚组织起来，日寇便打进村里。郭影秋带着这十几个人向南退却。不久，这十几个人的队伍跑散了。徐州沦陷后的第二、三天，郭影秋在肖县找到该县党的负责人李砥平（新中国成立后曾任吉林省委书记），他这里有20多名党员，十几支步枪，经过研究，他们决定以这些人和枪为基础，拉起队伍打游击。这支队伍很快发展到七八十人、五八十支枪。参加队伍的有老党员，也有青年知识分子，还有贫苦的农民，甚至有当过土匪的游民。

1938年6月，郭影秋到陇海铁路以北，本想到山东向省委汇报工作，请求省委派些军事干部，以领导和发展刚刚建立起来的游击队，并请示省委确定他今后的工作。在陇海路以北，他遇到原中共徐州特委秘书王文彬。王向他介绍当地已有了正式的人民抗日武装，称为湖西人民抗日义勇队第二总队，总队长李贞乾、政委王文彬。王希望郭影秋能留下来担任总队政治部主任。与此同时，由王文彬派交通员到山东向省委请示安排郭影秋的工作。不久，中共山东省委指示，郭影秋留湖西地方工作，不要再追随李宗仁的第五战区。从此,他便同王文彬等在丰县、沛县、铜山等湖西地区,开展抗日武装斗争,直到1948年年初,调离湖西去冀鲁豫区为止。他在这里整整工作战斗了10年。

1938年7月,中共山东省委指示:湖西地区的两个党组织徐西北区委与鲁南工委合并建立湖西特委,陇海路以南的肖、宿、永一带也归湖西特委领导。辖区包括金乡、鱼台、嘉祥、济宁、邹西、滕西、沛滕边、巨野、菏泽、东明、定陶、曹阳、成武、单县、丰县、沛县、肖北、铜北、砀北、郑城、鄄城、考城等苏鲁豫边界的20多个县,所以也叫苏鲁豫边区。党的组织也称苏鲁豫特委。辖区武装,由特委统一领导,统称湖西人民武装抗日义勇队第二总队。省委还指示,特委由五人组成,特委书记与部队政委两个职务"非王(文彬)即郭(影秋)",因而湖西特委最初的组成是王文彬任特委书记,郭影秋任部队政委兼特委委员,白子明任组织委员,张如任军事委员,孙衷文任宣传委员。这样,湖西地区党的领导机构与武装组织的领导就正式确立了。

中共湖西特委的首要任务是发动群众,进行武装抗日斗争。为此,特委对湖西地区所属各县义勇队的组织编排与领导干部进行了统一调整,使部队的建制尽快健全。而后,进一步发动群众,扩大抗日民族统一战线,筹粮、筹款、筹集枪支弹药,等等。经过艰苦的工作,全地区的抗日武装得到迅速发展。但在发展过程中,也存在很多困难,特别是部队的衣食供给没有保障。当时,驻在丰县的汉奸武装——王献臣(外号王歪鼻子)的部队,还不断对我驻区进行侵扰,以致卡断我们的给养。因此,特委组织了一次攻打王献臣的战斗,但打得非常艰苦,打了20多天,仍僵持不下。1938年年底,由彭明治和吴文玉(即吴法宪)领导的八路军正规部队——苏鲁豫支队(简称苏支),开进湖西,一举全歼王献臣部。在正规部队强有力的配合下,湖西地区的抗日形势迅速好转,各个县先后建立起抗日政权,逐步形成了抗日根据地。不久,根据山东省委指示,湖西人民武装抗日义勇队第二总队,改编为八路军山东纵队挺进支队,郭影秋仍任政委。但是,就在打王献臣战役的过程中,郭影秋得到特委已改组的通知,改组后的特委书记是白子明,原特委书记王文彬改任组织委员,郭影秋仍任特委委员与部队政委。作为特委主要领导成员之一的郭影秋,在其未参与研究的情况下,特委组织班子竟突然改组,他对此很不理解。事实上,特委的这次改组,却为此后的湖西"肃托"事件埋下了祸根。

王献臣的汉奸武装被打垮后,还有一股反动势力就是盘踞在铜山北部的籍星科部队。籍部原是一股土匪武装,国民党要剿灭它,它便接受了日军的番号,叫作苏北反共救国军。籍星科是司令,他曾与王献臣配合,对湖西根据地进行两面夹击。王献臣被打垮后,如何解决籍星科这股反动武装呢?是武力歼灭还是争取改造?经过认真分析研究,特委决定对它进行争取改造,并决定由郭影秋去完成这个任务。因为郭是铜山人,又长期在该地活动,既熟悉情况,又在该地有较大影响,还曾在总动员委员会工作过,有进行和平斗争的丰富经验,善于应对复杂多变的局面。郭影秋遵照党组织的决定,决心身入虎穴,尽力争取籍星科反正。

郭影秋在赴籍部之前,认真调查研究了籍星科其人及其部队的情况,对面临的任务进行了冷静分析,认为客观上存在着争取籍反正的有利条件:一则是有声威大震的苏鲁豫支队和湖西人民武装抗日义勇队作武力后盾;二则籍星科与国民党势力有矛盾,虽接受日军番号,但并不想死心塌地地为日本效劳。特别是王献臣被歼灭后,他失去了同盟和依托,内心恐惧,生怕步王献臣的后尘,被八路军消灭;三是籍星科队伍中的一些班、排长和绝大多数士兵,都是当地人,与八路军、义勇队中的干部、战士有各种联系,另外,共产党在此之前也曾在他的部队中做过一些策反工作,他的第三团团长何玉祥积极主张抗日,而该团又是籍部的主力。郭影秋分析上述有利条件后,胸有成竹地认为只要对籍从民族大义的角度,动之以情,晓之以理,争取其反正完全有可能。

1939年春节之前,经与籍星科、何玉祥沟通后,郭影秋仅带了两名警卫,前往籍部所在地。他到籍部后,籍星科故作威风和镇静,当郭影秋进入该司令部院落时,从大门口沿院内夹道直到籍的司令办公室,站满荷枪实弹的卫队。当下面通报:"八路军郭政委到!"籍仍躺在床上抽鸦片,连头都不抬,他旁边还坐着国民党沛县的参谋长(籍的私交密友),以及籍部团以上骨干。郭影秋见此情景,镇定自若地主动坐下,也一语不发,看他们如何行动。那位国民党沛县参谋长开口说:"郭先生你是来作说客的吧!"郭影秋毫不示弱地回答:"我是应籍司令之约,来共商抗日大计,不知参谋长阁下到此有何公干?"这时,籍星科才开腔说:"话不能这么说,他也是我请来的客人。"郭影秋则不以为然地说:"籍司令你有言在先，只是你我商谈，并未说有第三者参加，若走漏风声，对司令未必有利！"籍星科连忙解释说："不妨，不妨事，他是我个人的老友也是自己人。"经过上述简短交锋后，籍星科才从床上坐起来，他先以怀疑的口气发问："你们共产党有力量打日本吗？"郭影秋立即觉察籍星科的内心矛盾，他一怕共产党没有力量消灭日军，二怕失去日军支持再受国民党夹击，自己被消灭。根据他这种心理状态，郭影秋有针对性地向他介绍了整个抗日形势的发展，以及湖西地区八路军的实力，着重向籍指出，在中国的土地上，日寇最终必然被消灭，中国共产党有抗日到底的决心，并说，凡是有民族心的中国人，都应置身抗日行列，投靠日本是没有出路的。籍星科的思想逐渐有所触动，才摆出想要谈判的架势，询问联合后八路军有何具体打算。郭影秋当即说："大目标是一致抗日，只要共同抗日，一切具体问题都好商量。"就这样，经过郭的用心工作，最后终于说服了籍星科，以接受共产党的统一指挥为条件，保持其队伍的相对独立性，编为独立大队，仍由籍任队长，把他的武力纳入党所领导的抗日武装。不久，籍星科部除少数人不愿反正外，计有2000余人，正式宣布起义。接着，组织上又委派郭影秋担任反正后的独立大队的政委。经过大量艰苦细致的工作，终于将这支土匪武装，改造成党所领导的人民军队。这样，驻扎在湖西地区的大股敌对势力，或被歼灭，或被争取反正，整个湖西抗日根据地连成了一片。

1939年5月，湖西特委升格为湖西区党委，山东省委也改为山东分局。湖西区党委的组成是书记白子明，组织部长郝中士，宣传部长马霄鹏，统战部长王文彬，军事部长张如，政府工作部长陈筹，青年部长孙衷文，社会部长赵万庆，委员李毅。郭影秋因转入苏鲁豫支队，未参加区党委工作。

1939年上半年，郭影秋一直带着部队，与彭明治、吴文玉等，离开湖西区中心地带，在陇海路以南活动。不久，骇人听闻的湖西"肃托"事件发生了！

五

1939年秋冬，正当湖西根据地发展壮大的时候，却发生了令人痛心的湖西"肃托"事件，而且在这桩罕见的冤假错案中，郭影秋也被诬陷为托派，险遭枪杀。正值千钧一发之际，罗荣桓星夜赶赴湖西，制止了事态发展，挽救了郭影秋等大批革命干部。

这次所谓的"肃托"事件，始发于1939年7月、8月间。当时，中共湖西区党委所属的湖边地委干校里有些学员在议论毕业后的工作去向时，有不愿服从组织分配的思想情绪，并且在文艺节目中公开流露出来。湖边地委发现后，认为问题严重，甚至主观地认为背后有阶级敌人煽动，指定由地委组织部长王须仁处理此事。王须仁是一个来历不明、隐藏在党内的"暗害"分子。[①] 他在处理此事时，采取诱供、逼供的方式，迫使主持干校工作的魏定远承认自己是"托派"，并编造出湖边地区有"托派组织"的供词。尔后，王须仁又将逼供所得材料向湖边地委及湖西区党委领导做了汇报。当时的区党委书记白子明，不仅未审核王须仁提供的材料，还赞赏其"能干"，正式指定他为湖边地委"肃托"的负责人。王须仁因此更加有恃无恐，胆大妄为。他依据魏定远的所谓交代材料，又逮捕了一些干部，采取更残酷的肉刑逼供，勒逼出的"托派"越来越多，一直牵扯到湖西区党委的一些主要领导干部。王须仁感到事态越来越严重，要想放手大干，必须有军队方面的支持。恰逢当时苏鲁豫支队的主要领导彭明治等正在远离湖西地区的外线作战。在湖西区中心地带活动的只有支队政治部主任兼四大队队长王宏鸣等人。王宏鸣是个极端的个人野心家，他与王须仁一拍即合，未经向苏鲁豫支队及山东分局和一一五师师部请示，便主观肯定湖边地委的"肃托"完全正确，还擅自决定"肃托"工作由他统一指挥，从而使事态进一步恶化。"二王"狼狈为奸，随意逮捕审讯，甚至以"托派"罪名，成批地杀害革命干部，不仅将湖边地委书记打成"托派"，使湖边地委陷于瓦解，还将矛头指向湖西区党委。区党委的宣传部长马霄鹏、统战部长王文彬、组织部长郝中士、军事部长张如，均被诬陷为"托派"。整个湖西区党委领导，只剩下区党委书记白子明一个"光杆司令"。"二王"一伙不顾马霄鹏、王文彬等人的忠言抗争，将这些开创湖西根据地并在当地有很高声望的老党员，相继迫害致死。在"二王"的操纵及白子明的参与下，"肃托"像瘟疫一样，迅即蔓延。继

---

① 《中共中央关于湖西边区锄奸错误的决定》（1941年2月）（内部档案）。

瓦解区党委之后，他们又逮捕了湖西人民武装抗日义勇队第二总队负责人李贞乾，以及苏鲁豫支队副支队长梁兴初，接着又逮捕了当时任独立大队政委的郭影秋。① 郭影秋被捕的第二天，王须仁即对他进行审讯。他对王须仁的审问根本不屑理睬。王不得不把区委书记白子明搬出来。郭影秋万万没有料到，白子明竟亲自对他用刑，一边动刑，一边逼他交代"托派"问题。审讯持续了六七个小时，郭影秋始终实事求是，坚强不屈，曾几次被打得死去活来。当郭影秋处于昏迷状态时，白子明又拿来一张电报在他面前晃来晃去说："这里有真凭实据，是山东分局的电报。"接着又说："电报讲了一直领导你工作的郭子化也是'托派'，他在分局已主动交待，而且供出你也是托派，你还能抵赖吗？！"面对这突如其来的情况，郭影秋有些疑惑，他对这些人的阴谋诡计毕竟估计不足，加之长时间审讯动刑，他的头脑早已昏沉麻木，便说："我一直在郭子化领导下工作，他本人既然是'托派'，又发展了我，我还能讲什么呢？"这样就算郭影秋承认了自己是"托派"。但郭影秋被押回牢房后，至夜深人静时，头脑逐渐清醒，他突然醒悟到自己可能中了圈套。他彻夜不眠，写信向苏鲁豫支队队长彭明治申诉，声明昨晚自己的口供有错误，他过去在郭子化领导下做的是革命工作，郭子化从未向他讲过"托派"的事情，自己参加的是共产党，即使郭子化是"托派"，也与自己无关。而他于昏迷中根据白子明拿的"电报"，承认自己是"托派"是极其严重的错误，应予推翻。但这封信又落到白子明等人手中。随即，他们又将郭影秋提出来审讯，还在他面前把一个推翻"托派"口供的干部活活打死，并含沙射影地说："郭影秋你是不是想翻案，下午再审讯你，如再翻案，就是这样的下场！"

就在那天下午，郭影秋果然又被拉了出来，他怀着悲怆的心情，准备最后被处决。当他被带到一座四合院时，看到坐在桌旁要审讯自己的并不是"二王"与白子明，他有些莫名其妙。坐在桌旁为首的那个人问了他前段"肃托"的有关情况后，突然针对所谓"山东分局来电"说："这完全是造谣捏造！"而后又说："告诉你郭影秋同志，郭子化并没有自首，山东分局也根本没有拍来那样的电报。这件事是错了，你是被冤枉了！"接着他又自我介绍说，"我是罗荣桓，这位是郭洪涛，他是张经武。我们

---

① 孔令闻：《湖西"肃托"事件初探》，《济宁史料》第2辑（内部档案）。

不是来审讯你的,而是奉党中央、毛主席的指示来解决湖西问题的。"还说:"郭子化也来了,你一会儿会见到他。"这时,郭影秋才顿时舒了口长气,犹如看到久别的亲人,激动得泪如雨下。罗荣桓又亲切地安慰他说:"郭影秋你是个好同志,八路军正规部队到来之前,你就在湖西打游击。我们是了解你的,你好好休息养伤,准备继续为党工作。"郭影秋和一大批正被关押审讯的同志得救了,湖西地区连续几个月来的腥风血雨终于被驱散了。

原来,湖西地区"肃托"的有关情况,已通过各种渠道反映到一一五师和中共山东分局。当时,罗荣桓是一一五师师长,郭洪涛是中共山东分局书记,张经武是八路军山东纵队司令员,郭子化是山东分局统战部部长。他们闻悉湖西"肃托"事态后,决定来制止事态的进一步发展,因此日夜兼程,飞奔而至。罗荣桓等到湖西后,斥责了"二王"一伙乱捕乱杀的非法行径,明确宣布释放一切被冤枉的同志,恢复他们的工作,改组苏鲁豫区党委,鉴于各种原因,白子明仍暂任书记,郭影秋与郝中士任常委,撤销王宏鸣现职,调回一一五师师部,将王须仁押回一一五师师部,进行审查。王须仁自知罪孽深重,在押解途中畏罪自杀。王宏鸣后来也原形毕露,叛变投敌,当了汉奸郝鹏举的团长。①

罗荣桓在湖西处于危急关头,采取果断措施,从根本上扭转了该区岌岌可危的局面。他当时公务繁重,不可能在湖西停留较长时间,曾指定专人负责处理"肃托"的善后问题,但有关人员却未能完成重托,致使湖西"肃托"事件中的遗留问题,长期未能妥善解决。

对于湖西"肃托"的善后处理问题,郭影秋曾以坚强的党性,多次向中共山东分局和中共中央实事求是地反映自己的意见。直到新中国成立后,他还曾两次书面报告中共中央组织部。对此,中央下达文件重申:中央对湖西"肃托"这件事,已多次做过决定和指示,在政治上早已解决了。所有在这次"肃托"中被冤枉的同志,他们本身都没有错误,以后运动中不要再查这件事了。不料"文化大革命"中,造反派又把湖西"肃托"的事端了出来,把问题搅得很复杂。这种情况迫使郭影秋再一次严肃地对待这一问题。他认为湖西"肃托"不是扩大化的问题,而是根

---

① 《中共湖西地委关于锄奸事件善后再次的检讨和处理》(1945年12月)(内部档案)。

本错了。因此，他于"文化大革命"后期，在身患重病的情况下，组织了一些同志，调查和研究了有关材料，然后写报告给中共山东省委并转中共中央。1983年12月，中共中央转发了中共山东省委的报告，明确指出，湖西"肃托"是一起重大的冤假错案，不是扩大化错误，应予彻底平反；湖西"肃托"中定的"托派"，是毫无根据、完全错误的，应予平反昭雪，对湖西"肃托"中被错杀，以及错误处理和受到株连的人，凡未彻底平反者，一律予以彻底纠正，他们的档案中有关"肃托"的材料，统统由组织部门清理、销毁。[①]

湖西"肃托"事件的彻底平反，既说明了中国共产党坚持实事求是的思想路线，也反映了郭影秋坚持真理的思想品德。

六

湖西"肃托"后，从1940年至1943年，是抗日战争的相持阶段，也是抗日根据地最艰苦的时期。这时，日伪加紧了对抗日根据地的封锁和扫荡，冀鲁豫地区又连续几年发生旱灾。郭影秋不计较在"肃托"中遭受的冤枉，依然置身湖西地区，忘我地工作。1940年，他被选为湖西地区参议长。1942年，在反击日寇的"万人大扫荡"中，湖西地区专员李贞乾牺牲，郭影秋又被任命为湖西专员。在湖西地区三年困难时期，他与当地军民同甘共苦，不搞任何特殊。当时，物质生活极为清苦，吃的是谷糠、树皮和野菜。战士每天只能供给四两带皮的谷子和三钱油、二钱盐。郭影秋在专署机关与一般干部一起吃食堂。在行军转移或到基层工作，都与军民同吃同住。组织上为了照顾他，冬天发一件皮衣，他从来不领不穿。由于夜间办公，领导干部每晚可分给两斤干柴烤火，他从来不领不烧。行军时，他可以骑马，也从来不骑，都是把马让给病员，或驮载公物。在长期的革命斗争中，郭影秋深深体会到，作为共产党的一名领导干部，一定要与群众同甘共苦，只有这样才能密切联系群众。他认为，这不仅是思想作风、生活作风问题，而且是一个人世界观的反映。反之，如果

---

① 中共中央组织部转发山东省委《关于对湖西"肃托"事件遗留问题处理意见的报告》，《党史通讯》1984年第2期。

一个领导干部，高高在上，自视特殊，就一定会脱离群众，甚至走到人民的对立面，被人民唾弃；在湖西三年困难时期，他一直这样鞭策自己，始终以身作则。他在与军民同甘共苦的同时，又坚决贯彻执行党中央和上级组织的指示，坚持抗日战争，开展坑道战、地道战，进行生产自救，多次粉碎日伪的"扫荡"。为了鼓舞军民的抗日斗志，进行爱国抗日宣传，他还利用夜晚和业余时间，编写了历史剧《陈胜吴广》《岳飞之死》《黄天荡》等剧本，在湖西根据地广为演出。经过一系列工作，终于克服了连续几年的困难，使湖西根据地的形势好转。随着国际上反法西斯战争形势的变化，从1944年开始，各抗日民主根据地开始了局部反攻，到1945年形势完全扭转过来了。不久，日本侵略者终于宣布投降。

经过八年浴血奋战的中国人民，在抗日战争胜利后，迫切要求和平，坚决反对内战。国民党当局却执意要发动内战，他们一方面进行和平谈判，另一方面又调兵遣将，向解放区发动进攻。在遭到解放军反击的情况下，又由美国出面进行所谓的军事调停，除在北平设立了军事调停执行部外，各地都成立了军事调处小组。郭影秋作为冀鲁豫区的组长，参加了在徐州地区的军事调停谈判。所谓调停谈判，在美国与国民党方面，不过是以谈判为名，拖延时间。因此，双方坐在一起，常常是无法达成共识，丝毫也解决不了什么问题。郭影秋指派一名参谋接替谈判，他则回到湖西地区。这时，原中共湖西地委书记潘复生调往冀鲁豫区，由郝中士接任地委书记，郭影秋任副书记，同时任军分区司令兼政委。1946年6月，郭影秋调任中共济宁市委书记。

不久，蒋介石悍然发动内战进攻解放区，并于1946年9月15日，遣派两个团的兵力，配合飞机大炮，向济宁进犯。郭影秋率全城军民进行了艰苦的济宁保卫战。战斗从拂晓一直打到傍晚，因寡不敌众，被迫撤出济宁城。

济宁失守前后，整个湖西地区也逐渐全部被国民党侵占。1946年12月初，冀鲁豫军区司令员王秉璋与政委张玺找郭影秋谈话，希望他带兵重返湖西。不久，郭影秋被任命为中共湖西区地委书记、军分区司令员兼政委。当时，国民党在湖西驻扎了27个整编旅，所有城乡都驻有国民党部队，冀图通过几次大仗把国民党打出湖西是不可能的。只有靠发动群众，取得立足点，然后采取游击战的形式，才能逐步消灭敌人的有生力量，扩大解放区的地盘。郭影秋率领军队、地委机关和各县机关的干部和民兵，一边打，一边往敌占区插入，在当地群众的配合下，逐步占领了一些阵地。在开展游击战争的同时，他们又按照中央的指示深入发动群众，进行土地改革。分得土地的农民群众踊跃报名参军，人民武装力量迅速壮大，很快又收复了湖西，并站稳了脚跟。

1947年6月、7月以后，全国的解放战争开始由防御转入进攻。刘伯承、邓小平率领的晋冀鲁豫野战军于1947年6月底强渡黄河，随即又千里跃进大别山。这时陈士榘、唐亮带着三四个纵队近10万人，来到湖西地区及鲁西南一带牵制敌人，配合刘、邓大军向大别山挺进。这十来万人在湖西地区活动，得到地方党组织和人民群众的大力支持。郭影秋领导的中共湖西地委，组织了庞大的后勤班子，筹粮筹饷，积极支援野战部队，与陈士榘、唐亮及其部队，相互配合，十分默契。

1948年年初，晋冀鲁豫中央局召开整风与土改工作会议后，中共冀鲁豫区党委重新进行了改组，郭影秋由湖西地委调往区党委任敌工部长兼军区政治部主任。同年下半年，解放战争发展迅猛，至9月底冀鲁豫区全境已基本解放。1949年2月，晋冀鲁豫中央局来电："郭影秋的工作由刘邓首长安排。"旋即又接到正式通知，郭影秋被调任第二野战军第十八军政治部主任。十八军军长是张国华，政委是谭冠三，从此他又离开地方转入人民解放军野战部队。

郭影秋到十八军后，随即南下。1949年3月至阜阳，4月初又抵桐城。当时二野政委邓小平与政治部主任张际春等领导人都在桐城，在这里召开了二野团以上干部会议。邓小平在会上传达了党的七届二中全会决议，报告了渡江的意义，部署了渡江作战命令。4月20日子夜，毛主席、朱总司令下达进军令，百万雄师，横渡长江。十八军也于4月22日，从中路的枞阳仅40分钟即突破了长江天险。

渡江之后，郭影秋随军转战于苏、浙、赣、湘、黔各地。1949年秋，二、四野战军会师于湘黔边界的芷江。在这里，十八军接到上级指示，要准备接管川南。1949年11月，国民党第四十兵团约一个军的兵力在兵团副司令郭汝怀率领下起义。郭影秋奉命带人前往川南宜宾，准备迎接我军大部队的到来。不久，李大章、彭涛、张国华等也带领川南行署和党委的大批干部及军队到了川南。

七

新中国成立后，党的战略方针由武装夺取政权转入政权建设和经济建设，郭影秋也由野战军转入地方党政部门工作。当时，四川分为川南、川北、川东、川西四个区。几个区的主要负责人分别是胡耀邦、李井泉、谢富治和李大章。李大章在川南地区任党委书记兼行署主任，彭涛是第二书记，郭影秋任行署副主任，主管行署的日常工作。1952年8月中央人民政府决定，撤销川南、川东、川西、川北四个行署，成立四川省人民政府。原来四个区党委和行署的干部进行了调整，郭影秋被调到了云南。

1952年秋，郭影秋到云南担任省政府副主席，半年之后，又被选为省长及省委书记处书记，直到调离云南之前，一直担任此职。[①]

云南是我国少数民族聚集的省份之一，全省有彝、白、傣、哈尼、壮、佤、回、纳西、景颇、瑶、藏、布朗、蒙古、独龙、崩龙、基诺等数十个少数民族。少数民族人口几乎占全省人口的1/3。郭影秋在云南工作期间，大部分时间和精力都用在边境少数民族地区的发展和建设方面。他向西到过红河哈尼族、彝族聚居区，东南到过文山壮族、苗族聚居区，东北到过昭通高寒地带，往南到过西双版纳傣族自治州，西南到过德宏傣族、景颇族自治州。他具体抓了德宏傣族、景颇族自治州的建立工作，排解了这两个民族间的历史纠纷。在西双版纳，郭影秋取得中央卫生部的支持，从北京请来医疗工作队，帮助当地防治瘴气——恶性疟疾，效果很好。滇东北昭通一带是高寒地区，那里村落孤单，交通阻塞，人民生活水平和文化程度都很低。郭影秋到该地调查后，向省委建议：对高寒地区要少征粮食，多给这些地区以补助，工农业产品的交换价格要合理，应提高虎皮、豹皮、穿山甲等山货的收购价格。省委基本上采纳了这些意见，大大有利于改善和提高少数民族的生活水平，有利于山区的开发和建设。另外，他在云南工作期间，领导修建了清平公路和昆缅公路。他于1954年4月参加昆缅公路通车典礼时，曾写了如下诗句："微月喜看天下先，云

[①] 郭影秋：《我的自传》（内部档案）。

南驿上走年年。晓风入鬓欺华发，宿雨漫山发杜鹃。"①

1956年8月，郭影秋到北京参加党的八大，会后到中央党校学习。由于郭影秋参加革命前从事教育工作，对教育事业很有感情，在党校学习期间，他曾向中央请求到教育部门工作。1957年6月，中共中央组织部部长安子文找他谈话，转达了党中央的意见，决定调他到南京大学担任校长兼党委书记。1957年8月，他告别了滇池和云南各族父老乡亲，转入了教育战线。

八

1957年秋季，郭影秋到南京大学任职。后来，周总理曾对云南籍辛亥革命老人李根源说："你们贵省省长郭影秋，不愿当省长，自告奋勇到大学去。"这诙谐的话语，反映了周总理对郭影秋主动到教育部门工作的赞许。郭影秋到南京大学后的工作实践证明，他不仅是一位优秀的党政领导干部，同时也是一位懂教育、会办学的教育家。

郭影秋初到南大时，反右派斗争正处于高潮，"大跃进"的浪潮即将来临，在这样的历史条件下，他不得不花相当的精力去抓政治运动。但在可能范围内，他尽可能设法不影响学校的教学和科研工作。他广泛接触教师，或登门拜访，或开座谈会，并深入课堂宿舍，向学生了解对教学工作的要求。当"大跃进"进入高潮时，政治活动多，生产劳动多，各部门动辄都要学校停课。郭影秋认为学校总还得上课，为了保证教学，在他主持下，学校规定了教学、科研、生产劳动各占多少时间，不得互相侵占。这样，保证了教学工作的正常进行。1961年年初，中共中央提出"调整、巩固、充实、提高"的方针后，郭影秋根据当时高校的实际，及时在南大提出"教学是压倒一切的中心任务"，要"坐下来，钻进去，认真读书"，逐步使南大师生从频繁的政治运动和生产劳动转向认真教学和读书，使教学和科研成为学校的中心工作。为了提高教学质量，他还对学校工作规定了一些具体措施，如每学期都要进行教学检查；加强教学的薄弱环节，提倡有经验的教师上教学第一线，抓好学生的基础理论、基本知识

---

① 郭影秋：《郭影秋诗选》，第35页。

和基本技能的"三基"训练等。这对稳定教师情绪,克服"左"的倾向,恢复正常教学秩序和提高教学质量,都起到了一定的保证和推动作用。

郭影秋十分重视学校的科研工作。他把教学和科研作为办好学校的两个中心环节来抓,利用南大师资力量基础雄厚,学科齐全的特点,采取多学科合作,狠抓尖端,保证重点,大力攻关。郭影秋还拟定了南大贯彻"双百"方针的"十二条意见",进一步明确了全校各学科科研方向,调动了各方面的积极性,促进了科研工作的发展和提高,使南大的科学研究形成了自己的特点和风格。他还把每年的校庆日——5月20日,规定为学校的学术活动节。作为一校之长,郭影秋不仅号召教师刻苦钻研业务,著书立说,而且自己身体力行。他虽身兼数职,仍孜孜不倦地读书,从事教学和研究,给全校师生讲政治理论课,给历史系学生指导论文,还广泛搜集资料,完成了史学专著——《李定国纪年》。这些做法都激励了广大教师更加努力地搞好教学和科研工作。

郭影秋在南大任职期间,学校有较快、较大的发展,学生人数逐年增加,他来校时全校学生有4000多人,离校时已达6000多人。学科建设也有相当发展,陆续建立了一批新的专业,至1961年全校已有33个专业。教师队伍不断扩大,人才迅速成长,逐步成为国内外著名的综合大学。郭影秋也在从事教育工作的实践中成为一位深孚众望的大学校长。[①]

1963年年初,周恩来总理拟调郭影秋到国务院做副秘书长。恰在此时,中国人民大学校长吴玉章急请周总理给他派一位得力助手,以改变学校当时的工作局面。中央经慎重研究后,决定改派郭影秋到中国人民大学,协助吴玉章主持学校的全面工作。当年5月,郭影秋只身来到中国人民大学。

中国人民大学是在老解放区革命大学基础上建立和发展起来的,是新中国成立后中央直接创办的一所新型的综合性社会科学大学。建校后在培养政治理论师资和经济管理干部,宣传马克思主义理论方面做了大量工作,取得很大成绩。但是一段时期内,学校的领导工作出现了一些错误,特别是1959年的"反右倾"和1960年的"反修教学检查",使学校的校

[①] 参见潘忠哲、鲍仁娟《郭影秋校长在南京大学》,载郭影秋《往事漫忆》,中国人民大学出版社1986年版,第195—208页。

系领导与教学骨干受批判的有近百人之多，一些同志还被扣上"右倾机会主义""修正主义"的帽子，干部教师的积极性受到挫伤，学校的工作处于停滞状态，郭影秋正是在这种情况下来到中国人民大学的。

郭影秋坚持党的密切联系群众，深入调查研究的优良作风，广泛地同教职员工交谈。在掌握了学校的基本情况后，他有针对性地提出要办好人民大学，首要的是统一思想，增强团结，坚持党的民主集中制原则，恢复和发扬党的优良作风，以便全面贯彻党的教育方针。在他主持召开的全校第七次党的代表大会上，调整了学校机构和领导班子，为中国人民大学的发展奠定了思想基础和组织基础。

郭影秋十分清楚学校的中心任务是教学。他在开学典礼上，明确指出："学校的中心工作是继续贯彻党和政府关于高等教育的方针政策，把一切工作都转移到以教学为中心的轨道上来，进一步提高教学质量。"他亲自兼任教务主任，制定了贯彻以教学为中心的各项措施，要求各系各专业都根据学校的发展方向，制订和修改教学计划。他尊重和爱护老、中、青知识分子，关心学生的全面发展，重视政工、后勤工作，充分调动学校各部门的积极性。从1963年至1966年"文化大革命"之前，短短的三年内，便使中国人民大学改变了面貌，呈现出蓬勃的生机。全校师生员工交口称赞"影秋同志是德才兼备的好校长"，"不愧是知识分子的良师益友"①。

九

1966年5月，中共中央任命郭影秋为中共北京市委书记处书记，主管文教工作。6月13日，他代表华北局去上海参加"中央文革领导小组"会议。会议期间，康生竭力拉拢郭影秋，郭当面予以拒绝。从此，康生便视他为眼中钉、肉中刺，伺机进行打击陷害。7月27日深夜，康生在北京师范大学的群众大会上，信口雌黄地诬称"郭影秋知道'二月兵变'"。在康生的煽动下，第二天中国人民大学的部分师生，到北京市委要求揪斗

---

① 参见张增连、黄达强等《郭影秋同志在中国人民大学》，载郭影秋《往事漫忆》，中国人民大学出版社1986年版，第209—226页。

郭影秋。郭影秋星夜被揪回学校，押上批斗台，戴上高帽子，低头弯腰四个多小时。

7月29日，郭影秋的中共北京市委书记职务被宣布撤销。

由于中国人民大学历史形成的原因，"文化大革命"中郭影秋成为学校内部争论的焦点人物之一。邓小平、陶铸曾分别在全校大会上发表了保护性的讲话。邓小平说："对郭影秋同志我们还是比较了解的，他抗日战争中的表现是好的，解放战争中的表现也是好的。到中国人民大学后的情况怎么样，我不很了解。但是，大家可以和他的前任领导比较一下，是否有进步有变化呢？"这些讲话不仅未能改变郭影秋的危难处境，反而加重了他的"罪行"而使他横遭迫害。吴玉章校长对郭影秋十分关怀和爱护，虽年事高迈，身体不好，仍拄着拐杖到校告诫师生："影秋同志不是反革命，是党的好干部。"吴老还到医院慰问被批斗后患病住院治疗的郭影秋，当郭向吴老汇报了他到中国人民大学后几年来的工作情况时，老人家边听边落泪，最后语重心长地说："你用心很苦呀！"吴老这句肺腑之言，成了他同影秋的最后诀别之词。1966年年末，敬爱的吴老不幸病逝，被打成"黑帮"的郭影秋竟被剥夺了向吴老遗体告别的资格。

郭影秋自从被揪回学校后，关押、批斗、毒打、审讯，受尽种种野蛮的迫害，各种莫须有的罪名铺天盖地而来。特别是1967年3月3日，戚本禹到中国人民大学宣布郭影秋是中国人民大学的第二号"敌人"。从此郭影秋的处境更加悲惨，严密关押，轮番批斗，随意侮辱殴打，一日三餐不得温饱，有病不能及时治疗。精神上的折磨，肉体上的摧残，使他本来很健康的身躯垮了下来，终于小病酿成大灾，他不得不截去左下肢，造成终生残疾。即便是在这样的处境中，郭影秋对党、对未来仍抱有坚定的信念。他坚信笼罩大地的乌云终归会被驱散，如同其诗句所说："风狂天地暗，早晚见阳光。"[①] 在整个十年动乱中，他是那样沉着坚定，不赶风头，不讲假话，严于律己，实事求是，再一次经受了特殊环境中严峻的考验。

1976年10月，粉碎"四人帮"的喜讯传来，郭影秋万分喜悦，他多次向中央请求恢复中国人民大学。在邓小平的直接关怀下，1978年4月，党中央责成成仿吾、郭影秋负责中国人民大学的复校筹备工作。7月7日

[①] 郭影秋：《郭影秋诗选》，第103页。

中央批转下达了国务院关于恢复中国人民大学的文件，从而使停办八年之久的中国人民大学正式恢复。在百废待兴，困难重重的情况下，郭影秋为重建中国人民大学而日夜操劳，协助成仿吾，以残病之躯，架扶双拐，处理复校后的各种工作。他清醒地意识到，自己的时间已经不多了，应在有限的时间内，再拼命为党多做点工作。1978年7月26日，在复校大会上，他勉励全校师生员工："时间是宝贵的，我们从现在起到本世纪末的时间大约是七亿秒，七亿秒是一个很长很长的天文数字。如果我们能一秒一秒地思考问题，一秒一秒地处理工作，一秒一秒地培养青年，一秒一秒地锻炼身体，就是说争分夺秒地大干快上，我们会在一年，三年，八年，十二年之内，飞跃前进，大出成果，大出人才。"他是这样说的，也是这样做的。他不顾体弱多病，主持各种会议，到课堂听课，到伙房调查，即使在病情加重、卧病在床时，依然关怀和指导学校的工作。直到他病情危重，脱离学校的领导工作后，当人们探视他的病情时，他依然仔细地询问和倾听学校各单位的情况，鼓励大家在新校长领导下，群策群力，努力工作，把中国人民大学办得更好。

1985年10月29日，郭影秋与世长辞。他生前曾两次嘱咐：丧事从简，不开追悼会，不举行遗体告别仪式，遗体交医院作科学研究用，《郭影秋诗选》的稿费作为最后一次党费上交。

郭影秋的一位学生和战友，在献给他的一副挽联中写道："一身正气，两袖清风，马列灵前应无憾；三寸丹心，百磨筋骨，众人眼底自成碑。"这副挽联的确是郭影秋一生革命业绩和高尚情操的真实写照。

（原载胡华主编《中共党史人物传》第48卷，陕西人民出版社1991年版）

缅怀郭影秋校长对我的教诲和影响

在纪念中国共产党建党 80 周年的喜庆时刻，回顾近一个世纪以来，我们党在三代中央领导集体领导下，为中国革命和建设取得的丰功伟绩，同时联想到个人在党组织和许多革命前辈培养教育下成长发展的经历，我情不自禁地思潮起伏，感慨万端。我想我们党之所以能如星火燎原，从无到有，由小到大，既要归功于三代中央领导集体的正确领导，也是无数革命先烈和亿万革命群众，前仆后继，流血奋斗的结果。聚集在党旗下的数千万共产党员，在不同的历史时期走上革命和建设的道路各有不同特点，有的是在风雨如晦的旧中国，为推翻压在中国人民头上的三座大山，或在白色恐怖下，从事地下秘密工作，经历过狱中斗争的严峻考验；有的是投入武装斗争，参加抗日战争、解放战争，在枪林弹雨中，抛头颅，洒热血，他们当中不少人或牺牲在敌人的牢房里和屠刀下，或战死沙场，含笑九泉；也有不少老一辈共产党人，经过九死一生，在中国革命和建设的各条战线上，肩负重任，带领亿万群众，继续为建设美好的新中国而呕心沥血，鞠躬尽瘁。对于这些革命先烈、革命前辈，我们作为后辈人，对他们无限崇敬和爱戴。今天，包括我在内的 6400 多万共产党员，则大多都是在和平建设的年代中成长起来的。我们这些沐浴着五星红旗的雨露阳光加入到党的行列中的新党员，在回顾个人的成长经历时，大都是通过各种渠道，受到了老一代共产党人高风亮节的熏陶和影响，从而使自己逐步树立了共产主义的人生观和世界观。回忆我个人的成长经历，我深深感到对我此生教育最深、影响最大的，莫过于我的母校——中国人民大学的老校长、著名的共产党人郭影秋同志。郭校长在世时，我作为一个年轻的教师，普通的共产党员，和他有较多的直接接触。在我加入党组织时，他曾亲笔写来过贺信；他作为明清史专家曾勉励和指导我研究清史，献身清史研究事业；在他晚年久卧病榻时，一段时间内我有幸与之朝夕相处，协助其整理出版了回忆录——《往事漫忆》。1985年，当郭校长不幸病逝时，我悲痛难抑，曾在中国人民大学校报的一篇悼念文章中说："在人生历程中，特别是在历史转折关头，当你徘徊不前，茫无所措之际，往往由于一位良师的循循善诱，使你犹如柳暗花明又一村，豁然开朗。由此，甚至影响你一生的道路和方向。我们的好校长——郭影秋同志，就是我人生道路上这样的尊师。"影秋同志来中国人民大学工作之前，曾任南京大学党委书记、校长之职，为南京大学建设和发展做出了卓越贡献。明年（2002）是南京大学建校一百周年，为缅怀影秋同志的光辉一生，南大决定编辑出版《郭影秋纪念文集》，并邀请我担任编委，委托我在北京组织中国人民大学的师生及其在京的战友和同事，撰写纪念文章。许多老共产党人、老教授，以及当年受过郭校长教诲的学生，都怀着敬仰之情，接受约稿，写了纪念文字。其中全国人大常委会原副委员长彭冲同志还欣然为《郭影秋纪念文集》撰写了序言，对影秋同志高度评价。教育部原副部长高沂同志还以《我心目中的完人》为题，表达了他对影秋同志的敬仰。有的同志写下纪念挽联："一身正气，两袖清风，马列灵前应无憾；三寸丹心，百磨筋骨，众人眼底自成碑。"可见，影秋同志在人们心目中的形象是多么高大。所有这些，都使我对影秋同志的尊敬之情，随着时间的推移，更加与日弥增。而今，又欣逢我们党建党80周年大庆，我饮水思源，想就影秋同志——这位1935年入党的忠诚的共产主义战士，对我的教诲和影响，做点滴回忆，以表达对党组织及这位老共产党人的爱戴之情。

一　一位辞掉省长甘愿当校长的共产党人

据我了解，郭影秋同志出身于贫苦的农民家庭，曾在老师和亲友的周济下，就读于无锡国专和江苏教育学院。在学校学习期间，他就投身于革命学生运动。1935年加入党组织后，他以中学教师身份做掩护，从事过党的秘密工作，是时，曾被国民党反动派逮捕入狱，经历过狱中斗争的严峻考验。抗日战争爆发后，他又投笔从戎，深入敌后，开展游击战争，活动于微山湖周围，开辟和创建了湖西抗日革命根据地。而后在冀鲁豫区及晋冀鲁豫大区工作。解放战争后期，他又随刘伯承、邓小平领导的二野大军渡江南下，为解放全中国屡建功勋。新中国成立后，他曾担任过川南行署副主任，后又调任云南省省长兼省委书记处书记，为恢复天府之国和云南的经济、文化建设做出重要贡献。1957年后，为发展社会主义教育事业，他又主动报告党中央，辞去云南省省长之职，到南京大学担任党委书记兼校长。短短几年，他即把南京大学治理得有条有理，教学与科研质量都有显著提高，很快跨入全国重点高等学校行列，影秋同志也随之成为一位深孚众望的大学校长。周总理曾十分赞赏地对云南省籍的辛亥革命老人李根源先生说："你们贵省的省长郭影秋，不愿当省长，自愿到大学当校长。"

我1956年考入中国人民大学历史系，1960年毕业后留校在哲学系任教。1963年郭影秋同志调到中国人民大学任党委书记兼副校长，协助吴玉章校长主持学校的全面工作。我当时只是一个刚刚留校不久的青年教师，与影秋同志还很少有个人接触，对学校的情况也了解不多，但从一些直观的感觉中，感到学校矛盾重重，问题较多。在我毕业前夕的1959年反右倾机会主义运动中，中国人民大学就有一位副校长因被诬陷为"右倾机会主义分子"而含恨自杀。还有几位校级领导，也被戴上右倾机会主义分子的帽子。1960年，我刚刚参加教学工作，学校就开展了"反修教学检查"，也亲眼看到一些很有成就的老教师被指责为有修正主义观点而遭受批判和检查。及至20世纪60年代初，许多矛盾都暴露了出来，不团结现象甚是严重，各项工作都处于徘徊不前的局面。为此，吴老希望中央能给他派一位得力助手，以扭转学校工作落后的局面。影秋同志正是受命于这样的危难之际。正因如此，全校师生对他的到来，自然是翘首以待，抱有很高的期望。

1963年9月1日在人们的期待中迎来了开学典礼，当吴玉章校长讲话时，着重介绍了新来的郭校长，我聚精会神地听吴老说："我们人民大学需要一位有能力的领导来主持日常工作。我于是找周总理要人。总理告诉我，他手中有四个人可以任我选择。当我选择了影秋同志时，总理称赞我有眼力，还说他原准备调影秋同志担任国务院副秘书长的。"听了吴老这番话，在场的师生无不惊讶，顿时，都迅速把目光集中到这位新校长身上，只见他衣着整洁，温文儒雅，气宇轩昂，彬彬有礼。他在开学典礼上所做的工作报告，更是有的放矢，深得人心。他针对"大跃进"以来，各种政治运动对学校正常秩序的冲击，有理有据地指出："全校要树立教学与科研为中心的观念，迅速转到以提高教学科研质量，恢复正常教学秩序的轨道上来。要尊重知识，爱护人才，以老带新，加强对青年教师的培养。"整个报告，条理清晰，逻辑严密，文采飞扬，使人感到这位新校长，既热爱教育，又懂得教学规律。周总理称赞吴老有眼力选择郭影秋做他的助手，从这里也得到印证。此后，我又从校报和一些老教师那里得知，郭校长虚怀若谷，礼贤下士，到校后曾逐户地访问学校的老教授，虚心听取他们对办学的意见。我也参加过他召开的青年教师座谈会，他和蔼可亲地向与会者问长问短，了解我们工作和学习中的困难和要求，并语重心长地向我们提出勉励和期望，使大家受到激励和鼓舞，增强了信心和力量。我还注意到，那个时期，他的身影不时出现在课堂中、操场上与伙房里，深入到学校的各个部门进行调查研究。他还重点到矛盾突出的单位，逐一进行对话，找出形成矛盾的症结，鼓励大家，"要团结一致向前看"。

在影秋同志以身作则，严于律己，廉洁奉公，辛勤忘我的工作下，全校的教学、科研与行政后勤工作，很快都有大的推进和提高。到"文化大革命"前，整个学校的面目已焕然一新。影秋同志也很快赢得全校师生员工的尊敬与爱戴。

然而，当十年动乱的腥风血雨席卷而来时，康生、"四人帮"一伙，先是对郭影秋拉拢引诱，目的不成后又打击陷害，点名郭影秋是"敌人"，是"刘、邓路线上的"人，甚至诬陷他参加了"二月兵变"。致使一些不明真相的群众，也受极左思潮影响，对郭影秋一次次地进行批判斗争，还说他是"彻头彻尾的反革命修正主义分子"，乃至诽谤他是"叛徒""托派""假党员"。我凭着直观感觉和理性思考，在自己的心目中，一直认为他是好党员、好领导。同时，为了弄清事实真相，我还利用"大串联"的机会，到他的家乡——江苏铜山，以及他曾经战斗和工作过的徐州、湖西一带和南京大学，进行了长达几个月的调查。搜集到的大量材料，都证明他是好党员、好干部。在当时社会上掀起的反击"二月逆流"，批判"资产阶级反动路线"的声浪中，我也被扣上"铁杆保郭派"的罪名。但我却对此并不在意，且对影秋同志的爱戴之情与日俱增。

二 在我茫茫然时,他给我拨正了前进的方向

1969年,在"文化大革命"后期"斗批改"的过程中,中国人民大学的绝大部分教职工,都怀着沉重的心情,被下放到江西余江县"五七"干校。那时,由于极左路线对知识分子的迫害打击,包括我这样在新中国成立后成长起来的青年知识分子,都有心灰意冷之感。有的同志在去干校之前,竟全部以废纸的价格卖掉多年积累下来的书籍、材料,甚至扔掉文房四宝,决心不与书本打交道,要与教学研究绝缘:何必劳心费神,落得个"知识越多越反动"的可悲下场呢!在这样的思想支配下,他们到了干校,除参与组织要求的"天天读"外,终日不是劳动,就是聊天、吃饭、睡觉。我总感到这样的生活不是滋味,浑身的力气使不到正处,茫茫然,不知道脚下的路到底应如何走?记得是1970年春节,我利用从干校回京探亲之际,约了同在干校劳动、回京探亲的郑杭生(注:曾任中国人民大学副校长),一起去看望影秋同志,想向他倾吐心中的烦恼。同时,也想让他指点迷津,拨开我们心中的迷雾。

当时,影秋同志因受极左路线的迫害,重病在身,在家调养,但依然亲切地接待了我们。他耐心地听取了我们的思想汇报,还详细询问了我们在干校的生活、劳动、学习的具体安排。我们也就无拘无束地向他倾吐了心底之言。尔后,他语重心长地勉励我们说:"一个青年人,一个革命者,既要能在顺境中成长,也要能在逆境中迂回前进,要经得起任何风浪的磨炼与考验。你们是解放后党培养起来的一代青年知识分子,要有前进的信心,不能有自卑和灰心的心理,一定要认真学习马列主义理论和毛泽东思想,用之武装自己的头脑,奠定坚实牢固的思想理论基础。要好好利用在干校劳动锻炼这段宝贵的时光,克服困难,尽可能多读点书,掌握丰富的基本知识。你们年轻,来日方长,总会有机会发挥应有的作用。"接着,他还以沉重的心情告诉我们:"中央已决定撤销人民大学,看来这已是无可挽回的了。你们再回干校后,在劳动之余,一定要抓紧时间,认真读书,好好学习。同时,在认真思考的基础上,要写点有分量的文章,以使中央、社会上看到人民大学这支力量,这支队伍不可低估。"他又十分诚恳地说,干校的环境固然艰苦,但要付出双倍的精力,总会收到成效

的。听了影秋同志这些亲切而中肯的教诲,我们如同迷路的旅人,被拨正了前进方向。当谈话结束临别时,他不顾我们再三拦阻,执意挪动他那肿痛的双腿,步履艰难地一直将我俩送至大门口,用满含深情而期望的目光,看着我们远去。

影秋同志这种诲人不倦,平易近人,待人以诚的长者风度和高尚品德,实感人至深。当我再返回干校之后,耳际总是萦绕着他那些教诲的话语,"抓紧时间,认真读书"。即便是经过一天紧张而繁重的体力劳动之后,我也总是忍受着腰酸臂痛之累,不顾嗡嗡吮血的蚊叮之苦,在床头蚊帐的竹竿上挂一盏煤油灯,再挑灯夜战,如饥似渴地刻苦攻读各种书籍。诸如《马恩选集》《鲁迅全集》及各种中外思想史名著,我都是在那极艰苦的条件下阅读的。现在回忆起来,正是影秋同志的教诲,才给了我无穷的勇气和力量,能够在逆境中不气馁、不彷徨,信念坚定,认真读书,思考问题,增长知识和才干。那时,我也常常一边读书,一边回味前代处于困境中的古人,如文王拘而演《周易》,左丘失明而写《春秋》,孙膑断足作《兵法》等故事,深深体会到处于逆境中的人,一旦醒悟,更能发愤图强。

三 他谆谆教导,勉励我要终生献身清史事业

我在中国人民大学读书时,本来学习的是历史学系中国革命史专业,1960年毕业后却留校分配到哲学系,从事中国哲学史的教学与研究。"文化大革命"期间中国人民大学被撤销。在此期间,由于影秋同志的努力争取,在原中国历史教研室的基础上,又从校内各系抽调有关专业人员,经上级批准,成立了清史研究小组,挂在北京师范大学,并由影秋同志亲自担任组长,直接领导该组制订研究规则,确定研究方向。也正是在这个时候,经戴逸老师推荐,我从干校回来,调入清史研究小组,担负清代学术思想史的研究任务。在此过程中,在政治思想与专业研究方面,郭校长循循善诱,给了我许多教诲和指导。

一件令我难忘的事是1976年12月,继粉碎"四人帮"之后,我终于实现了多年的心愿,加入党组织的行列。这又是我人生道路上一个新的转折和飞跃。我真没有想到,当影秋同志得知我入党的喜讯后,竟然在医

院的病榻上，给我亲笔写来贺信："欣闻你光荣加入党组织，特致祝贺。入党只是继续革命的新起点，而不是继续革命的终结。望继续努力，不断前进，做一个名副其实的好党员。"当时，我读着这位校领导、老共产党人寄来的祝贺、勉励、鞭策的贺信，情不自禁地热泪盈眶，暗自下定决心，一定要争气，决不能辜负这位可敬、可亲的革命前辈的殷切期望。

影秋同志对清史研究所以及对我个人清史业务研究的指导，更是我决定业务研究方向的精神动力。1978年，中国人民大学复办，清史研究小组也从北师大重返母校，并扩建为清史研究所。当时，影秋同志又再度出任副校长，协助老教育家成仿吾校长主持学校的工作。一天，他竟架扶着双拐（注：因被迫害致残）来到清史研究所，宣布清史所建所的新领导班子，勉励全所同志齐心协力，为早日编写出大型清史而努力奋斗。回顾清史研究所的建立和发展，影秋同志确实倾注了大量心血。因为他自身是著名的明清史专家，即便是在久病之中，仍不断阅读明清史方面的各种著作，对清史研究的历史和现状可谓了如指掌。他不仅指导研究所制订研究规划，确立研究项目，而且直接关注所里研究人员的进步和提高。他的记忆力非常惊人，他在宣布清史研究所领导成员的全所大会上，竟然能一一点出该所三十多位研究人员的名字，这也反映出他日常和群众的密切联系。

我还清楚地记得在清史研究所成立不久，他又在病房中，主动约见了我和王思治教授。他就如何进行清史研究，做了长时间的谈话和指示。其谈话要点是：①清史研究意义重大，而前人的研究成果甚少，许多领域还是未开垦的处女地，而清史的研究资料又浩如烟海，需要有坐冷板凳的精神，广为搜集阅读。因而在清史领域进行研究耕耘，大有用武之地，要有志于把清史研究作为自己毕生的事业。②清史研究所刚刚成立，一定要埋头苦干，少说多做，要有决心在几年内出一批有分量的研究成果，切忌在尚无建树的情况下就喋喋不休，以免让人笑话。③研究工作应从基础入手，基础一定要深厚扎实。为此，可先编写《清史编年》，要在搜集丰富材料的基础上整理编纂，使其既是一部学术工具书，又是一部资料书。这是项基本建设，既编书，又练人。④清史所的长远目标是编纂大型清史，为了摸清楚有清一代268年的历史过程，可以先写一个简本，这个简本可以看作是大型清史的研究提纲。影秋同志这次关于清史研究的谈话和指示，可以说是他经过深思熟虑后的想法，切中肯綮，抓住了深入开展清史研究的关键，实际上成为清史所日后开展研究所遵循的依据。此后戴逸教授主编的《简明清史》，以及集体编写的多卷本的《清史编年》就是按影秋同志的指示，经过深入研究后推出的研究成果。当时，我还不过是清史研究所最年轻的一名青年研究人员，而影秋同志竟然在病榻上，与我及王思治教授就清史研究做上述长时间的谈话，足以说明他对我的殷切期望与厚爱。

1981年，我带领清史研究所1979届的研究生到江浙一带实习考察时，曾看望了在上海治病的影秋同志，也请他给研究生以勉励和教导。虽然，他那时已久病在身，仍亲切会见了我们师生一行，并谆谆教导我们：一要有坚实的理论基础；二要有系统的专业知识；三要掌握语言工具，要学好外语和少数民族语言及汉语；四要勤写多练，提高写作研究能力。

后来，影秋同志从上海转回北京治病，又曾多次向我谈及研究清史的有关问题，诸如研究清史的意义，清史中的一些历史人物应如何评价，有关清史著作的长短得失等；有时，我也将自己发表的清史论文送他审正。尤令我终生难忘的是，直到1985年10月末，在他病危弥留之际，赶往病房看望他时，他还十分吃力而关切地询问我："你最近研究什么清史课题？"其拳拳教诲，殷切期望之情，实在是催人泪下。

回忆我在中国人民大学清史研究所，从建所时的一个最年轻的研究人员，逐步到担任研究室副主任、主任，再到副所长、所长；在业务职称上，也从一个青年助教，一步步晋升为讲师、副教授、教授。同时在清代学术思想史领域，我也撰写出版了一些论文和专著，对某些学术问题也有自己一定的见解，还多次应邀到美国、中国台湾等地进行访问和讲学。这一成长过程，应该说与戴逸等师长的指导提携密不可分，其中尤其与影秋同志的谆谆教导"要把清史研究作为自己毕生的事业"有着更为直接的关系。虽然，我于1991年调离了中国人民大学清史研究所，到中国社会科学出版社担任副总编、总编之职，尽管此后的行政与编辑业务工作比较繁忙，却一直没有中断对清代学术思想史的研究，依然忙里偷闲，利用夜晚和假日的时间，陆续写出《乾嘉汉学论纲》《二十世纪清代学术思想史研究之回顾》《清代学术文化史论》等论著，在海内外出版，也是由于影秋同志的多次教导，特别是其临终遗言给我以巨大的精神动力。

不过，我在清史研究方面所做出的努力和进步，却远远未能达到影秋同志对我的期望与要求，每念及此，便深感汗颜与内疚，实在是有负影秋同志的在天之灵。现在，我虽然已年过六旬，早已退休，但仍然在清代学术思想史领域继续耕耘，以告慰在九泉之下的影秋同志。

影秋同志对我的教诲与影响，最主要的还是在我协助他整理其回忆录——《往事漫忆》的过程中。1984年5月至7月间，经中国人民大学校党委指派，我前往上海影秋同志住院的瑞金医院，协助他整理革命回忆录。当时，影秋同志几经病危，已自感不久于人世，为总结历史经验，保存党史资料，响应党中央关于老同志要撰写回忆录的号召，决定要整理回忆录。我到上海听到他说明要求后，便每天下午到其病房中聆听他口述自己一生的经历，同时录音，而后再进行文字整理。此间，他常常是在发着高烧，打着点滴的情况下，忍着病痛的折磨，咬紧牙关，向我讲述不辍。有时，我看着他那病痛的样子，为减少其痛苦，不得不惴惴不安地说："校长，今天我们休息吧！待病情好些，再接着讲行吗？"而他却总是严肃而慈祥地对我说："俊义，我估量自己已不久于人世，要争取时间，还是继续讲吧！"就这样，往往是病痛折磨得他豆大的汗珠从额头上直往下流淌，他仍以坚强的毅力，向我讲述其一生的经历。在长达两个多月的时间里，他依次向我讲述了他苦难的童年，青年求学时代；急切寻找党组织，入党宣誓，开展秘密工作，进行狱中斗争；在第五战区李宗仁先生领导的抗日民众动员委员会从事抗日统一战线，坚持敌后游击战争；创建湖西抗日革命根据地，湖西地区的肃托事件；投身解放战争，随刘邓大军渡江南下，在川南地区的剿匪反霸与土改征粮，如何建设云南边疆，到中央党校学习；主动辞去云南省省长职务到南京大学工作；在中国人民大学工作期间，"文化大革命"初期任职北京新市委书记和参加早期的"中央文革小组"的种种内幕，和康生等阴谋家如何对他先拉拢后打击的内情……整个讲述，内容条理清晰，丰富生动。对我说来，实在是一次极度难得的学习机会。他一生的革命斗争经历，可以说是党所领导的当代革命斗争史的一个缩影。同时，我也更多地从中了解到影秋同志的理想和情操，学到了许多课堂上与书本中学不到的东西。其讲述内容形成的录音带多达五十余盘。其口述完毕后，我回到北京，先将录音带转成文字，再查阅有关历史文献，并阅读了影秋同志本人的日记与往来信件等第一手资料,直至整理成《往事漫忆》一书,由中国人民大学出版社于1986年8月出版。令人遗憾的是,影秋同志生前却未能见到回忆录成书。

1985年10月下旬,就在影秋病逝前两天的一天深夜,其长子少陵同志给我打来电话说:"我父亲已病危,很可能一两日内辞世,现正处回光返照阶段,头脑还清醒,关于其回忆录的整理,还有什么话要抓紧交待,你请到医院来吧。"我闻此凶信,即刻赶往医院探望,在其病榻前,最后一次聆听他的教诲。他以微弱的声音除询问我在研究什么清史课题外,着重对回忆录的整理做了临终交代:"对回忆录的整理,一定要实事求是,既不要溢美,也不要掩恶。"当我询问其整理完毕后,请谁代为审定时,他说:"你自己整理,自己最后定稿,必要时,可以咨询我的老战友。"我真感谢影秋同志对我的信赖。而这次榻前聆晤,也成了永诀。

在协助影秋同志整理《往事漫忆》过程中,我所受到的教诲与影响,实在是终身受益无穷。

我觉得像影秋同志这样的老一代共产党人的革命经历是我们党的宝贵财富,也是教育我们这些后辈党员的好教材,因而在纪念建党80周年之际,草撰此文。一则缅怀我敬爱的影秋同志;二则也是为了回味与牢记他对我的教诲,永远鞭策自己,以影秋同志为榜样,一生一世都要像他那样革命、读书、做人。

(原载《无怨无悔忆当年》,中国社会科学出版社编印,于2002年内部出版)

哀思无尽忆费老

4月25日清晨，我尚在似醒非醒之际，突从友人的电话通知中惊悉，向敬仰的费孝通先生于昨晚遽归道山。尽管费老已年逾九秩高寿，近一年多来又受病痛折磨久卧病榻，却总还是祈愿他能转危为安，康复健在。因而噩耗袭来，自然是悲情难抑，久久伫立哀思。费老作为社会学、人类学的一代宗师和杰出的社会活动家，晚年还兼任全国性民间学术团体——中华炎黄文化研究会的会长。他的仙逝，对我们国家，对整个社会科学界，尤其是对于中华炎黄文化研究会来说，实在是难以弥补的损失。为表达对费老的哀悼及对其家属的慰问，当日午后，我即与研究会的几位同事，赶往费老府上吊唁，一到灵堂，面对费老那和蔼睿智、殷殷微笑的遗像，回忆他对研究会工作的教诲与指导，悲痛与哀思，顿然又从心底涌起。4月29日费老的遗体在京火化，我们再趋八宝山革命公墓，给他最后送别。走进广场，看到为其送别的人群，络绎不绝，真是人头攒动，万众如潮。其中既有白发苍苍的老学者，也有稚气垂髫的莘莘学子。党和国家领导人胡锦涛、温家宝、贾庆林、曾庆红及各界、各地、各党派的显要与知名人士，也都亲自来为费老送别。这样隆重、热烈、盛大的哀悼场景，足见费老在人们心目中的形象和地位。随着悼念队伍缓缓迈入庄严肃穆的告别厅，在低回的哀乐中，走近安卧在鲜花翠柏之中、身盖着鲜红国旗的费老遗体，近距离地看到费老，他仍像往日那样慈眉善目、和蔼可亲地静躺在那里。对费老遗容的最后瞻仰，使我又情不自禁地眼含热泪，深深陷入对他的哀思。

逝者如斯，而未尝往也。从费老辞世，到参加其吊唁葬仪，直到多日后的今天，时光在流逝，然而对费老的哀思，依然绵延，时断时续，无尽无止，进而引起我对这位可敬的世纪老人的片断回忆。

我作为后生晚辈，对费老这样的大师与前辈，本知之不多。20世纪50年代中期，当我还是一个阅世不深的大学生时，他已是一位享誉海内外的知名教授，经常在报刊上读到他的文章，如《知识分子的早春天气》等。始料不及的是，他竟因言罹祸，被划为"右派"，从此声影无息，这使我从内心深处引起对他的同情。在"文化大革命"动乱中，我在中国人民大学做青年教师，与费老任职的中央民族学院，相距较近，在相互串联时，也偶尔看到他被作为"反动学术权威"遭受批斗，这在斯文扫地的当时，可谓见怪不怪。但由此可见，费老这一代知识分子，真是厄运重重，坎坷多难。直到浩劫过后，重见阳光，这时费老已近古稀之年，又再返学术舞台，为重建中国社会学，奔走于国内外学术界。随后知道的是，他又以崇高声望，被推选为中国民主同盟的领导人，并一再当选为全国政协、全国人大常务委员会的副主席、副委员长，身居国家领导人之高位。我想，费老一生虽历经磨难，却对国家和人民做出了杰出的成就与贡献，他又是共产党的诤友，给予他崇高的地位和荣誉，实理所应当。在很长一段时期内，我对费老的了解不过大致如此。

令人深感庆幸的是，费老于1998年春天辞去全国人大常委会副委员长的位置和所有公职之后，应中华炎黄文化研究会老会长萧克将军之恳请，以88岁之高龄，担任了研究会的会长。由于我亦在研究会兼职并负责会里日常学术研究工作，因此有机会与费老有较多的直接接触：或一起开会，聆听其高论与教诲；或登门拜访汇报工作；或蒙其厚爱赠赐大著，有机会更多地学习阅读他的著作，如十六卷600多万字的《费孝通文集》《费孝通诗存》等著述。几年下来，我才对费老的治学道路、学术思想及高尚的道德情操有了更多的深入了解。原来费老一生都是"脚踏实地，胸怀全局。志在富民，皓首不移"，为造福社会与人类而不惜牺牲个人的一切。

我原来想，像费老这样年高德劭，学识渊博的老人，担任研究会的会长，不过是借重他的声望，挂个虚名，以扩大研究会的影响而已。岂料，事实完全不是这样。虽然，他退位之后依然"碌碌未敢休"，仍经年累月，在全国各地南北奔走，为强国富民，为实现全民族的小康社会而实地考察，撰写著述，建言献策。但在如此繁忙的情况下，他仍用极大的心思精力，领导与关注炎黄文化研究会的工作。他担任会长之初，研究会正着手组织策划"二十一世纪中华文化世界论坛",决定于 1998 年年末,在香港召开以"中华文化与二十一世纪"为主题的国际学术研讨会,还拟在会上倡议宣告该论坛的设立。费老对此举措十分重视与支持,不顾年迈体弱,亲临香港会场,还专门为会议撰写了长篇论文——《中华文化在新世纪面临的挑战》,且精神矍铄地在会上报告了全文。该文紧扣会议主题,论述了中华文化在 21 世纪的建设与发展,提出了"文化自觉"的深刻论断,使海内外与会者深受启迪与鼓舞。此后,该论坛又分别于 2000 年、2002 年、2004 年在北京、香港、澳门举行正式研讨。每到正式会议的前一年,还要举行筹备会。无论是正式会与筹备会,费老在身体条件允许的情况下,都尽可能参加。记得为了筹备 2000 年在北京的论坛会议,我们于 1999 年在大连举行筹备会,会前费老还在南方各地进行考察,然而他却在会议召开的当天早晨赶赴大连,又不顾旅途疲劳,于当日 9 点,准时到了会场,还在会上做了《必须端正对异文化的态度》的讲演。当 2000 年北京论坛正式开幕时,他又亲自出席,并在会上做了《经济全球化和中国"三级两跳"中对文化的思考》的长篇报告,深刻论述了在当今经济全球化、政治多极化、文化多元化的国际形势下,中华文化的发展与走向。为了 2002 年在香港举办的论坛会,2001 年秋,我们在八达岭举行筹备会,费老又亲临会议,和与会者共同研究了会议的主题——《文化自觉与社会发展》,至香港会议举行时,他虽因健康原因不能与会,仍专门为会议写了论文《关于"文化自觉"的一些自白》。上面这些琐细回忆,不仅说明费老对研究会工作的重视与关注,还说明他虽然身居高位,却始终不失书生本色,正如他在自己诗中所说"老来依然一书生",反映了他对待学术事业执着、敬业、献身的高风亮节。

……

哀思绵绵,回忆无尽。费老一生的确是将"生命、劳动和乡土,结合在一起"。我想他对国家、对社会的贡献及其高尚的道德情怀,定会经得起实践的考验,不怕时间的流逝与冲刷,将永远值得后人追思与怀念!

(原载《人民政协报》2005 年 5 月 16 日)

怀念胡华老师的教诲及其党史人生

今年是著名的马克思主义历史学家、中共党史专家、教育家胡华诞辰九十周年。为了缅怀弘扬其终生从事党史教学与研究的学识风范、道德情操，至时有关部门将举办纪念会与学术研讨会。此间我还有幸收到胡师后人寄赠的《胡华诗抄》《中国新民主主义革命史》（乃2009年版，卷端冠有著名历史学家戴逸撰写的《代序》）以及《胡华生平年表》（1921—1987）。由于我曾跻身胡华老师的门墙，是其万千弟子中之一员，捧读这些宝贵的图书与资料，不仅增进了对胡华的了解，也打开了尘封多年的记忆之窗，顿时他的音容笑貌，为弟子们传道、授业、解惑的动人情景，以及其作为中国革命史与中共党史奠基人终生从事党史教学与研究的人生之路，犹如绚丽多彩的画卷，一幕一幕在我脑海深处浮动。

记忆将我拉回五十五年前的1956年，我还是一个十八九岁的青年。当时被称为"知识分子的春天"，全国上下意气风发地向科学进军。我恰恰在此时毕业于河南省开封高中，在填报高校志愿时，我报考的第一志愿就是中国人民大学历史系中国革命史专业。之所以做出这样的选择，首先是基于对党的热爱和对中国人民大学的向往，因为当时新中国刚刚诞生，领导中国革命取得胜利的中国共产党的威望崇高，在人民心目中如日中天，而中国人民大学则是党中央直接创办的新型的人文社会科学综合性大学。我从中学时代就偏科喜欢文史，又关心政治，锐意进取，阅读过不少人文历史图书，而在高三读的历史课教材，又恰恰是胡华著的《中国新民主主义革命史》，书中对"五四"运动以来新民主主义革命的精辟论述和优美简洁的文字表达，引发了我对中国革命史的兴趣和热爱。著作此书的胡华，正是中国人民大学的教授，而我听说这里还有著名的何干之教授，他们都是我和许多青年学生内心仰慕的大学者，一心向往能成为他们的学生，因而人大历史系中国革命史专业就自然成为我的首选。

说来真是有缘，当我进入中国人民大学的考场后，报考中国革命史专业的试题，又恰恰是中国的社会主义革命为什么要分两步走，为什么要先进行新民主主义革命，再过渡到社会主义革命。而胡华著的《中国新民主主义革命史》对此问题就有充分的论述。我在复习备考时早把胡华的论述背得滚瓜烂熟，因此在考场上胸有成竹，洋洋洒洒挥笔写了好几页，自我感觉良好。不久，录取名单在《河南日报》上公布，我的名字赫然在目，真是天遂人愿，当时的兴奋喜悦之情，实难以名状。

1956年秋天，我终于来到北京，跨入中国人民大学的校门。新学年开始时，也是新增设的历史系成立之际。我记得很清楚，当年8月31日，举行了历史系成立典礼和迎新大会，系里的全体师生员工都参加了。当时，中国人民大学历史系与一般高校历史系设置的传统专业学科有所不同，其系下设两个专业：一为中国革命史专业（亦即后来的党史系中共党史专业）；一为马列主义基础专业（亦即日后的国际共产主义运动史专业）。当大会宣布历史系主任是大名鼎鼎的何干之教授，中国革命史专业主任是胡华教授时，全场响起了热烈掌声，他们也都起身彬彬有礼地向大家招手致意。这是我第一次见到仰慕已久的胡华老师。在我心目中，能编著全国大、中学校通用教材的大学者，又是从延安来的老革命，起码也是一位五六十岁两鬓有霜的长者，岂知这位名满天下的教授，原来是一位三十多岁，修长魁伟，英姿勃发的中青年学者。我当时想，原来胡华是出道早，成名早。在何干之主任讲话后，当主持人请他讲话时，他满面笑容，稳步登上讲台。至今我还大致记得，他讲话的主要内容是：第一，每位选了历史学科中国革命史专业的同学都要树立牢固的专业思想，要认清时代赋予的任务，谨记自己担负的使命；第二，要明确历史学科特别是中国革命史专业是有着很强党性的学科，每位有志者一定要认真学习和掌握马克思主义的锐利武器，有较为扎实的理论基础；第三，历史学又是一门具体的学科，要学习和研究历史，一定要掌握大量材料，养成一个能独立思考、自由讨论、虚心好学的优良学风。他讲话时，不温不火，声调不高不低，语速不紧不慢，却充满坚定性和说服力，言传身教，诚恳亲切，使人大有"听君一席话，胜读十念书"之感。从此，我就投身胡师名下，成为他一名正式注册的学生。

在历史系本科就读的四年中，头一两年学的主要是政治理论课和专业基础课，诸如哲学、政治经济学、国际共产主义运动史等，还有中国古代史、中国近代史、世界古代史、世界中世纪史等，这些课都要选读经典作家的原著。当时，给我们讲授中国近代史的就是当代著名历史学家，现在仍老骥伏枥，主持编纂《清史》的国家清史编纂委员会主任戴逸老师，当时他正值三十而立之年。1959年开始学习两门专业课，一门是何干之主任讲授的"中国革命和建设的若干问题"。何老讲课有很高的理论深度和很强的逻辑性，又有深刻敏锐的洞察力。他在讲课中既深刻总结党在领导中国革命过程中取得的成功经验，也认真总结曾经犯过的"左"倾右倾错误的历史教训，尤其强调在革命和建设中都应实事求是，遵循客观规律，切忌主观急躁，盲目超越。这些具有针对性的金玉良言，本应看作给正在高呼"大跃进"跨步进入共产主义、头脑已经发热的全党上下开出的一副清醒剂。岂料，随后在全国开展的"反对彭德怀右倾机会主义反党集团"的斗争中，这却被视为离经叛道的罪证，被诬陷为"攻击大跃进""反对三面红旗"，何老甚至为此而被剥夺了讲党史课的权利，不得不到哲学社会科学学部近代史研究所去编写中华民国史。这里之所以插述了一段何干之老师的情况，是因为他与胡华亦师亦友，休戚与共，总是密切联系在一起。正如《胡华诗抄》中《悼念何干之同志》一诗所云："师友过从三十年，何胡休戚总相连……空有雄心编党史，岂无壮志辨忠奸。"

"中国革命史专题"这门专业课，则由胡华老师领衔，并由彭明、王淇、何东等名家分别讲各个专题，也都讲得十分精彩。特别是胡华亲自主讲的引言这一专题更是令人终生难忘。记得他讲课那天，从早晨讲到了中午，又从中午讲到下午，再从下午讲到晚上，一连讲了八九个小时。讲课的时间范围好像是从建党初期直到遵义会议确立毛泽东在全党的领导地位。讲课内容十分丰富，涉及问题很多，其中包括对陈独秀的评价等。不过，讲课完全避免了通常讲政治课那种抽象空洞的八股调，或照本宣科、人云亦云的教条腔的讲课方式，而是以和声细语娓娓道来，如话家常，如数家珍，富有情趣，颇引人入胜。在课堂上通过对大量第一手珍贵史料的描述，而后得出相应的结论与独到的见解。所以听他的课，绝不会感到枯燥无味，反之却如饮甘露，很是受用。因此，他虽然从早讲到晚，谁都不感到疲劳无味,而是讲者全神贯注,出神入化;听者倾心静听,聚精会神,课堂上除了沙沙的翻纸页记笔记的声音外,鸦雀无声。常言道:"台上一分钟,台下十年功。"他这一堂精彩的讲课,无疑是他多年苦心研究的结晶,不知耗费了多少心血。事后方知,1959年就在他为我们讲课的那段时间内,他大部分时间,都因为肝病在医院里住院治疗,讲课之所以安排得那样紧凑,很可能是为抢时间而带病为我们上课。这是何等诲人不倦,认真负责的高尚情操啊!

然而就是这样的好老师,在后来紧锣密鼓,调门越来越高的各种政治运动中,却一连遭到批判与诬陷。在1964年的"反修"教学检查中,他竟然被当时中宣部的最高领导人在全国政治课工作会议上公开点名批评"在人民大学实行教条主义"。接着在学校反教条主义整风运动中,诬蔑他是"披着马克思主义外衣的资产阶级学者","滑到了修正主义的边缘"。就连他那次一连八九小时为我们讲课的方式与内容,也被莫须有地批成是"资料挂帅","为陈独秀翻案"等。我当时因在哲学系任教,亦属政治理论课范围,中宣部对他批判的情况也都听过传达,虽然感到愤懑和不公,但在当时的极左气氛中却也未敢一言。

上面我回忆了在中国人民大学党史系读书时,与胡华老师的师生缘分。但至今我多少有点遗憾的是1960年我毕业时却没有留在胡师所在的人大党史系进行教学与研究,而是被分配到同校的哲学系工作。因当时的哲学系要计划开展"毛泽东哲学思想研究",亟须从党史系调毕业生从事这项工作,系里便安排我到哲学系来。不料到三年困难时期,上面又有人说"现在研究和编写毛泽东哲学思想的条件还不成熟",因此我又转到中国哲学史教研室,改而从事中国古代哲学的学习和教学,整天与从先秦的孔、老、墨、庄到晚清的康有为、谭嗣同打交道,这与原来所学的专业日益疏远,自然也就很少有机会再向胡华老师请业受益。不过,我们仍在同一学校,还时有过从。

到了"文化大革命"中期,我与胡华等师友又都下放到人大江西余江"五七"干校。那时,他和戴逸、吴树清(人大政治经济学系的教授,后曾任北京大学校长)等在养猪场当猪倌,我则在炊事班充火头军。他们养猪的猪圈场地就在炊事班食堂旁边,他每逢到猪圈劳动,总是经过食堂边的一条羊肠小道,我们常常是低头不见抬头见。每见他和戴逸这些全国知名的教授,身背竹篓、肩挑泔水,腰里还系着脏兮兮的围裙去喂猪或打猪草,让人大有斯文扫地之感。而他却总是乐呵呵的,不以为然。如同他在《挑泔水即景》与《打猪草口占》中所吟咏的"群山晨雾里,旭日照层林……担水近猪圈,豕群正噪鸣";"背篓茶丛寻猪草,声声布谷雨如烟。昔日肉食挑肥瘦,今日始知来处艰"。他在逆境中依然以苦为乐,想着劳动人民艰辛的革命乐观主义精神,怎不让人肃然起敬。

待到1971年林彪折戟沉沙事件后,1972年春奉周总理指示,胡华从干校回京,担任中国革命博物馆顾问,着手对受到"四人帮"、林彪破坏的博物馆陈列进行修正。我也在此后经戴逸老师推荐,返京到由郭影秋校长倡办并亲自担任组长的清史研究小组工作。到后得知胡华还兼任研究小组的副组长,我暗自高兴,又将在他领导下一起工作了。不过事情并非如我所期望的那样,因为当时的中国人民大学已经撤销,清史研究小组与原来的党史系教职工都挂靠在北京师范大学,他很快被任命为北京师范大学中共党史系的系主任。他作为党史专业方面的权威专家,其主要精力还是在党史业务范围,很难也很少有精力参与清史研究小组的工作了。

1978年乌云消散,经邓小平等中央领导批准,中国人民大学复校,我们同时从北师大返回母校,他在党史系先后担任系主任、名誉系主任,以及中共党史研究会、中共党史人物传研究会等学术团体的许多领导职务,又焕发了学术青春,工作极其繁忙。他在主编多卷本大型丛书《中共党史人物传》的过程中,知道我曾为学校的老校长郭影秋整理过回忆录《往事漫忆》,并于1986年公开出版,对郭影秋的生平较为了解。因此,他亲自约我交谈,殷嘱我为该丛书撰写《郭影秋传》。他当时对我说:"影秋同志是我们党内既有影响又具传奇色彩的人物,他读过无锡国专,文史功底深厚,从事过党的地下工作,又担任过抗日游击司令,且是湖西抗日革命根据地开创人之一,后来在'湖西肃托事件'中蒙冤。解放战争中在军队里担任过重要领导,解放后又主动辞去云南省长之职,自荐到大学任教,且一身正气,廉洁奉公,这样的人物理应在党史中立传。你协助他整理过回忆录,对他有较多了解,就请你为他写这篇传记吧!"我当即表示既感谢老师的信任,也要尽力把郭传写好。此后,每逢在校园中碰面,他总要询问传记撰写的情况。我本来想传记写成后,请他斧正指导,遗憾的是当这篇传记列入《中共党史人物传》时,他却不幸先离开人世了。

　　1987年秋冬时节，我们就得知他被诊断为肝癌入院治疗，不久，又得知他到上海请名医诊治。我和许多师友都心系他的安危，急切地想知道他的病情和治疗过程，热望他能转危为安。最近，我才从有关材料得知，当时在商量医疗方案的过程中，他本人曾果断表示："我不主张保守治疗，与其苟活，耗费国家财资和各方面的精力，不如手术一刀了之。若成功我继续从事党史写作，若失败我也无憾，活着是奋斗，死是休息。"乃至临赴上海医治前夕，他还在病床上对来探望他的几名研究生说："我从17岁参加革命，九死一生，对死我倒没有什么，对我来说，生是努力奋斗；死是休息安息。"又说："我本想在自己晚年做三件事：一是编订50卷《中共党史人物传》；二是把博士生带出来；三是写一本可读性强的《中国现代史》，这是范老（文澜）生前交给我做的。看来，老天爷不让我做了，我要提前去看马克思了。"他这种视死如归，生是奋斗，死是休息的精神表现出一个共产主义战士的人生观。

　　胡华老师，作为早年投身革命的老共产党人，有着坚如钢铁的战士性格，作为学者和诗人，又是一位有诗情画意的性情中人。据其门婿刘涓迅在《心许党史的情愫——胡华的诗》一文中讲：1987年11月下旬，北京已下了一场小雪，天气已有些凄冷。要飞往上海进行手术治疗的当天早晨，胡华与道别的亲友在去往机场的路上，人们都心情沉重，相对无语，这时却听见胡华声音低沉却又十分清晰地吟诵："碧云天，黄花地，西风紧，北雁南飞，晓来谁染霜林醉？总是离人泪。"这又活灵活现地展现了胡华内心中对亲人、友人深怀着的生死离别的人性真情，这也正是胡华既可敬、又可亲的真情流露。万万没有料到的是他那"总是离人泪"的吟诵，竟成了谶语。1987年12月14日，他因病情恶化，抢救无效，在上海逝世，时年66岁。当时，噩耗由上海传到北京，人们无不痛心疾首，尤其为人痛惜的是他作为一代党史大家，其学养已达炉火纯青的境界，尚有很多他想做、也是别人难以取代的工作等他完成时，年方六十六岁，竟然赍志以没。这实在是党史学界与教育领域不可弥补的重大损失。

　　这也使我与许多人都联想到，生于1921年的胡华与中国共产党同年诞生，他青少年时代，就受"五四"运动及马克思主义在中国传播的影响，学习和阅读进步书籍，在抗日救亡爱国思潮的推动下，他在十五六岁时，毅然奔向革命圣地延安，进入陕北公学学习，并于1939年加入中国共产党，后刻苦钻研马克思主义理论著作与中国革命史，被分配到华北联大从事中国革命史研究。当时学校的教务长曾称赞他是"马克思主义理论队伍的新生力量"。1940年，他在19岁时，就登上了大学讲台，为华北联大学院讲授中国近代革命史。自此以后，到新中国成立，直至其去世，他五十年如一日，终生从事中国革命史与中共党史的教学与研究，孜孜不倦、勤奋治学，直至著述等身，其代表作《中国新民主主义革命史》《中国革命史讲义》及与翦伯赞、邵循正合著的《中国历史概要》，都曾作为全国教材，一版再版，发行数百万册，影响深远。他晚年呕心沥血主编的《中共党史人物传》更是受到交口称赞。他终生为党的事业和党史的教学研究而奋斗献身，将自己的生命与理想融入党的事业与党史中，其一生可谓是党史人生。

我想中国共产党和中华民族应该为造就了胡华这样的好党员、好儿子而引以为豪。每一个受胡华培育的学生和受其著作熏陶影响的后进，也理应为有这样的好老师与引路人而引以为荣。

我们纪念和缅怀胡华的卓越的历史业绩和高尚的道德情操，就应该继承他的未竟事业，实现他的遗愿，正如他所期望的"更著新篇待后贤"。作为他早年培养过的一名门生，我将永远铭记他对我的教诲和他的党史人生之路。

（原载《胡华纪念文集》，中国民主法制出版社2011年版）

怀念历史学家袁定中

袁定中是我敬爱的老师、领导和同事。他自1991年逝世，至今已近十年。但其音容笑貌，师表风范，仍经常在脑中萦绕，使我难以忘怀，且情不自禁地想写些纪念文字，以缅怀他的革命经历与学识风范，鞭策自己，勉励后人。恰逢此时，其原籍陕西省华县的《华县文史资料》征集他的回忆性史料，并受其战友和夫人王玲霄同志的嘱托，因草写此文，以表怀念。

我是1956年考入中国人民大学历史系中国革命史专业的青年学生。入学不久，即聆听袁定中老师讲授的"中国近代史"课程，使我终身受益。他讲课不仅观点鲜明，内容丰富，而且语言活泼，形象生动，倾注自己的感情。四十多年后的今天，我还清楚地记得他讲课时的情景，每当他讲到帝国主义列强侵略中国而腐败无能的清政府又屡屡屈膝投降，签订了一个个丧权辱国的条约时，总是慷慨激昂，横眉冷目，神情激越，如同狮子怒吼般地痛斥帝国主义的侵略与清政府的腐朽，以激发青年学子的爱国思想。从此，这位老师便给我留下深深的好感。

1960年我毕业后留校任教，和他虽不在一个具体单位，却能常读到他的学术论文。1972年成立清史研究小组（清史研究所前身）时，我又被调入该组从事清史教学与研究，而袁定中老师恰恰又是清史组创建时的主要领导人之一，我又在他的领导下工作，自然，他又成了我的领导和同事。从这时起，直到他逝世为止，我们几乎朝夕相处，常一起切磋学问，研究工作，交流思想。他虽然是很早就参加革命的老党员，又是我的老师和领导，但在我这样的学生晚辈面前，却从不摆前辈和师长的架子，而是非常随和，平易近人，致使我们成为感情笃厚的忘年交。在相互交往，促膝谈心中，他有时也向我断续叙述自己的革命经历，这样我又进一步了解到，他不仅是一位优秀的历史教学研究工作者，同时，还是一位早在抗日战争初期就投身革命，参加了党组织的共产主义战士。早年参加革命，新中国成立后，为适应新中国经济、文化建设需要，又转入高等教育部门，从事历史教学与研究，从一个革命老战士到一位马克思主义历史学家，这就是袁定中同志的人生道路。

从华县的有关史料及袁定中同志的个人传记中，我了解到，他于1923年出生于陕西华县一个农民家庭，在小学、中学读书期间，即思想进步，接受了党组织的教育和领导，是一个聪明有为的青少年。1937年"七七事变"后不久，年仅十四岁的袁定中同志，就满腔激情，参加了中华民族解放先锋队，积极进行抗日救亡工作，宣传爱国思想。1938年10月他入党，候补期三个月，转正后于1939年2月在咸林中学即被选为支部书记、特支青委（特别支部直属县委），负责党团工作和组织民先队、青救会，从事党的工作和进行革命活动。如咸林中学民先队成立后，国民党顽固派为了进行破坏、对抗，曾以省"抗协"名义，派来马步赢、宋尚信，与咸林中学的反动校长范重仔相互勾结，密谋在咸中再成立"抗协"，以破坏民先队的抗日活动。咸中"民先"组织为揭露这些人的阴谋诡计，一次正当他们策划于密室时，袁定中大胆地在室外高喊"抓汉奸"，并与聚集在室外的进步青年，与这伙反动分子进行了有理、有利、有节的斗争，终于迫使县当局，将省里派来的说客驱逐出县境，赢得了一次斗争的胜利，但定中同志却因此被把持咸中领导权的反动校长，给予记过处分。然而，他却义无反顾，仍勇往直前，坚持斗争，继续组织和领导咸中"民先"组织的各种进步抗日活动。

1941年1月皖南事变后，国民党大肆逮捕共产党人，华县党组织也遭到破坏，许多共产党员和进步人士被捕。1942年党组织决定袁定中等同志参加河南巩县赵寿山领导的38军学生连。1943年返县后即去重庆上学。他为了及时与组织联系，就给敬爱的周恩来副主席写信，周副主席迅速在《新华日报》上复信，让他到《新华日报》找秘书刘光同志联系。这样定中同志又在重庆西南工委的领导下开展党的地下工作。

1944年他经刘光同志允许回陕西永寿县教书到1946年。

抗日战争胜利后，蒋介石反动派违背全国人民的意愿，悍然发动内战，疯狂进攻解放区。这时定中同志又在永寿以教师身份为掩护，继续从事秘密活动，给学生传播新思想，办校刊。1946年暑假回家时，因被叛徒出卖，于8月6日被国民党政府逮捕，因为国民党没有抓住实据，他无所畏惧，坚持斗争，坚贞不屈，在敌人法庭上，据理辩驳，弄得法官王嘉滨张口结舌，尔后经党组织营救于12月出狱。这些经历证明，袁定中同志真不愧是一名党的好战士。

出狱后，因身体虚弱，他没有公开外出活动，但组织上经常来人联系，传达党的文件，使他及时了解全国形势和党组织发展情况。1948年春节他经朋友介绍又去陕西省户县私立振华中学教书，除和进步老师交谈之外，仍照例给学生传播新思想，直到1949年。

1949年新中国成立后，直至1951年7月，袁定中同志先后在华县团工委、渭南地区团工委、渭南专署文教科工作，担任过渭南地区团工委学生部部长等职。在新中国成立后的经济恢复和建设时期，他于艰难困苦的环境中，在党的青年工作战线和文化领域中，做了大量有益的工作。

1951年8月，积极上进的袁定中同志，为适应社会经济建设的需要，以优异成绩考入中国人民大学中国历史教研室办的研究生班学习，毕业后留校任教。此后的三十多年，一直在中国人民大学中国历史教研室、清史研究小组、清史研究所从事行政领导、教学与研究工作。他在承担大量繁重教学与研究任务的同时，还先后担任过中国历史教研室副主任，清史研究小组副组长、组长及清史研究所党总支书记、副所长等职，为中国历史教研室的建设与发展，为创建清史研究小组及推动研究事业，付出辛勤劳动，做出可贵贡献。与此同时，他又以马克思主义、毛泽东思想为指导，以笃实严谨的学风和科学创新的研究精神，从事中国近代史、清史的教学与研究，为历史学科的教学研究事业呕心沥血，做出了可喜的成就。

中国人民大学的历史教研室和清史研究所，曾聚集了一些全国著名的历史学家，如尚钺、胡华、戴逸等。袁定中同志在和这些著名历史学家共事的过程中，既增长了学识，又和他们一道以卓越的教学与研究成果，共同推动中国历史学科的建设和发展。他本人对中国近代史造诣尤深，不仅多次讲授近代史课程，还撰写了不少很高水平的学术论文，诸如《慈禧那喇氏的反动一生》《关于天地会的性质》及有关中日甲午战争、义和团运动和辛亥革命等方面的论文，相继在《人民日报》《历史研究》等全国有影响的报刊上发表，深受学术界赞扬。如前所述，他的近代史教学更是得到师生的肯定和赞扬，因而成为近代史领域的知名历史学家。

1972年，原中国人民大学副校长郭影秋同志，秉承老一辈无产阶级革命家周恩来总理、董必武副主席的批示，先后倡导和创建了中国人民大学清史研究小组及清史研究所。在此过程中，袁定中同志又和尚钺、罗鬖渔、胡华、戴逸等著名学者一起，参与了创建工作。他以极大的精力参与筹划单位的建制，人事的调动安排，研究规划的制订等，从组织保证的角度，积极协助戴逸教授主编了《一六八九年的中俄尼布楚条约》和《简明清史》等名著。这些具有开创价值著作的出版，有力地推动了中俄关系史和清史研究事业的发展。同时，袁定中同志本人还亲自参加了另一重点项目——多卷本《清史编年》的撰稿工作，并培养和帮助研究生及青年教师的学习与研究。清史研究所是国内外有影响的清史研究机构，袁定中同志作为该研究所创建时期的主要领导人之一，付出了心血和贡献，功不可没。

尤其令人敬佩的是袁定中个人在从事教学与研究的同时，长期以来始终担负着党政领导工作，为保证教学和科研业务的开展，提供了组织上、思想上的有力保证。他不计个人名利，甘做奉献。他在工作中勤于积累，待人以诚，密切联系群众，乐于助人，严于律己，能正确贯彻党的知识分子政策，即使是对犯了错误的同志，也能与人为善，耐心帮助，既给予严厉批评，又绝不嫌弃和疏远。在涉及提资、提职问题时，他总是尽量谦让，先人后己，因此深得同志们的尊敬和爱戴。

在十年动乱时期，袁定中同志，虽然也以莫须有的"罪名"，被定为"走资派"关进牛棚，屡受批斗和迫害，但在如此险恶的环境中，他依然光明磊落，胸怀坦白，信念坚定，并以此劝慰和帮助一起在牛棚的同事。在极左思潮横行时，他在力所能及的范围内，尽可能保护知识分子，如1976年"四五天安门事件"时，广大革命群众，为悼念周总理，支持邓小平，自发掀起了声讨"四人帮"的浪潮，"四人帮"在镇压这一革命活动过程中，利用他们手中的权力，通过组织系统，层层追查所谓的"反革命谣言"。当时身为清史研究小组党总支书记的袁定中同志，对此曾自觉予以抵制。为使革命同志免遭迫害，他在由他主持的按组织系统布置的清史研究小组的首次"追查会"上，一开场就开宗明义地宣布："上级要追查，有人在天安门广场散布反革命谣言，我看我们清史研究小组的同志们，多数是老弱病残，有谁能跑到天安门广场去起哄？大家说呢？"经他如此明白的暗示，大家都心有灵犀一点通，谁都不再违心地去检查和揭发什么"反革命谣言"，致使"四人帮"所谓的"追谣"在清史研究小组不能得逞。袁定中同志在"四人帮"杀气腾腾的白色恐怖中，敢于在公开场合如此抵制他们的倒行逆施，突出地表现了一位老共产党人的大智大勇，实难能可贵，殊令人可钦可敬！

粉碎"四人帮"后，党的十一届三中全会召开，袁定中同志进一步焕发了革命青春，他自觉与党中央保持一致，能实事求是，解放思想，坚持党的四项基本原则，坚持改革开放，继续在清史研究所的领导岗位上，组织领导清史研究工作。他出于对家乡的热爱及对文化教育事业的关心，在从事清史研究的同时，还查阅资料，访问知情者，撰写发表了关于陕西华县贤达《爱国教育家杨松轩》的论文，并已完成有关杨松轩先生专著的初稿，对杨先生的历史作用和贡献予以正确评价，可惜定中同志因健康原因，未及进一步整理公开问世。由于疾病缠身，定中同志自1983年办理了离休手续，却仍关注清史研究的工作，他在半身偏瘫的情况下，一直担任该所离退休干部党支部书记工作，经常组织老同志进行政治学习，并为研究所的工作进言献策。他在长期患病的情况下，仍然严格要求自己和家属，从不给组织提出任何额外要求和负担，几十年如一日，始终坚持了一个共产党人艰苦朴素、廉洁奉公的优良传统。

1991年2月22日，袁定中同志终因积劳成疾，久卧病榻，而与世长辞。中国人民大学很多老同志，清史所的全体同志，都为失去袁定中同志这样一位老革命、老战士，一位优秀的近代史专家而哀痛不已。我更为失去他这样一位好老师、好领导、好同事而悲痛难抑。他逝世之后，中国人民大学及清史研究所为之发出的讣告中指出："袁定中同志作为中国共产党的优秀党员，忠诚的共产主义战士，他几十年如一日，光明磊落，诚恳坦白，作风正派，一心为公，艰苦朴素，严于律己，具有高度的组织性、纪律性，他的优秀品德和高风亮节，堪为楷模……他为党为人民做出的有益成就和贡献，将永远受到我们的尊重与怀念！"

这段总结性评价，可谓盖棺论定。我作为定中同志的学生、部属和同事，将永远以其师表风范为楷模，鞭策和激励自己，努力奋进，以告慰他的在天之灵！

（原载2000年《华县文史资料》）

回顾与思治先生的交往及其治学风范

王思治先生是当代著名历史学家，尤是海内外有影响的清史专家。最近中国人民大学清史研究所举办了纪念其诞辰85周年暨"宏观视野下的中国史学与清代中国学术"的研讨会。我十分高兴地应邀与会。中国人民大学是我的母校，清史研究所更是我今生今世安身立命的根基之所在，自然有深厚的感情，而思治先生则是与我相识、相交达半个多世纪的老师、同事和朋友。在与之亦师亦友的多年交往中，我也从一个侧面见证了他的学术成就、治学特点和治学风范。因此我在会上以"与思治先生的交往及其治学风范"为题做了简短发言，以抒发对思治先生的怀念。

我有幸早在1956年就和他相识，那时我初跨进中国人民大学历史系门槛，在本科中国革命史专业学习，思治先生则是刚从中国历史研究生班毕业而走上教学岗位的青年教师。我们在学习中国通史课时，除主讲教师外，还配有辅导教师，而思治先生恰恰是我们班的辅导老师，由此我与他结下师生之缘。当时，学术界正热烈讨论中国古代史分期问题。范老坚持西周封建论，郭老则是春秋、战国之交说，而尚钺先生又主张魏晋封建论，各持己见，百家争鸣。我与正上中国古代史课的同学们也都很关注这方面的争论，我们高兴地看到自己的辅导老师王思治，在1956年的《历史研究》上发表长篇论文——《再论汉代是奴隶社会》。当时，《历史研究》创刊不久，能在该刊发表文章的大多是史坛前辈和史界名流。那时，不过二十七八岁的思治老师就能在该刊发表大作，一下子就奠定了他在史学界青年史学家的学术地位，同学们都很仰慕他，都争相传阅其学术论文。不过，我们并不同意其魏晋封建论的观点，而同意范老西周封建论的主张。记得某天晚上他到班内进行辅导时，我和几个同学，围着他讨论，竭力阐述自己的观点，对他的魏晋说表示质疑。我们没有想到的是，思治老师并不以我们幼稚的诘难为忤，反而鼓励我们学习中就是要勤于思考，勇于发表自己的见解，同时还心平气和地与我们进行了平等的讨论，耐心地引导我们如何掌握史料，如何把握相互争论的焦点，通过这样的讨论，一下缩短了师生间的距离。因为当时下面有点传说，说什么"王思治个性强，持才傲物"。但在近距离的接触中，我们却毫无这样的感觉。

1960年我本科毕业后留校工作，但并非在历史系，而是到哲学系中国哲学史教研室任教。思治先生仍在中国历史教研室，并在校刊——《教学与研究》做编辑，虽不在一个具体单位，却不时在各种报刊上读到他有关"农民战争""论清官""道德继承""历史主义与阶级分析"等方面的学术论文。这使我进一步感到思治先生是一位好学深思，思想敏锐，有深厚思想理论功底，有学识、有才气的学者，令人钦佩，值得学习。

在十年动乱中，中国人民大学是重灾区，还遭到被撤销停办的厄运。1969年全校绝大多数教职员工都被赶到江西省余江县"五七"干校，而我与思治则同被安排在干校的基建连。当时我们要建造自己住的房子，因为余江县是红土丘陵地带，到处是红石、红土山冈，当地人都采用红石盖房。因此，干校组建了150多人的基建队，我们这些队员，白天不管是烈日暴晒，还是刮风下雨，都坐在石头地上，一手拿锤，一手持钎，打出一块块红石，用来垒墙，晚上挤睡在一个长宽各几十米、深四五米的大石头坑里。我和思治同志的床铺又紧紧相连，头脚相对地睡在一起，真可谓同呼吸，共命运。那时，我们白天从事繁重的体力劳动，晚上还要政治学习，进行斗私批修，精疲力竭，整天摸爬滚打在一起，一个个都斯文扫地，也就没有了师生局限，都是"老张""老王"称之，有时对尊者、长者名字后面加个同志，如"胡华同志""戴逸同志"等。我们就在这样的生活环境中共处了三年。精神上的折磨，远远大过肉体上的痛苦。那时，思治同志四十岁左右，我则三十岁出头，正是读书治学的黄金时代，而大好的宝贵光阴，却在无声无息中被消耗掉，谈何读书治学。而这却是我们这一代知识分子在治学经历史上共同遭遇的曲折和坎坷。因而我们在交谈中也没什么怨言，有时顶多是相互苦笑以示慰藉而已！

不过，历史总是在曲折迂回中发展前进的。1972年林彪折戟沉沙事件后，政治形势逐渐向好的方面转化。当时刚被"解放"的中国人民大学副校长，也是明清史学家的郭影秋，上书北京市和中央，建议重新成立清史研究机构，着手编纂清史。因为早在1965年秋冬，中宣部就曾遵照中央领导的指示，决定成立国家清史编纂委员会，郭影秋还被任命为编委会主任。此事因"文化大革命"爆发而被搁置。为此，他旧事重提。幸好，他的建议获上级审批，决定以中国人民大学中国历史教研室为基础，再从其他系所抽调相关专业人员，成立以四十人建制为规模的清史研究小组，郭影秋还亲自兼任组长，副组长有尚钺、罗髫渔、胡华、袁定中等。由于思治是原历史教研室成员，自然被纳入清史研究组之列。我则被当时同在干校劳动的戴逸先生推荐，被吸收到清史研究小组，从事清代学术思想史研究。就这样，从1973年起，我们成为从事清史研究的同事。1978年一度被撤销的中国人民大学又被恢复重建。于是在清史研究小组的基础上，正式成立了清史研究所，我和思治都是建所初期的研究人员，同以清史研究和清史编纂为奋斗目标。

建所初期，时任校领导的郭影秋主动召见我和思治同志，就开展清史研究方面的问题进行了长谈。至今，我还清楚记得那次谈话的要点：第一，研究清史意义重大，而前人的研究成果甚少，且清史资料浩如烟海，大有用武之地，希望你们把清史研究作为毕生事业。第二，清史研究所刚成立，一定要埋头苦干，少说多做，要决心在几年内拿出一批有分量的成果。切忌在尚无建树的情况下，就喋喋不休，以免让人笑话。第三，研究工作要从基础入手，基础一定要扎实，可以先编《清史编年》，它既是一部工具书，又是一部资料书。这样做，既编书，又练人；第四，清史所的长远目标是编写大型清史，为了摸清有清一代268年的历史，可先编一个简本，作为编大清史的研究提纲。当时，中国人民大学刚复校不久，百废待举。郭校长在日理万机中，抱病与我们长谈，谆谆教诲与殷切期望，实在令人感动。据我所知，郭校长上述谈话内容，还与当时研究所的领导戴逸老师等也曾经多次讨论，成为清史研究所制定规划的指针。应该说这次谈话对我和思治都有深刻影响，他在此后的几十年内确实身体力行了郭校长的教诲，集中全部心思精力于清史研究，陆续写出诸多有分量的厚重论著，为清史研究事业做出了应有的贡献，成为海内外有影响的清史专家。我当然也在郭校长的教导后，决心发奋图强，努力进行清史学习和研究，但因工作需要，于1991年调入中国社会科学院中国社会科学出版社任职。

此后，我虽对郭校长的教诲仍铭记在心，仍未中断清史研究，但做出的成绩却微不足道，实有负他老人家的殷切期望。

令人欣喜的是，人大清史研究所的同事们和全国清史研究工作者，久所盼望的国家清史纂修工程终在2002年正式启动。这时，我和思治先生虽已退休，实际工作中却退而未休，又都参加了此项工作。他先后参加了清史编委的人物传记组和编审组，认真负责地参与了书稿的编审。此间，他任劳任怨，不计名利和地位，默默无闻地工作了十年之久，为清史纂修做出了可贵的贡献。在这段时间内，我们常在一起研究工作，有时甚至推心置腹，促膝交谈。而今，他作为长者却先我辞世而去。每想及此，就不胜唏嘘感叹！

在我与思治先生长达半个世纪之久的交往中，我对他的学术成就、治学特色和风范，也多少有所感受，约略言之，有以下几点：

其一，治学勤奋、学识渊博、成果丰硕、成就卓著。他几十年如一日，始终勤奋治学，作为一介书生，不求闻达，不失书生本色，埋头于学术研究事业，终于取得卓越学术成就。他除参与清史研究所建所以来的各种项目，如《简明清史》《尼布楚条约》《清史人物传稿》的撰写外，主要著作还有《两汉社会性质及其他》《清史论稿》《王思治自选集》等。他还精心主编了多卷《清代人物传稿》以及多卷本《清代通史》中的两卷《康熙朝》，在史学界的同行中可谓著述丰硕。

其二，坚持唯物史观、史论结合。他既长于从宏观的视野中，精辟阐发重大问题，又能从微观角度实证地记述翔实的史实。这从他的《清前期历史地位论纲》《明清之际的历史必须置于世界历史范围内考察》《明清之际的历史人物评价》及《十七世纪末西北边疆局势论述——噶尔丹分裂势力的兴亡》等一系列论著中，对清前期的历史地位，清初的社会矛盾与人物评价，明清间的战争与多民族国家的统一等重大问题的分析论述中得到充分印证。他在论述这些问题时，都能坚持唯物史观和阶级分析方法，从大处着眼，论述时代的特征及世界历史的发展趋势，并以丰富的史实，有说服力地印证其立论，给读者以启迪。

其三，勇于创新，独树一帜，超越前人，具有独到之见，这是思治治学中又一鲜明特色。早在其读研究生期间，他就在中国古代史分期问题上，勇于发表自己的独到见解，与前辈史学家翦伯赞等大家开展争鸣而崭露头角，及至20世纪60年代，又在"清官"及"道德继承"问题的争论中，与吴晗等权威专家进行讨论而引人注目。特别是其对清史研究领域的诸多问题，都能超越前人，发人之所未发的独到见解，而引领学术潮流。

其四，尊师重教，教书育人，使清史研究后继有人。思治先生作为从事高等学校教育的资深教授，在长期的教学生涯中，践履了中华教育的传统美德，在尊师重教，教书育人方面，也表现出高尚的风范。他作为国家学位委员会较早授予的博士学位导师，多年来，用大量心血，精心指导，培养了诸多博士、硕士研究生。严师出高徒，而今经他培养的研究生，大都成为所在学科的研究骨干和中坚，使学术事业特别是清史研究代代相传，后继有人。

今天，我们纪念王思治先生，其目的就在于从他的学术成就和治学特色中，吸取有益的借鉴和营养，弘扬他的治学风范，以推动清史研究事业的深入发展。

（原载《清史研究》2015年第1期）

祁龙威先生学术之树常青

2005年11月1日，适值金秋时节，大地一派绚丽灿烂的秋天景色。秋色意味着作物的成熟与繁荣，也展示了人们喜获丰收的愉快与欢乐。恰在此时，扬州市及扬州大学等单位为德高望重的著名历史学家祁龙威先生举办了"执教暨学术活动六十周年座谈会"。我和黄爱平教授受国家清史编纂委员会主任戴逸老师之委托专程赶来参加此次盛会，向我们敬重的前辈祁龙威先生表示衷心祝贺！既祝贺他半个多世纪以来在学术事业上取得了卓越成就，也感谢他为新世纪国家的修史工程——清史编纂给予的支持和贡献。

在隆重、热烈、欢快的座谈会上，我有幸聆听了来自各地的与会者对祁先生学术成就及其教书育人的评介。归来后我又重新学习阅读了他的《考证学集林》等著作并回顾二十多年来与先生的交往，那一幕幕如沐春风，如饮醇醪的情景，旋即萦回脑际。

我作为后学与祁先生的交往始自25年前。记得是1981年，我带领中国人民大学清史研究所1979届硕士研究生南下江浙访问考察，经戴逸老师引介，首次到扬州拜谒先生，得以相识。那时他已年近花甲，又是史学名家，却极易接近，一见如故。在温馨的气氛中他与我们亲切座谈，讲解专业知识，传授治学经验，安排访问计划。当时，他正邀请唐长孺、王仲荦两位史学大家到校讲学，因此特安排我们听这两位史家的讲演，使我们得以耳闻目睹两位大师的学识与风采。在与祁先生的首次接触相处中，就令人深深感到，他对后学循循善诱，乐于提携，且学识渊博，正直坦荡，能在机智幽默的谈笑风生中"金针度人"，"授人以渔"。也是在此次接触中知悉，他与我的业师戴逸先生，既是同乡，又是同门挚友，他们在长达几十年的交往中，经常切磋学业，交流心得，友情笃厚。这自然拉近了我们之间的距离，建立了相互之间未列门墙的师生之谊。

扬州是座学术文化积淀深厚的历史名城。特别是清代的扬州，更是学术灿烂，书院林立，涌现了诸多经史考据大师，形成了在学术史上具有重要地位和影响的扬州学派。由于祁先生自青少年时代就师从国学大师金松岑先生，又与章太炎先生的弟子王仲荦、朱季海等切磋学问，奠定了坚实的国学基础，擅长于文字、音韵、训诂之学。其早年就撰写了《释名补笺》《南唐书考异》等考据之作。其中年之后，又以扎实的考据学功底，以研究太平天国史而闻名，加之，他又长期工作在扬州，对扬州地域的学术文化有深厚感情，有志于"扬州学派"的研究。同时，他在扬州学术文化界又有崇高的声望与号召力。以其如此得天独厚的主客观条件，来弘扬和推动扬州的学术文化研究，当有无可取代的地位和作用。经过他一系列努力，终于在1988年召开了首届"扬州学派学术研讨会"。祁先生曾盛情邀我与会。当时，他已近古稀之年，但在我入驻会议的当晚，就亲登会址楼上，一一看望我和海内外的与会学者。至今，我还依稀记得，一见面他操着浓重的常熟方言，抱着双拳满脸笑容地说："欢迎各位光临，来共同推动扬州学派研究。"正是这次学术会议才引起海内外学术界对扬州学派研究的更大关注。接着在他的积极推动下，扬州市的有关领导和扬州大学也自觉地以扬州学派为主题，有意识地开展对外学术交流。扬州大学曾于1999年邀请台湾学者来扬州就扬州学派的有关问题进行学术考察交流，双方互相商定2000年在扬州举行"海峡两岸清代扬州学派学术研讨会"。海内外对清代学术及扬州学派深有研究的学者大都与会，济济一堂，对扬州学派进行了广泛深入的探讨。祁先生在会上发表了诚挚热情的致辞："我祝愿，扬州将有群贤继先哲而起，敦行绩学，广师多友，在栖灵塔下，瘦西湖畔，这块风景如画的土地上，为弘扬文化和哺育英才而弦歌不息。"

正是在祁先生的如此倡议下，双方又共同商定2001年在台北再次举行"扬州学派学术研讨会"。八十高龄的祁先生为推动海内外的学术交流，渡海赴台，与台湾学界共襄扬州学派研讨之盛举。在扬州与台北两次会议之后，他又与台湾著名学者林庆彰教授联袂主编了两大册《清代扬州学术研究》。全书涉及清代扬州学派学者关于经学、子学、史学、地理、戏曲等各方面的内容，可谓是当代学者研究扬州学派学术成果之集粹。上述事例充分证明多年来祁先生为弘扬清代扬州学术文化的研究，殚精竭虑，不遗余力，且首开海内外合作研究扬州学派之先河。正是在他的大力推动下，扬州当地学界对扬州学术文化的研究在深度与广度上都有拓展，先后成立了扬州文化研究会与扬州学派研究会，也吸收培养了一批学术新锐。他们埋头苦干，有步骤有计划地整理标校了扬州学派学者的文集，列入国家清史编纂委员会之《文献丛刊》，陆续出版问世，为学术界进一步研究扬州学术文化提供了宝贵的文献资料，实嘉惠士林，造福千秋。

在历史学界提及祁先生，大都交口称赞他是研究太平天国史的专家。确然，在太平天国史研究领域，他先后发表了一系列重要学术成果，诸如《太平天国史学导论》《太平天国经籍志》《洪秀全选集》《洪仁玕选集》等。在这些著述中，无论是诸多新论的提出，还是对史料的发掘与考辨，都独树一帜，别开生面，补充、发展和推动了对太平天国史的研究。但若认真钻研这些著述，便不难发现，它们大多以其深厚的考证学功底为支撑。研究太平天国史的大师罗尔纲先生曾对之高度评价说："几十年来，我国研究太平天国史的学者，分别在辨伪、校勘、注释上做了许多工作。但把三者集合起来而成为太平天国的文献学，为中国史学创造了一门新学科，则自龙威同志这部《太平天国经籍志》始。"

我在学习研读祁先生的论著中，还深深感到他不仅将深厚的考证学功底运用到太平天国史研究中，开创了太平天国文献学，而且对考证学本身亦有精深研究。其从事学术活动60多年来，始终在考证学方面用力气、下功夫，对考证学本身既有宏观综合论述，又有微观个案研究，大至对考证学的界定、发展演变，各个分支，方法和准则，古今考证学派评价，考证学大师的成就与特色，清代考证学与近世史家对考证学的发展诸问题，小到对各种文献史料的辑佚与考辨，都有深刻论述与驾轻就熟的辨析。尤为令人钦敬的是，其晚年更加焕发出学术青春，将其几十年来对考证学的研究和运用，进行了系统概括与总结，陆续写出《我与考证学》《考证学与历史研究》《近代史家与考证学的发展》《考证学与中国近代史研究》及《考证学与太平天国史研究》等鸿文，堪为考证学方面的经典传世之作。因此，我想到国家清史编纂委员会将《清史·典志》中的《朴学志》这一艰巨繁难的项目委托祁先生来主持，实为遴选适得。

谈到《清史·典志·朴学志》，我又联想到2004年12月在扬州召开的"《清史·朴学志》编纂工作座谈会"。其缘由是祁先生接受这一项目后，很快便遵照编委会的要求，拟定了编纂凡例，写出了部分样稿，在他的建议下，召开了这次征求意见的小型座谈会。祁先生的老友，对清代经学与考证学有深厚造诣的来新夏、汤志钧等先生均应邀与会，我亦有幸奉陪末座。祁先生在座谈会上说："受命以来五个月，夙夜忧虑，一因学识不足，二因暮年余日无多，深恐有负委托，对国家修史造成损失，愧对后世。特向各位专家求助，恭听教导，以祈减少损失。"其实，与会的汤志钧、来新夏等前辈，对祁先生主持这一项目提出的凡例与样稿评价甚高。而祁先生上述情真意切、言简意赅的话语，却又是那样虚怀若谷。这既表露出他对国家修史的强烈使命感和高度责任心，也反映了他踏实、严谨、谦逊的治学风范。我想这也是祁先生的学术生涯中，一贯能广交师友，孜孜以求，激流勇进，不断攀登，直至佳境的重要原因。

由于与祁先生长期交往，时相过从，在受益解惑的同时，对其家世也略有所知。他与夫人缪先生本为同乡，后结连理，伉俪情笃，同甘共苦，相濡以沫，其乐融融。其长公子力群教授是国际上著名的数学家，在国外执教与定居。这样优裕的家庭环境，祁师与师母，又都至耄耋之年，本应颐养天年，享天伦之乐，此亦人之常情。但多年来，祁先生不论是在国内或国外生活，都始终坚持治学，笔耕不辍。1994年至1997年，其在旅居美国期间，还利用密歇根大学和匹兹堡大学图书馆的收藏，广览海内外出版的有关中国考证学的论著，总结乾嘉考证学的经验，写出多篇分量厚重的关于考证学的论文，在学术刊物上公开发表。足见，祁先生直至耄耋之年，依然勤奋治学，刻苦钻研，壮心不已，著书立说。真可谓老而弥坚，永葆学术之青春。

祁先生的学术成就，一方面体现在其分量厚重的学术著述方面；另一方面也反映在其教育英才，培养学生方面。他作为一名优秀的历史学教育家，曾长期主持扬州大学历史系的工作，在制定教学方案，编写教材上，倾注了大量精力。几十年来他教导培养的学生成千上万，难以数计。仅在我国进入改革开放的新时期以来，其直接培养的研究生就达百名以上，以考证学为主课就连续教授了七届研究生。他所指导培养出的研究生，大都已成栋梁之材。如今，不少人都活跃在学术研究第一线，成为历史学领域的中坚骨干与学术带头人。其中仅我熟知的便有周新国、华强、田汉云、夏春涛、吴善中等。尤为可喜的是不少学生都继承了乃师之学术衣钵,擅长以扎实的考证学精神与方法治学,诸如重纂太平天国典志,编写了《地理志》《刑法志》《历法志》《职官志》《服饰志》《科举志》及《妇女志》等。这些成果,或已公开发表,或已有成稿,均从考证学入手,以坚实的史料考证为基础,形成了与祁先生相同的治学风格。其众多弟子的脱颖而出,说明在祁先生这棵根深叶茂的学术大树下,已滋润派生出茁壮的新枝大干,使得祁先生之学术后继有人,代代相传。

祁先生从事教学与研究活动的60年来,成就昭著,贡献卓越,为人师表,嘉惠士林。其道德文章,都足为我辈心仪之典型楷模。参加其从教暨学术活动60周年座谈后归来的数月,我曾反复回味祁先生在座谈会结束时的那篇《谢辞》,他说:"我幸运地得到明师教诲和多位益友帮助,做了一点研究工作,教了一批学生。但是说不上有什么成就。现在年老体衰,深悔少壮不努力,只有把希望寄托在学生们身上了。我所敬仰的是清代扬州学派的一些朴学家。相信我的学生们也会朴实无华地做学问,大兴朴学之风,创建新一代扬州学派。"他又说:"我今年84岁,饱经忧患,青年时,遭遇八年日寇侵华战争,兵荒马乱,国破家亡。中年经历'文化大革命'十年浩劫,九死一生。老来的一点觉悟,就是国家好了,个人和家庭才有幸福。这是千真万确的真理。相信我的学生们个个爱国,一定会全心全意把自己的聪明才智奉献给伟大祖国。"我感到,这篇《谢辞》是一位84岁的学术老人治学与人生经验的结晶,肺腑之言,虽短短几百字,却字字句句都把个人和民族的命运、国家的前途紧密相连,强烈的时代精神与爱国情怀溢于言表。他心系学术传承,对自己的学术成就虽轻描淡写,却不忘师恩与友助。对他的学生与后辈勉励谆谆,期望殷殷,要求很严,立意甚高,通篇都渗透着这位老一辈历史学家的高尚道德理想与美好情操。

以上所写仅据个人与祁先生接触交往点滴事例,对其学术成就与治学风范远不能窥一斑而见全豹,却亦能印证祁先生的学术之树常新常青。

(原载《祁龙威从教六十周年纪念文集》,广陵书社2006年版)

先生之风　山高水长

——心香一瓣祭祁公

2014年2月1日，亦即农历甲午年正月初二，我依往常惯例，从北京打电话至扬州大学祁龙威先生府上，听到那边接电话的是其夫人，我即兴冲冲地说："缪老师，我给您和祁老师拜年了，你们都好吗？祝您二老吉祥如意，福泰安康！"未料电话稍有停顿后，缪老师声音低沉地说："祁老已经走了，你还不知道吗？去年11月24日走的，都一个多月了！"此时此刻，我如雷击头顶，顿时哑然无语，愣了半天，才黯然神伤地说："缪老师，实在对不住，因前两个月我在香港探亲，真不知道祁老已经故去。前几天刚返北京，趁过年了打电话向二老问候祝福，才知此噩耗。我对祁老的故去，谨表致哀悼念，也望您老多多保重，多多保重。"对祁老的驾鹤西去，我本来有许多话语向缪师母诉说，但唐突之间，只好暂留心底。随后，我又拨打电话给祁老的爱徒田汉云教授，向其询问了祁老逝世前后的有关情况，并向他说明在不知情的状况下打电话给缪老师，又触动她因失去亲人尚未愈合的心灵创伤，真是愧疚，也请汉云兄并转缪老师谅解，心头才渐归平静。

此后，在春节假期的一段时间内，每逢夜深人静之际，都不时在回忆多年来我和祁老交往的情景，一幕幕都在脑海中浮现，他那和蔼可亲，睿智幽默的音容笑貌，也都在眼帘跳动！

我和祁老初识于1981年。当时，我带领中国人民大学清史研究所1979届的硕士研究生到江浙一带访师问学，进行实地考察。行前，戴逸老师向我们介绍了祁先生的文章，嘱咐到扬州后要首先向他请教。那时，祁先生已年近花甲，且是名满学界的知名教授，但却非常平易近人，一见如故，在温馨亲切的气氛中，与我们一行交谈，传授治学经验，讲解专业知识，介绍扬州的人文历史，还帮助我们安排了在扬州的考察计划。在这次相处接触中，我就深深感到他学识渊博，且风趣幽默，能在谈笑风生中，"金针度人""授人以渔"，对晚生后辈循循善诱，乐于提携，而且胸怀坦荡，秉性正直，虽然是初次接触，却当着我们的面，开门见山，直言不讳地说："戴公呀！戴公，他真是菩萨心肠。像某某那样的人，在'文化大革命'中忘恩负义，无限上纲，往死里整他，现在他都不计前嫌，又起用他，我这个老朋友呀！真是一辈子好心待人。"此后，我方知悉，他与戴逸老师，不仅是常熟同乡，又是共同受业于国学大师金松岑先生的同窗好友。他们在几十年的交往中，友情笃厚，如同手足，所以对戴老师充满关爱之情。也正因这样，才对我们这些在戴老师身边的后学，无所忌讳，倾吐肺腑，一下子拉近相互间的距离。我也由此与祁先生建立了未列门墙的师生之谊。

进而，我又回忆到1988年，在扬州由祁先生主持召开的"扬州学派研讨会"的情景。因为扬州这座历史文化名城，是清代扬州学派的发源地，研究和发扬扬州学派的学术成就和治学方法，推动和发展扬州地区的学术文化事业是扬州当地学界的一项光荣职责。正是在祁先生的指导推动下，扬州大学于1988年在全国范围内召开了首次"扬州学派研讨会"，蒙祁先生厚爱，我有幸应邀与会。至今，我还清楚地记得，那时祁先生已年近古稀，但为推动扬州学派研究，加强与学界的交流，他在与会者入驻会议的当晚，就亲登高楼，看望与会代表。他手抱双拳，满脸笑容，用浓重的常熟方言说："欢迎各位专家光临，来共同推动扬州学派研究。"也正是在这次研讨会之后，扬州学派才引起海内外学术界的进一步关注，并使扬州市政府和扬州大学的领导更加重视对扬州学派的研究，加大了对扬州学派深入开展研究的支持力度。随后，他在扬州大学建立了研究机构，制订了研究计划，并积极开展对外的学术交流，主动邀请台湾学界到扬州访问考察，商谈合作开展研究事宜，互相商定于2000年在扬州举行"海峡两岸清代扬州学派研讨会"。至时，海内外研究清代学术与扬州学派的许多著名学者都云集扬州，祁先生在会上发表了热情洋溢、激动人心的致辞："我祝愿扬州将有群贤继先哲而起，敦行绩学，广结师友，在栖灵塔下，瘦西湖畔，这块风景如画的土地上，为弘扬文化哺育英才而弦歌不息。"与会学者，在祁先生的振臂高呼下，济济一堂，畅所欲言，对扬州学派的有关问题进行了广泛深入的探讨，大大推进了对扬州学派与扬州文化的研究。这次会议还决定于2001年再在台北举行"扬州学派的学术研讨会"。开会期间，祁先生又以八旬之高龄，渡海赴台，与学者一起共襄扬州学派研究之盛举。在此基础上，他还与台湾著名学者林庆彰教授联袂主编了两大册厚重的《清代扬州学术研究》。这些事例都充分说明祁先生为弘扬清代扬州学术可谓殚精竭虑，呕心沥血。正由于祁先生多年来的积极推动和各方面的共同努力，使学术界特别是扬州地区对扬州学派的研究十分关注并大力支持，先后成立了扬州文化研究会和扬州学派研究会，还组织出版了扬州文化研究丛书，既推出了一批研究成果，也培养了一批学术新秀。如今在扬州大学和祁先生周围，已涌现一批从事清代学术和扬州学派的骨干队伍，并在学术界崭露头角，形成一定的影响。这些成就的取得祁先生实功不可没。

祁先生对学术事业的贡献及在学术研究中体现的高风亮节，还突出反映在其主持国家清史纂修工程《清史·典志·朴学志》方面。学术界都知道，祁先生对传统的文字、音韵、训诂之学，有着扎实深厚的功底，因此被国家清史编纂委员会遴选为《清史·典志·朴学志》项目的主持人。他承担此一任务后，极其认真负责，有计划、有步骤地向前推进，在完成一批样稿后，曾于2004年12月在扬州召开了《清史·典志·朴学志》编纂工作座谈会，邀请了一些专家就其项目组提供的部分样稿和编纂凡例进行研讨。我记得祁先生曾在座谈会上感人至深地说："受命以来五个月，夙夜忧虑，一因学识不足，二因暮年余日无多，深恐有负委托，对国家修史造成损失，愧对后世，特向各位专家求助，恭听教导，以祈减少损失。"其实，与会的专家包括汤志钧、来新夏等学界前辈，对项目组提供的编纂凡例和部分样稿都给予了肯定和很高的评价。而祁先生上述言简意赅，情真意切的话语，却是那样虚怀若谷。这既表现出他对国家修史的高度使命感和强烈的责任心；也反映出他严谨踏实，一丝不苟，精益求精，重视学术质量的学术风范。

我还记得2005年8月扬州有关方面举办了"祁龙威先生从事学术活动六十周年"的纪念活动。我和中国人民大学清史研究所的黄爱平教授，受国家清史编纂委员会主任戴逸老师的委托，专程到扬州祝贺。通过这一活动，我对祁先生的学术成就与人格魅力有了更多的了解。戴逸先生作为祁老的老朋友曾在贺信中赞扬"龙威教授博学多闻，文采斐然，人竟识荆，士希立雪。江淮才俊、挹开府之清新，东南师表，比贾马之博雅"；并自我表示"仆谊属桑梓，忝附学弟，谨申敬仰之情"。时任中共扬州市委常委、宣传部长，又是著名文人学者的赵昌智先生曾从各个方面肯定了祁龙威先生的道德学问，肯定他"满腹经纶，学识渊博，但从不持才傲物；他诲人不倦，桃李满天下；他为人正直，甘于淡泊，安于寂寞，是个坦荡君子"，高度评价祁老是"当代扬州学人的一面旗帜"。祁老的诸多弟子也都在纪念会上抒发了对恩师的感激之情。然而，面对这些赞扬和肯定，祁老却在《谢辞》中说："我幸运地得到名师教诲和多位益友的帮助，做了一点研究工作，教了一批学生。但是说不上有什么成就。现在年老体衰，深悔少壮不努力，只有把希望寄托在学生们身上了。我所敬仰是清代扬州学派的一些朴学家。相信我的学生们也会朴实无华地做学问，大兴朴学之风，创建新一代扬州学派。"祁老的这篇《谢辞》可谓是其人生经验的结晶，是出自心扉的肺腑之言。他心系学术传承，对自己的学术成就只轻描淡写，却不忘师恩友助，对他的学生与后辈谆谆教诲，殷殷期望，要求很严，立意甚高，这些都渗透出这位老一辈历史学家的道德理想与美好情操。

最使我终生难忘的是2013年5月，正是"烟花三月下扬州"的美好时节，我由老伴陪同再一次来到扬州，参加由扬州大学人文学院与台湾"中研院"文哲所共同举办的"海峡两岸扬州学派学术研讨会"（第二次），也想借此机会看望几年未见的祁老。岂料，祁老早已知道我来与会，甫到会议宾馆报到，就接到他的电话，望我晚饭前到其舍下聚晤，还要设便宴接风。我喜出望外，很想早点看到他。当我匆匆赶到其府上时，祁老已坐在轮椅上，在厅内等候。坐在其身旁的还有其夫人缪老师及诸位高弟周新国、华强、田汉云、夏春涛、张连生等。交谈中，我才知道，半年多前祁老因不慎摔倒，腰和腿部严重骨折，生活已不能自理，只能卧床或坐在轮椅上，而孩子又或在国外，或工作繁忙，不能常在身旁照料，日常生活起居只能由其年近九旬的夫人照顾，病痛的折磨与生活中的艰辛可想而知。然而坚韧刚毅的祁老，却丝毫没有伤感和愁容，在相互交谈中仍始终是乐观豁达，谈笑风生。按说祁老比我年长近二十岁，当然是我的师长和前辈，他能在病痛中接待我就很不易，然而他仍执意要请我们在附近的饭店聚餐。他在行动不便的情况下，坐在轮椅上由学生推到饭店，再由两三个人抬到酒席座位前，我们在一旁都有为难之感，他却一直是笑嘻嘻的，一如往常。就餐时，他一边和我们拉家常，一边不时为坐在其左右两边的夫人缪师母及我们夫妇搛菜添饭。我一眼就可看出，他对其相伴终生的缪老师的关爱，真是情真意笃。由此，也使我想到，祁老这一生，无论是对国家、对社会，还是对师长、对学生，乃至对家庭、对伴侣和子女，都在恪守着中华民族传统的伦理美德。然而我万万没有想到的是祁老的这次盛情款待与言传身教，竟成了我们之间的最后的晚餐和永久的诀别。此后，我再来扬州，再也见不到他那慈祥和蔼、可亲可敬的笑貌、身影了。内心的哀痛，实难以言传。

前不久，我接到祁老的得意门生夏春涛研究员的电话说，在祁老逝世一周年之际，大家为缅怀他的渊博学识与高尚品德，想为他编一本纪念文集，并嘱我写点纪念文字。这对我来说，当然是义不容辞，正好可借此寄托我对祁老的哀思，因撰写此《先生之风　山高水长——心香一瓣祭祁公》小文，祭奠于祁老的在天之灵。

哲人其萎，风范长存。祁老的高风亮节与音容笑貌将永远活在人们心中。

2014年4月25日于北京
（原载《祁龙威先生逝世一周年纪念文集》，广陵出版社2015年版）

一位平凡而伟大的母亲

——深切怀念我的慈母

人世间最真、最亲、最纯之爱莫大于母爱,而我尤爱我的母亲。而今,我却失去了我的母亲。虽然我已是近乎"耳顺"之年的人了,却犹如一个儿童那样,真想能偎依在母亲的怀抱中,或用手拉着她的衣襟,永远不让她离去。从母亲去世到现在,已经快两个月了,我也常处在忙碌的事务之中,但却总是排不开对她的思念,或由近及远,想起她最后与我的话别,又联想到她苦难的一生;或由远及近,想到她如何年轻守寡,忍辱负重,含辛茹苦,将我和哥哥、姐姐抚养成人,直到前不久与我诀别时,还情真意切地说:"我死了,丧事从简,你能回来就回来,不能回来,就甭来,咱母子也见面了,也说了,也亲了,不要为我的后事,影响你的公务,更不要哭个没完,还是保重自己的身体要紧。用不着老呆在我身边,回去上班吧!"这是1996年1月8日,当我得知她病危的消息,急忙回乡,她对我说的一番话语。岂料,这竟成了她老人家对我的临终遗言。

那是我刚从祖国的宝岛——台湾参加学术会议归来,突然接到外甥从故乡打来的电话:"我姥姥快不行了,大夫说也就是这一两天了,您快回来见她一面吧!"我多么想再见慈母一面呀!便不顾从台湾刚刚归来的旅途疲劳,也不管回乡是如何艰难,接到电话的第二三天,就心急如火地赶回豫北故乡。当我回家进门看到瘫卧病榻、面容憔悴、骨瘦如柴的老母时,便不由地潸然泪下,又不得不强作镇静,连忙爬到她病榻前大声说:"妈妈,我回来看望您老人家了!"据这段时间一直在病榻前伺候老人的姐姐讲:"咱娘已昏迷十多天了,这些天曾不断呼叫你的名字,说想再看看你!"但我来到她床前连声呼喊:"妈妈!我回来了!"她却只能翻翻眼皮，嘴唇嚅动着想说却无法说出，便又将眼睛闭上。就这样，整整大半天，我一直坐在她的病榻前，或抚摸她的额头，或拉着她终生勤劳的老手。她那原本温暖的手，此时却是凉凉的。直到傍晚，她的精神才稍稍好些，对坐在床前的我有气无力地说："知道你来了，也想说话，就是说不出呀！"我多么想她能再像健康时那样，慈祥而和蔼地和我娓娓叙说家常呀！不过我们母子之间，虽说话不多，毕竟是见了面，多少释解了她的思子情怀，她的精神又异乎寻常地有所好转。本来已十多天滴水不进，然而在我回乡的第二天，她又能多少进些流食，整个一天都比较稳定，又断断续续地和我们讲起话来，并催我回去上班，前面讲述的她那番话，就是在这种情况下讲的。按说，我理应在病榻前多侍奉老人一些时日，但我作为出版社的总编辑，又适值岁末年初，有许多事情需要处理。再看到母亲精神好转后的神态，认为也不见得会马上会很危险。所以，我在家仅仅停留两天，便又匆忙返回北京。

从故乡归来，我又即刻埋头于公务，但内心却一直忐忑不安，唯恐接到报丧的噩耗。但直到放春节假之前，并未接到电话。我心中想："老母亲一辈子总是为他人着想，莫不是临终前还要我们这些儿女再过一个踏实的春节。"眼看，大年除夕、初一、初二都过去了，依然未传来什么不好的消息。不过，在我的内心深处却总是因为惦念老母的病情而感到不安。

果然，既属预料之中而又不愿听到的凶信终于来临。大年初三上午10点多，正当我心神不定地接待两位友人到家拜年之际，急促的电话铃声突然响起："叔叔，我奶奶今天早晨8时去世了，你是否尽快回来？"这是我大侄子超英从洛阳打来的电话。虽然，我母亲已是八十八岁高龄，前不久我也看到她在病中痛苦的样子，也不忍心让她再多受病痛的折磨，但听闻其病逝的噩耗，依然十分震惊和悲痛。尽管她生前并没要求我在她病逝后一定回乡料理其丧事，但按照中国传统的礼俗，特别是出于对她老人家的深厚感情，我毫不犹豫地决定，一定要回乡祭拜母亲的亡灵，必须回去料理她的丧事，以尽做儿子的孝道。我遂决定仍按原定的计划，于初四和社里其他几位领导去看望一些处、室干部，又将由我主持、原订在春节后召开的一个学术工作会，提前于春节假期内举行，同时去购买回乡的车票。完成上述安排之后，我便马上回乡奔丧。

我的故乡在豫北封丘县一个偏僻的小村，从北京回去，先要乘火车到新乡市，再改乘长途汽车到黄德乡，而后还得步行七八里才能到我们小石桥村。从北京出发时，我好不容易买到一张卧铺车票，原打算上车后睡一夜，待第二天早晨到新乡后，再应付长途汽车的颠簸与步行的劳累。但及至上车安定下来，却怎么也睡不着，仰脸躺在卧铺上，我的思绪伴随列车行进的隆隆声起伏跌宕。母亲的一生，好像一幕幕影片镜头在我的脑海中浮动，她勤劳、善良、坚韧、刚强。能反映她这些传统美德的事例，几乎贯穿于她一生。如今，我已是近六十岁的人了，但在我大半生的记忆中，却只有母亲而没有父亲。父亲是怎样一个人，他的身材高低、体型胖瘦、脾气秉性，我几乎一无所知，只知道从小就没有父亲。所以我这一生没有享受到丝毫的父爱，而且，他留给我的只有痛苦；但母亲给予我的温暖、抚育和关怀却无边无际，说不完，也数不清。并且她为照顾我们，付出了自己沉重的代价和无可弥补的牺牲。如果要问我这一生谁给我的爱最深、影响也最大，我会毫不犹豫地回答："是我的母亲高秀荣。"

夜越来越深，大地在夜幕中一片沉寂。列车仍在疾速行进，同车的旅客也都在鼾睡之中，我看了一下表，已是深夜3点。我依然没有睡意。列车已从河北进入河南，我想起脚下，就是旧中国连年有灾荒，遍布"水、旱、蝗、汤"的地方。我于1937年出生在这个灾难之乡，祖祖辈辈都生息在此地，以农耕为生。以我的朦胧记忆所及，我自两三岁起，不仅压根儿没见过父亲，连母亲也很少见到，白天黑夜都躺在祖母的怀抱中，母亲十天半月才回家一趟，往往又匆匆离去。后来，我才知道，母亲原是在邻村地主家当保姆。她白天、黑夜拼命地干活，好挣一点工钱或换来三升半斗粮食来养活哥哥、姐姐和我这三个幼小的儿女，为此不得不把我们托付给祖母照料。穷人的孩子照样眷恋慈母，每当母亲匆忙从地主家赶回，或带来点吃食，或送回些衣物，又匆匆回地主家时，我总是用双手死死搂着她的脖子，连哭带喊"不让您走，不让您走了"，而我妈妈总是和颜悦色地哄我"过几天我就回来，再给乖乖带好吃的，让妈走吧！"有时，她实在甩不开，不得不用力掰开我的手，甚至打我一巴掌，在我哭得更凶时，她头也不回地径直走去。然后，我祖母再哄劝我："苦孩子，不让你娘走，你吃什么？都怨你那个赌钱作孽的爹，弄得你既没爹也见不着娘！"

后来，我慢慢懂得和理解了祖母的话。原来我父亲弟兄三人，他排行老二，我还有伯父和叔父。祖父去世得早，但他撒手人寰时，家中还有四十多亩地。到父辈各自成家，弟兄三人分家时，每人都分得十几亩地，并各有自己的房屋、农具。我母亲就是在父辈分家前不久，在她二十岁刚出头时，与父亲婚配来我们家的。她自己也出生在一个勤劳朴实的农家，从小就养成了勤俭耐劳的好品质。她与父亲结婚的头几年，家中的生活还可以，说不上富裕，但如勤俭持家，完全可以过得小康和温馨，因为我父亲作为农家子弟，虽识字不多，但人却聪明能干，他既会种地，又会做木匠活，还会染布。他农忙时种地，农闲时就做木匠活，或者与别人合伙开染坊染布。这样既种地收粮食、棉花，不愁吃穿；又做木工和开染坊，手头总还有些零用钱，这在自给自足的农村，显然比只靠种地为生的人家要好得多了。如果父亲能凭借自己的本领，勤俭耐劳，恩妻育子，家中可以生活得很好。但不幸的是，他和我的伯父、叔父分家单过之后，手头有点钱了，且大男子主义思想严重，他可以自行其是，不受什么约束。旧社会的农村赌博成风，父亲也渐渐染上赌博的恶习，且愈赌愈凶，任凭我母亲如何好言相劝，他就是不听，我行我素，说急了甚至还对我母亲拳脚相加。终于有一次，在接连几天的赌博恶战中，他把手边的钱输了个净光，而后又赌输了耕牛和农具。在这样的厄运中，他既不服输，又心存侥幸，一心想把输掉的钱物再捞回来。我母亲知道这种情况后，哭着到赌场中，连拉带拽，想把父亲叫回来，却无济于事。他假意休战，再改换赌场，躲藏到谁也找不着的地方，无休止地赌下去。但厄运一次次降临到他头上，在输红了眼，又无赌资，还一心想挽回败局的情况下，他把家中的地，一亩、两亩……十亩，都作为赌资押了上去。一直到把家中的十几亩地，包括院落中的树木和房屋都押上去。结果把全部家产，输得一干二净，甚至连我母亲出阁时陪送的嫁妆，都输掉让赢家拉走。就这样，把一个原本殷实的小康农家，竟输得一贫如洗，还欠下一屁股账。这样的结局，气得我母亲几次晕死过去，一连几天，眼睛发直，言语无声。家中如何过活？孩子如何抚养？她简直无法想象。而我那可恶可恨的父亲，亲手播下这人世间因赌博造成的悲剧后，却又离家出走！

原来，正当灾难降临全家时，适值1937年"七七事变"之后，全面抗战爆发。为抵抗日本帝国主义侵略，国民党部队在我们村四周到处征兵，那时我父亲虽已三十多岁，但他不仅将家产荡尽，还欠下不少账，整天不断有人登门讨债，他在家无法待下去了，便不负责任地对我母亲未做任何交代，应征去当了国民党兵。而且，一去杳无音信，从此再也没有回家。那时我刚刚半岁，还是个没有记忆的婴儿。他一去无回，连张遗像也没留存世上，所以在我的脑海中，没有留下有关他的任何印记，只知有母而不知有父。半年以后，同村一个和父亲一起去当兵的人回来说，在和日寇的一次遭遇战中，我方部队被日寇打败而撤退。撤退之前，我父亲正害疟疾，病情严重，高烧不退，撤退时无法行走，被弃留驻地。这次战役后，就再没有人见到过他。依常情分析，他很可能是在我方军队撤退后，被侵占了驻地的日寇杀害，反正从此再也没有他的任何音讯。不过是死不见尸，活不见人。对此，母亲总是放心不下，既认为父亲大半已经死去，又有点希望他还活着。我记得直到两三年后，我稍能记事时，母亲还常常打听父亲的下落，她对他是既恨又气，又还有夫妻之情，总盼望他能够归来，共同支撑家庭，抚育我们这些儿女。有时，在万般无奈的情况下，她还找过算命的先生，算一算我父亲是到底死了还是活着。算卦者当然是迎合求卦人的心理，总是说："根据此人的生辰八字，他虽有大难，但仍在世上。"这更加重了母亲将信将疑的心情，不知所从。但多数乡亲都对母亲说："您就死了这份心吧！孩子他爹看来早已死了！还是塌下心来，想办法照养孩子吧！"

父亲多半已经死了，全然没有指望。家中是既无地，又无房。父亲刚刚离家出走时，那些赌场中的赢家，还不断登门要债，或要地契，或砍树木，或拉耕牛，甚至要拆房，闹得鸡犬不宁。为了我们这些孩子，母亲不得不忍气吞声，给来人叩头纳拜，乞求留下容身的住房。那时，她最大的孩子我哥哥才五岁，姐姐三岁，我还不满一岁。我那苦命的母亲也才二十七岁。试想，这样年轻的寡母，带着我们这样幼小的三个儿女，在家败夫亡的灾难中，如何过活呢？如果她是一个懦弱者，很可能会去寻短见；或者是再图改嫁，撇下我们兄妹，一走了之。当时，确也有人劝她："你这样年轻，这日子什么时候能熬到头呀？不如把孩子交给奶奶，再找人改嫁。"但心地善良而又刚强的母亲，决心克服困难，咬紧牙关，毅然决定就是靠乞讨也要把我们这些儿女抚育成人。她一边求助于祖母、伯父和叔父，向他们表明自己的心志，一边有时也把我们送到外祖父、舅父或姨母那里，轮流着一家住十天半月，甚至送到平常来往不多的远门亲戚家中。因此，在我的记忆中，经常是寄人篱下，其中多数亲戚都乐于助人，对我们表示怜悯和同情，但也常会遭人白眼。每遇这种情况，我母亲心中的滋味可想而知。当然，即便是住在接待我们的亲戚家，也不是白吃白住，全要靠母亲勤劳的双手，给亲戚家做饭、洗衣、做鞋、种地，她白天累得腰酸腿痛，晚间还不得不在灯下熬到深更半夜，给亲戚家的大人小孩，做出换季的衣服和一双双新鞋，以此换得好感，获得同情，以便在亲戚家多住些时日。她勤劳、能干，各种活都做得出色，也博得亲友、乡邻的称赞与好评，大多亲戚都乐于给她以帮助。但全靠亲友的帮助总非长久之计，她是个自尊、自重、自强而又有志气的妇女，她总想要以自己勤劳的双手把自己的子女抚养成人。经过与祖母和外祖父商量，她决定到邻村的地主或富户人家去做保姆、佣工，为人家照料孩子、做饭、洗衣、喂猪、养鸡……干各种杂活，用挣得的工钱换取些粮食来养活我们。所以，她把我们几个年幼的孩子托付给祖母，让祖母白天给我们做饭，夜间与我们睡在一起。她每隔十天半月利用休假回家看望我们，或带些粮食吃物，或带些衣服鞋袜。哪一个做母亲的不惦记自己的儿女，而又有哪个孩子不想念自己的亲娘！所以，母亲每一次短暂回家，总是不想走又不得不走，我们也不想让她走又不得不让她走。

在以后的一段年月里，母亲既要担负主人家给她安排的繁重劳动，又时刻惦念着我们的衣食冷暖。我们一年四季的衣服鞋袜，都是她经过一天繁重的体力劳动后，再在煤油灯下，挤时间为我们缝做的。有时挣到三五升粮食，怕我们在家接济不上而受饿，还不得不到晚间活完后，再回到本村，连夜推磨，把带回的高粱、玉米等杂粮，磨成面粉，直到半夜三更才能磨完，再稍事休息，不到天亮就得再赶回主人家，深恐耽误了人家的活计而被辞掉。超负荷的体力劳动和养儿育女的沉重负担，有时难免体力不支或有些疾病与不适，她也不得不强忍着，既无钱看医吃药，也不能和不敢休息，而是咬着牙关硬挺过去，就这样一连坚持了三四年。

1941年与1942年，是华北几省的大灾大害之年，既有人为的日伪侵略和抢劫，又有自然上的旱灾与蝗灾，有时一季下来，庄稼颗粒无收，在地主富家干活也挣不到多少粮食与工钱，或者干脆被辞掉。被迫无奈，母亲不得不一边做佣工，一边到处讨饭，把四处讨要来的零碎的黑窝窝头或烂白薯头，拿回家来让我们充饥。那时，不用说吃不到净米白面，就是逢年过节，能用黑窝头、烂白薯填饱肚子，我们就高兴极了。我至今清楚地记得，我和哥哥、姐姐几乎长年累月，都靠挖野菜、吃树皮充饥，各种各样的野菜、树皮，还有无粒的玉米棒心、棉花籽、花生皮，都一煮再煮，用来填肚子，吃糠咽菜是家常饭。因为吃不上米面青菜，大便干结，常常拉不下来。我大便时，往往使尽吃奶的力气，头上的筋绷得老高，也拉不下来，母亲不得不用手指头，帮我从肛门里往外抠。想起当时的苦难，我真难想象母亲是如何以坚强的毅力，把我们拉扯过来的。

为了养活我们，有一次经人介绍，母亲想到百里以外的开封市去找活计。我们都还小，她既怕我们不让她走，又觉得和我们也说不清楚，她只是给祖母说了，又反复和介绍人商量路程如何走，到后找什么人，能干什么活。我们只看到她收拾衣物，打点行囊，像是出远门似的，也弄不清其中原委。姐姐比我大两岁，懂事稍多点，但也是似懂非懂。她误以为母亲要改嫁远走，就不由分说，拉着我坐在村口路边的桥头上，等母亲背着包袱过来时，我们两个一个拽着她的包袱，一个抱着她的腿，死活不让她走，致使母子三人抱头在桥上大哭了一场。后来，经祖母劝说，耐心给我们说明原委，我们才不得不让母亲走了。至今，我还依稀记得，我和姐姐站在村头哭着目送母亲愈走愈远，而母亲走了很远很远，还回头张望着我们的情景，真是一步三回头，骨肉亲情，难舍难分。

但是，不料十来天后，母亲却又回来了。原来，当时开封被日寇侵占，出入城门都要"良民证"，我母亲没有"良民证"，好说歹说，守城的日本鬼子就是不让她进城。后来，我才知道，母亲这次往返开封，受的罪可大了。从我们村到开封，有一百里的路程，还要过黄河。可她去时，既无足够的坐车乘船的路费，又没有带足够的干粮，全靠两条腿去走。当时，又是大热天，走到半路上，肚子饿极了，她就在途中的村头井边，大碗大碗地喝凉井水，直到解了渴，又把肚子喝得鼓鼓的，才再赶路。腹中无食，又要赶路，且冒着酷暑，走着，走着，她便眼冒金花，头晕脑涨，不知不觉栽倒在马路边。等到她醒来时，衣上、地上全是她吐出的凉水……如此这样艰难地到了开封，因无"良民证"她还进不了城。后来，她好不容易在城外，碰到了一个同乡老一辈的姑姑，才在她家住了几天，给了她一些旧衣物和零用钱，却无法帮她找到挣钱的门路，又不得不折回家中。思想起来，我的母亲，为了把我兄弟姊妹抚养成人，实在是受尽了人间少有的苦难。

大概是1944年前后，母亲靠做佣工与讨饭养活我们的苦日子，才告一段落。这主要是依赖我那道德高尚的伯父。我伯父原本也是个农民，但他读过几年私塾，有点文化，写一手的好字，又会算账。1937年抗日战争爆发后，我父亲去当了国民党兵，他却沿陇海铁路到了西安，开始凭借他的文化，给一家服装店做账房先生，逐渐有了点积蓄，又合伙与朋友开了个服装店，还开了个手工的织布小厂。当他得知我父亲的遭遇和母亲的处境后，不忍心我们这些无父的侄子、侄女挨饿受冻，也不愿让失去丈夫的弟妹靠乞讨养活自己的儿女。所以，他又倡议把他弟兄已分的几个小家再合起来过。因为我叔父那一房人，地少孩子多，生活也很艰难，我祖母与我叔父一起生活，日子过得也很苦。伯父提议把小家再合起来，叔父也很同意。伯父提出，他可以给家不断寄些钱，买些粮食，再多买几亩地，由我叔父，领着祖母、婶母和我母亲及一些孩子在家种地。同时，他又把我伯母、叔父膝下的大儿子（我的堂兄）和我哥哥接到西安，或持家，或做工，或读书。这样，使原已分居的家又重新合聚在一起，再度同甘共苦，同舟共济。之所以能出现这样的局面，完全是出于伯父的努力和好心。一则，伯父在我父辈中是长兄，他可以挑头提出合家的主张；再者他提出这一主张无任何私心，主要是可更好地孝敬我祖母，救济我母亲及我们兄弟，同时也帮助我叔父克服养家的困难，否则，他只需把我伯母接出去，再给我祖母留点钱就行了。那样，他的小家庭可以过得更富裕、更舒适，而不必费那么多的钱财和心力，既要为大家庭置粮食置地，还要把两个侄子接到城里家中去抚养，这全然是出于为他人着想。所以，无论是从旧道德来说，还是从新道德的观点讲，我伯父都是个大好人，而且可以说是一个道德高尚的人。正是由于伯父的倡议和帮助，我母亲才结束了为人做佣工、或靠乞讨过日的苦难生活，又回到合起来的大家庭之中。只有在这时，她才卸下了难以独立支撑的负担，才感到抚育我们成人有了切实的指望，也才感到生活有了新的出路，她的脸上露出了真正的笑容。唯其如此，她内心对我伯父的感激之情，实在是用语言难以表述。合家之后，她多次反复地嘱咐我们："你伯父是我们的救命恩人，你们长大以后第一个应孝敬的是你们的伯父，我这个做母亲的还在其次。"这是她出自内心的真情流露。

合家之后，母亲深知这样的生活来之不易，她用双倍的力量为大家庭做奉献，先人后己，吃苦在前，享受在后，处处体贴别人，来维持大家庭的团结与和睦。整个大家庭十几口人，她总是抢着干活，早晨一大早就起来做饭，饭后又赶快上地里干活。有些农活，诸如耕地、碾场、装车等，本是男劳力干的活，她也都主动去做。到了晚上，她又借着月光，纺纱织布，然后，把织成的布一部分供家中做衣被，一部分拿到集市上卖，以增加全家的费用之需。就这样，她长年累月，不分昼夜，辛勤劳动。有时夜间我都睡一两觉了，她还在月光下纺织。在一室三间的屋中，我和母亲睡在左边一间，祖母住在右边一间。中间屋里，放着母亲的纺车与织布机。每夜她总是一边纺纱织布，一边照料祖母和我。她孝敬祖母，也是有名的。每天，她总是为祖母铺床叠被，倒便盆，每逢祖母有病，多是她在床前床后照应，端水送饭。每当到集市上卖掉自己织成的布后，她总要为祖母买点冰糖、点心之类的食物。与妯娌相处她也是忍让在先，我婶母是个心地狭窄、私心较重的农村妇女，再加上我叔父主管全家，在财产、食物分配等方面，我婶母总是要占点便宜才行，甚至对我母亲有些霸道。母亲为了大局，也总是忍让克制，以保持全家的和睦团结，宁肯自己吃亏，也从不声张和吵闹。母亲虽无文化，却深明大义，她觉得自己没有丈夫，家中的大事，需我叔父安排，所以，她也尊重并照顾我叔父，做饭时，总是把最好的食物，先端给我祖母和叔父。即便是我婶母做出亏理的事，母亲也决不让叔父为难。在这些日子里，母亲的待人处事，也潜移默化地对我有所影响，使我与人相处时，总是多为别人想想。

不管如何，在伯父、叔父与我们合家之后，家中的生活比之于母亲领我们单过时要好多了。那时，我六七岁，正是要读书的年纪，村中有私塾，母亲和叔父商议，把我送到私塾中读书，一开始读的是《三字经》《百家姓》《千字文》，接着又读《大学》《中庸》《论语》。母亲用她自织的棉布，给我做成新衣，送我到学校，鼓励我好好念书，一定要争气！我也不负母亲的苦心，知道能读书来之不易，学习的确比较刻苦，常受私塾先生的夸奖。远在西安的伯父闻悉这些情况，又决定把我接到西安市去继续读书。母亲对此更是欣喜异常，便起早贪黑为我准备行装，给我做了好几身新衣，光单鞋、棉鞋就做了好几双，实在是针针线线都渗透着慈母的爱心。1946年，过了春节，我辞别了母亲，远行到伯父所在的西安，母亲为我煮了不少鸡蛋，千叮咛，万嘱咐，"一路上要小心。到西安后，要听伯父的话，好好读书"，"你走了娘放心，到伯父那里，比在农村跟着我好，又是去读书，长本事了，不要老想我"。直到1949年5月，西安解放，大约四年的时光，我一直在西安伯父母身边读小学。伯父母对我的抚养，如同亲生父母，那时，我都八九岁了，我年轻的伯母，看到我脏兮兮的，还给我洗澡。我因年纪小，夜间睡觉，还常常尿床，伯母也不厌其烦地为我拆洗。这几年，我虽没有和母亲生活在一起，伯父却给我弥补了失去的父爱，伯母给了我如同母亲一样的温暖和慈爱，他们确可以说是我的再生父母。

正当我在西安读小学五年级时，1949年5月人民解放军解放了被国民党统治的西安，这当然是一个划时代的剧变。当时，我伯父想到他从1937年离开原籍距今已十多年，祖母也年岁渐高，他想举家从西安迁往河南，又考虑到我也离开母亲四年多了，母子间难免思念，便决定让我先陪伯母回原籍农村，待他从西安回河南后再接我出来上学。大概是1949年7月、8月间，我又回到家乡母亲身边。母子重逢，她当然格外高兴，对我问寒问暖，并诉说家乡的变化。当时，我的家乡已解放了一年多了，比之国民党统治时期好多了，社会十分稳定，群众都安居乐业。母亲对比新中国成立前的遭遇，尤其感到舒心，她说国民党统治时，常年兵荒马乱，村中还常有土匪抢劫，家家都提心吊胆，而现在在共产党的领导下，家家都能过安生的日子，比起过去的世道不知好多少倍。母亲给我讲述新中国成立前后的变化时，流露出发自内心的喜悦之情，也反映出她对党和新社会的由衷热爱。这时，母亲是四十岁出头，由于在旧社会饱经风霜之苦，额头已布满皱纹，头上也早生华发。但因经过多年艰苦的磨炼，劳动已成了她的天职，所以她仍像我离家以前那样，依然终日勤劳不休息，种地、做饭、纺纱、织布，身体也还是那样健康。这次，我在家乡和她团聚了几个月，不久伯父从西安迁回开封，我又到伯父母身边继续读书，直到1956年，我高中毕业，考入中国人民大学去到北京读书之前，几乎每个寒暑假，都回农村家乡，和母亲相聚一段时间。这一时期，家乡经过了土地改革、农业合作化等运动。我每次回到农村，也亲眼看到当时的农村，一片欣欣向荣，家家都有吃有穿，有地耕种，社会风气良好，社会秩序安定，呈现出"路不拾遗，夜不闭户"的社会景象。本来较为沉默寡语的母亲，这时因心情格外舒畅，也常常是喜笑颜开，话也多了。除了一年四季的正常劳动外,她还常常帮助乡亲与邻居。1956年我离开家乡去北京读书之前,她再三嘱咐说:"你算是有了出息,能去北京在毛主席身边上大学,一个要饭吃的苦孩子能有今天,这是我做梦都不敢想的,我也算没有白熬。你就一心一意读书去吧!一点也别惦记我!我在家能劳动,不愁吃,不愁穿,有啥惦记的。"在和母亲相处的过程中,我深深感到她的坚韧与刚强,总是不想给我们做儿女的增添任何负担,连我们在精神上对她的思念,她也怕分散了我们的心思精力。而我从1956年到1960年,在北京读书的四年中没有回家过一次,我不是不思念母亲,也不是不想回家,而是因为没有回家的路费。因为当时我伯父已年迈体衰,收入微薄,没有力量再资助我,刚刚工作不久的哥哥,孩子多、负担重,每月也仅能供我几元钱,买些书籍用品。母亲在农村务农,尚属自然经济状态,长年累月她自己也不会有一点零用钱,哪有可能寄钱给我呢?所以,整整四年,我没有回过家,也没有见过母亲。每逢寒暑假,我或在校办工厂勤工俭学,或在校学习、阅读各种课外书籍,或参加学校组织的各种文化活动,想到母亲时,也只能是多写几封信。

在此期间,农村经历了"大跃进"、人民公社化运动。河南的"大跃进"与人民公社化运动搞得尤其"热火朝天",充斥着虚报与浮夸之风,在农村还有严重的强迫命令作风。听说,那时一说"办食堂",各家各户的锅灶,一律拆除,所有的人统统都被赶到食堂用餐。由于各级领导都存在虚报产量的严重现象,夏秋生产出的粮食,政府都按虚报的数字征了公粮,致使集体食堂没有粮食做饭,造成农民一日三餐喝稀粥。就这样,农民还得深翻地、炼钢铁、修水利、挖河道,甚至强迫妇女饿着肚子,跳到水中去挖河道。我母亲和其他农村妇女一样,也被强迫着那样去挖河道、修水利。所有这些,她都默默强忍着,在给我的信中没有提过一句,说过一字,她唯恐增加我的思想负担,影响我的学习。对于社会上形成的这些不良风气造成的恶果,像我母亲这样的普通劳动妇女,又能如何呢?她自己主观上所能做的只能是自己承受压力,而不让我们去分担。这也是她几十年一贯的禀性与品质。上述情况,还是几年以前,我才听说的。当时,我已经工作的哥哥,闻悉母亲在农村的处境,坚决于1958年,把她接到自己工作的内蒙古包头市,以免她在农村继续挨饿受气。

我大学毕业工作之后,到了1961年春节时,才有机会到包头去探望母亲和兄嫂。与母亲这次重逢时,她显得苍老多了,但身体依然健朗。就生活上说,虽然比"人民公社化运动"时的农村要好,但依然十分艰苦。当时,我哥哥在包头钢铁公司做工会干部,嫂嫂做临时工,收入都不多,但因结婚早,孩子多,养家糊口,还相当困难,我母亲和他们生活在一起,帮助料理家务。那时,又正值三年困难时期,粮食定量偏低,副食品供应紧张,我哥哥的几个子女,最大的侄女也才十来岁,都处在发育长身体时期,吃不饱饭怎么能行。母亲和哥哥嫂嫂一起,想方设法,克服困难。为在国家定量供应的粮食、副食之外,再补充些粮食和副食品,他们便在住区周围开辟出近一亩的荒地,种上玉米和土豆,此外还养猪、喂鸡。母亲除给孩子们做饭外,又要种植这些自己开出的十地,并喂猪、养鸡,一天下来,也是腰酸腿痛,如同在农村一样。但她要做这么多的活,绝非出于强迫和勉强,而是自愿,以苦为荣,以苦为乐,想让儿孙们生活得更好,她依然把劳动作为自己的天职。不管怎么苦和累,毕竟是和自己的儿孙生活在一起,在艰难困苦中享受天伦之乐。那时,我虽然生活在北京,也同样粮食定量偏低,又是过单身生活,整天都要一两、二两地计算着一日三餐的定量标准,常常是只能吃七八成饱。同时,每月仅有的四十多元工资还固定给伯父母寄十五元,以报答其早年的养育之恩,也没有力量再给母亲以应有的敬奉。那次,当我离开包头回北京时,母亲、哥哥、嫂嫂还给我带上不少自养自种的猪肉、猪油和各种食品。回到北京不仅我自己享用,还当作极难得的宝贝,请朋友们分食。当时,我已是大学教师,且有了工资,不仅不能孝敬母亲,却仍在困难中享受她老人家的劳动成果。回想起来,实在是惭愧。

大约在1963年前后,母亲又随哥哥的工作调动到了河南省洛阳市,仍然是帮助兄嫂照料孩子和家务。我则在学校中接连下乡去参加农村的四清运动,对母亲未尽过一点赡养的义务。直到1968年我结婚后要添第一个孩子时,原来是计划由岳母帮助抚育。岂料生孩子的前一两个月,岳母却因患子宫癌去世,不得不急忙请母亲来京帮助照看。那时,我哥哥的第四个和第五个孩子,也都才四五岁和两三岁,母亲本难分身。但为了支持我,同时又兼顾哥哥那边的难处,她在动身来北京时,还带了一个小侄女,来京和我们共同生活。我那时工资是每月56元,爱人刘文瑞每月是37元,本来是两个人生活,还多少能照顾各自家庭一些。现在,突如其来变成五口之家：母亲、小侄女、我和妻子及新出生的女儿。而且，岳母又在此间病故，生活的困难，可想而知。面对现实母亲没有一点为难的样子，当时她已经六十一岁，每天除照料产后的儿媳，做饭，洗涮孩子的尿布外，还得照顾我和小侄女。困窘的经济状况，常常捉襟见肘，难以应付。有时，买一角钱的大白萝卜，竟要作一个礼拜——六七天的蔬菜之用，正坐月子的产妇——妻子，一多半的主食全是粗粮。而母亲在生活上的待遇又自觉处于全家等而下之的地位。不仅如此，当时的"文化大革命"正处在"文攻武卫"阶段，我的对立派，有时还全身披挂，站在我家窗下窥视。母亲不仅要想方设法克服生活上的困难，同时，还要承受精神上的压力和负担。但她对我们从来没有任何怨言，更谈不到有任何额外的特殊要求。当我的孩子还不到两岁的时候，哥哥那里又出现意外情况，反复来信催母亲尽快回去，母亲是既扔不下这里，又不放心那里，处于两难之中，最后，还是带着小侄女又返回洛阳。母亲离京不久，我又到干校，且一去三年，只好把妻子和女儿撇在家中。母亲则在我哥哥家住下来。每家都有一本难念的经，我哥哥那里孩子多，且都在青少年时期，在成长过程中，教育等方面，难免会碰到各种问题。我哥哥脾气不好，常常与小孩子处于对立地位，我母亲既是母亲又是祖母，常常以长辈的慈祥和耐心，上下照顾，左右周旋，把矛盾缓和化解开。当儿孙们处在苦闷孤立的困境中时，她都尽量给以慈祥的温暖，绝不因一时一事对哪个孙子、孙女另眼相待，正因为如此，她受到每一个孙子、孙女极大的尊敬和爱戴。

1976年，正是我们国家处于天灾频繁、人祸猖獗的时候，这一年老一辈无产阶级革命家朱德、周恩来和毛泽东相继去世，"四人帮"横行，同时，又发生了唐山大地震，波及天津和北京。恰在这个时候，我的第二个孩子又出生了。为此，我不得不再把母亲接来北京，照顾产妇和孙女。也是母亲的命运不济，她第一次来京时，碰上"文化大革命"，这次来北京时，又碰上大地震，第二个孩子就是在医院临时撑起的帐篷中出生的，回到家里，又只能住在油毡撑起的帐篷里。从8月里孩子出生，直到春节前的寒冬腊月，一家人都是在帐篷中度过。这一次，母亲和我们相处的时间较长，从孩子出生之前，直到孩子满四岁，总有四五年的时光。生活虽然困难，但比之于新中国成立前，比之于第一个孩子出生时，要好得多了，但母亲依然是艰苦朴素如初，家中有好吃的，总是先让给我们和孩子,自己从来不挑吃、挑喝,她常常说:"成天吃细米白面,这是天堂般的生活。"偶尔给她买一点糕点之类的食品,直放到发霉,她也舍不得吃一点。她对隔辈人的疼爱,简直到了娇惯的程度。难怪我们的孩子一刻都不愿意离开她。她一直把第二个孩子养到四岁时,又想回河南看望我哥哥、嫂嫂及他们的孩子,离京前,对我的第二个孩子好哄歹哄,说是要回老家给她去拿"老玉米和红薯",孩子才放她回去。去了之后,孩子成天哭闹,"我奶奶怎么还不回来呀!老玉米怎么那么难拿呀!"她一心一意想让奶奶再回来,终于和到北京出差的伯伯一起回河南,硬是把奶奶又接了回来。

直到我的二女儿上了小学,母亲才再返河南。儿女都是老人的连心肉,她住在北京想河南,住在河南想北京。但不管住在那里,她的劳动和付出,都远比儿孙给她的孝敬与报答多得多。她是一辈子闲不住的人,不管是住在这里,还是住在哥哥、嫂嫂家里,她都是一刻也不闲着,手中总是不干这就干那。由于哥哥结婚早,他的儿女们也都成家早,如今我哥的五个儿女,都有了自己的孩子;我姐姐那里的外甥女们,也大都有了自己的孩子,都是母亲的重孙儿了。而且,随着社会的进步,经济的发展,加之儿孙们个人的努力,每家的生活过得都不错。我的兄、嫂都已退休在家。他们的大女儿女婿都是国营大厂的工人,自己还开个小商店;其大儿子也是母亲的长孙子,国家处级干部兼国营公司的经理;二儿子是多次出国的技术工人……我们大女儿也是母亲抱大的,在外资企业工作,收入颇可观,我个人早已是大学教授,现在又是出版社的总编辑,每一个儿孙都有条件,让她老人家颐养天年,在晚年享一点清福。

不料,我的母亲一生却多灾多难,1989年春节,当姐姐把她老人家从洛阳哥哥那里接回农村过春节时,就在春节前几天,因夜间在灯下为哪个重孙儿赶做新衣,以致头晕眼花,她从床上摔到地下,造成中风偏瘫,这时她已是八十二岁高龄。当时,姐姐、姐夫立即采取了措施,请村里的大夫诊治,接连打点滴,制止了病情的发展。那年春节,我原本是到洛阳探望母亲,到后才知她病倒在农村,故不由分说,又立即赶回农村,了解母亲的病情,并对她的治疗采取相应的措施,因时值寒冬,老人年岁又高,交通不便,暂时只能住在农村就地治疗。到了当年4月,哥哥把母亲接回洛阳。4月中旬,我从北京赶回洛阳,在二侄子超胜的陪同之下,把母亲接回北京。经过当初的紧急治疗，这时，母亲的病情已经趋于稳定，而且右手臂尚能活动，推一个带轮的小椅子还能在屋内走动，并且能自己慢慢地穿衣吃饭。我们把她老人家安置在家里，请了一个中医针灸大夫，每隔一天就到家中问诊，并配以适当的医治脑血栓的各种药物。一辈子勤劳的母亲，因病不得不终日躺在床上，她心中很着急，总想着她的病情能有大的好转，甚至能正常活动，继续帮我们做饭，料理家务。她常常对我说："怎么成了个大废物，能吃能睡，就是不能干活。"我反复劝她："您这么大年纪，就是没有病，也不能干活了，您老就心安理得地养着吧！"那时，我已是中国人民大学清史研究所的所长，工作也比较忙，除行政工作外，还担负着研究任务，经常晚上看书撰稿。她有时竟半夜起床，推着小椅子到我的书房，坐在我身边，关怀而心疼地说："白天黑夜那么忙，我不能帮你，还给你增加负担，我活着真没有意思。"可以看出，老人即使在病中，仍时时刻刻想着儿女，想尽量减轻我们的负担，当感到自己无能为力时，便心急如焚。为了减少我们的负担，她能自己做的事情，总是尽力自己做，有时甚至自己去倒便盆。她用一只手把便盆托到小椅子上，再推着椅子到卫生间，而后十分吃力地用一只手将便溺倒在马桶中，她这样做，显然十分吃力和痛苦。每见到她这样，我甚至生气地跟她吵，怕她万一摔倒，病情会更重。但她，仍偷偷地去做。想起小时候，她老人家为我们付出的一切，现在她年老有病，我们为她做这点事情，是天经地义的义务，但她却不忍心。她总是宁愿自己多多付出，却不愿别人——即便是自己的儿女为她效劳。

1989年9月，我应邀到美国洛杉矶加州大学去讲学。说实在的，我出国讲学，一方面是为促进中美学术文化交流尽自己的绵薄之力，另一方面也是借这样的机会，挣一点外汇工资，更好地为老人养老。我出国之后，最放心不下的是我的老母亲，因为我不在她身边，两个孩子都在学校里读书，妻子又每天上班且又缺乏照顾老人的生活经验，因而临走前，我特意请了个小保姆，每天来家半天，帮助照料老人的生活起居。就是这样，也难释我对老人的怀念。在美国讲学期间，我不断给家里打长途电话，询问老人的身体与病情，有时她老人家也直接和我通话。应该说，此时此刻，她最思念的是我，巴不得我早一天回到她身边，但她仍然坚强地在话筒中对我说："我很好，你放心吧！在外面当心自己的身体。"

1990年年初，我从美国讲学归来，约在同年的5月，我哥哥、嫂嫂对母亲放心不下，怕我们照料不周，又派大侄子超英来京把母亲接回洛阳，我也同时陪送她老人家回去。照实情说，母亲在洛阳哥哥那里，确实比在我这里照顾得更周到，因为那里人手多，侄子、侄女、侄媳、侄婿十来人，都住在近处，而且对老人都十分孝敬，接连不断地轮流为老人洗头、洗澡，并送来各种可口的食物和营养品。这样，母亲在哥哥那里，一住又是五六年，我和孩子或春节，或暑假，或利用河南开会之机，也经常到洛阳去看望她老人家。她有时听说我们要去，一早就推着小椅子，坐到家门口，一直等候着我们的到来。这几年，由于兄嫂和侄子、侄女们的照料，老人家的病情，一直趋于稳定，虽不能恢复当初，但也没有恶化。

到了1995年春夏之交，一直住在农村的姐姐，一心一意想伺候老人，以尽自己的孝心，执意想把母亲接回农村老家赡养照料，母亲虽然已是耄耋之年，且久卧病床，但她老人家的头脑仍十分清楚，一点儿也不糊涂。她觉得在洛阳虽好，但我哥哥也同样患有脑血栓，手脚也不方便，自己照料自己都有困难，嫂嫂也六十岁开外，身体也不算好，虽然他们和孙子辈对自己都极为孝敬，但母亲却不愿一直让他们负担照料。再回北京我这里，路途遥远，而且她也不愿意老死在外。姐姐同样是她的亲闺女，母女俩在一起也更方便，女婿为人她也了解，一定会尽心尽力照顾自己。思来想去，母亲也就同意了姐姐的意见，跟着她回到了农村原籍。

从1995年5月，直到1996年2月，她老人家病逝为止，在她人生历程的最后阶段，全靠姐姐、姐夫及一些外甥、甥媳们精心照顾，在这半年多时间，我先后回去三次，直到最后三四个月，老人家大小便全然没有知觉，垫在身下的大小棉被，一天无数次地更换、拆洗，姐姐、姐夫早晚都在病榻前，其耐心和细致，远远超过我和妻子文瑞。所以，母亲生前不止一次地说："女婿玉章是个好人。"在她病危期间，最为病痛难忍时，她有时就用力拉着姐夫的手，以示他是可信而孝敬自己的亲人。我自己包括妻子文瑞和两个女儿王虹、王蕾，虽然也都受过母亲的恩养和照顾，但毕竟离母亲远，在母亲病重、病危期间，未能尽自己应尽的最大孝道，实在是有愧于母亲的在天之灵。

我的思绪随着列车的行进，不断翻腾起伏，不知不觉中已到了终点新乡，在乐曲声中听到列车员报站："各位旅客请注意，新乡车站到了！请带好自己的行李，准备下车。"此时，已是早晨7点多，整整一夜，我几乎没有合眼，听到列车员报站的声音，赶快起身转长途汽车。

我急急忙忙赶到新乡的长途汽车站，向车站工作人员打听去黄德乡的汽车，由于我自己路不熟，又是用普通话而不是用乡音问路，当地车站的工作人员竟指引我坐到开往黄塔乡的汽车上。如此南辕北辙，我竟毫无觉察，直到把我拉到黄塔乡下车时，才发现走错了路，原来竟向不同的方向走了80多里。我人生地不熟，不得不设法再寻找去黄德乡的汽车。开车的人看到我回乡心切，竟敲了我较正常车价高出近十倍的费用。精神恍惚，心怀悲痛，忧心如焚的我，忙中有错，也顾不了许多。

本来是两三个小时的路程，我竟用了五六个小时，回到村里时，已到了下午，急忙进院赶到母亲的亡灵前，扑通跪倒，向母亲的在天之灵报告："母亲我回来了，您老人家安息吧！"我的姐姐、嫂嫂和侄子，也都身穿孝服，陪祭在我身旁。母亲的灵柩，放在一间十多米的土屋中，棺木旁边的地上，铺了厚厚的麦秸，当晚我就和侄子超胜，和衣困倒在棺木旁的麦秸上。当时尚处寒冬，土屋里没有生火，屋里冷冰冰的，我躺在麦秸上，一边守灵，一边也解除奔丧旅途的疲劳。虽然屋里很冷，但毕竟躺在了母亲身边，心里感到踏实了许多，竟不知不觉睡着了，也许是母亲的亡灵保佑，我竟没有感冒。

第二天是母亲出殡的日子，从早晨8时起，祭灵送殡的客人便陆续来到灵前，我身穿孝服、头戴孝帽，一直跪在母亲的灵前。司仪按照旧式的祭礼，一遍一遍地喊着："祭客到！"我们这些儿孙们，便陪着祭客跪倒在地，哭声四起，口中有词："我的娘呀！""我的奶奶呀！""我的姑姑呀！"当祭客到齐，祭礼结束时，便由8个人抬起棺木，送往葬地。我们这些披麻戴孝的子孙们，分别在棺前棺后扶灵，缓缓行进。途中，每隔十步、二十步便有人向母亲的亡灵上供，祭奠跪拜，我们这些孝子贤孙，便立即匍匐在地，连连叩头，向上供的乡亲回拜。每一次，都要持续好几分钟，直跪得我膝盖痛麻，直不起腰，眼冒金星……

我是个马克思主义者，也是个无神论者，当然也不相信人死了还有灵魂存在。如果按我个人的本意，母亲逝世后，我们这些晚辈和亲友开个悼念会，将尸体火化，用骨灰盒将骨灰存放起来，以作纪念就行了。但个人的力量却扭转不了几千年遗留下来的传统，旧的传统和老的习俗在农村尤其严重。母亲她老人家虽然留下"丧事从简"的遗言，但她毕竟是从旧社会过来的老人，就其本意来说，也并不愿意火葬，而仍希望将其土葬。我和兄嫂、姐姐、姐夫及侄子、侄女等，也只能按照老的传统和农村的习惯，听从乡亲的安排，接受主事人的指挥，去完成规定的行动。就我个人的心情说，更主要的是尊重母亲生前内心的想法，尽最大努力，履行做儿子的应尽的孝道，但也在力所能及的情况下，在祭礼中输入一点新的内容。在灵前，举行了追悼会，亲手写下对母亲的悼词——《一位平凡而伟大的母亲——沉痛悼念我们的好母亲、好祖母》，在悼词中，追述了母亲艰难困苦的一生，怀念了她的高尚品德，抒发了对她老人家的哀思。

当我这篇怀念母亲的文章就要结束之际，我想用悼词最后的一段文字，作为结尾：

> 我母亲的一生，可以说是艰苦奋斗的一生，克勤克俭、吃苦耐劳的一生，也是严于律己、宽以待人的一生，她一生时时处处，总是吃苦在前，享受在后，关心他人胜过关心自己。为了国家和民族，她不畏艰难和困苦，抚育了几代儿孙，终于以自己的勤劳和血汗，把儿孙们培养成国家的有用之材。而她个人却做出最大的牺牲。可以毫不夸张地说，她的一生，既平凡，又伟大，是一个具有中华民族传统美德——既平凡而又伟大的母亲。中华民族几千年来的传统美德铸造的母亲的温顺、勤劳、柔韧、坚强、和蔼、慈祥，先人后己，勇于牺牲的精神，在她身上都有集中体现。

我的平凡而又伟大的母亲，将永远永远活在我心中！我将永远永远怀念她老人家！

好母亲，您安息吧！

（未刊稿）

清史研究所成立前后[*]

——接受人民大学校史中心访谈

一 清史研究小组是清史所的基础

清代在中国历史中处于非常重要的地位，既是古代社会的终结，也是近现代社会的开端，是中国社会转型的一个时期。历史不能割断，它前后相接。现代、当代的政治、经济、文化、外交、民族关系都是从清代演变来的，所以清史的研究和清史的编纂很有历史意义，也有重大现实意义。中央领导对清史一直十分重视。新中国成立初，国家副主席董必武同志就提议修清史、民国史。周总理也曾经找明史专家吴晗谈话，要成立清史研究机构编纂清史。后来1958年"大跃进"，接着"三年困难时期"，这个事情就耽搁了。到1965年10月，周总理委托周扬开中宣部部长常务会，决定成立清史编委会，组成了以人大常务副校长郭影秋为主任，共七名编委的国家清史编纂委员会，又决定在中国人民大学设立清史研究所。这七个人除了郭影秋（他既是老领导、老革命，又是明清史专家，所以请他做主任），另外还有六人：关山复（中科院社会科学部的领导）、尹达（中科院社科部历史研究所所长）、刘大年（近代史大专家）、刘导生（中科院社科部的领导，后来任北京市委书记）、佟冬（满族人，老专家）、戴逸（时年四十岁，最年轻的编委会成员）。那时人大地位很高，人大的领导列席中宣部部长会议，郭影秋参加了这个例会。他当时正在海淀苏家坨搞"四清"，回来后，他就把这件事跟人大主持日常工作的孙泱副校长（曾任朱德的秘书）说了。孙泱就跟戴逸同志谈话，传达中央的精神，要

---

[*] 本文乃由我口述，并由中国人民大学校史研究中心万静博士等根据采访录音整理成篇。

成立清史研究所。当时就拟定戴逸当清史所所长，让他筹备建所事宜，制订研究计划。但两个月后，姚文元的《评新编历史剧〈海瑞罢官〉》就发表了，"文化大革命"开始了。吴晗首当其冲，清史编纂和成立清史所的事也化为泡影，而且还成了郭影秋的一个罪状——"用清史研究抵制文化大革命"。

1972年前后，对郭影秋的审查告一段落，他恢复自由了。他就想起老一辈革命领袖毛主席、周总理都谈过编纂清史的事，还任命他当编委会主任。他对清史既有责任、使命，又感兴趣。这样他刚获得自由，就决定上书中央。当时吴德是北京市的领导，又是中央文化小组的，郭影秋同志就向他上书，旧事重提，希望成立清史研究机构，着手清史编纂的工作。这个建议得到了吴德等领导的同意，当时批准，先成立清史研究小组，"建制以四十人规模为宜"。当时人大被撤销了，清史研究小组挂靠在北师大，郭影秋亲自任组长，另外副组长有尚钺、罗鬠渔、胡华、袁定中。戴逸当时尽管没有参与领导，但学术上的策划郭校长都依赖他。那时袁定中在北京，戴逸在干校，所以袁定中把成立清史研究小组的信息传给戴逸，让他知道清史研究小组是以历史教研室为基础，再从校内各相关的单位抽调人组成的。

由于人大被解散，清史研究小组挂在北师大，各方面工作很困难。清史研究小组在"铁一号"（即原段祺瑞执政府院内）有四五间房子，就在那儿办公。原中国历史教研室有很多资历老的学者，但没有人搞清代思想，也没有搞清代文学的。最后，由中文系来的王道成、胡明扬、张晋藩（原来在人大法律系，曾任政法大学的校长）、档案系的韦庆远等一批从各个系抽调的人组成了清史研究小组，分工从事清代各个方面的研究。我那时候三十四五岁，是最年轻的。

当时主持日常工作的是袁定中。他也给我讲过近代史，现在已经去世了。我报到得很早，从干校回来就来了。办公室没有电话，对外联系很不方便；人也不齐，只有黄兆群（社科院林甘泉同志的夫人，现在已经离休，将近八十岁了）。袁定中同志让我先兼办公室工作，我就着手清史小组具体的事。一个研究单位，没有电话就没法对外沟通，所以就想方设法装一部直拨电话。我们就打着郭校长的名义，因为郭校长原来是市委书记，后来是市政协副主席，又是清史研究小组组长。北京市电话局有个负责安装电话的人恰好是我老伴的朋友，于是就拿着介绍信找她加急安装了一部电话。当时还有一个问题就是没有图书资料。其实，中国历史教研室在人大一建校时就存在，经过长期的积累，有古今中外的图书十万册左右。人大被撤销后，这些书都被拨到首都图书馆。现在成立清史研究小组了，我们就想怎么把它们弄回来。因为我在办公室，又年轻，所以我就跑这个事情。人大历史教研室有个人叫尹金翔，后来当了北大分校校长，他是市委文教组的。他介绍我们找谭元堃（市委文教组负责人，后来任卫生部副部长）。我们向谭元堃反映情况，希望把这些书拨回清史研究小组，然后再疏通首都图书馆。首都图书馆馆长是个转业军人，开始他爱理不理的，说那些书都打乱分到各个阅览室、库房了，没法给我们了。原来管人大图书的一个管理员叫秘喜唐，他偷偷地说那些书就在人大"铁一号"的书库里，没有打乱。我们知道这个情况后，反映到市委，他们也同情清史小组，最后这些书就拨回清史小组了。"铁一号"钟楼下的那个大阅览室，除了后加的，基础书都是原来的。创业艰辛，很不容易。

那个时候工资极低，大概五六十块。我大学毕业，第一年46块，第二年56块，56块的工资拿了十七八年，从没涨工资。家里有老有小，生活很艰难，但是大家心劲很高，因为"文化大革命"，文化思想窒息了，现在好不容易有个研究单位，要着手研究，所以大家心情很好，不怕苦不怕累，精力很旺盛。我白天忙办公事务，晚上再看书写东西。家里住房也很困难，我常常把小孩哄睡了，再拿阅览室的钥匙去那读书。我跟黄兆群同志在办公室至少有半年了，人员才陆续回来了，张宽同志在办公室工作，这样我才专门搞研究。清史小组就是在这样艰难困苦的条件下开展研究的。

原来中国历史教研室有搞秦汉、隋唐、宋元的人员，专门搞清史的并不多。戴老师是搞晚清的，还有两三个是搞前清的，像马汝珩、李华。为了加强大家对清史的了解，我们从相关单位请专家搞清史专题讲座。郭校长跟戴逸商量，成立清史研究小组就是为了编写大型清史，现在的一切工作都是为编写大型清史做准备、打基础。清史的编写要从原始资料入手，郭校长建议可先编写《清史编年》，从清初一直到清末；另外编写一个《简明清史》，作为清史的纲要，一方面理出清史的发展脉络，一方面通过《简明清史》的编写组织培养清史人才。所以清史研究小组开始工作不久，设立了清史编年室，由林铁钧、史松专门负责；另外，还成立《简明清史》编写组，负责编写《简明清史》。

那时还在"文化大革命"后期，经常有政治斗争反映在意识形态领域的一些运动，如"评法批儒""批林批孔""评《水浒》，批投降派"。一旦有这样的事情就是政治任务，上级指定写评论、批判文章。为应付这些事，清史研究小组专门成立了"评论组"，以掩护已经开展的清史专业项目的正常进行。因为我原来在哲学系搞中国哲学史，评论组的事自然难以推脱，写了不少的文章。我们不用本名，都用笔名，"庆思""施达青"（谐音"清史""师大清"）。我记得我的第一篇文章是《反理学叛圣道的进步思想家李贽》，在《光明日报》发表。之后我连续写了五六篇关于李贽的文章，那时候是政治任务。后来《人民日报》点名让我写，写了一篇整版的《尊法反儒的进步思想家李贽》，新华社发通稿，各个报纸转载，各地搞李贽研究都请我去。《人民日报》那篇发表以后，因署名"庆思"，各地都找这个"庆思"，声名在外。

突然有一天，师大的领导高沂打电话到清史小组找袁定中，说有一项政治任务让我们承担，说让我写一篇李贽《初潭集》的前言，三天交卷。袁定中问我行不行，我说不行，因为这个书我都没有看过。高沂说行也得行，不行也得行，这是中央交办的，要什么条件给什么条件，但是三天以后必须交卷，用毛笔大字抄写送中央。后来知道，原来是江青他们要的。那是我在《人民日报》发文章后，他们知道我是师大的人，指名让我做这件事情。高沂与袁定中通话后，师大马上派车到中华书局、北图去提书。一提来，两函三十卷，我还没看过呢。后来就请两位同志帮我看，一位是罗明（曾经做过所长），请他帮我看十卷；还有一位是老太太曾宪楷（曾国藩的曾孙女，她是个名家），她帮我看五卷。我自己看十五卷。因为那个文章好写，不是深入研究的，就是一条线"尊法反儒"。我三天三夜没有上床，就在办公室。袁定中就老在窗户外看我。第三天写完了，请老教授孙家骧用毛笔抄写。第四天早晨送到前门饭店，当时正在开全国法家注释工作会，江青他们都出席了。那时那种政治环境很不利于读书治学，很难安心搞学术、搞研究。

另外还有些其他方面的政治任务。当时中苏外交关系紧张，要进行边界谈判，外交部下达任务要编写关于中俄尼布楚条约历史的材料。戴逸为首，我也参与了。这个材料虽然是个政治任务，实际上是很严谨的学术著作，费了很大的劲。在编写这个书的过程中，需要看一个外国作者巴特雷写的《俄国·蒙古·中国》。该书是善本书，北图才有，但不能借。后来就春节期间借一周，专人专车去拿，看完后，还得专车专人送回去。那个春节戴逸全部在看材料。后来这本书为中苏当时的边界谈判提供了历史依据，得到了上面的高度肯定。

二　复校后，清史所正式成立，成为清史研究领域最有影响的阵地

1972年成立的清史研究小组实际上为清史所的成立奠定了基础，创造了条件。后来，研究项目已经确定了，研究队伍也有相当规模，所以1978年人大刚复校，郭校长就宣布人大党委正式确定成立清史研究所。当时的所长是罗髫渔，副所长袁定中、戴逸。罗老是一位非常好的长者、老前辈，他年轻的时候在上海的中国大学读书，之后到广州在黄埔军校当教官，跟恽代英在一起，后来是北伐军第十一军政治部主任。此后，又从事党的地下工作，他被国民党抓过、坐过监、受过电刑，大脑受过刺激。新中国成立后他在川大任校管委会副主任，后来又在西南局工作，中苏友好总会成立后，他调北京中苏友好总会工作。吴老把他请到中国人民大学当中国语言文学系主任、《教学与研究》总编，清史所成立他当所长。他是全国政协委员，政治威望高。他很有文采，字写得非常好。他是1901年生人，1978年他将近八十岁了，实际上他管不了什么事情，那么大年纪，也不好要求做什么事。因此，当时清史所袁定中搞党政，业务上由戴逸主持。当时正好开全国史学规划会，开始在成都，后来在长沙，戴逸制订了整体的清史编纂规划。因为开始编写整个清史的条件不成熟，人力、物力、财力都不够，就决定先编两个项目即"清代通史""清代人物传"，由戴逸领衔，社科院参与。"清代通史"分为鸦片战争前十卷，鸦片战争后五卷；"清代人物传"是二十卷。编写工作由人大和社科院两个单位分工负责。清史编年、各种资料还继续编写，清史所初期编了很多史料，如《清代农民战争史料》（张兴伯、张革非、刘美珍）、《天地会档案资料选编》（秦宝琦）、《清代矿业史料》（韦庆远、潘喆等）。这些同志风雨无

阻，整天跑档案馆抄材料，既为清史所也为整个清史学界提供了原始研究资料，影响深远。进入改革开放新时期后，环境、条件也要好些，政治环境也不像"四人帮"在的时候，大家可以比较安心地从事清史研究。

为了培养清史人才，1978年复校后清史所就着手招研究生，后来清史研究的骨干力量都是当时的研究生，像孔祥吉、杨东梁、赵云田、吴建雍、吴廷嘉、张羽新等都很强。当时考试出题我都参与了，录取过程我都知道，后来我又当研究生班主任。那个时候清史所在"铁一号"，研究生在西郊。作为研究生班主任，他们的课程安排、政治学习、日常生活管理基本上都是在研究所的总体安排下，由我具体执行安排的。毕业前两个月我还领他们到江南各地实习。

清史所初期的事情，一个是培养研究生，一个是开辟研究阵地。当时主要是组织清史研究丛书，办《清史研究通讯》。《清史研究通讯》原来是我们和社科院历史所合办油印，后改成铅印并公开出版。后来，社科院整顿刊物，一个所只能保留两个杂志，他们只保留了《中国史研究》和《中国史研究动态》，《清史研究通讯》就归我们了。它很有作用，能刊载短文、清史信息，1990年以后就改成了《清史研究》。还有就是编写"清史知识丛书""清史研究论集"，发表长文，出了七八集。出书很困难。先是人大出版社出，出了两集，就停了；又通过胡绳武同志的熟人（四川人民出版社总编）拿到四川出版，人家出了两集又不出了；再回到北京，拿到光明日报出版社继续出。出版工作虽然很辛苦，但是能在艰难困苦情况下为大家提供研究园地。另外就是制定研究项目"清代人物传"，进行专史研究。"清代通史"，后来叫作《清代全史》的项目被社科院拿去了。清史所成立的任务是编清史，现在国家项目确立了，反而被别人拿去了，所以当时所里意见很强烈。戴逸就说："我们的最终目标是编大清史，像划船似的，从起点到终点可以有不同的路径，现在编大型清史条件并不是很成熟，他们主持《清代全史》也是清史研究发展的一个阶段，并不能代替今后的大型清史，现在我们暂时不承担《清代全史》，但是我们开展专史研究，将来专史汇集起来为清史编纂打下更坚实的基础。"这样大家才又继续开始研究项目、培养人才、制订规划、开展对外学术交流。清史所是最早对外学术交流的单位。国外对清史研究比较关注，欧美很多有名的学者都来所交流，还有留学生。我们的好多研究生也都到国外去，戴逸、王思治、我都到国外去讲过学，一些研究生也陆续到国外深造。

1972年成立清史研究小组到清史所成立后的前十年，是清史所的创业阶段，为以后清史所的发展开辟了道路、奠定了基础。随着条件的改善、研究力量的增强、承担国家项目的增多，清史研究所在国内外的学术影响也越来越大，成为重点社科基地，今天成为整个清史领域最有影响的一个阵地。这离不开前人的艰苦创业。不能忘记过去，但不能停留在过去，还要向前发展。经过长期的积累，清史所作为主要的申请单位，联合全国的力量，向中央提出了编纂清史的建议，并得到了中央的批准。中央把编纂清史列入国家的正式议程，作为新世纪最大的文化工程上马，这是最大的收获。我觉得这个任务跟清史所的日常教学研究任务是一致的，能够把清史编写高质量地完成，不仅是实现老一代人的理想，也是实现几代清史研究学人的愿望的重大任务，将会把清史研究推向一个更高的新的阶段。

三　郭影秋是清史研究所的创建者和奠基人

郭影秋是清史研究所的创建者和奠基人。1965年他就是编委会主任，复出后他又建议成立清史研究小组，并兼组长，同组里面的专家共同商定研究规划。他德高望重，自然是清史研究所的创建者和奠基人。

人大复校有个好条件。人大解散时郭影秋深谋远虑，他考虑到可能有一天被解散的人大要复校，为保存人大这批教学科研力量，没有让人大教工零散分配，而是整块分配。这几个系到北京大学，那几个系到北京师范大学或到北京师院，另外的到财经学院，后勤的人到北京语言大学。一旦中央决定人大复校，这些人才就又回来了。清史研究小组挂靠在北师大，就自然回到人大了。因为最终目标是为了编清史，一个研究小组承担不了这样的任务。当时人大的校长是第一书记成仿吾，郭影秋是第二书记、副校长。郭校长本身是搞清史的，清史所成立是他来宣布的。当时全所的人都在"铁一号"图书资料室的屋子里听，因为他在"文化大革命"期间被摧残，锯断了一条腿，就架着双拐到所里来很高兴地宣布清史所正式成立。

在"文化大革命"中，我是"保守派"，保护郭影秋，肯定郭影秋是好干部。在清史所成立之前，我跟郭影秋常有联系。清史研究小组成立不久，我那个时候是组里最年轻的，他主动约我和王思治（王思治那时已经是名家了），跟我们两个长谈研究清史的意义、应该从哪儿入手等问题，鼓励我们研究清史。郭校长曾教导我要一辈子搞清史，这一点我是坚定不移的。我在干校期间，可能是1970年，回到北京探亲，跟郑杭生（后来任人大副校长）去看望郭影秋校长。当时我们无心读书，成天劳动，郭校长就说："人大要撤销了，这是中央定的，不可挽回。但一个年轻人在顺境中要成长，在逆境中也要成长，要自己把握自己的命运，还要好好读书，还要好好研究。"他说："特别是人大要撤销，你们要写点有分量的文章，让中央了解人大的力量不可低估。"所以我和郑杭生回到干校后，不管多苦，白天打石头，强劳动八个小时，晚上住在一个住了一二百人的大水洞坑里，挂着蚊帐，点着煤油灯，在灯下读书。好多书，像《马恩全集》《鲁迅全集》都是那个时候读的。后来，我在出版社当副总编、总编，工作还是很重的，但是我不能放弃清史研究，有关的学术会议我还参加，要参加就要写文章，要双倍的劳动。"批林批孔"，这是组织曾给我的任务，我不能抵触，但这并不就是我终生的事业，我知道我终身的事业在哪儿。这一点要抱定，咬住不放。尽管我始终是双肩挑，在业务上没有大的成就和发展，这也辜负了老一代对我的培育，但是我多少也做了点事情。

我是粉碎"四人帮"后入党的，郭影秋亲自写贺信鼓励我。1981年，我带领本所1979级研究生到江南各地实习、考察时，看望了正在上海瑞金医院治病的郭校长，他又勉励研究生要好好学习。1984年，所里又派我给他整理回忆录，前后跟他相处了三个月。1985年10月29日，郭校长在弥留之际，说回忆录的整理，要实事求是，秉笔直书，不要扬善，也不要抑恶，要客观公正。我说："回忆录整理完了，谁给你审定？"他让我自己整理，自己审定。这既说明他对我的信任，也反映他想得比较深。因为经过多年的各种政治运动，人的思想比较复杂，对人对事的看法也各有不同。如果请组织审定，难免有不同的看法，最后谁也不拍板，就很难出版。然后他回过头来以极其微弱的声音问我："你最近在研究什么清史课题？"对这样一个老校长，你内心里能不肃然起敬吗？他逝世以后，我给他进一步整理回忆录，看过档案、书信、日记，对他有了很全面的了解。所以文件中关于郭校长生平发的新闻，是我先起草的。我自己还写了《影秋同志，我人生道路的尊师》在《人民大学周报》上面发表。《清史研究通讯》也发表了我的《战士、学者、诗人——缅怀敬爱的影秋同志》纪念文章。郭影秋的回忆录后来出版了，叫《往事漫忆》。

我觉得对我一生影响最大的，一个是郭影秋，一个是戴逸。他们是把我引入清史的两位长者和恩师。我在清史上能够做一些工作，写一些书、文章，是跟郭校长、戴老师他们的提携分不开的。

（原载《求是园名家自述》，中国人民大学出版社 2010 年版）

《口述自传丛书》出版前言

自 20 世纪 50 年代以来，口述历史在海外就已成为历史学科的一个重要分支，近年来在国内亦备受关注，大有方兴未艾之势。奉献在读者面前的这套《口述自传》丛书，就是在这样的势头下组织策划应运而生的。

其实，在文字产生之前的人类社会历史，之所以得到流传，不就是靠人们的口耳相传与考古发掘相印证才记载下来的吗？在浩如烟海的各种史籍中，也都包含有不少的口述史料。被称为"千古绝唱"的《史记》，就是太史公依据大量实地考察得到的口述访谈资料与丰富的文献记载相印证而撰写的。只是后来人们过于偏信文献史料，轻视口述史料，认为"口说无凭"，口述历史才逐渐被淡忘。实事求是地说口述史料与文字史料各有其功能与特点，既不可厚此薄彼，也不要厚彼薄此，二者理应互相映照、相辅相成。

在中国传统史学中向有"正史"与"野史"之分，相较而言，由于"正史""涂饰太厚，废话太多，所以很不容易察出底细来"，但"如看野史和杂记，可更容易了然了。因为他们究竟不必大摆史官的架子"。口述历史显然不属正史，却可补"正史"之不足；再者，"正史"经过史官、史家的修补与剪裁以及各种正规体例的限制，成书后往往只有骨架而没有血肉，难免读之乏味，而口述历史的内容，因系口述者的亲历、亲见、亲闻，包含有许多历史细节，录之于书，往往显得具体、细腻、生动，读起来兴味盎然；再有，口述历史以当事人述其所经当代之事，史料更富有现实性、鲜活性。当然，口述历史也有一定的局限性，如当事人或记忆有误，或自我拔高，或有难言之隐等，这些局限当可经过公众舆论，以纠其失，以正评价之不当，以求其真。

由于历史是人类自觉活动的产物，历史上发生的各种事件大都是人所策划、参与、进行的。尽管每个人在历史事件中由于各自的身份地位的不同，其所参与的程度不同，但历史上任何成败得失，无疑都是由人类群体创造和形成的。唯其如此，我们组织编辑了《口述自传》这套丛书，传主多是各种重大历史事件的参与者和见证人；或者是在各种政治、经济、文化、军事活动中有重要成就、重要影响的人物；或者虽非赫赫有名的重要人物，但其人生经历颇具传奇色彩，人生阅历引人入胜，对读者富有借鉴启迪价值。我们期望能通过《口述自传》不同类型传主的自述，从各个侧面再现历史的丰富性、多样性和复杂性。一般说《口述自传》的传主，大都是耄耋之年甚至是期颐之年的老人，其口述的内容需要适宜的人选进行采访和整理。这就需要采访者与被采访者、整理者互相默契、密切合作。只有这样，一部部上乘的《口述自传》方能问世。国际上著名的口述历史大家唐德刚先生在谈及其之所以坚持多年从事口述史工作时，满怀感情地说："作为一个流落海外的华裔史学工作者，眼底手头所见，是一些琳琅满目的中华无价之宝，眼睁睁地看其逐渐流失，内心所发生的沉重的使命感和遗恨、惋惜之情交织，而又无能为力。心理上的孤独之感，真非亲历者所能体于万一也。"我们这套《口述自传》丛书的整理者和编者，大都工作生活于"中华无价之宝"所依存的中华大地上，更应有义不容辞的使命感和责任感，以使那"琳琅满目的中华无价之宝"且莫"眼睁睁地看其逐渐流失"。因此《口述自传》的编辑出版，还有着抢救史料价值的意义。

为了把《口述自传》组织好，编辑好，出版好，我们还诚恳邀请了一些或是深孚众望的学界前辈，或是对口述历史有研究、有实践、有成就的中青年学者，担任这套丛书的顾问、主编与编委，企望在大家的支持与合作下，把这套丛书出版好，以推动口述历史的蓬勃发展。

（原载《黄药眠口述自传》，中国社会科学出版社 2003 年版）

《往事漫忆》的《前言》与《后记》

前　言

适值郭影秋同志百年诞辰之际，由其口述的《往事漫忆——郭影秋回忆录》即将由中国人民大学出版社出版，作为整理者，我想有必要就书之来由和整理的情况略作说明于卷端。

郭影秋（1909.9—1985.10），早年投身革命，经历过革命战争的严峻考验，新中国成立之初，在地方政府做领导工作，1957年后，主动请求到高等学校工作，曾任中国人民大学党委书记、副校长、名誉校长。他是著名的教育家、历史学家和诗人，又是1965年10月中宣部部长办公会议拟定的清史编纂委员会主任，此事虽因"文化大革命"被迫中断，他却矢志不渝，而后亲任清史研究小组组长，并创建了中国人民大学清史研究所。中国人民大学校长纪宝成教授和国家清史编纂委员会主任戴逸教授，共同倡议在影秋同志诞辰百年之际，举办"郭影秋百年诞辰纪念会"暨"明清之际的历史与人物学术研讨会"，缅怀他在中国人民大学建设发展过程中的卓越贡献，以及其对清史研究事业与清史编纂工作积极组织推动、功不可没的作用和影响，表达学校对郭影秋同志的纪念和敬仰。

影秋同志生前曾向我口述其一生的经历，并留下全部录音资料。此后，我已根据口述录音资料，整理成《往事漫忆》一书，于1986年8月由中国人民大学出版社出版，但由于受当时历史条件的限制，该书反映内容的时间下限仅至1957年影秋同志辞去云南省省长之职为止。正如我在原书后记所说："《往事漫忆》是中国人民大学名誉校长郭影秋同志在革命战争年代及其在政府工作期间的回忆录。"这就是说《往事漫忆》并未包括影秋同志口述的全部内容。而事实上在他辞去云南省省长之职后，主动请缨到教育部门，先是到了南京大学，担任党委书记兼校长，1963年又被周恩来总理调到中国人民大学。"文化大革命"的风雨欲来时，他又被突然调到北京新市委任书记处书记，主管文教工作，并列席"中央文化革命小组"，旋又被撤职遭受残酷斗争、无情打击，以致终生残废。粉碎"四人帮"后，他又抱病投入中国人民大学的重建的工作之中，晚年则长期面对病痛的折磨并与之抗争。这些内容他都有翔实的口述。他在对后半生的回忆中，以其富有传奇色彩的独特经历，披露了许多鲜为人知的史实，为研究我国高等教育事业的曲折发展，尤其是为研究"文化大革命"的爆发及其内幕提供了弥足珍贵的重要史料，若不予整理而长期淹没是很可惜的。现在将这些未曾公布的口述内容，连同此前已经出版的部分，汇成一部郭影秋一生完整的回忆录，显然是十分必要且很有意义的。

进而想要说明影秋同志当初向我口述其生平经历的具体情况。1984年前后，党中央号召老干部、老同志撰写回忆录，以保存和抢救革命斗争史料。当时影秋同志虽在病中，仍毅然决定对自己的一生进行系统的回顾和总结，并希望人民大学党委能派人协助其整理。那时我正在人大清史研究所工作，此前影秋校长对我也多有教诲，常有过从。因此受组织委派，我专程到他当时治病的上海瑞金医院去协助其整理回忆录。我与郭校长见面后，在整理工作正式启动前，他先与我交谈了整整一个下午，详细询问了我各方面的具体情况，并了解我对中国人民大学有关的人和事的看法，乃至对"文化大革命"的看法和评论。我当时就暗自寻思，郭校长这是在"考"我，是在考查我能否承担其回忆录的整理工作。由此亦见，影秋同志对做回忆录这件事是很严肃、很认真的。

经过长谈后，影秋同志才向我倾吐了其内心的想法，他说："我这个人参加革命工作已五十多年了，但可以说是文不成、武不就。论武远不如那些老帅老将，论文也不如郭沫若、茅盾、巴金，但磕磕碰碰，毕竟已走了几十年的路，先后搞过秘密斗争，打过抗日游击，参加过解放战争，从事过地方政府工作，也办过教育，业余又对历史有浓厚兴趣，还喜欢写诗填词。本来还有许多想做的事，因晚年长期受病痛折磨，也都无法完成，所以，在各个方面都没有搞出什么名堂。但毕竟已走过几十年的路，也经历了党所领导的各种斗争和运动，接触过不少人和事，既积累了一些经验，也有不少教训，很想把自己的一生清理和反思一下。但现在躺在病床上，已经有些力不从心，因此只好由我来讲，请你帮忙整理整理。我想到哪里，说到哪里，也无所顾忌，我自知已不久于人世，是耶？非耶？任人评说吧！"回忆录的口述和整理工作就这样定下来了。

我清楚地记得，从1984年5月初到7月中旬，我在影秋同志的病榻旁，与其朝夕相处两月多之久。那时他的病情已很严重，几经病危，他仍以坚强的毅力，忍受着病痛的折磨，向我口述了他从苦难的童年，青少年时代，投身革命，坚持狱中斗争……一直到中国人民大学的撤销、重建及其病中的思想与生活。讲述有时甚至是在他发着高烧、打着点滴的情况下进行的。有时，我看到他咬着牙，握着拳强忍着苦痛的样子，就不安地劝说："校长，今天咱们休息吧！"他则严肃地说："我自觉已不久于人世，要争取时间，还是接着讲吧！"就是在这样的情况下，他有头有尾，条理清晰地讲了整个一生的经历，仅口述录音带就留下近四十盘。我依据这些材料，进行了回忆录的整理。

1984年年末，影秋同志从上海转回北京继续住院治疗。此间，我也不时到医院向他汇报整理的情况，已经整理出的部分章节也请他审定，其中有些问题经他首肯，曾在报刊上发表。我感到十分遗憾的是，在影秋同志生前我却未能将其回忆录整理完毕。

1985年10月，影秋同志再度病危，在其弥留之际，我赶往医院探望，面对当时的状况，我不得不含泪询问："校长，万一您不在人世，回忆录整理完之后，请谁帮您审定？"他略加思索说："回忆录的整理一定要实事求是，既不要溢美，也不要掩过，你就自己整理自己定稿吧，有些搞不清的问题，可以请教我的老战友。"继而，他又以微弱的声音问我："你最近在研究什么清史课题？"敬爱的郭校长呀，已经到弥留之时，还是那样清醒，那样实事求是，那样关爱晚生后辈。如此高风亮节和谆谆教诲，怎能不感人肺腑，催人泪下。而这次聆晤，既是他对我的最后教诲，也是我们间的永诀。

《往事漫忆——郭影秋回忆录》一书的内容既然系影秋同志本人所口述，我在整理过程中，遵循和坚持的根本原则是忠实于口述者。书中涉及的人和事，乃至对一些人的褒贬臧否，即使是人们认为的尊者和贤者，均按影秋同志的口述，不改不删。忠于史实，秉笔直书，不为尊者讳、贤者讳，这也是我国历代修史的优良传统，唯其如此，才能实事求是地总结历史经验和教训。影秋同志之所以在临终之前，犹谆谆教诲我，"回忆录的整理一定要实事求是，既不要溢美，也不要掩过"，盖本于此。我在整理过程中，曾向戴逸先生汇报书中涉及的人和事，以及就如何整理向他请教，他作为当代著名史学家也是我的师长，曾诚恳地赐教说："影秋同志再三强调要实事求是，作为一名史学工作者，理应坚持优良修史传统，秉笔直书，实事求是。"

在坚持和遵循"秉笔直书，实事求是"的原则下，我在整理过程中，以影秋同志的口述为基本依据，还查阅了由影秋同志后人提供的其本人的大量工作笔记本、日记本和书信，以充实口述的内容和细节。同时，也查阅了中国人民大学档案馆、校史研究室的相关档案与文献资料，以核实和印证口述内容，总之，这本回忆录的内容涉及的事件和人物，均以史实为依据，有循有据。

这里，需要提出的是在整理过程中，得到中国人民大学、国家清史编纂委员会、南京大学许多领导及相关部门的同志以及影秋同志后人的大力支持和帮助，没有他们的关心、指导和帮助，这本回忆录就不可能在短时间内完成，这是我要衷心感谢的，当在本书后记一一道谢，此处不赘。

中国人民大学是我的母校，郭校长既是我衷心敬仰的革命前辈，也是对我循循善诱的良师。几十年来他以其高尚的品德和情操、渊博的学识，言传身教，熏陶哺育了一代代青年与后进，桃李不言，下自成蹊，我就是受其教育影响至深的一个。特别是在协助其整理回忆录的过程中，我受到的教育和影响更是受益终生。

当《往事漫忆——郭影秋回忆录》整理定稿时，我感到总算是完成了郭校长生前对我的嘱托，心情才略感轻松。

谨以此书，告慰影秋同志的在天之灵。

后　记

关于《往事漫忆——郭影秋回忆录》的由来及有关整理的情况，在本书前言中已有所说明，但仍感意犹未尽，还需在后记中再做补充。

虽然影秋同志在1984年5—7月间，就对自己一生的经历做过系统的回忆与口述，并且反映其前半生经历的《往事漫忆》自1986年8月出版以来，距今都已二十多年了，然而要整理出版包括其后半生经历在内的《往事漫忆——郭影秋回忆录》，却是在2009年3月召开的"郭影秋百年诞辰纪念活动筹备会"上才最后确定的，而且议定此书需在2009年9月百年诞辰纪念会前予以出版，因而必须在7月份交稿，应该说时间是很紧迫的。我当时接受这项整理任务时有不小压力，能否如期完成并无足够把握。但令人欣慰的是，整理稿于7月初就完成了。而之所以能较为顺利地按期交稿，则与不少领导同志和有关部门工作人员的关心、支持和积极配合密不可分，这是我深深铭感于怀的。

首先应感谢中国人民大学纪宝成校长和国家清史编纂委员会戴逸主任作出举办郭影秋同志诞辰100周年纪念活动的倡议和决定，中国人民大学副校长、党委副书记王利明教授，校长助理、学校办公室主任刘向兵负责主持了纪念活动的组织、协调工作，戴逸先生还就如何进行整理回忆录给予了精心指导。校史研究室工作人员梁敬芝、付春梅、万静等为我们查阅校史资料、文书档案提供了便利条件，并对其中有关校史人物姓名等细节进行了指正。在此表示诚挚的感谢！

由于国家清史编委会领导的支持，编委会秘书组及清史领导小组办公室的同志们都积极配合，为整理工作提供了必要的工作经费，创造了有利条件，为整理工作的顺利进行提供了相应的保证。谨表由衷谢意。

这里，还要衷心感谢南京大学现任党委书记洪银兴、党委副书记任利剑、原任党委书记陆渝蓉，以及郭校长在南大工作期间的秘书潘忠哲等同志，还有茅家琦、徐慧征教授等。在我和郭少陵同志为整理回忆录去南京大学查阅资料和调查访问时，受到他们亲如家人的接待，既热情招待食宿，提供有价值的史料，又帮助审改了"在南京大学的六年"一章的书稿。

在整理过程中，中国人民大学原党委办公室主任田毅及郭校长在人大工作期间先后担任过秘书工作的李汀、李春景、张银茂，还有原校史办的张增连等同志，都围绕郭校长的口述，参加过调查座谈，介绍了与口述内容相关的资料，提供了进一步核实查证的资料和线索，均有助于回忆录的整理。中国人民大学出版社的同志们在盛夏酷暑中为本书进行编辑加工，一丝不苟，认真负责，加班加点，在极短的时间内尽心尽力地按时完成出版工作。在此，对这些同志均表敬意和感谢！

  最后，我还要特别提出的是，影秋同志的长子少陵、长媳孔群及次子又陵等同志，他们作为影秋同志的后人，毫无保留地向我提供了影秋同志的大量工作笔记、日记和一些书信，这些珍贵的第一手资料，印证和充实了口述内容的许多细节。每一轮回忆录的整理初稿完成后，他们都认真审读纠正了一些讹误，修改了一些字句，使得事实和提法更符合历史实际和影秋同志的真实思想。少陵同志自始至终和我一起进行调查访问，查阅核对各种史料。没有他们的支持与合作，这本回忆录很难完成，对此，我心中是有数的，也是不能仅用感谢二字可以表述的。

  我想各单位、各部门的领导同志和工作人员如此关心和支持这项工作，都是出自对影秋同志的爱戴和敬仰。谨以此书作为对影秋同志百年诞辰的纪念。

（原载《往事漫忆》，中国人民大学出版社 2010 年版）

后　　记

拙著《俊义文存》（以下简称《文存》），经过近两年对文稿的搜集整理，打字排印与编辑审校，终将出版问世了，也算是完成了我晚年的一桩夙愿，内心自然充满欣慰与感激之情。

《文存》之所以能如愿出版，我首先要感谢的是中国社会科学出版社的社长兼总编辑赵剑英编审。记得是在2013年初冬，剑英同志到香港出差，闻知我亦在港探亲度假，他出于对老同事的尊重与关心，特由社里的宣传策划室主任王磊等同志陪同，专程到我当时的住处看望，在亲切交谈中，主动提出为我出版文集之事，对此，我当然是喜出望外。而后，出版社副总编郭沂纹同志对此事更是热情支持，从出版立项，到安排编辑出版的各个流程，都悉心关照，直至亲自担任《文存》的责任编辑。因此，我对剑英与沂纹同志怎能不由衷感谢。

其次，我要感谢的是国家清史编纂委员会的一些同事和朋友，诸如老友李尚英编审，他既是清史专家又是资深编辑，对我的学术研究一向多予关注，这次又不厌其烦与黄玉玲、张秀艳、刘艳等几位年轻朋友，热情帮我搜集文稿，打印、扫描、核校。尤其是黄玉玲同志更是从始至终全程参与编务，我当然应深深感谢他们。

再次，我要感谢的是《文存》的责任编辑、中国社会科学出版社的刘芳博士，以及本书的特约编辑、国家图书馆出版社原社长兼总编辑郭又陵先生。刘芳是专攻明清史专业且已取得博士学位的青年编辑，既有很好的学术专业素养，又有一定的编辑工作经验，而郭又陵同志则是一位长期从事古籍文献图书编审出版的资深行家，不仅有丰富的编辑工作经验，而且有广博的人文社会科学领域的知识。他们在编辑审读书稿过程中，为统一全书体例，纠正书稿中引文的差错，文字表述、标点符号方面的疏漏，以及所录文稿的取舍，都做了大量认真细致的工作，提出了中肯的意见，颇有助于书稿质量的提高。特别是又陵同志，在极为繁忙的情况下，认真通审《文存》收录的各篇文稿，而且对全书的引文几乎是逐条核对，发现讹误，均仔细改正，这种一丝不苟，踏实严谨的优良作风，实令人感谢与钦敬！

这里，我还要特别感谢的则是中国人民大学清史研究所的黄爱平教授，她是位长期从事清代学术思想史研究暨中国历史文献学的著名专家，学术成就卓著。曾是我在清史研究所工作时的同事，且都以研究清代学术为职志。后来，我虽然调离了清史所，但在学术研究中仍时相过从，且又同时在中华炎黄文化研究会兼职，一起编书和组织学术活动。我们在共同的学术事业与长期合作共事的工作关系中，结下了诚挚的友谊，相互都比较了解，因请她在极其繁重的教学与研究工作中拨冗为本书撰写《序言》。在此之前，她还曾应学术刊物之约，花费很大心思精力撰写发表有《王俊义先生与清史研究》的长篇论文，她的《序言》与这篇评论文章，都为《文存》增光生辉，为保存学术资料，谨将其这篇大作，连同其他两篇与我的学术研究相关的文字资料，一并附于卷后，对爱平教授的支持与帮助我当倍加感谢！

另外，需要说明的是，《文存》收录的各篇文稿，写作与发表的时间跨度很长，早者写于20世纪六七十年代，近则直至2015年年初。特别是早年的文稿，在文字表述，资料运用，乃至学术观点方面，都难免留有时代的印痕，甚至偏颇与错误，但为保持原貌，除明显错字、错句外，一般均不再改动，请读者鉴谅。

最后，还想在这里提到自家的亲人，那就是与我相濡以沫达半世纪之久的老伴刘文瑞，和两个对我敬重孝顺、可亲可爱的女儿——王虹、王蕾。多年来，她们对我在工作上予以全力支持，生活上以尽心照料，精神上以莫大慰藉，使我能无所干扰地致力于工作和学术研究，而今又伴我安度晚年，亲情之爱，其乐融融，实乃幸哉！

2015年7月1日，于晚居斋

附 录

王俊义先生与清史研究

黄爱平

王俊义先生，1937年生于河南省封丘县，1960年毕业于中国人民大学党史系本科，并留校在哲学系任教。后转入本校清史研究所，先后担任研究生班主任、研究室主任、副所长、所长等职。1986年晋升副教授，1991年晋升教授。同年调中国社会科学出版社，先后担任副总编辑、总编辑之职。1992年享受政府特殊津贴。1999年荣誉退休。

先生长期从事清代学术思想及中华传统文化之研究，主要著作有：《清代学术与文化》（合著）、《清代学术文化史论》（合著）、《清代学术探研录》等，并主编或参与主编《传统文化与现代化》《炎黄文化与民族精神》《中国近代思想家文库》（百卷本）[1]等十余部学术论著。1989年应邀至美国洛杉矶加州大学中国研究中心访问讲授"清代学术思想史"，1998年应邀到台湾暨南大学讲授"清代学术思想史""中国古代文献学"等课程，2002年应邀到菲律宾马尼拉主讲清史专题。并先后到台湾"中央"研究院中国文哲研究所、台湾大学、政治大学、台湾清华大学、淡江大学、东海大学、中兴大学、成功大学、台湾中山大学以及香港、澳门等地访问讲学。自1991年兼职参与中华炎黄文化研究会的工作，长期担任该会副会长兼学术委员会常务副主任。2003年参与国家清史纂修工作。现为国家清史编纂委员会特聘专家，兼任中华炎黄文化研究会名誉副会长。

---

[1] 按：《中国近代思想家文库》（百卷本）系国家出版基金项目，由中国人民大学出版社出版，目前已出版10余卷。

笔者于1982年春考入中国人民大学清史研究所，师从戴逸教授和王俊义先生两位导师，先后攻读硕士、博士学位，深受教益，毕业后有幸留所任教，又多得先生提携。以笔者多年对先生的追随和了解，深感先生在长达半个多世纪的学术生涯中，虽然一直未能摆脱各种行政事务，一段时期还担任出版社总编之职，但先生始终以推进清史特别是清代学术思想的研究为职志，不仅在自己人生最可宝贵的青壮年时期，全身心投入到清史研究所的创建、发展工作中，而且在晚年退而不休，积极参与国家清史工程的各项工作。尤为难能可贵的是，先生数十年如一日，无论是承担繁重的行政工作，抑或参与众多的社会活动，都孜孜矻矻，坚持不懈，努力从事清史特别是清代学术思想的研究，取得了丰硕的成果，成为著名的清史专家。因不揣陋略，以《王俊义先生与清史研究》为题，记述先生与清史研究的半世情缘，期冀展现先生的治学历程、学术成就与精神风貌。

长期操劳，为清史研究所的创建和发展不遗余力

中国人民大学清史研究所是海内外知名的清史研究机构。但她的诞生和发展，却经历了一个艰难曲折的过程。作为当年最年轻的创业元老之一，王俊义先生不仅直接参与了清史研究所的创建工作，而且亲身见证了清史研究所的发展历程。

早在新中国成立初期，中央领导就多次提议纂修清史。这是因为清代在中国历史上占有非常重要的地位，它既是古代社会的终结，也是近现代社会的开端，不仅处于中国社会转型的关键历史时期，而且其政治、经济、文化、民族关系、中外交往等各个方面，都与今天的现实社会有着或多或少的联系。鉴古知今，清史研究和清史编纂无疑具有重大的历史意义和现实意义。所以，国家副主席董必武同志于20世纪50年代初就提议纂修清史，周恩来总理也曾经找明史专家吴晗谈话，要成立清史研究机构编纂清史。但由于种种原因，这一动议未能付诸实施。1965年，清史纂修再次提上日程。当年10月，周总理委托周扬召开中宣部部长常务会议，决定成立清史编委会，并在中国人民大学设立清史研究所。为此，专门组成了以人大常务副校长郭影秋为主任的国家清史编纂委员会，着手筹备建所事宜。然而，"文化大革命"的狂风暴雨骤

然袭来，建立专门清史研究机构的计划又一次化为泡影。

20世纪70年代初，中国大陆仍笼罩在"文化大革命"的阴霾之下，但正义的良知并未完全泯灭，学术的希望正在悄然复苏。原任中国人民大学常务副校长郭影秋刚从"牛棚"中被解放出来，就上书中央，希望成立清史研究机构，着手清史编纂工作，以实现20世纪50年代以来国家领导人数次提出，又数次因故搁浅的编纂清史的愿望。1972年，中国人民大学清史研究所的前身清史研究小组得以建立，郭影秋校长亲自担任组长。当时，人民大学已被撤销，原人大的教职员工或安排到其他单位，或下放江西"五七"干校。新成立的清史研究小组以人大原中国历史教研室为基础，再由各相关单位抽调人员组成。原任教于哲学系的王俊义先生，即在此时由郭校长和著名清史专家戴逸教授推荐，从江西干校回京，参与清史研究小组的工作。

创业伊始，备尝艰辛。清史研究小组初时挂靠在北京师范大学，既无办公地点，又无研究条件，白手起家，困难重重。然而，有希望从事自己喜爱的学术研究，清史研究小组的所有人员，都迸发出了高昂的工作热情。作为当时最为年轻的研究人员，先生在分工研治清代学术思想的同时，还兼任办公室工作。在争取到人大"铁一号"即原段祺瑞执政府院内的办公用房之后，为改善办公条件，先生又想方设法装上了电话，保证了研究小组对外联络等工作的正常开展。日常工作之外，对一个新成立的研究机构而言，图书资料无疑是最为重要的基础。原中国历史教研室本有十万册左右的图书，但因人大被撤销，这些图书都被拨到首都图书馆。如何使这批图书完璧归赵，以供研究之需，就成为当务之急。先生先是找到市领导反映情况，继而又联系首都图书馆。不料馆长不同意，托辞说书已全部打乱分到该馆各个阅览室及库房，无法归还。实际上这些图书当时就存放在人大"铁一号"书库里，不仅未被打乱，甚至尚未运走。当先生私下了解到这一情况时，真是高兴万分。他再次向市领导恳切陈词，说明这些图书的具体情况以及清史研究小组面临的困难，终于得到领导的首肯，将十万册图书资料如数拨回。清史研究小组能够在"文化大革命"后期就开展初步的业务工作，从事《清史编年》《简明清史》等集体项目的研究和撰写，这些图书资料起到了重要作用。

1978年，"文化大革命"劫难终于过去，中国大陆迎来了科学的春天。人民大学复校，清史研究所也在清史研究小组的基础上正式成立。随着各项工作逐渐走向正轨，培养人才、制订研究计划、开辟研究阵地等关乎清史研究所未来发展的重要问题，也相继提上了议事日程。为尽快培养清史研究的专门人才，当年清史所即开始招收研究生，先生参与了出题、考试、录取的全过程。后来又担任研究生班主任，包括课程安排、理论学习，乃至日常生活管理等一应事务，基本上都是在所里的总体安排下，由他具体执行的。当时，先生家里上有老人，下有孩子，家庭负担很重，同时承担所里许多杂事，还有个人的研究任务。但他仍然尽可能抽出时间，真诚地关心、爱护学生，帮助他们解决实际困难。由于"文化大革命"的原因，当年的研究生一般年龄都比较大，不少已经结婚有了孩子。学习以外，学生的家里有什么问题，甚至夫妻闹矛盾，先生都热心帮助解决。还亲自带着他们外出实习，走访名家学者、兄弟院校，帮助他们开阔眼界。正是在先生的热诚关心和严格管理下，这批研究生迅速成长起来，不仅成为其后清史研究的骨干力量，而且与先生建立了深厚的感情。至今，这些当年的研究生有的已经退休，有的远在大洋彼岸，但一有机会，他们就会与先生相聚，逢年过节，也都不忘电话问候。而笔者在攻读硕士、博士学位的六年时间里，更是得到了先生多方面的指导和关爱。无论是思想上的引导，抑或学业上的点拨，还是生活上的帮助，都无微不至，呵护有加。多年来，先生就是这样，甘为人梯，为培养人才、提携后进做了大量工作，至今仍为人所称道。

经过长期行政事务和学术研究双肩挑的历练，先生由当时最为年轻的研究人员脱颖而出，先后担任研究室主任、清史研究所副所长。他协助学术带头人戴逸教授，思考清史所的长远发展，制订清史研究的整体规划。鉴于当时撰写大型清史的条件尚不成熟，遂决定先进行清代通史和清代人物的研究，同时编纂各种资料。《清史编年》《简明清史》《清代人物传稿》等重要著述的撰写，《清代农民战争史料》《天地会档案资料选编》《清代矿业史料》等档案资料的编纂，都是在清史所建所初期，先后开展起来的。先生或直接参与研究，或协助组织策划，为清史所学术品牌的树立，发挥了重要作用。为开辟研究阵地，方便大家发表研究成果，先生又协助所里组织《清史研究丛书》《清史知识丛书》《清史研究集》等丛书和论集，并与中国社会科学院历史所合办《清史研究通讯》（1990年改为《清史研究》）。这样，从专门性的研究著作，到普及性的知识读物，从长篇论文到短篇资讯，都有了发表的园地，极大地促进了清史研究的开展。先生还大力推进清史所的对外学术交流，海外诸多从事清史研究的前辈学者，如美国的恒安石、何炳棣、魏克曼、黄宗智、盖博坚、艾尔曼，法国的伯希和，日本的狭间直树等，都先后来访或与清史所建立学术联系，海外的博士、硕士研究生也纷纷到清史所来学习进修。而先生也与清史所的学术领军人物戴逸、王思治教授等先后应邀走出国门，到美国、日本等国家以及台湾、香港等地区，或访问讲学，或参加学术会议。清史所的研究生也多有出国交流深造者。中国人民大学清史研究所由此成为最早进行对外学术交流的专门机构，极大地扩大了在海外的学术影响。而先生也由副所长到所长，与清史研究所共同经历了一段难忘的岁月。

勇于探索，从事清代学术思想史研究

从进入清史研究小组的那一天起，先生就与清史结下了不解之缘。当时，清代历史尚未得到充分的重视，研究基础十分薄弱。为开展工作，以为将来编写大型清史做准备，郭校长与戴逸教授商量，决定采取集体攻关，分工合作的方式，先做资料长编《清史编年》，积累研究基础，并撰写《简明清史》，梳理清史脉络。考虑到此前曾在哲学系任教的背景，先生因此被分工研治清代学术思想史，参与《简明清史》的撰写。由于还在"文化大革命"后期，经常有政治斗争反映在意识形态领域的一些运动，如"评法批儒""批林批孔"等。先生因此不得不写一些指定的评论、批判文章，以掩护已经开展的清史研究项目。再加上先生当时兼任办公室工作，杂事繁多，往往白天忙办公事务，晚上才有点时间看书写东西。家里住房很挤，常常是把孩子哄睡了，再到阅览室读书，熬夜成了家常便饭。在那段非常岁月里，几乎所有的研究成果，都是顶着各种政治干扰，牺牲休息时间，一点一点做出来的。也正因为如此，"十年浩劫"结束之后，一系列研究成果和资料汇编先后推出，清史研究所也由此成为国内清史研究的领军机构。特别是由戴逸主编，大家分工撰写的《简明清史》，被推为改革开放初期第一部系统梳理鸦片战争前清代历史发展脉络的著作，得到学术界的很高评价，先后荣获全国优秀教材、北京市哲学社会科学优秀成果等多种奖项。而其中有关嘉道时期社会思潮的内容，就是由先生执笔撰写的。

多年来，先生始终坚持不懈地从事清史特别是清代学术思想的研究，不仅成果丰硕，创获颇多，而且形成了自身的独特风格。

勇于独立思考，敢于突破禁区，是先生学术研究的首要特色。20世纪70年代末80年代初，中国大陆的学术研究开始恢复正常，冲破思想禁锢，强调实事求是，成为许多学者的共识。先生敏锐地察觉到，在清代学术研究领域，有不少长期流行的成说有必要重新加以审视。诸如，乾嘉考据学派是反映清代学术主要特征的学术思潮和流派，在中国学术发展史上有重要地位和影响。但从晚清到民国，特别是1949年以来，在历次政治批判运动中，学术界对乾嘉考据学派的成因与评价存在不少偏颇片面之见，或把乾嘉学派产生的原因简单地归之于统治者的高压政策，或对乾嘉学派一味苛求，甚至全盘否定。有鉴于此，先生于80年代先后发表《关于乾嘉学派的成因及其评价》《康乾盛世与乾嘉学派》等文，在学术界率先提出分析乾嘉学派的成因，不能仅从清代推行文字狱着眼，而应从康熙、雍正、乾隆时期的政治、经济、文化等方面做综合考察。因为历史上各种学术思潮的出现，既依据于思想本身发展演变的规律，又决定于各历史时期社会经济发展的不同状况。康、雍、乾时期国家统一，政治稳定，经济繁荣，统治者"崇儒重道"，大力倡导"稽古右文"，从而为学术文化的发展创造了适宜的环境和丰富的物质经济基础。据此，先生认为，"文字狱和考据学之间并无必然联系"，而"应该说康乾盛世是乾嘉学派产生发展的根本原因和条件"[1]。对于乾嘉考据学的评价，学术界曾片面强调其烦琐考据，脱离现实，缺乏思想，引导人们向后看等消极方面。先生则明确指出，乾嘉考据学通过文字、音韵、训诂、校勘、辨伪、辑佚等手段，对中华传统典籍进行了总结性整理，对研究和保存古籍有重大贡献。乾嘉考据学运用的"实事求

---

[1] 王俊义：《康乾盛世与乾嘉学派》，见《清史研究集》第四辑，四川人民出版社1986年版；并收入《清代学术探研录》，中国社会科学出版社2002年版。按：后者改题为《乾嘉学派与康乾盛世》。

是""广搜博征"的研究方法,也为后世学者所继承,并大大推动了中华学术文化的研究。这些观点的提出,对改革开放初期重新起步的清史研究,起到了积极的引领作用。

20世纪90年代初,先生又集中发表了《论乾嘉学派的学术成就与历史局限》《评价乾嘉学派应消除历史成见》等颇有分量的论文,对乾嘉学派的学术成就与历史局限,做了进一步的阐发,认为乾嘉学派的学术成就主要体现在三个方面:其一,集历代特别是明末清初考据之大成,把中国古代考据学推向高峰;其二,对我国两千多年以来的文献典籍进行了大规模的整理总结,为后人阅读、利用丰富的文化遗产提供了方便,奠定了基础;其三,乾嘉学派许多严肃的学者在治学态度和治学方法上严谨踏实,一丝不苟,开近代实证学风之先河。在充分肯定乾嘉学派学术成就的同时,先生也实事求是地指出其历史局限和弊端:一是"其治学内容主要是儒家经典和其他封建文化典籍,研究考证的几乎全是书本上的问题,缺乏新鲜的、现实的实际内容";二是其"观察和思考问题的角度是向后看的而不是向前看,论证问题的过程和方法也过于机械和烦琐";三是"党同伐异、壁垒森严的门户之见"[1]。针对长期以来学界在清代学术特别是乾嘉学派研究中存在的问题,先生明确提出,要客观评价乾嘉学派的成就、局限及其在中国学术史上的地位和影响,必须消除"汉、宋学之争的门户之见""满、汉民族矛盾斗争中遗留的民族偏见",以及"建国后曾经存在的极左政治倾向影响到对乾嘉学派评价形成的极左成见"[2]。这些研究,进一步破除了清代学术研究领域的思想禁锢和历史成见,有裨学术界以客观的态度和求实的精神研治清代学术和乾嘉学派,促进了学术研究的健康发展。而先生也以其独立思考、勇于探索的学术勇气,成为清代学术研究领域开风气之先的人物。

长于理论分析,善于总体把握,是先生学术研究的又一特色。在考察清代乾嘉学派与康乾盛世之关联,分析乾嘉学派的学术成就与历史局限基础上,先生强烈地感觉到,"每个时期学术思想所表现的形式、反映的特

---

[1] 王俊义:《论乾嘉学派的学术成就与历史局限》,《社会科学辑刊》1991年第2期;并收入《清代学术探研录》。

[2] 王俊义:《评价乾嘉学派应消除历史成见》,《社会科学战线》1992年第3期;并收入《清代学术探研录》。

征及其发展演变的阶段,都与其所在历史时期的政治、经济的发展密切相关"。因此,研究思想文化,"首先要把握思想文化的发展逻辑与历史进程之间的辩证关系"。先生于20世纪90年代先后发表的《清代学术文化的发展与演变》《清代学术思想特色简论》《二十世纪清代学术思想研究之回顾》等文,集中代表了先生对清代学术思想发展脉络及其基本特色的宏观把握和理论思考。学界一般把1644年清朝建立至1840年鸦片战争这两百多年的历史称为清前中期史,因其时间长,跨度大,又进而划分为三个阶段,大体对应17世纪、18世纪、19世纪三个世纪。先生在宏观把握清代前中期历史发展和社会变化的基础上,将学术思想文化置于不同阶段特定的历史环境之下,结合其内在的逻辑依据,梳理出清代学术思想发展演变的脉络。他认为:从1644年清朝入关至康熙二十二年(1683)统一台湾,这一阶段清朝统治在政治上由战乱到统一,在经济上由凋零衰败到逐渐复苏,思想文化则呈现出空前的活跃景象。"天崩地解"的社会变革对思想界产生极大的冲击,西学的传入开阔了知识界的视野,学人士子反思明亡的历史教训,抨击封建专制,批判空谈误国的理学,倡导学术经世,出现了波澜壮阔的具有求实批判精神的经世致用思潮。之后随着康雍乾盛世的出现,统治者大力提倡封建文化,促使学术进入对传统文化进行全面总结和整理的阶段,形成以考证为特长的乾嘉考据学派。乾隆末年至嘉庆、道光时期,清朝统治由盛转衰,阶级矛盾尖锐,而西方资本主义日益向海外扩张,内忧外患纷至沓来。在社会政治形势的急剧变化之下,思想文化也发生巨大的转折,长于训诂考证的考据学走向衰落,便于阐发微言大义又比较适宜论证社会变革的今文经学勃然兴起,以龚自珍、魏源为代表的进步思想家,抨击各种社会弊端,提出社会改革方案,"直接开启了近代早期资产阶级改良思潮"[①]。而各个阶段的学术思想,又分别呈现出各自不同的特色。对此,先生总结概括为三个方面:其一,"早期启蒙思想的兴起与发展";其二,"对中国传统文化的总结和整理";其三,

---

① 王俊义:《清代学术文化的发展与演变》,载王俊义、黄爱平《清代学术与文化》,辽宁教育出版社1993年版。按:该文后改题为《清代学术思想的发展与演变》,收入《清代学术探研录》。其后作者又加修改补充,撰为《略论清代学术思想的发展与演变》,刊于《社会科学战线》2014年第6期。

"中西思想文化进一步交融与冲突"①。对20世纪以来的清代学术研究状况，先生也高屋建瓴地做了总结性的回顾，并就如何推进研究提出了自己的思考。他如对乾嘉学派内部派别划分的探讨，对19世纪前期学术思潮变化的研究，先生也都颇有创造性的见解。这些研究成果，既反映出先生深厚的理论素养和广阔的学术视野，也为清代学术思想研究的深入开展奠定了坚实的基础。

重视考证辨析，善于见微知著，是先生学术研究的第三个特色。清代学术文化发达，学者众多，流派纷呈，载籍宏富，领域宽广，成就辉煌。先生十分重视对清代学术代表人物的个案研究，力图通过对某一学者生平经历、治学道路、学术成就的探讨，揭示其学术宗旨、思想倾向及其在清代学术史上的地位和影响。诸如对顾炎武、黄宗羲、吕留良、陈确、阎若璩、胡渭、杭世骏、龚自珍、魏源、姚莹、张际亮、谭嗣同等著名思想家、学者，先生都有专门的研究成果。对清代学术史上的一些重要事件，先生也以严谨的考证和细致的辨析，还其本来面目。诸如对嘉道时期"宣南诗社"问题的考辨，就是颇具代表性的成果。有关宣南诗社的记载，最早见于20世纪30年代魏应麒的《林文忠公年谱》。该谱在道光十年（1830）条下记载说，是年正月，林则徐与龚自珍、魏源、黄爵滋、张维屏等人"结宣南诗社，互相酬唱"。其后著名史学家范文澜有关中国近代史的论著，采用了这一说法，并进而将宣南诗社的活动视为此后林则徐、黄爵滋等人发起禁烟活动，龚自珍、魏源等人掀起维新思潮的思想基础。自此而后，有关中国近代史、文学史以及林则徐研究的论著，乃至一些海外学者的研究，均以此为依据，甚而进一步加以推阐，宣南诗社被认为是由林则徐于道光十年发起组织，有龚自珍、魏源、黄爵滋等著名士人参加，具有政治改革主张的进步团体，是鸦片战争时期抵抗派和其后维新思想的先驱。对此，先生先后发表《龚自珍、魏源"参加宣南诗社说"辨正》《宣南诗社的几个问题》《关于"宣南诗社"的考辨》等文，通过爬梳当年参与者的文集、年谱、笔记、诗话、碑传等资料，从诗社的名称、成立时间，到组织成员、活动

---

① 王俊义、黄爱平：《清代学术思想特色简论》，《中国社会科学院研究生院学报》1994年第4期；并收入《清代学术探研录》。

内容及其性质地位等，逐一详加辨析，明确考证出宣南诗社成立于嘉庆九年（1804），在道光十年之前已经寥落；林则徐参加诗社活动的时间在嘉庆二十四年（1819）夏至二十五年（1820）四月之间；龚自珍、魏源、黄爵滋诸人并非诗社成员；宣南诗社实质上是当年一些文职京官为吟诗作赋、消闲雅集而发起成立的一个结社组织，并非抵抗派乃至维新思想的先驱。① 其资料之详赡，考证之绵密，结论之确凿，不仅纠正了长期以来以讹传讹的错误看法，而且树立了坚持实事求是原则、严谨认真治学的榜样。

在对清代学术重要事件和代表性学者的个案研究中，先生还尤为擅长以小窥大，见微知著，由个别到一般，从中发掘出带有普遍意义的问题，从而给人以深刻的理论启示。诸如钱大昕，是乾嘉时期著名的考据学者，与王鸣盛、赵翼并列为考史三大家。以往的研究多关注其在史学研究、史籍考证方面的成就，将其视为乾嘉学者"为考证而考证"的典型代表，甚至一度被当作只钻故纸堆的典型予以否定批判。先生于20世纪80年代即发表《钱大昕学术思想述略——兼论对乾嘉学者的评价》等文，依据钱大昕的文集、笔记、史著以及同时代学者的相关著述等文献资料，详细还原了钱大昕的生平经历和主要行迹，论述了其学术宗旨、治学态度，分析了其在经学、史学、天算、音韵以及金石方面的突出成就，尤为深入地探讨了钱大昕主张"明体以致用"的治学思想，并从总结历史经验、提倡君主纳谏、抨击横征暴敛、揭露吏治腐败、谴责封建礼教对妇女的迫害等方面，说明钱大昕"在经世致用思想指导下，对当时社会上存在的问题，都提出了自己的看法"，"并非只钻故纸堆，专搞脱离实际的烦琐考证"。鉴于学界长期以来对乾嘉学者研究和评价上存在的偏颇，先生明确提出，对以钱大昕为代表的乾嘉学者，"应综合其一生的主要活动与事迹，并看其在历史上产生的主要作用和影响"，尤应将其政治立场和学术思想置于当时的历史背景和社会环境之下加以具体分析，"不能以为乾嘉学者不具备清初顾炎武、黄宗羲、

---

① 王俊义：《关于"宣南诗社"的考辨》，见《清代学术探研录》。

王夫之那样的思想及其表现形式,就否认他们有自己的思想"①。

又如钱谦益,是明末清初颇有影响的思想家、学者,被推为"一代文宗",在明末清初的学术演变过程中具有重要地位和影响。但他在政治上反复无常,早年在明末政坛上阿附阉党,后在明亡清兴的历史遽变中入仕清廷,其后又参与反清复明活动,去世之后百余年还因此招致乾隆帝的指责挞伐,不仅非其人,而且毁其书,致使其人其学湮没不彰,长期未能得到应有的重视和客观的评价。先生则在《钱谦益与明末清初学术演变》一文中,具体分析了钱谦益荣辱浮沉、复杂多变的政治人生,论述了其思想主张以及在经学、史学、文学方面的成就,肯定了钱氏在提倡经世致用、抨击俗学流弊、复兴汉代经学、推动史学发展等方面对清初学术转变所起到的引领风气的作用。有感于长期以来学术研究受政治影响而造成的"因人废言"的弊端,先生以钱谦益的研究和评价为例,进而从方法论的高度,说明对待复杂的历史人物,应当采取知人论世、实事求是的态度,具体情况具体分析,而不能混淆政治与学术的界限,陷入"因人废言"的泥淖。② 这一看法,应当说是颇中肯綮的。

襟怀坦荡,正直敢言,勇于开展学术争论,是先生学术研究的第四个特色。艾尔曼教授是美国著名的汉学家,其有关清代学术研究的著作,如《从理学到朴学——中华帝国晚期思想与社会变化面面观》《经学、政治和宗族——中华帝国晚期常州今文学派研究》等,先后被译成中文出版,在国内学术界产生了重大反响。由于学术兴趣相近,先生与艾尔曼教授相交多年,相知甚深。但这并不妨碍他们彼此之间的学术探讨甚至争论。艾尔曼教授在研究清代今文经学复兴的社会和政治根源时,曾经提出,"庄存与与和珅的对立对他的经学研究是一种推动","今文经学的崛起,是士大夫们为消除危害儒家政治文化的和珅之害努力的一部分","庄存与

---

① 王俊义:《钱大昕学术思想述略——兼论对乾嘉学者的评价》,《史学集刊》1984 年第 1 期;并收入《清代学术探研录》。
② 王俊义:《钱谦益与明末清初学术演变》,见台湾"中央"研究院中国文哲研究所筹备处编《明代经学国际研讨会论文集》,1996 年;并收入《清代学术探研录》。

与和珅的斗争使我们能够理解常州今文经学兴起的政治内涵"①。简言之，即认为常州今文经学的先驱庄存与复兴今文经学，缘起于与当时权臣和珅的对立。先生不同意这一看法，因撰《庄存与复兴今文经学起因于"与和珅对立"说辨析——兼论对海外中国学研究成果的吸收与借鉴》一文，对艾尔曼教授的观点提出商榷意见。文章依据大量史实，论证了庄存与同和珅之间不存在对立的主客观条件，不可能形成矛盾和斗争，庄存与复兴今文经学，主要目的还在于为乾隆帝乾纲独断的大一统思想作论证。通过对该问题的具体论证，先生还进而提出，"对于海外中国学的研究成果，既要勇于吸收，又要善于吸收，切忌不加分析，盲目引用"②。这些主张，针对当前国内学术界的某些现状有感而发，得到了许多学者的认同。

先生不仅对海外学者的观点勇于提出不同看法，对国内学者的有关研究也敢于发表批评意见。陈祖武教授是当今研究清代学术思想史的知名学者，其《清初学术思辨录》《中国学案史》《清儒学术拾零》《乾嘉学派研究》等著述先后出版，在国内学术界颇有影响。先生与陈祖武教授治学领域相同，彼此关系也非常密切。但先生更愿作陈祖武教授的"诤友"，当他读到陈教授领衔主撰的《乾嘉学派研究》，发现其中存在不少问题时，即撰《〈乾嘉学派研究〉评议》一文，公开指出该书诸多章节抄录其旧作，缺乏应有的研究和创新，在内容结构上存在缺漏之处，在文字、标点方面也有讹误硬伤。先生认为，"正常健康的学术批评与自我批评是推进学术事业发展所必需的"，并引学术前辈陈垣先生"文成，必须有不客气之诤友指摘之"一语，表明自己"愿作陈祖武之诤友"的心迹。③ 由此不难看出，先生意欲步武大师前哲，开展批评争论，以推进学术健康发展的良苦用心。

关注研究进展，扶持学术新人，是先生学术研究的第五个特色。先生始终认为："学术研究的发展，同自然界、社会界发展的客观规律一样，

---

① ［美］艾尔曼：《经学、政治和宗族——中华帝国晚期常州今文学派研究》，赵刚译，江苏人民出版社1998年版，第77、78页。

② 王俊义：《庄存与复兴今文经学起因于"与和珅对立"说辨析——兼论对海外中国学研究成果的吸收与借鉴》，《清史研究》2007年第1期；并收入黄爱平、黄兴涛主编《西学与清代文化》，中华书局2008年版。

③ 王俊义：《〈乾嘉学派研究〉评议》，《中华读书报》2007年12月21日。

新陈代谢，不断前进。"① 因此，先生十分关注清史学界的最新研究成果，以极大的热诚扶持新人，奖掖后学。漆永祥是当今学界研究清代学术思想文化的有影响的学者，其《乾嘉考据学研究》，是他早年踏入清代学术研究领域的代表作。当年，漆永祥提交这篇博士论文时，先生不仅应其导师孙钦善教授之邀，参加论文评阅和答辩，提出中肯的评阅意见，而且还热情推荐出版，并为之撰写序言，高度肯定该书"是迄今为止较为系统、全面、深入研究乾嘉考据学的第一部论著"②。司马朝军是当今学界"四库学"、文献学研究领域的青年才俊，其《〈四库全书总目〉研究》《〈四库全书总目〉编纂考》《文献辨伪学研究》等，都是颇有分量的学术专著。2005年，当其博士后出站报告《〈四库全书总目〉编纂考》付梓之际，因慕先生学术人品，特请先生赐序。先生"一喜四库学的研究后继有人，又喜司马君此著在学术上的突破成就"，遂在通读全部书稿的基础上，对其长处、特色以及突破创新之处，逐一加以揭示点评，还特别就作者"锐意进取，坦陈己见"③，在书中对前贤时哲的不同观点乃至失误之处勇于争鸣、补正、批评的做法，予以了高度赞赏。其他如杨东梁《左宗棠评传》、孔祥吉《晚清史探微》、佟大群《清代文献辨伪学研究》，包括笔者《四库全书纂修研究》和《18世纪的中国与世界·思想文化卷》，乃至台湾研究清代学术思想的知名学者及其著作，如林庆彰《清初的群经辨伪学》、张寿安《以礼代理——凌廷堪与清中叶学术思想之转变》等，先生也都从相互交流切磋的角度，或写书评，或撰序言，既不遗余力地推举奖掖，又诚恳地与之黾勉共进。

老而弥坚，为清史研究和清史纂修工程贡献力量

21世纪以来，随着改革开放的深入，国家的经济建设和文化事业进

---

① 王俊义：《〈四库全书纂修研究〉序》，载黄爱平《四库全书纂修研究》（中国人民大学出版社1989年版）卷前，并见《清代学术探研录》，中国社会科学出版社2002年版，第500页。
② 王俊义：《〈乾嘉考据学研究〉序》，载漆永祥《乾嘉考据学研究》（中国社会科学出版社1998年版）卷前，并见《清代学术探研录》，中国社会科学出版社2002年版，第496页。
③ 王俊义：《一部扎实厚重、突破创新的四库学前沿之作》，载司马朝军《〈四库全书总目〉编纂考》卷前，武汉大学出版社2005年版。

一步发展。鉴于清代历史与现实社会的密切关系，同时也为实现几代国家领导人提出的纂修清史的愿望，2002年底，党中央、国务院决策启动国家清史纂修工程，以戴逸教授为主任的国家清史编纂委员会正式成立，决定集中全国乃至海外的清史研究力量，编纂一部能够反映当代中国学术水平的清史巨著。国家修史，百年难遇。几代人为之努力的梦想终于有机会实现，作为当年清史研究小组的创业元老之一，先生的心里格外激动。他受聘参加编委会下属之出版组工作，参与出版组负责的各种图书的出版事务。迄今，与清史纂修工程相关的《清史研究丛刊》《文献丛刊》《档案丛刊》及《编译丛刊》等各种图书，已先后出版一百余种，三千余册，总计字数达十亿字以上。特别是其中的《档案丛刊》和《文献丛刊》，整理收录清代档案、官书、方志、文集、笔记、书信、契约文书、未刊手稿等重要资料，既为清史编纂提供了可资参考利用的文献资料，又为后世留下了弥足珍贵的文化遗产。而这些图书资料的出版，都或多或少凝聚着先生的心血。

为宣传清史纂修取得的阶段性成果，扩大国家修史工程的影响，同时便于更多的读者了解有关信息，充分利用清史工程的出版成果，先生还受编委会委托，具体负责已出版各种图书资料的评论工作。他多方联系各个领域、各个专业的专家学者，对清史工程取得的重要阶段性成果和出版的主要图书资料予以实事求是的分析和评判，并撰写评论文章。而先生自己也身体力行，先后撰写《晚清历史的见证和缩影——〈恽毓鼎澄斋日记〉评介》等评论文章多篇。其后，先生又在清史编委会和《社会科学战线》两单位领导的支持下，具体组织评介文章的汇编工作，将诸多已经发表的各种书评文章加以搜集编排，汇总为《清史纂修研究与评论》一书，交由上海古籍出版社出版。先生认为，让清史工程的出版成果更好地服务于海内外学术界，同时也让学术界和全社会都更多地了解并关注国家清史工程，这既是自己的工作，又是个人义不容辞的责任。

随着时间的推移和纂修工作的开展，清史工程进入到最后阶段，工作重点也随之转入书稿的审读和修改。先生又受戴逸教授之托，进入通纪组，承担《清史·通纪》各卷书稿的通读和审改工作。由于通纪是新修《清史》的核心组成部分，地位十分重要，质量要求也尤为严格。先生本着圆梦国家清史工程的强烈使命感和高度责任感，兢兢业业、严谨认真地从事通纪各部书稿的通读审改工作，从书稿的内容观点、结构体例，到史料运用、文字表述，乃至标点符号，都仔细审核，严格把关，尽可能发现并解决问题。有时，为求证一个观点，核实一段文字，先生还阅读大量相关论著，查找原始资料，不放过任何一个疑误之处。先生的审读工作也因此得到编委会主任戴逸教授的高度称赞，认为他"做得细微、认真、用力、非常好，对提高稿件质量有很大帮助"，并指示将先生的审读报告印发编委会下属各组，"供审改专家参阅"。而领导的肯定和好评，又给先生以极大的动力，他决心"以高度认真负责的态度和精神，为提高清史纂修的质量，力所能及地尽心尽力"①。

从当年调入清史研究小组，转到清史研究领域开始，先生就认准，清史研究是自己的终身事业，因而始终咬住不放，抓住一切可以利用的时间，孜孜矻矻地看书写东西，甚至在退休之后，仍然不辞辛苦地从事清代学术思想的研究。2002年，先生将自己多年研治清代学术思想的主要成果结集出版，定名为《清代学术探研录》。全书收录论文34篇，据其内容与时序，分为《总论篇》《清初篇》《乾嘉篇》《晚清篇》和《评论篇》五大部分，达43万余言。戴逸教授亲自为之作序，认为该书"研究的时间跨度很长，上自清初，中经乾嘉，下迄晚清，说明作者对清代学术思想的研究实贯穿有清一代"，推崇"全书内容丰富翔实，涵盖面广，既有宏观论述，又有微观阐发"，堪称"一部研究清代学术方面的力作"②。清史专家孟昭信教授也撰写书评，指出："《清代学术探研录》以系列论文的形式奉献给读者，实际它已经形成清代学术思想史新的基本框架、基本体系和主要内容，是高水平、高质量的创新力作。"③这些看法和评论，可以说恰如其分地评价了先生在清代学术思想研究领域的成就和贡献。

近来，先生在全力投入清史编纂工作的同时，又开始着手整理自己数十年来的研究成果，其中重中之重就是有关清代学术思想文化以及清史方

---

① 王俊义：《退而未休，坚持清史研究与〈清史〉编纂》，见中国社会科学院老干部局编《同心共筑中国梦》，中国社会科学出版社2013年版。
② 戴逸：《〈清代学术探研录〉序言》，见王俊义《清代学术探研录》卷前，中国社会科学出版社2002年版。
③ 孟昭信：《研究清代学术思想史的新成果——读〈清代学术探研录〉》，《史学集刊》2003年第2期。

面的论著。对先生来说,这既是给自己的一个交代,也是对自己的一个激励;既是回顾过去的一个总结,又是展望未来的一个开端。尽管先生年事已高,但"老骥伏枥,壮心不已",诚如先生自言:"《清史》编纂工程总有完成之日,但是清史研究却没有终结,而从事清史研究则是我终身为之奋斗的事业,只要一息尚存,就要坚持读清史著作,研究清史问题,以圆个人美好的清史之梦!"

(原载《社会科学战线》2014年第6期)

河南省封丘县电视台录制专题片
——《魅力封丘·人物篇》清史专家王俊义

编者按：河南省封丘县电视台为弘扬地域文化，策划制作了《魅力封丘》专题片，其中之"人物篇"以原籍在封丘县并在各领域做出成就的人士为采访对象，清史专家王俊义即为对象之一。

（片花）解说词：战火中出生，苦水里成长，七十余载学海泛舟，半个世纪的清史情缘——清史专家王俊义。

照片加字幕：

王俊义

国家清史编纂委员会特聘专家

中国人民大学清史研究所教授、原所长

中国社会科学出版社原总编辑

中华炎黄文化研究会名誉副会长

1992年起享受国务院特殊津贴专家

祖籍河南省封丘县黄德镇小石桥村

解说：2002年8月，党中央、国务院作出了重新纂修清史的重大决定。2003年，受国家清史编纂委员会主任、著名历史学家戴逸先生的邀请，已经退休的王俊义教授以特聘专家的身份到编委会通纪组工作，协助戴逸审读清史通纪各卷书稿。

同期声：（王俊义进入办公室，向同事交代工作）黄王玲同志，我刚把通纪第三卷的审读报告写完了，请你帮我打一下，报告文字比较多，先交给你一部分，随后再把另外的交给你。（小黄）好的。

解说：国家修史，百年难遇。国家清史纂修工程的开展，对于把清史研究作为毕生事业的王俊义来说，无疑是圆梦的机会。他每周都要审读大量的清史书稿，并参加编委会的各种学术研讨会议。严谨的治学态度，充沛的工作热情，往往让人忘记他是一位77岁高龄的老人。

同期声、国家清史编纂委员会特聘专家王俊义（以下同）：清史这个工程，可以说是建国以来最大的一个学术工程，按照国务院当时的副总理李岚清的说法，要修成一部反映当代中国学术水平能传之千秋的历史巨著。它的意义，一方面是继承我们易代修史传统，使我们中华文明的载体传至永久，另一方面就是它的现实意义。因为清代离我们最近，毛泽东说过，要了解我们中华民族的前天、昨天和今天，既要了解过去，也要了解当今。清代的历史就是我们中华民族的昨天的历史。

解说：1937年，抗日战争全面爆发，卢沟桥的枪声把中国拖入一场长达八年的民族灾难。在战火中出生的王俊义，注定拥有一个苦难的童年。

同期声、王俊义：那时候正是国家危难、民族危亡的多事之秋。尽管年幼，但是有些事情我一生也难忘，为什么呢？因为当时日寇已经打到封丘县了。有一年的夏天，他们（日寇）催粮，到一个大宅院催粮，门口的大门不开，他们用手榴弹炸，把本家叔叔当场就炸死了。所以像这样的事我都还记得很深。

我印象中从来不知父亲是什么样，1937年全面战争爆发之后，他就参加了国民党军，接着就发生台儿庄大战，据说他可能就是在那次战争中牺牲了。前几年台儿庄举行一个大的陈列展览，还邀请我去。我看到有些墓地，我说，说不定我的父亲就埋在这里。

解说：电影《1942》的上映，唤起了国人对60年前发生在河南那场大灾难的集体记忆，而在真实的历史情境里，王俊义一家的身影就在那逃难的队伍里。

同期声、王俊义：那时候那个灾害是多重的，都说水旱蝗汤嘛。水灾、旱灾、蝗灾、汤恩伯——国民党在河南的最高统治者，给河南带大灾大难。我的家也同样不可避免，吃喝难以为继，上顿吃了没下顿。遭大灾的时候我现在都记得，玉米的穗、杨树的嘟噜、榆钱、柳絮，都煮着吃。

我母亲因为家庭太艰难了，她要养几个孩子，就到富人家给人当保姆，打佣工，平常不回家。因为农村做工都是离家三里五里，有时候晚上回来，晚上回来再给我们缝衣服做鞋。走的时候拉着她不让她走，哪有孩子不偎娘的？不行，她不能不走。到了春节过年的时候，譬如我母亲从地主家回来，弄那个半截窝头，一个红薯根，这吃了都觉得高兴得不得了。好几年都这么度过的，不可想象，我还能有今天。

解说：新中国成立后，上小学五年级的王俊义随着伯父一家搬迁到开封，从此开始踏上了稳定的求学之路。颠沛流离的童年生活让他格外珍惜来之不易的学习机会，从小学到高中，他读书都十分刻苦，学习成绩也一直名列前茅。1956年，19岁的王俊义以优异的成绩被中国人民大学录取。

同期声、王俊义：我考上人大那简直是全校的光荣。我们那个校长，我现在记得很清楚，他叫何晓光，当时可能都50多岁了，是个老革命，是个厅局级干部，兼这个中学校长。老师亲自召开全校大会，在黑板上写《送王俊义到北京人大》，写古体诗。

解说：大学四年，王俊义在何干之、胡华、戴逸等名师的指导下学术精进，成绩优秀，毕业后留校成为哲学系的一名青年老师。他在辅导学生的同时，大量阅读了中国哲学史经典原著，为日后研究清代学术奠定了坚实的基础。正当他准备在学术研究上大展身手时，"文化大革命"开始，中国人民大学被迫停办，王俊义被下放到江西"五七"干校参加劳动。

同期声、王俊义：到1972年，当时担任过北京市文教书记同时又兼着人大校长的郭影秋刚从"牛棚"中放出来，就上书中央，追述过去曾经决定要编写清史，成立清史委员会，现在这个事情应该提上日程。他提这个动议之后，中央批了，先成立清史研究小组。我在干校，当时像戴逸这些老前辈都在干校劳动，郭影秋上书中央之后，中央决定成立清史研究小组了，所以戴逸老师还有郭校长推荐让我到清史研究小组。

解说：从进入清史研究小组的那一天起，王俊义就与清史结下了不解之缘。1978年，中国人民大学复校，在原清史研究小组的基础上正式成立了清史研究所。王俊义是建所初期最年轻的研究人员和学术委员，分工研究清代学术思想，并担任硕士研究生导师，讲授清代学术思想史课程，此外，他还一直肩负具体的行政职务。

同期声、王俊义：我自己认为我天分不高，但是我刻苦，我用功。我那时候家庭生活也很困难，孩子也小，我爱人是行政干部，白天上班，那时候晚上政治运动开会，常常到九十点才从单位回家。我母亲看孩子，她年纪大了。我晚上常常是把孩子哄睡了，再到图书馆，晚上一两点还在那看书写文章。我大女儿当时上小学，学校让做作文，她写《我的爸爸》，她就说我这个爸爸啊，常常是夜里一两点我睡醒了，他还在案头写作呢，第二天早晨，那个烟缸就一烟缸烟头。

解说： 在长期行政事务和学术研究双肩挑的历练中，王俊义由当时最年轻的研究人员脱颖而出，先后担任清史所研究室副主任、主任、副所长、所长。他协助学术带头人戴逸先生制订清史研究的整体规划，组织创办并参与编辑了《清史研究丛书》《清史知识丛书》《清史研究论集》和《清史研究》等学术著作与刊物，撰写了《清代学术与文化》《清代学术史论》《清代学术探研录》等清史和清代思想文化史论著，以及大量学术论文，在海内外产生了较大影响。

解说： 1991年，他苦于为学校的行政事务所困，应邀调到中国社会科学出版社工作，先后担任副总编辑和总编辑。在担负日常繁重的编辑工作的同时，他仍坚持清史研究。

同期声、王俊义： 在学校里当个所长啊，事无巨细什么都得管。分房子，提工资，提职称，都得找你，既担行政又搞研究，耽误很多自己研究的时间。当时看忙忙碌碌为大家办事，事过了什么都没有了。尽管后来在出版社当副总编，任务很重，业务很重，我也兢兢业业工作，但是我不停止学术研究。

解说： 他曾到美国、菲律宾、日本及中国台湾、中国香港、中国澳门讲学访问，参加学术研讨，还担任美国加州大学和台湾暨南大学客座教授。

1999年，62岁的王俊义从中国社会科学出版社总编辑的位置上退了下来，但他退而不休，继续学术研究并组织开展学术活动，他曾把较大精力投入到中华炎黄文化研究会的工作。中华炎黄文化研究会是一个全国性的群众文化团体，先后由周谷城、萧克、费孝通、许嘉璐等担任会长，王俊义曾较长时间担任常务副会长，为弘扬中华优秀传统文化尽心尽力。

同期声、王俊义： 广义地说，炎黄文化就是中华文化。炎黄文化研究会成立的时候，萧克会长写了一篇大文章在人民日报上发表。讲了这个会的宗旨：弘扬中华民族优秀文化，增强海内外炎黄子孙的凝聚力，实现中华民族的伟大复兴。因为炎黄二帝是中国古代文明的象征，是吧？研究炎黄二帝就是弘扬我们中华五千年的优秀文化。

解说：作为一个历史的研究者和观察者，王俊义对国家与家乡，时代发展与个人命运之间的关系，有着深刻的理解，在历史的回声中，他常常陷入对民族精神和文化之根的思索。

同期声、王俊义：我这个年纪，基本上是新中国成立以后，党培养的一代知识分子。你看我戴过红领巾，当过少先队的中队长，后又加入共青团，以后参加共产党，我又是党员，我怀着对我们新中国的热爱，另外我经历了解放战争、抗日战争，到新中国成立，一系列的社会改革运动，我都经历过，实际上反映了新中国这一代知识分子的成长历程。既有个人的奋斗，又有曲折，又在极左主义下遭受过坎坷，这样总结出来呢，对个人是个总结，我觉得可以留下来，给后人，给子女，给我的同辈，了解一下这一辈知识分子的发展变化、心路历程。

解说：从9岁时离开家乡，如今王俊义已在外学习、工作、生活了60多年。半个多世纪的沧桑，让他尝尽了人生的酸甜苦辣，但儿时对故乡的记忆他却永远难以忘怀，每次回乡探亲，都会勾起他对过去刻骨铭心的回忆。

同期声、王俊义：忘记历史意味着背叛，我觉得一个人，他要永远心系祖国，心系民族，心系家乡，永远也不能忘记这个根。我的根在河南，我的家乡在封丘，是吧？封丘是养育我的故土。我离开家乡，如果从1956年到北京读书到现在也将近六十年了，越老越怀念家乡，怀念我的亲人，怀念养育我的祖母、伯父、母亲，养育我的土地。尽管那时候困难，但是它磨炼了、铸造了我坚毅、顽强的性格。故乡人民的淳朴、勤劳、吃苦耐劳、坚毅不拔的这种文化上的基因，都在我的身上潜存着。

字幕：（王俊义寄语家乡）

我是封丘人

我对故乡怀有深厚感情

我感谢故乡对我的哺育

我衷心希望封丘在现代化进程中突飞猛进

我祝愿家乡的父老乡亲幸福安康

封丘电视台
2014年元月

（河南省封丘县电视台2014年2月3日播出专题片的说明词文字稿）

王俊义著作和编著目录

著作

1. 清代学术探研录　　中国社会科学出版社2002年版。
2. 清代学术与文化（合著）　　辽宁教育出版社1993年版。
3. 清代学术文化史论（合著）　　文津出版社（台湾）1999年版。
4. 魏源、龚自珍诗文译注　　巴蜀书社1997年版。
5. 简明清史（戴逸主编，王俊义参加撰稿）人民出版社1984年版。
6. 中国历史大辞典——《清史卷》上（戴逸主编，王俊义撰写书中"学术思想类"条目）　　上海辞书出版社1992年版。
7. 清代人物传稿（王思治、李文海等主编，王俊义参加撰稿）中华书局多卷本1984年始出版。
8. 往事漫忆（郭影秋口述　王俊义整理）　　中国人民大学出版社1986年版，2009年增订版。

主编书刊

1. 传统文化与现代化（主编之一）　　中国人民大学出版社1987年版（获1988年全国金钥匙图书奖）。
2. 民族文化虚无主义评析（主编之一）　　中国人民大学出版社1988年版。
3. 炎黄文化与民族精神（主编之一）　　中国人民大学出版社1993年版。
4. 炎黄文化与中华民族（主编之一）　　中国人民大学出版社1995年版。

5. 中国近代思想家文库（百卷本　戴逸主编，王俊义、耿云志副主编）　中国人民大学出版社2013年已陆续出版。

6. 中华英杰（多卷本　主编）　浙江少儿出版社1996年版（1997年获冰心少儿读物一等奖）。

7. 爱国主义与传统文化（主编之一）　华龄出版社1995年版。

8. 中华文化与二十一世纪（主编之一）　中国社会科学出版社2000年版。

9. 经济全球化与中华文化走向（主编之一）　东方红出版社（香港）2002年版。

10. 清史研究丛书（戴逸主编，王俊义为编委之一）　中国人民大学出版社1988年版。

11. 清史知识丛书（罗明主编，王俊义为副主编）　中国人民大学出版社1987年版。

12. 炎黄文化研究（第1—10卷）（为《炎黄春秋》增刊，从1994年起初由李学勤主编，而后由王俊义主编）。

13. 炎黄文化研究（丛刊第1—9卷）主编　大象出版社2000—2009年版。

14. 口述史丛刊（主编之一）第1—4卷　中国社会科学出版社2003年始出版。

15. 口述自传丛书（主编之一）　中国社会科学出版社2002年始出版。